中国财税研究报告2020

CHINA FINANCE AND TAXATION DEVELOPMENT RESEARCH REPORT 2020

现代财政制度建设之路

新中国 70 年
重大财税发展改革
回顾与展望

马海涛 肖鹏 ◎ 主编

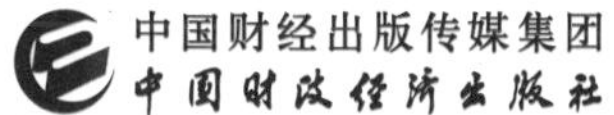
中国财经出版传媒集团
中国财政经济出版社

图书在版编目（CIP）数据

现代财政制度建设之路：新中国70年重大财税发展改革回顾与展望 / 马海涛，肖鹏主编．-- 北京：中国财政经济出版社，2020.4

ISBN 978-7-5095-9732-3

Ⅰ.①现… Ⅱ.①马… ②肖… Ⅲ.①财税－财政改革－研究－中国 Ⅳ.①F812.2

中国版本图书馆CIP数据核字（2020）第050069号

责任编辑：张晓彪　庄　莉　　　　责任印制：刘春年

封面设计：陈宇琰　　　　　　　　责任校对：李　丽

中国财政经济出版社 出版

URL：http：//www.cfeph.cn

E-mail：cfeph@cfemg.cn

社址：北京市海淀区阜成路甲28号　邮政编码：100142

营销中心电话：010-88191537

北京财经印刷厂印装　各地新华书店经销

787×1092毫米　16开　23印张　427 000字

2020年5月第1版　2020年5月北京第1次印刷

定价：95.00元

ISBN 978-7-5095-9732-3

（图书出现印装问题，本社负责调换）

本社质量投诉电话：010-88190744

打击盗版举报热线：010-88191661　QQ：2242791300

—— 序言 ——

金秋十月，我们迎来中华人民共和国成立70华诞。70年，光辉岁月弹指一挥间，70年，中华大地沧桑巨变。70年的发展历程，中国经济“蝶变”，中华民族迎来了从站起来、富起来到强起来的伟大飞跃。70年的发展历程，中国从一个积贫积弱的国家，一跃成为当今世界第二大经济体，综合国力实现了历史性跨越，创造了举世瞩目的中国奇迹。

70年来，全国各族人民砥砺奋进，顽强拼搏，实现了经济社会的跨越式发展。1952—2018年，中国国内生产总值从679.1亿元跃升至90.03万亿元，实际增长174倍，人均GDP从119元提高到6.46万元，实际增长70倍。70年来，中国财政实力日益壮大。财政面貌发生巨大变化。全国财政收入从1950年的62亿元增加到2018年的183352亿元，年均增长12.5%，增长了近3000倍。财政“蛋糕”不断做大，为各时期经济社会发展提供了坚实的财力保障。财税改革深入推进，为新中国立国、工业体系建设、社会主义市场经济体制改革及国家治理现代化提供了强大动力。

回顾新中国70年的财税思想发展与财税制度变革，财税改革作为经济体制改革的“突破口”和“先行军”，始终发挥着基础性、制度性和保障性作用。70年来，我国财政实现了由生产建设型财政向公共财政的历史性跨越，由改革开放前高度集中的统收统支，到后来中央与地方划分收支、分级管理，财政的公共性和公平性日益突出，公共财政框架体系逐步完善。70年来，中国充分发挥财政政策在调节经济运行等方面的职能作用，建立并完善了在社会主义市场经济条件下，适应不同经济运行形态需要的财政政策调控体系，财政政策调控职能持续增强。70年来，财政作为国家治理基础和重要支柱的职能不断强化，财税改革在推进国家治理体系和治理能力现代化中的定位不断提升，稳固、平衡、强大的国家财政对于实现国家的繁荣发展和长治久安均具有重大意义的认知不断深化。

中央财经大学作为与共和国同龄的大学，是新中国中央人民政府创办的第一所新型财经院校。历经 70 年的建设和发展，学校形成了以经济学、管理学和法学学科为主体，文学、理学、工学、教育学、艺术学等多学科协调发展的学科体系，是教育部直属的，教育部、财政部和北京市共建的大学，是国家“双一流”建设、“211 工程”建设和首批“优势学科创新平台”项目建设高校。70 年来，几代中财人以推动国家繁荣发展和社会文明进步为己任，锐意进取，奋发图强，为国家经济建设和社会发展做出了重要贡献，赢得了广泛的社会赞誉，被誉为“中国财经管理专家的摇篮”。

财税学科作为中央财经大学成立最早的“老牌”学科之一，在 70 年发展历程中为国家培养了上万名高质量的财税精英人才。财政学科是国家级重点学科、北京市重点学科，财政学专业、税收学专业是教育部及北京市特色专业建设点，财政学教学团队是国家级优秀教学团队，全国资产评估专业硕士教学指导委员会秘书处单位。拥有博士、硕士和学士学位授予权以及应用经济学博士后流动站，目前已经成为我国财税人才培养和科学研究的重要基地。

2019 年 10 月 1 日，普天同庆，我们喜迎中华人民共和国成立 70 华诞；2019 年 10 月 19 日，中财人喜迎母校 70 岁生日。为了庆祝新中国成立 70 周年，总结 70 年来中国财税改革发展的成就和经验，我们组织中央财经大学财税学科的教师共同努力，形成了这部《现代财政制度建设之路——新中国 70 年重大财税发展改革回顾与展望》。

本书以翔实的资料和统计数据记载了新中国 70 年来财税改革历程，总结了 70 年来中国财政发展改革的演化逻辑、发展轨迹，展望未来财政发展改革趋势。按照专题式的写法，围绕“财政体制、税收制度、非税收入、国际税收、政府支出制度、财政投融资、政府预算、财政监督、国有资产管理与评估、财政政策、财政理论”十一个主题，在国际国内政治变迁、国民经济运行及经济体制改革的大背景下，系统回顾 70 年来上述十一个专题的理论发展、思想演变、制度变革，并对上述十一个专题的一般性经验进行提炼总结。最后，展望未来，以期加快建立现代财政制度，为全面建成社会主义现代化强国、实现中华民族伟大复兴的中国梦提供更加科学、完善的制度保障。

本书的写作分工如下：第 1 章由汪昊、熊成霞、王诗瑶、刘荧、杜星编写，第 2 章由陈宇、丁玉娟、刘玉环、郭海英编写，第 3 章由李贞、陈昭伊、云铮、刘依霖、张继云编写，第 4 章由何杨编写，第 5 章由姜爱华、杨琼编写，第 6 章由温来成、李婷编写，第 7 章由肖鹏编写，第 8 章由卢真编写，第 9 章由李小荣、林东杰、李咏禧、计林越、徐周昱编写，第 10 章由姚东旻、周世愚、张彤、杨宁欣编写，第 11 章由马金华、林源、张继云编写，第 12 章由白彦锋、王艳编写。全书由马海涛、肖鹏担任主编，马海涛提出了大纲具体设计、写作思路和要求，并对篇章结构、编写内容进行反复修改，最后由马海涛、肖鹏完成统稿任务。

希望本书的出版，能对促进我国财税领域学术交流、繁荣我国财税理论与政策研究做出微薄的贡献，成为财政学研究重要的历史记录和存史资政的文献资料。

马海涛

2019 年 12 月 2 日于中央财经大学

— 目录 —

第1章

财政体制发展改革回顾

2019 年新中国迎来 70 华诞。70 年以来，中国特色社会主义道路在改革和创新中大步迈进，各个领域硕果累累，焕然一新。中国从落后封闭中崛起，历经曲折和艰难，综合国力和国际地位不断提升，正以全新的大国形象走向世界舞台中央。财政改革述说着经济改革的故事，在新中国 70 华诞之际，回顾和思考中国特色财政改革具有重要的历史意义。本章首先回顾 70 年来财政体制发展改革的历程，梳理其理论和思想演变，探求发展改革背后的基本规律，以资借鉴。

回顾过去 70 年，财政发展改革是每个时期经济发展改革的先行者和引领者，在经济发展改革中发挥着基础性、制度性和保障性作用。财政体制发展改革即政府间财政关系的变革，财政体制发展改革与社会主义经济改革相伴而生。追溯我国社会主义经济发展历程，我国政府间财政关系在集权—分权—集权—分权的改革历程中迂回前进，财政体制发展改革具体体现以下几个阶段：1949—1978 年计划经济阶段的统收统支体制、1979—1993 年市场经济探索阶段的包干财政体制、1994—2001 年市场经济确立阶段的分税财政体制、2002—2013 年分税财政体制的发展与完善阶段、2014 年至今“构建现代财政体制”要求下深度调整的分税财政体制。

1.1　财政体制发展改革的理论与思想演进

1.1.1　统收统支财政体制理论与思想

新中国成立后，我国财政体制初步建立。财政体制的建立主要围绕着马克思主义的思想，探讨财政的本质和社会主义财政制度的性质，其中典型的财政理论包括：国家分配论、国家资金论、价值分配论、剩余产品（价值）决定论和社会共同需要论。国家分配论强调财政以国家为分配主体，旨在说明财政的本质是以国家为主体的分配活动和分配关系；国家资金论不仅包括分配关系，还包括国家资金的形成、分配、周转、使用一系列过程中所形成的种种经济关系；而价值分配论则认为财政是国家以价值形式进行社会产品和国民收入分配而形成的分配关系。剩余产品（价值）决定论强调，财政分配是由剩余产品形成各种社会基金的一个经济过程，也是剩余产品价值（社会纯收入）的一种运动过程，体现的是国家、集体、个人之间对剩余产品（价值）的分配关系。社会共同需要论则突出满足社会的共同需要，强调财政的分配是为满足社会的共同需要而对人力、财力、物力进行分配的活动。

1949 年，我国经济面临严重困难，财政收入来源少，支出巨大，导致严重的财政赤字，中央政府作出统一国家财政经济工作决定，在全国范围内统一财政收支、物资调度及现金管理。政务院于 1951 年出台的财政体制的文件，其核心思想在于加强中央政府的财权，令地方政府收入上缴，支出严格由中央政府审核。自此，我国高度集中的统收统支的财政体制基本确立，具体体现为收支两条线，地方政府的财权有限，财政收入和财政支出脱节。

1956 年毛泽东同志在《论十大关系》中对中央和地方关系做了系统性阐述，指出在中央政府的统一领导的前提下，扩大地方政府的权力，给予地方政府更多的独立性。在解决地方关系问题上，省市政府应该充分发挥区县乡政府的积极性，同时应该兼顾中央政府与地方政府之间的财政关系。在此影响下，研究政府间财政关系的理论也不断涌现，比如在财政收入划分中应具体考虑纳税人收入规模、纳税人能力、支出范围等因素，而收益范围、技术限制、宏观管理等因素应该纳入财政支出划分的范围内，各级财力的划分可采用比例分配法，同时利用补助金制度，实现中央和地方政府的互帮互助。

1958 年 1 月，陈云同志提出："财政收支和银行信贷都必须平衡，而且应该略有结余……如果我们的财政收支不平衡，社会购买力和商品供应量之间不能大体平衡，物价就会乱涨，市场就会混乱，这对经济发展和人民生活的稳定都会带来十分不利的影响。"其中，财政、信贷、物资、外汇的综合平衡是对新中国成立初期经济困难、财政赤字及通货膨胀问题的经验总结，也是对社会主义再生产过程中客观事物规律的把握。1958 年"大跃进"，受"左"的思想影响，国民经济严重失衡，1960 年财政赤字严重，信贷失控，1961 年国民经济被迫从调整财政收支、信贷收支和物资供应等方面调整国民经济结构，同时也进一步验证了"财政、信贷、物资、外汇"综合平衡对于促进社会主义经济按计划有比例发展的重要意义。

1.1.2 包干制财政体制理论与思想

"文革"结束时，我国经济陷入困境，中央财政赤字较为严重，地方政府的财政情况与中央相比更为严重，在此背景下中央政府决定积极推动财政体制改革，实行分权式改革，以解决高度集中的财政体制下资源配置低效的问题，从而实现激发各地经济的发展活力的目标。这一时期我国统收统支的财政体制逐步向包干制财政体制迈进。而财政理论和思想主要在以下几个方面具有发展：

（1）国家分配论

20 世纪 80 年代，随着经济体制的改革，一些学者逐渐对计划经济时代的国家分配论提出质疑，公共财政的理论出现。邓子基教授对国家分配论做了进一步的完善和补充，并且逐渐发展成为主流的财政思想，其核心理论在于坚持马克思主义的国家学说，国家与财政的关系是最本质的联系，国家应该在财政分配中居于主体地位，财政的本质在于协调国家与其他财政主体之间的利益关系。

（2）放权让利论

统收统支的财政体制导致中央政府财政权力高度集中，为了适应改革开放的需要，我国财政体制在“放权让利”方面做了许多尝试。1977 年，江苏省率先实行包干制，1979 年国务院批准 10 多个省市实行“增收分成，收支挂钩”，1978 年十一届三中全会也提出权力过于集中不利于经济的发展，应该在一定的规定下将部分权力下放，给予他们适当的经营管理的权力，并且明确了“放权让利”的改革政策，这直接促使我国财政体制发生重大变化。在放权让利的思想指导下，1980 年国务院颁布了《关于实行“划分收支、分级包干”财政管理体制的暂行规定》，提出建立“分灶吃饭”的财政体制，具体内容包括按照经济体制与企业隶属关系，划分中央和地方财政的收支范围；按照划分的收支范围，核定调剂收入分成比例、地方上缴比例、中央定额补助等收支指标，原则上 5 年不变；按照核定的指标，地方以收定支，自求平衡，多收可以多支，少收相应少支，从而提高地方政府的积极性。

我国从 1986 年开始财政收入占 GDP 比重及中央财政收入占总财政收入比重都呈现不断下降状态，造成中央财政连续多年赤字，进而降低了国家的宏观调控能力。财政学术界提出将放权让利的财政体制逐步向分税制过渡。1988 年 7 月国务院出台《关于地方实行财政包干办法的决定》，提出了多种形式的包干办法，包括收入递增包干、总额分成、总额分成加增长分成、上解额递增包干、定额上解、定额补助等，总体在于不断优化我国财政管理体制，坚持事权财权一体化的原则，稳定中央与地方的财政关系。

（3）税利分流论

1984 年，《中共中央关于经济体制改革的决定》明确提出我国本次改革的目标要建立有计划的商品经济体制，要给予企业适当的主体权利，激发企业活力。因此，为刺激国有企业的活力，1983 年和 1985 年我国对国营企业实行两步利改税，国营企业的利润上缴转变为税收，以税代利虽然在一定程度上刺激了国有企业的积极性，但是其混淆了国家作为经营管理者和资产所有者的身份，企业沦为国家的附属物，不利于发挥企业在市场经济活动中的主体作用。随着改革开放的深化，学术界提出了“税利分流”的思想，其核心要义在于以契约的形式即承包制来规范国家和国有企业之间的分配关系。邓子基教授对税利分流的思想做出了总结，认为国家是分配的主体，兼具社会管理者和财产所有者的双重身份，具有政治权力和财产所有权等两种权力，因此，在税收和利润分配两种形式上，兼具征纳税权力和国有企业的利润分红的权利，这一思想较好地协调了国家和市场、国家和国有企业之间的关系。

1.1.3 分税制财政体制理论与思想

（1）分税制财政体制初步确立阶段（1994—2001 年）

在财政包干制度下，地方经济得到了激发和极大的发展。同时，由于地方政府过度看重经济的发展，造成不同地区之间的恶性竞争和市场分割。一些让利放权改革政策的实施，减少了中央财政收入在全国财政收入的比重，这削弱了中央政府的财政职能。在当时从计划经济迈向市场经济的大背景下，在改革开放的大前提下，由于市场经济体制改革初期国民对于发展市场经济尚存在疑虑和考量以及当时发展市场经济可供借鉴的经验相当匮乏。如若财权没有集中到中央，得到中央政府的控制，很难建立一个相对完善健康的市场经济体制。同时如果没有中央政府的扶植，一些企业也难以成长和持续发展。所以，在这种情形下，扩大中央政府的财权是相当必要的，这样就可以给予中央政府充足的财力来加快经济建设，促进社会发展，维护国家的长治久安。如果不进行一系列财税改革，财权事权仍然集中在地方，容易形成地方保护主义和地方之间的贸易壁垒，各种大型基础设施的建设和统一的市场体制建设是很难完成的。1998 年财政工作会议上提出建立公共财政制度的基本框架，优化财政支出结构，利用积极财政政策促进公共基础设施建设，实现了财政提供公共产品和服务的功能定位。

1987 年，党的十三大报告提出，“在合理划分中央和地方财政收支范围的前提下实行分税制”。1990 年中央“八五”计划建议提出有计划地实施分税制。1993 年 11 月党的十四届三中全会出台《中共中央关于建立社会主义市场经济体制若干问题的决定》，提出进行分税制改革。1993 年 12 月国务院出台《关于实行分税制财政管理体制的决定》，对分税制财政体制做出具体的部署，即从事权与财权相结合的原则出发，明确中央财政支出与地方财政支出的范围，按照税收种类划分中央财政收入与地方财政收入，建立中央对地方的税收返还和转移支付制，完善预算编制和资金调度。分税制改革使得中央政府收入占比 60%，支出占比 40%，地方政府收入占比 40%，支出占比 40%，由此既发挥了中央政府平衡地区财力差距，构建社会主义和谐社会的作用，又保证了地方政府的积极性，有利于社会主义市场经济的发展。

总体而言，此次分税制设计的思想化解了中央财政危机，重新划分中央政府和地方政府的财政收入，协调各级中央政府和地方政府之间的财权、事权和支出责任。分税制的思想将多种要素纳入统一的财政体系中，即涉及财政收支管理又包含政府公债管理，能够规范和约束多种财政行为；分税制制度设计与我国分级的政府体制及经济体制密切相关，以中央和地方事权范围规范中央和地方的税收立法权、税收征管权、财政投资权，从而促进财政体制的高效运行。

（2）分税制财政体制发展与完善阶段（2002—2014 年）

20 世纪 80 年代，西方公共财政理论思想涌入。1990 年前后我国财政面临困境，理论界和实践层面倾向于节约支出来缓解财政困境，学术层面围绕着“国家分配论”和“公共财政理论”展开激烈的讨论。1998 年，贾康在提出我国财政理论应该由“国家分配论”向“公共财政理论”思想转变。“三个代表”重要思想，作为党的执政纲领，为公共财政制度的原则和框架的形成和确立指明了方向。具体来说，“三个代表”重要思想诠释了执政为民的核心思想，说明财政是代表人民理财即国家财政是人民的财政，也就是说财政的本质在于为社会提供公共物品，而不是简单的收入分配。“三个代表”重要思想指明，中国共产党代表中国先进生产力的发展要求、代表中国先进文化的前进方向、代表中国最广大人民的根本利益，进一步说明了公共财政的特征，即公共财政必须围绕如何发展中国先进生产力和先进文化、实现最广大人民根本利益展开，制度运行和政策设计也必须符合提高生产力、发展先进文化和实现最广大人民根本利益的要求。因此，具体应在财政运行过程中理清税费、完善税制结构、理清政府收入类别，发挥市场在资源配置中的主导作用，提高转移支付在中央政府支出的占比，以实现社会公平和效率。

2003 年秋天十六届三中全会召开并通过了《中共中央关于完善社会主义市场经济体制若干问题的决定》，会议上认为我们需要紧紧把握这一契机，将公共财政初步建立作为一个新的起点，提出我国目前还处在发展初期的公共财政体制的框架，从战略意义上制定发展战略，同时明确定位改革与发展目标。2007 年年末召开的党的十七大，在全面总结改革开放的历史进程和宝贵经验的基础上，对包括经济建设、政治建设问题的阐释，有关文化建设、社会建设图景的描绘，公共财政的理念的明确都逐渐渗透到大政方针的方方面面。胡锦涛同志指出要“围绕推进基本公共服务均等化和主体功能区建设，完善公共财政体系”。这一时期的理论和实践发展进一步说明我国财政体制目的不仅在于促进经济建设，更应该服务于社会、文化等公共服务的诸多领域，这一时期的财政定位也紧紧围绕着社会事业建设、政府职能格局定位、科学发展观和公共体系确立等问题。

（3）现代财政制度要求下的分税制（2014 年至今）

随着经济全球化的发展，中国在国际社会的话语权愈加重要，但是也遭受到以美国为主的发达国家的遏制和打压。发达国家通过主导新一轮高标准规则变局，重塑未来全球经济格局。2013 年，习近平总书记首次提出了经济社会发展面临“新常态”，经济增长处于换挡期，宏观调控需要通过适当微刺激，释放创新和改革红利。国内外经济环境的变化导致我国劳动力成本优势、制造业成本优势及国际贸易比较优势逐渐丧失，推动我国产业结构、需求结构、分配结构优化重构。基于国内外形势，十八届三中全会提出“完善和发展中国特色社会主义制度，推进国家治理体系和治理能力的现代化”，而建立现代财政体制在国家治理能力现代化中处于关键地位。总体来看，我国庞大的经济体量和人口体量及与日俱增的国际影响力也要求我国统筹国内和国际格局，构建大国财政，通过完善的财政体系和制度设计，实现国内外资源的最优配置，为国家战略发展助力，凸显大国担当，增强国家实力。

2014 年《深化财税体制改革总体方案》描绘了科学财税体制功能定位在于优化资源配置、维护市场统一、促进社会公平、实现国家长治久安。现代财政体制应该适应时代发展需求，解决以往市场和政府的界限不清，政府层级和事权分割不明确、财政管理“碎片化”、税制结构和税收制度设计的宏观调控作用发挥有限等问题，立足“五位一体”的总体布局以及政治、经济、文化、社会和生态文明建设的相辅相成，发挥财政制度稳定经济、提高公共服务、调节分配、保护环境及维护国家安全等方面的职能。

现代财政制度要求下财政体制的完善切入点包括中央政府和地方政府收入划分、事权和支出责任完善及中央对地方转移支付制度。首先，中央和地方事权支出责任的完善从根本上明确界定政府职能和职责范围，理顺政府间职责和财政关系，有效规范和约束政府这只“看得见的手”的行为，从法律、制度特别是体制上客观划清政府与市场的职能界限。政府的事权主要限定在加强市场监管、维护市场秩序、弥补市场失灵、推动可持续发展等方面，有助于更好发挥市场在资源配置中的决定性作用，营造公平的市场竞争环境。其次，现代财政的构想从传统的公共财政定位于公共服务供给及弥补市场失灵上升到国家治理的战略高度。而国家治理需要重构政府、市场、社会三者之间关系，扮演好财政在政府治理、市场治理和社会治理中的角色，财政角色定位在于构建强化市场型政府、公平竞争型市场和合作型社会。最后，明确各级政府的权责划分有助于提高各级政府职责履行的积极性和主动性。一方面，权责明确的政府间财政关系有助于发挥中央政府的宏观调控职能，统筹和推进区域协调发展等方面的作用，通过高效、科学的转移支付制度设计提升国家治理能力，从而增强中央政府的权威性和公信力，推进经济社会的可持续发展。另一方面，在政府间具体财政关系的设定上，中央政府也避免"一刀切"，给予地方政府在权力行使和政策实施上的自主性，有助于发挥地方政府的主观能动性，比如中央和地方政府收入分成比例的调整，地方税制体系的不断完善，专项转移支付及一般性转移支付的进一步完善，这些均有助于提升地方经济发展的活力，保证地方政府职能的有效履行。

1.2　重大财政体制发展改革实践

1.2.1　统收统支财政体制发展改革实践

统收统支的财政体制具体可以分为新中国成立之初高度集中的统收统支财政体制和1951—1979年统一领导、分级管理的财政体制两个阶段，其具体演变形式如表1-1所示。新中国成立之初，统收统支的财政管理体制是适应政治经济形势的必然选择，在一定程度上解决了当时财政收入和财政支出脱节的问题，促进财政收入的归集，对于解决新中国成立初期物资匮乏、财力薄弱的局面具有重大的意义。而统一领导、分级管理的财政体制的每一次具体的调整，其本质在于调整中央和地方政府的财政关系，以更好适应不同时期的经济建设。

表1-1　统收统支财政体制

<table>
<tr><th>阶段</th><th colspan="2">体制变迁</th></tr>
<tr><td>1949—1951年</td><td colspan="2">高度集中的统收统支阶段</td></tr>
<tr><td>1951—1957年</td><td>划分收支，分级管理</td><td rowspan="6">统一领导，分级管理</td></tr>
<tr><td>1958年</td><td>以收定支，五年不变</td></tr>
<tr><td>1959—1970年</td><td>总额分成，一年一变</td></tr>
<tr><td>1971—1973年</td><td>收支包干财政管理体制</td></tr>
<tr><td>1974—1975年</td><td>"收入按固定比例留成、超收另定分成比例、支出按指标包干"</td></tr>
<tr><td>1976—1979年</td><td>"收支挂钩、总额分成"和试行"收支挂钩、增收分成"的财政管理体制</td></tr>
</table>

（1）高度集中的统收统支的改革实践（1949—1951年）

第一，新中国成立后，党和人民掌握了国民经济命脉。但是我国经济经历了长期战乱摧残，相比 1936 年，我国农业下降了 25%，轻工业下降了 30%，重工业下降了 70%。国民党执政时期，通货膨胀严重，加重了国民的负担。因此，当时财政工作重心在于扭转国民政府统治时期体制混乱及经济萧条局面。第二，早期革命行动和解放战争依靠军队支撑，导致军费开支占据财政收入的绝大部分比重，例如 1949 年的军费开支占据财政收入的比重超过 50%。早期的财政收支一方面需要供给战争所需经费，另一方面，在于恢复生产，促进交通基础设施建设，用于国计民生。而国民政府遗留的军队政府教育等公职人员薪资由财政包办的弊病，更进一步加重了财政负担。例如 1950 年年初，财政预算需要负担 90 多万军公政教人员吃饭的问题，是否能够维持繁重的财政支出令人担忧。第三，多年战乱频繁，商品流通受阻，税收较少。新中国成立之初，广大农民面临严重的生产生活困难。第四，革命战争时期，各个解放区处于封锁状态，相对独立，导致财政工作分散运营，收支管理高度分散，自给自足，这也造成了中央财力基础薄弱。为了适应经济和政治发展的需要，集中财政收支，增强中央财政实力，化解经济困难，革除历史遗留弊病显得尤为重要。

1949 年，政务院发布了第一个财政体制文件，要求统一管理下一年度财政收支，主要内容如下：（1）中央人民政府统管财政管理，财政部在统一编制税收制度、财政收支程序、供给工资标准、行政人员编制、国家预决算并获得中央人民政府批准后执行。（2）各地征收的公粮、税收收入、国营企业的利润和提取的折旧基金统一上交国库，同时地方极其重视税收收入和税收征管。（3）中央人民政府具有清理仓库物资、战争缴获物资、没收的财产、新解放城市接管之金银外钞的所有权，以上物资需上交中央国库，如无法上交，地方政府暂为代管。（4）财政部统一管理所有财政收支，资金拨付严格执行中央财政部的指令，没有拨付指令则无法支付款项，而拨付的优先级次是从中央到地方，从军队到行政，从前线到后方。（5）预决算、审计会计制度、财政监察制度高度统一，所有财政收入和支出都包括在预算管理的范围内，如果不在预算管理范围内，拨款和预算审核就无法执行。

进一步，1951 年发布了一个财政体制的文件，其主要内容包括：国家预算管理权和制度规定权集中在中央，收支范围和收支标准都由中央统一制定；财力集中在中央，各级政府的支出均由中央统一审核，统一拨付；地方组织的预算收入同预算支出不发生直接联系，年终结余也要全部上缴中央。

以上重大决策在财税历史上具有划时代的意义，意味着战乱时期财政体制的终结，我国财政体制由分散向集中管理跨越。统收统支的财政体制保证有限财政资金的运行效率，保证战时的物资供应，促进新中国成立之初的经济整顿。

统收统支财政体制主要实行收支两条线，其特点是高度集中。在新中国成立之初的经济困难时期，统收统支财政体制效果凸显，财政赤字局面化解，收支渐进平衡，生产稳步开展，物资统一管理，保证了物资供应，商业流通获得整顿，物价暴涨的局面得以遏制，经济生活逐渐步入正轨，人民生活状态得到极大改善；并且此项财政体制在三年的抗美援朝战役中，统一集中和分配的财政体制，保证战争物资供应，促进基础产业的发展和物资流通。

（2）统一领导，分级管理（1951—1979 年）

随着社会经济的发展，诞生于新中国成立初期的财税体制，由于其自身的局限性，无法适应经济发展的需要。这种局面性主要体现在，一方面制度设计存在缺陷，高度集中的财政体制存在僵化性，地方政府灵活性和积极性被束缚，另一方面统收统支的财政体制能够满足战时和新中国成立初期集中财力办大事的需求，但是无法满足经济形势变迁下新的需求，因此改革原有体制不可避免。

1951 年我国开始由高度集中的“统收统支”向分级管理体制转变。具体实践包括：

①国家财政分为中央、大行政区和省（市）三级财政，进行分级管理。中央级财政称中央财政，大行政区以下的财政均称地方财政。

②国家财政事权，按照企业、事业和行政单位的隶属关系和业务范围进行区分，相应的财政支出也就划分为中央财政支出和地方财政支出。属于中央财政支出的主要有：国防费、中央经管的国营企业投资、经济建设事业费、社会文教事业费以及中央级行政管理费、内外债还本付息、其他支出等。属于地方财政支出的主要有：地方各级管理的国营企业投资、经济建设事业费、社会文教事业费以及地力各级行政管理费和其他支出等。地方财政支出同地方财政收入一起，每年由中央核定一次。

这项实践由收支两条线转变为收支挂钩，我国初步建立了“划分收支，分级管理”的财政体制。1953 年的财政管理体制中，为了适应县（市）一级发展的需要，取消原有的大区一级财政，增设县（市）一级财政，划分中央、省（市）和县（市）三级财政，进一步强化了我国中央政府统一领导、核定职权、分级管理的三级财政管理体制。

随着三大改造的完成，我国所有制结构发生变化，公有制经济占据国民经济的主要地位，这就导致了财政收入很大程度上来源于国营企业营利上缴，从而导致财政收入结构中国营企业收入占绝对比重，由此导致设计复杂的税种必要性较小，同时简化税种有利于减少征管成本。1958 年实行的税制改革，简并税种，最终形成了 9 个税种。为了加强对国营企业的管理，一部分适合地方经营的企业逐渐被下放地方管理，1958 年出台的《关于改进财政管理体制的规定》核心要义在于“以收定支，五年不变”，日的在于提高地方积极性，打破“一五”计划时期“分级管理，收入分类分成”的集中管理原则，其中地方财政支出的有两种：一是地方的正常支出，即地方财政经常性开支，如地方的经济建设事业费、社会文教事业费、行政管理费和其他地方经常性的支出。这些支出由地方根据中央划给的收入自行安排。二是由中央专案拨款解决的支出，包括基本建设拨款和重大灾荒救济、大规模移民垦荒等特殊性开支。这些专案拨款，每年确定一次，由中央拨付，列入地方预算。此外，对地方国营企业和地方公私合营企业需要增加的流动资金，30%由地方财政拨款，70%由中央财政拨款或由银行贷款。

基于“以收定支，五年不变”财政体制导致地方政府权力过大，国务院1958年9月通过了《关于进一步改进财政管理体制和改进银行信贷管理体制的几项规定》，决定从1959年起实行“收支下放、计划包干、地区调剂、总额分成、一年一变”，其主要实践包括：继续下放项目的同时，适当收缩一部分地方的机动财力，通过一年一变的做法，解决财政计划同国民经济不相协调的问题。在支出方面，除中央各部门直接办理的少部分经济建设支出（包括基本建设拨款）、中央级行政和文教支出、国防费、援外支出和债务支出以外所有其他各种支出，包括地方的基本建设拨款和企业需要增加的定额流动资金在内，全部划给省（市、自治区）作为地方的财政支出，不再区分地方正常支出和中央专案拨款支出。但是“大跃进”时期地方财政权力过大，我国又逐渐采用之前的三级管理体制，财政分成具体采用总额分成，年度变化，以限制地方财权。1968年经济发展受阻，政局紧张，我国恢复了新中国成立初期的统收统支的财政体制，集中管理，以化解困难局面。

随后，在改革开放前夕，我国财政体制又经历以下几个阶段的演变：1971—1973年收支包干财政管理体制，1974—1975年“收入按固定比例留成、超收另定分成比例、支出按指标包干”、1976—1979年“收支挂钩、总额分成”和试行“收支挂钩、增收分成”的财政管理体制，以上集中形式均坚持总额分成的基调，一方面，下放部分事权，扩大地方政府的事权范围，另一方面，调整收入分配方式，以调动地方政府增收节支的积极性，进而与整体的预算目标保持一致。

从总体上来看，计划经济时期财政制度在中央和地方财政权力多次划分中始终没有偏离高度集中这一特色，但是多次努力实践更多是期望中央和地方财政权力实现平衡。改革开放后，财政分权化改革充分调动地方积极性。由此，也说明计划经济时期中央政府“放权”尝试是新时期财政体制改革的先行者，为之提供充分的经验借鉴。

从新中国成立初期统收统支财税体制到原有税制的打破，这样一个不断完善的过程，体现了财税体制推陈出新的关键在于适应不同时期经济发展的需要，解决原有财政体制的弊端，推动和促进经济的发展。

计划经济时期统收统支的财政制度为我们积累了历史的经验和教训：

第一，经济基础决定上层建筑，新中国成立初期薄弱经济形势下，高度集中的计划经济体制决定了我国必须实行高度集中的财政体制。新中国成立初期，国家财政赤字严重，可动用的现金较少，因此实行开源节流，必须将财力集中于中央国库，统一支出，减少不必要的支出，提高资金运行效率。

第二，重视党和政府在财政体制改革中攻坚力量作用。从新中国成立初期高度集中的计划经济体制和财政体制，我们也可以看到集中管理的制度在经济困难时期加强了民众的凝聚力，但是这种凝聚力关键在于思想高度统一，只有民众信服党的领导，服从国家政策，我们的制度设计才有可能成功运行，才能集中力量办大事。

第三，在经济困难时期我们必须顺势而为，充分发挥资源禀赋和潜能。只有我们主动思考，整合利用人力、物力和财力，顺势而为，才能化被动为主动，战胜一切困难。

第四，经济困难时期，应该持有全局观，中央和地方政府相互扶持，共渡难关。中央政府应该具有全局观，重视地方利益，在艰难时期给予地方政府援助，同时地方政府应该信任中央政府，服从中央政府的领导，才能化解危机。

第五，财政权力的集中或者分散是相对的，需要根据时代要求不断加以调整和完善。历史实践表明高度集中的财政体制是适应特定时期国情的正确选择，而后续的调整和完善也是适应不同阶段具体国情的需要。

1.2.2　包干制财政体制发展改革实践

1978 年至 1992 年是中国从计划经济转变为市场经济的重要时期，也是从量变积累至质变的关键期。在整体经济体制“摸着石头过河”的背景下，财政发展改革不可能准确地一步到位，而是一个渐进的过程。从十一届三中全会开始，我国不仅从农村、企业等微观层面着手，局部试验，还从宏观层面着手改革。具体而言，宏观层面的改革是从财政分配制度开始，将“分灶吃饭”的分权改革作为突破口，在此基础上开展剩余工作。财政体制的每一次变迁都与当时的基本国情、主要经济社会矛盾以及发展理念的变化有着密切联系。不可否认，统收统支制度在一定时期对我国经济的发展做出了较大的贡献，使得中央能够集中财力，统筹安排，促进我国社会主义建设事业。但与此同时也暴露出一些弊端，比如中央财政集权不利于调动地方的积极性等，因此我国财政体制紧密结合具体实际情况再次进行改革探索。20 世纪 80 年代时，我国大刀阔斧地改革了国家与国有企业之间的利润分配关系，并且经过实践的证明，此次改革提高了企业拥有的财权，激发了企业和员工的积极性，进而为即将到来的财政体制改革打下基础。于是，为了更进一步调动地方积极性，我国借鉴安徽小岗村农村家庭联产承包责任制的包干制经验，发展出了中国特色的“财政包干体制”。包干制财政体制大致可分为四个阶段：

（1）初步探索期（1978—1979 年）

20 世纪 70 年代末期，中国进行了以“放权让利”为特点的经济体制改革，以缓和我国经济、社会等各个方面的紧张局势。江苏省于 1976 年就率先进行了包干制的探索，其具体措施为以 58% 的比例上缴中央，其余自留，在接下来几年内根据发展的实际情况对比例做出相应的调整，其基本特征是“按收支总数确定比例包干，几年不变”。接着，国务院在 1978 年又批准在 10 个省市进行试点。而此次改革正式拉开序幕则是 1978 年 12 月召开的十一届三中全会。

（2）划分收支，分级包干（1980—1984 年）

1984 年，《中共中央关于经济体制改革的决定》在这一阶段按照经济管理体制规定的中央与地方收支的隶属关系实行“划分收支，分级包干”的新财政体制。在本次改革中，采取不动存量，只调整增量的办法，尽量避免利益格局较大的变化。如果地方收入大于支出，则要按照一定比例上解中央；当收入不足以弥补支出时，由中央财政给予定额补助或递增补助，收支指标原则上是 5 年保持不变。这种分级包干财政体制既保证了中央财力，也划分了各级财政单位在整个财政管理体制中的权利与责任。从本质上看，财政包干体制中央政府与地方政府、地方政府与地方企业之间均有明显的委托代理关系，这一关系充分释放了地方政府在计划经济时期长期被限制的能力，具有较好的激励作用。但这一阶段的改革也导致了一系列的问题，最为突出的是导致中央财政极为困难，其财权与事权不能配比。于是，在总结这一阶段实践经验和教训的基础上，对财政体制进行了进一步调整优化。

（3）划分税种，核定收支，分级包干（1985—1987 年）

我国在 1984 年和 1985 年进行了两步利改税，并以初步建立的“以税代利”的财政收入体系为基础实行“拨改贷”政策，以促进企业自主经营，并履行依法纳税的义务。此外，用工商税制取代单一的国营企业经营利润上缴模式，两步利改税为这一时期的财政体制改革提供了强有力的保障。随着税费改革的不断深入，原计划试行五年的“划分收支、分级包干”措施应该进一步优化。在这一阶段将原则调整为“划分税种，核定收支，分级包干”，依旧保持 5 年的试行期。此外，本阶段还按照税种重新划分了收入与支出的归属关系，把财政收入划分为三类，分别是中央固定收入、地方固定收入和中央与地方共享收入。新体制在明确市县级财政收支范围的基础上，规定市县固定收入大于支出的，实行“收支挂钩，总额分成，一定五年”的办法，市县固定收入小于支出的，不足部分由自治区定额补助，一定五年且每年递增 10%。同时，针对几年来预算外资金增长速度快、存在问题多以及管理分散、使用不当的现状，1985 年还建立了综合财政计划管理机构，从管理预算外资金入手，逐步扩展到对社会总财力的调差研究和流向引导，加强了对社会资金的宏观控制与调节。但是，这一阶段采取的方案未能有效地解决中央财政连年赤字的情况。因此，在党的十三大上提出了“国家调节市场，市场引导企业”的指导方针。政府通过计划和市场两种调节手段来调节市场供求关系，促进国民经济协调发展。

（4）财政包干制全面推行（1988—1993 年）

1988 年至 1993 年期间，是财政包干制全面推行的阶段，也是比较彻底的“分灶吃饭”的财政体制阶段。从 1986 年以后，我国财政收入在国民总收入中的比重以及财政总收入中中央所占的比重均在不断下降，导致中央财政连续几年出现较大赤字，进而影响了政府的宏观调控能力。于是，为了解决暂时的财政困难我国决定于 1988 年在全国经济领域实行全面整顿。在原有体制的基础上，中央进一步调整了地方支出的基数，并将部分所得税、营业税等划分为地方固定收入，抵顶支出，增长全留。这一举措的目的在于，这些划分给地方的税种的税收收入会随着经济的不断发展而增长，换句话说就是地方政府着力推进本地区的发展并且征管得当，那么这些税收收入将大幅度增长，且增值部分归地方所有，可以在一定程度上缓解因中央借款所造成的困难。此外，我国在不同地区开始实行了多种形式的包干制，这些形式主要包括“收入递增包干”“总额分成”“总额分成加增长分成”“上解递增包干”“定额上解”“定额补助”等，以逐步形成全国包干的局面。

1.2.3　分税制财政体制发展改革实践

在实施分税制改革之前，“分灶吃饭”和财政“大包干”改革打破了财政统收统支的局面，政府让利和全面承包等一系列改革举措充分调动了中央、地方和企业发展的活力与积极性，为国家经济和财政收入的增长奠定了基础。但是，由于中央政府让利过多，财政支出不断增加，财政赤字不断积累，使得中央财政举步维艰，不得不向地方财政借款。同时，中央集权能力逐渐减弱，地方分权越来越强，导致中央政府在稳定宏观经济，促使市场公平发展，缩小不同地区之间贫富差距中出现缺位。

为了更好地适应建立社会主义市场经济的需要，我国在 1994 年的经济体制改革中，处于核心环节的是财税体制改革。建立适应社会主义市场经济的税制——分税制。分税制也大致经历了以下几个阶段：

（1）分税制财政体制初步确立阶段（1994—2001 年）

分税制是在统一税制的基础上，遵循“事权与财权相结合”的原则，科学划分中央与地方政府的财政支出范围、税种收入，建立税收返还和转移支付制度，对中央与地方政府之间的财力分配进行进一步改革。主要内容包括以下四个方面：

第一，划分中央政府与地方政府财政收入，这是分税制改革的核心部分。要按照财权与事权相适应的原则来划分中央与地方的税收收入，同时在划分时还要将税收的征管效率、财政支出的范围、对经济发展的影响等因素纳入考虑范围。我国此次分税制改革是按照税种的性质来划分中央与地方财政收入，将维护国家权益、市场统一所必需的税种作为中央税，如消费税、关税等。考虑征管效率等因素，将适合地方征管的税种作为地方税，另外，是将同经济发展有直接影响，对市场的统一没有重大影响的税种划分为中央与地方的共享税，并且中央享受较高的分成比例，如增值税中央与地方的分成比例是 75∶25。

第二，划分中央与地方的事权和财政支出范围，中央财政主要承担着维护国家安全、保证外交和中央国家机关运转所需经费，调整国民经济结构，协调地区发展，实施宏观调控所必需的支出以及中央直接管理的社会事业发展支出。地方财政主要承担着地区政权机关运转所需支出以及本地区经济、社会事业发展所需支出。

第三，分设国家税务局和地方税务局，对税收实行分级管理。中央税以及中央和地方共享的税种由国家税务局征收，地方税务局征收归属于地方政府的税收。同时为了保证分税制的顺利实施，原包干体制的分配格局暂时不变，两种体制同时运行。原来上交的继续上交，原来给予补助的继续补助，过渡一段时间后，逐步规范化。

第四，建立中央对地方的税收返还制度。税收返还主要采用“增量返还”的方法即按照“增值税和消费税比上年增长的部分，以 1∶0.3 的系数给地方返回”，保证地方财政充足，调动地方政府的积极性，充分发挥地方政府职能。税收返还制度是分税制顺利实施的基础，同时兼顾了中央与地方的财政利益。

（2）分税制财政体制发展与完善阶段（2002—2014 年）

分税制财政体制促进了社会主义市场经济的发展，但是随着市场经济的快速发展，我国经济体量不断提高，也出现了诸多问题，尤其是收入分配差距、民生问题、资源环境约束问题日益凸显。由于地区发展不平衡，部分地方政府由于财力薄弱导致无法实现公共服务提供均等化目标、不利于经济社会的可持续发展，地方政府的财力差距导致落后地方无法保证政府机构的正常运转，过渡时期的转移支付制度无法满足中央对地方财力支持的要求。因此，2002 年我国基于现有财政体制的问题，理顺中央和地方之间的关系，对现有制度进行改进和完善，以适应经济社会发展的需要。

2002 年以后我国围绕公共财政理念对分税制的调整也在于调整中央和地方财权和事权之间的关系，以更好促进公共财政职能的发挥。具体的制度变化包括以下几个方面：

首先是改革一些税种的分成比例。第一是改革所得税分享方案。我国从 2002 年开始实施所得税收入分享制度改革。除少数特殊行业或企业外，对其他企业所得税和个人所得税收入实行中央与地方按比例分享。从 2002 年中央与地方五五分成改为 2003 年的中央六地方四。第二是“营改增”试点推广以及增值税分享方案改革。2012 年开始，我国在部分行业试点实施“营业税改增值税，直至 2016 年全面彻底取消营业税”。但是营业税作为地方政府的主要财政收入来源，其取消减少了地方政府的财政收入，使得地方政府难以发挥政府职能。因此，为了维持地方政府基本财政支出的需要，提高了地方政府增值税的分享比例。第三是改革出口退税负担机制。在 1994 年实行分税制改革之初，规定由中央财政负担全部的出口退税。此后至 2004 年，国家开始考虑由中央和地方共同承担出口退税，建立由中央财政和地方财政共同负担的新机制。以上一年实退的出口退税额为基准，对于超过上一年基准的部分，由中央和地方财政按照一定的比例负担。第四是改革证券交易的印花税分享制度。针对证券交易的印花税，中央政府的分享比例一直在提高，由改革指出的中央与地方五五分改为现在的中央政府分享 97%，地方政府分享 3%。

其次是对事权的划分进行改革。事权的本质是合理确定各级政府的行为边界和责任归属。合理划分事权有利于规范政府间的财政关系。但是，自 1994 年实行分税制改革之后的 20 年里，我国有关事权的划分改革基本上处于一种停滞的状态，这主要是因为事权的划分改革依赖于相关的行政体制改革。自十八届三中全会之后，中央政府慢慢意识到了将事权和支出责任联系起来的重要性。财政事权要求政府提供公共服务，支出责任是政府履行财政事权的支出义务的保障，如果不落实支出责任，那么政府职责也难以履行。因此，近年来我国实行了一系列关于事权划分的改革。

最后是建立并完善转移支付制度。原有的分税制度下地方政府的收支不匹配导致了转移支付制度的引入，所得税分享改革导致中央政府新增的所得税收入有效用于对落后地区及中西部地区的转移支付，以平衡地方政府的财政实力和地区经济的发展。中央政府将此项过渡时期的转移支付定义为一般性转移支付，明确了转移支付在财政政策中的积极作用。与此同时，中央政府进一步完善了转移支付制度的计量公式，以保证转移支付的规范化和科学化。2002 年我国进一步调整了转移支付的结构，简化转移支付制度，2009 年中央政府对地方政府的转移支付进一步细分为一般性转移支付和专项转移支付。至此，我国转移支付制度进一步成熟，既发挥了一般性转移支付制度在保证地方财政实力、保证地方政府提供公共服务的需要，又通过专项转移支付制度满足了特定领域和特定地区发展的需要。

这一时期分税制在中央和地方所得税收入分享、事权和支出责任、转移支付制度及省级以下财政体制的完善等方面，基本上也在于围绕公共财政理念，调整中央政府、地方政府及地方政府间利益分配关系，更好保证政府职能的履行。一方面，更好完善分级财政体制的基本框架，规范政府间财政关系；另一方面，在于理顺中央政府和地方政府的关系，保证中央政府财政权力更好发挥其宏观调控职能的作用，同时兼顾地方利益，提高地方政府在区域职能领域的积极性，强化地方政府的预算约束，提升地方政府科学管理收支的积极性和主动性。

（3）现代财政制度框架下的分税制（2014 年至今）

2014 年《深化财税体制改革总方案》提出了建立现代财政体制的总体框架，现代财政体制发展改革主要包括预算管理制度改革、现代税收制度建立、政府间财政关系重构三方面的内容。

2014 年 6 月《深化财税体制改革总体方案》中明确在保持中央和地方收入格局大体稳定的前提下，合理划分中央和地方收入，进一步明确政府间事权和支出责任，实现事权和支出责任相匹配。2016 年 8 月《国务院关于推进中央与地方财政事权和支出责任划分改革的指导意见》进一步指明促进中央财政事权加强的同时保障地方履行财政事权，实现中央和地方政府共同事权的规范化，并建立财政事权划分动态调整机制。进一步落实事权和支出责任相匹配的原则，除了强调中央政府和地方政府各自事权和支出责任匹配，还对中央和地方政府共同事权与支出责任视具体情况划定支出责任。2018 年 2 月，国务院出台的《基本公共服务领域中央与地方共同财政事权支出和责任划分改革方案》明确中央与地方共同财政事权的八项具体规定，初步界定了中央和地方支出责任的承担方式。2018 年 8 月，国务院印发《关于印发医疗卫生领域中央与地方财政事权和支出责任划分改革方案的通知》具体划分了在公共卫生、医疗保障、计划生育、能力建设等四个领域的中央和地方财政权力和事权支出责任。财政权力和事权支出责任划分标准的不断清晰和完善，也说明我国财政体制在自我完善的同时，也在向国家治理现代化的目标迈进。

综合以上政策，我国各级政府间事权和支出责任改革主要包括如下四方面：第一点，推进中央和地方财政事权划分。明确基本公共服务属于中央事权，地方受益性强且地域性特色浓厚的划分为地方事权，规范中央和地方共同财政事权，并建立事权划分动态调整机制。第二点，完善中央与地方支出责任划分，实现事权和支出责任相匹配。第三点，深化省以下财政事权和支出责任划分改革，明确列出省级政府和市、县政府需要承担的事权清单，事权清单与政府预算编制中的预算支出科目一一对应，形成整个省以下地方政府间支出责任划分的分工；视轻重缓急，循序渐进地推进支出责任划分改革；建立动态调整支出责任机制。一方面根据中央财税体制改革和事权支出责任划分进程，适时调整省级政府与市县政府财政支出责任划分，另一方面，始终发挥市场在资源配置中的决定作用，在政府“让位”与“归位”的过程中适当调整省级政府与市、县政府的支出责任划分。加快政府责任清单建设步伐，推进支出责任划分的试点改革。第四点，完善财政转移支付制度，2015 年发布了《国务院关于改革和完善中央对地方转移支付制度的意见》，指明在深化中央对地方转移支付制度层面上，主要在于严格控制新设专项，实现专项转移支付的法制化和透明化。具体来说，专项转移支付项目的设立必须有法可依，专项转移支付的设立的政策来源，资金需求和用途必须合法和透明。为提高专项转移支付的效率和效果，对专项转移支付进行清理和整合，并且建立了定期评估和退出的机制，对那些规模小、散乱和绩效不明显、竞争性领域专项转移支付加以取缔，充分重视市场机制的调节作用，同时保留具有外部性的竞争性领域的专项转移支付；基于区域发展差异，我国进一步扩大一般性转移支付规模，专项转移支付比例进一步提高；合理选择因素法或项目法分配，科学设置测算因素、权重等，以更好规范专项转移支付分配方式。这一时期专项转移支付更加注重转移支付的调节公平性的效率和效果，以及政府干预和市场配置资源之间的作用。

1.3　财政体制变迁的规律总结

财政体制发展改革在财税发展改革中居于关键地位。纵观中国 70 周年财政体制发展改革的思想和实践，财政体制发展改革呈现一种渐进式的突破和完善的发展规律，其核心在于合理界定和调整中央政府及不同层政府、政府与企业间的关系、权责范围，作用于社会再生产的各个环节，推动经济社会的发展。基于 70 年财政改革的历史脉络，本章总结了以下几点规律性认识。

1.3.1 财政体制发展改革应该适应经济社会发展的需要

经济基础决定上层建筑，上层建筑反作用于经济基础的发展。财政体制是国家制度在财政领域的具体体现，属于上层建筑的范畴。因此，财政体制发展改革应该着眼于解决经济发展过程中的各种矛盾，探索出符合我国国情的财政体制。新中国成立初期，社会主要矛盾在于如何去恢复经济、促进社会主义各项制度的建立，高度集中的统收统支的财政制度集中分配物资、统一管理各项收支，缓解了经济紧张的局面，但是高度集中的计划经济体制的缺陷在于中央政府权力过大导致束缚地方政府的积极性，经济发展缺乏活力。作为改革开放初期的探索，“放权让利”和“税利分流”等财政思想萌芽，包干制作为改革开放初期阶段财政制度的尝试，充分地调动地方政府和企业的主观能动性，并为市场经济制度的建立奠定了物质基础。1990 年包干制在具体实践中导致中央政府财政收入降低，限制中央政府履行公共基础设施建设的职能，地方保护主义泛滥，权力寻租滋生，不利于开放统一的市场机制的建立。1994 年的分税制改革则解决了包干财政体制的弊端，初步建立了符合社会主义市场经济发展的财政体制。但是粗放型经济发展模式不利于经济社会的可持续发展，尤其环保问题、公共服务不均衡等问题凸显，这一时期围绕财政定位逐步转向“公共财政”，实现财力的横向均衡及纵向均衡，兼顾经济和社会矛盾，以适应科学发展观的需要。近年来，我国经济进入新常态，经济发展逐渐由高速增长转变为高质量的发展，财政体制改革更多立足于国家治理能力和治理体系的现代化以及大国财政的功能定位去不断完善，以推动经济社会更好更快地发展。可见，财政体制的每一次改革都是基于经济社会发展的矛盾出发，通过制度尝试和探索进而服务于经济基础的发展。

1.3.2 财政体制发展改革应该处理好中央和地方的关系

我国是多民族的社会主义国家，国土面积辽阔，区域发展呈现多样性。封建君主制度下延续的中央集权制度和地方自治相结合的政治制度也启示着我们财政体制发展改革必须注重处理好中央和地方政府的关系。这落实到财政体制层面，必须始终坚持保证中央政府的财权、发挥中央政府宏观调控的职能，发挥中央政府集中力量办大事的作用，保证国家机器的正常运转，同时也要兼顾地方利益，给予地方政府适度的财权，提高地方政府的积极性，促进地方经济的发展。从计划经济时期高度集中的体制下财权集中、包干制的放权实践到分税制兼顾中央和地方利益的改革实践，可以看到财政体制改革的命题始终围绕着政府间财政关系的调整，我国社会主义财政体制改革应该以保证中央政府的财政收入和宏观调控职能为重点，同时根据兼顾地方均衡发展的需要，提高地方政府的积极性。在后续的转轨经济发展过程中，我国社会主义市场经济发展不平衡、不可持续的发展的矛盾日益凸显，中央政府和地方政府的财权、事权和支出责任不匹配导致体制运行过程的局限性。因此，分税制财政体制进行了两次自我完善，主要围绕着中央政府和地方政府收入划分、事权和支出责任改革、转移支付制度完善、地方税制体系建设、地方财力保障体系建设等多方面发力，逐步理清中央和地方的关系，保证财政体制的高效运行。

1.3.3　财政体制发展改革应该坚持一切从实际出发，实事求是

财政体制发展改革应该始终坚持一切从实际出发、实事求是的原则，统筹多方面的利益，科学合理地推进改革的进程。首先，坚持总体布局，渐进式推进的思路。在明确总体目标和框架的提前下，抓住重点，有条不紊地逐一突破现实问题。以分税制改革为例，这项制度着眼于解决中央和地方政府的收入分配问题，结合具体实践过程中暴露的问题，推出中央和地方事权、支出责任改革以及地方税制体系建设等一系列配套财政措施的改革。其次，坚持存量不动、增量调节的原则。1994 年分税制改革、2002 年所得税收入分享改革都是保证既得利益，实施增量调节的改革策略，采用发展、动态调节的视角减轻了改革的阻力，解决了现有财政体制运行的缺陷，推进了基本公共服务的均等化。在存量利益上适度妥协，保证改革政策推行，实现中央和地方政府的双赢。最后，在保证财政统一规范的同时，兼顾不同区域和行业的特殊性。比如早期的补助金制度到后来的转移支付制度的完善，依靠财政资金和政策的倾斜均衡不同区域和不同行业的发展。

1.3.4　财政体制发展改革应该处理好改革、发展和稳定的关系

财税体制发展改革涉及政治、经济和社会等方方面面，因此在改革中把握改革发展的节奏，处理改革、发展和稳定的关系对财政体制改革的顺利进行至关重

要。回顾 70 年财政体制发展改革的经验，每次改革的成功实践都离不开对改革方向和节奏的把握。比如，财政包干制作为改革初期的财政体制的探索，采取先小范围试点后在全国范围推行的改革策略，避免采取“一刀切”的激进式的改革策略，先在试点地区推行以观后效，既减少改革阻力，又为后续大规模推动积累了成功的经验，总体上为全面改革准备了充分的时间和灵活调整的空间。比如分税制改革在打破现有的利益格局的同时，也充分考虑了改革时期各项过渡的配套设施，保护地方的利益，将改革与发展的协调统一内嵌于改革的整个环节中，推动经济社会的稳定发展。

第2章

税收制度发展改革回顾

2.1　税收制度发展改革的理论与思想演进

2.1.1　计划经济时期税制发展改革理论与思想

1949—1952 年，作为一个刚刚步入社会主义制度的国家，我国的税收理论还未完全建立。当时的税收实践主要是通过适应国家发展目标的税收思想进行指导。随着国家发展及税收实践中出现的种种问题，税收思想也相应进行调整。1949 年通过的《中国人民政治协商会议共同纲领》第四十条规定：国家的税收政策，应以保障革命战争的供给，照顾生产的恢复和发展国家建设的需要为原则，简化税制，实行合理负担。这是新中国成立初期我国国家税收制度建设的核心思想。

1952 年，我国开始对资本主义工商业进行社会主义改造。改造完成后，“左”的思想逐渐成为我国社会与经济发展的指导思想，“非税论”就是“左”的思想在税收理论方面的映射，它否定了社会主义制度下税收存在的合理性，认为国有经济制度下税收是没有必要存在的。在 1953—1977 年的计划经济时期，“非税论”成为我国税收方面的主导理论，税收的地位不断削弱，税制不断简化。

（1）统一思想

新中国成立初期，老解放区和新解放区分别沿用各自先前的征税模式，老解放区采用革命根据地征税模式，新解放区采用旧税法。全国各区域由于先前的政治因素和封闭治理，实行的税法存在较大差异，税法不统一，经济也没法一同发展，不能满足新中国成立初期迅速恢复发展经济的要求，也不利于区域间经济往来。

1949 年 12 月，时任中央人民政府副主席的朱德在第一届全国税务会议上指出：统一思想在处理税收和税收工作地位问题时非常重要，纳税要普遍，以纳税为光荣。并且强调，我国作为社会主义国家，国营经济与合作经济的经济比重将大大增加，税收是对企业行为与经济发展进行调节的重要工具，全国当前税法各异的情况必须尽快解决，需要尽快统一全国各区域税种、税目和税率以及所有的税收法令。统一全国税政有助于发挥税收调节利润和收益、保护劳动和节制资本以及对生产鼓励和限制的作用。[①]

① 张俊杰．中国税收大事记（一）［M］．学苑出版社，2003.

（2）税收是财政收入的重要来源

1949 年新中国刚刚成立时贫弱交加，在当时的世界政治经济背景下，我国具有强烈发展重工业的需要，重工业发展落后是我国当时经济社会发展的重要制约因素。《共同纲领》提出“应以有计划有步骤地恢复和发展重工业为重点”，但由于重工业投资金额巨大，投资周期长，风险太大，私人资本更倾向于投入轻工业，发展重工业的目标只能由中央政府实现，税收是国家获取完成发展任务所需资金的重要工具，能够集中国家分散的资金，用到国家当前最需要的地方，国家对税收任务的完成非常重视。

1950 年 3 月政务院第二十二次政务会议上通过的《关于统一国家财政经济工作的决定》规定，“除批准征收的地方税外，所有关税、盐税、货物税、工商业税的一切收入，均归中央人民政府财政部统一调度使用”。该规定特别指出，税收是国家财政收入的主要来源之一。国家当前的各项财政支出、各项发展任务的资金都要依靠税收收入。政务院会议还强调，“为了完成征税工作，必须委任最好的干部担任税务局长”。同时，中共中央《关于保证统一国家财政经济工作的通知》下达指令，立即派干部担任税务工作，改正轻视税务工作的错误观点，保证税收任务的完成，再次强调，“宁使其他各部缺少一个部长，而不要让税务机关成为一个弱的工作机关”。同年 7 月，《人民日报》发表的《调整税收的两个原则》社论指出：调整税收是我们国家工作和人民生活的一个重大问题。调整税收的两项主要原则，巩固财政收支平衡，照顾生产的恢复和发展。

（3）公私不可一律

在当时，我国十分注意保护自己的社会主义国家性质，1953 年，时任中央人民政府政务院副总理兼财政经济委员会主任的陈云在《克服财经工作中的缺点和错误》报告中指出，国营商业与私营商业是不同性质的两类企业。国营商业的利润要全部上缴，还担负着维持生产、稳定市场的责任，所以“公私一律”的提法是错误的，变更纳税环节打击了国营商业也是错误的。报告传达出国家对国营企业的保护。

1953 年 8 月，中共中央召开全国财政经济工作会议，周恩来总理在会议总结时提出税收任务和税收政策。税收任务是一方面要能更多地积累资金用于国家重点建设，另一方面是调节收入，使税制成为保护和发展社会主义、半社会主义经济，有步骤、有条件、有区别地利用、限制、改造资本主义工商业的工具。税收政策是“对公私企业应区别对待，繁简不同，对公私合营企业应视国家控制的程度逐渐按国营企业待遇”。财政部副部长吴波在《关于五届全国税务会议的结论》报告中明确了税制建设方针：在“公私区别，繁简不同”的原则下，随着经济的变化和发展，积极钻研，统一规划，慎重参考，逐步过渡。

（4）“非税论”

马克思在《资本论》中提出，税收是以私有制为基础的时代产物，是实行资本主义制度国家的主要经济来源，是国家直接占有生产劳动者的产品的一种形式，认为资本主义国家的课税，是对劳动人民尤其是工人阶级的剥削，它来源于工人的剩余劳动，是国家为榨取劳动量而颁布的强制法令，是资产阶级以国家身份对工人进行的盗窃。斯大林在进行苏联的社会主义实践时，没有认识到马克思理论依靠的生产力水平以及历史背景，将马克思的理论模式照搬式地运用到苏联的社会主义革命中，形成了苏联的计划经济体制。在苏联的这种体制中，税收是与社会主义、公有制经济不能并行的。“非税论”由此产生，并由苏联传入我国。

“非税论”把产品的所有权是否转移作为判定税收能否存在的标准。“非税论”认为税收的存在与发展，是与私有制或产权多元化联系在一起的。当被分配产品的所有权被征收方式改变时，这种征收方式便被称为税，否则就是非税。在公有制经济背景下，国家的经济主体上缴的税收的所有权本身就是国家的，所有权并没有发生转移，国家自己对自己征税从根本上是不应该存在的。“非税论”认为在社会主义制度下，不存在国民收入的再分配，一切都是公有的，因此不需要资本主义制度下税收这种进行国民收入再分配的工具，从根本上否定了社会主义制度下的所有税收。

1953—1978 年，我国的主导税收理论“非税论”无视税收对经济的调节作用，将税收误认为资产阶级进行剥削的手段，不断简化税收，甚至在“文化大革命”时期打击税收，推行“税收有害论”，导致税收在这 20 多年间地位和作用不断降低和弱化，税收理论研究几乎停滞，严重危害了我国的税收制度建设。

2.1.2　改革开放起步阶段税制发展改革理论与思想

1978 年以前，财税部门长期受计划经济和非税思想的影响，税收职能逐渐局限于组织财政收入，税收调节经济的作用日渐弱化，这种简单的税制与经济改革发展的需求逐渐不相适应。遵照中共十一届三中全会所制定的路线、方针和政策，自 1978 年年底、1979 年年初，财政部召开多次税收工作会议，认真总结中华人民共和国成立以来税制建设的历史经验和教训，纠正了一系列轻视税收工作、扭曲税收作用的错误思想，拨乱反正，明确了将税收作为重要的经济手段。在改革开放起步阶段，我国的税制建设形成了以下理论和思想：

（1）税收本质的“国家决定论”和“经济决定论”

在围绕如何建立与有计划的商品经济体制相适应的税制体系过程中，税收理论界开展了对税收本质的讨论，形成了“国家决定论”和“经济决定论”这两大主要理论。

“国家决定论”认为国家的产生和存在是税收产生与存在的决定条件。税收是国家实现其职能的物质基础。只是在国家出现以后，才有为了满足国家政权行使职能而征税的客观需要。

“经济决定论”则认为社会经济条件是税收产生与存在的决定性条件。该理论认为，国家产生与存在只说明国家需要取得财政收入，但不能说明这种财政收入为什么必然要采取税收形式。财政收入的形式可以是多种多样的，但并不一定是税收。税收是在商品经济和生产资料私有制等经济条件之下出现的。

两种理论都是解释国家与纳税人的经济利益关系，但角度不同。归根结底，现代社会中纳税人纳税的根本原因是国家代表国民的整体利益和公共利益，国家应当公平、合理地征税，而公民具有纳税的义务，征上来的税收应当用于维持国家机器的正常运转以及社会的建设。这些理论在一定程度上起到了批判税收无用思想的作用。

（2）税收的经济杠杆作用与“税收万能论”

1979 年 5 月 5 日—26 日，财政部在成都市召开全国税务工作会议。会议确定了税制改革遵循的原则：服务于社会主义现代化建设的需要，符合客观经济规律和实际情况，扩大税收在财政预算中的比重以及充分发挥税收的经济杠杆作用。

税收杠杆是指国家依据税法，通过调整税收征纳关系及纳税人之间利益分配，来调节社会经济生活的功能。国家可以通过税种的设置、税率的设计，实行减税、免税、退税、规定起征点和免征额等鼓励或限制性措施，引导纳税人的生产经营决策和消费选择同国家经济发展规划相一致。运用税收杠杆可以弥补和纠正市场机制的缺陷，充分发挥市场机制的积极作用。

此后，我国的税制改革充分注重发挥税收杠杆的作用。在这一阶段，税收的经济杠杆作用主要体现在：

①调节各类产品盈利水平。在计划商品经济中，出于计划调节的需要或者市场供求的影响，商品的价格和价值可能发生背离。而商品的价格主要由成本、税收和利润三个要素组成，由于税收具有经济杠杆作用，国家可以根据经济政策和市场供求，对各种产品有针对性地规定不同税率来调节其盈利水平。

②调节企业和经济组织利润。在探索建立市场调节的商品经济中，企业是独立经营、自负盈亏的经济实体，采用税收的方式更符合国家与企业之间的分配关系。同时，由于税收具有法定性，可以保证企业的经济利益，也鼓励企业的市场化发展，监督和促进企业加强经济核算，改善经营管理。

③调节外籍纳税人收入。随着对外开放政策的实行，我国的对外经济往来日益发展，从而需要通过对外国企业和个人征收所得税，对进口商品实行差别的进

口税率，对出口商品给予减免税优惠来维护国家主权和经济利益，对不同经贸往来进行鼓励或限制。

注重发挥税收的经济杠杆作用，很大程度上是对改革开放以前的“非税论”“税收无用论”进行批判和矫正，但由于过分夸大税收的功能和作用，把税收视为解决改革中出现的种种问题的“灵丹妙药”，我国曾走入了“税收万能论”的误区，导致税种越来越多，税制越来越繁复，从 1979 年开始，我国陆续开征和调整了各类税种，到 1991 年，我国工商税制共有 37 个税种，分为流转税类、所得税类等七大类。1988 年，我国重新征收自 1952 年便停征的筵席税，希望以此遏制大吃大喝现象，但在实际执行中，约束力有限的税收并不能承担这样的使命。

（3）“经济—财政—经济”的治税思想

改革开放以来我国税制建设还形成了自己的治税思想。税收首先来源于社会经济活动，同时又服务于经济，将税务工作作为经济工作的一个重要组成部分，必须服从、服务于经济这个中心，始终把税收工作置于经济建设的全局来考虑，适应市场要求，促进经济腾飞。

1988 年 7 月，在全国税务工作会议上，时任财政部税务总局局长金鑫将社会主义初级阶段治税思想概括为：以社会主义初级阶段理论为依据，以改革总揽全局，坚持公平税负、促进竞争与体现产业政策的原则，以法治税，充分发挥税收组织财政收入、调节经济与监督管理的职能作用，促进社会生产力的发展。在这里，组织收入与调节经济属于税收职能，合理负担、公平税负与鼓励竞争属于税制建设原则，监督管理属于税收征管职能，以法治税属于税收征管原则，发展社会生产力属于税收职能与原则的上位概念，体现产业政策属于税收职能与原则的下位概念，实行分级管理属于税收管理体制。

总体而言，这一时期中国财税部门从思想上和理论上对税制改革进行了重新认识，明确了税收的作用，开始重视并强化运用税收手段调节经济，同时也为税收制度的进一步改革提供了经验和基础。

2.1.3　社会主义市场经济体制建立初期税制发展改革理论与思想

经历了上一阶段税制的恢复和重建，这一时期，顺应我国社会主义市场经济的建设步伐，我国税收制度开始朝着规范化的方向逐渐完善。这一阶段的税制改革理论突出税收的公平和效率，以全面完善税收的财政、经济和社会发展功能为目标、以 1994 年工商税制全面改革为主要标志。这一时期的税收理论和思想的主要内容和成果包括以下内容：

（1）规范原则

鉴于前一时期的税制建设对税收的功能认识不够，存在一些过分夸大税收职能作用的倾向，试图通过税收解决一些税收无法解决或者很难解决的问题，使得我国的税制越来越繁复。1990 年，中共中央提出税收制度规范化要求，此后提出逐步取消减免税，清理规范税收优惠。在社会主义新时代，结构性减税转变为普惠式减税降费，税收制度的规范化程度进一步提高。另外，进入 20 世纪 90 年代后，收费项目越来越多，越来越乱，企业和老百姓不堪重负，对我国的财政税收秩序、经济生活和社会稳定造成了严重危害。为此，1995 年后，学术界开始研究市场经济与政府财政行为的关系，政府征税与收费的理论依据；分析造成我国现阶段收费规模膨胀的体制原因、制度因素和管理问题；提出了规范税费关系、清理整顿收费、税费分流和实施“费改税”的改革思路。

（2）税负公平原则

税收负担问题尤其是税负公平原则是 20 世纪 90 年代初期税收理论界讨论的一个热点。

一些学者指出，作为市场经济下的一项征税原则，税负公平有三层含义，即征税起点（税制设计）公平、征税过程（税收管理）公平和征税结果（调节收入分配）公平。学术界研究更多的是在税制改革、政策设计和征收管理中如何体现公平税负原则，这项原则在 1994 年税制改革中发挥了重要的指导作用。

（3）税收中性理论与税收宏观调控功能

在 1994 年的税制改革前后，学术界围绕市场配置资源与税收配置资源的关系，尤其是围绕税收中性与税收宏观调控的关系展开了广泛的争论。一种观点基于市场经济在本质上是一种自由竞争经济，倡导税收不干预或少干预经济运行的“税收中性论”。税收中性有两层含义：一是国家征税使社会所付出的代价以税款为限，尽可能不给纳税人或社会带来其他的额外损失或负担；二是国家征税应避免对市场经济正常运行的干扰，特别是不能使税收成为超越市场机制而成为资源配置的决定因素。税收中性原则的实践意义在于尽量减少税收对市场经济正常运行的干扰，在市场对资源配置起基础作用的前提下，有效地发挥税收的调节作用，使市场机制和税收机制达到最优结合。

更多的学者认为，完全的税收中性，无论在理论上还是在实践中都是不可能的。税收的调节作用体现在：在资源配置方面，税收要调节产业结构，调节生产力布局，调节市场供求，调节对外经济往来；在收入分配方面，税收要缩小收入差距，调节过高收入；在经济与社会发展方面，税收要促进科技进步，节约能源资源，转变增长方式，促进产业结构升级，转变发展方式。

（4）优化税制结构理论

优化税制要兼顾效率与公平，效率与公平是税制建设最古老的话题，同样也是我国税制建设与优化的核心问题。市场经济建立初期我国的研究重心在于将税制优化理论运用于研究我国的税收政策和税制结构的优化，主要包括主体税制模式、税种选择和税种配置以及税制改革总体方案的设计等。

1993 年 12 月 25 日，国务院批转国家税务总局报送的《工商税制改革实施方案》，明确规定了所得税制改革、流转税制改革、其他税种改革和税收征管制度改革等内容，体现了直接税与间接税相结合的税制结构优化理论。所得税具有诸多优点，如纳税人和实际负担人一致，可以直接调节到纳税人的收入；对企业征收所得税，可以起到发挥贯彻到国家特定政策，调节经济的杠杆作用。另外还具有在征税范围上具有广泛性，税基约束力强，实行统一的比例税率，税负公平等等，通常被认为是能够较好体现公平税负和税收中性的一个良性税种。而差别的商品税在资源配置效率方面具有优势，这是所得税所不能取代的。因此直接税和间接税相互补充的复合税制是促进经济良性发展的税制。而在复合税制下，一般而言，所得税适用实现公平分配目标，商品税适用实现经济效率目标，在建设市场经济时期，我国主要追求经济发展的效率，因此采取了以间接税为主体的税制模式。

2.1.4　社会主义市场经济完善阶段税制发展改革理论与思想

随着我国改革开放的不断深入，2003 年党的十六届三中全会《中共中央关于完善社会主义市场经济体制若干问题的决定》提出要健全统一、开放、竞争、有序的现代市场体系。以此为标志，我国改革开放进入了完善社会主义市场经济体制的阶段。

税改目标为进一步理清政府和市场关系，进一步完善市场机制，涉及多税种，重点要解决的问题是地方财政困境，建立中央税收和地方税收体系，合理划分税收收入。税改重点在流转税，因为流转税具有税源广、易征收的特征。

（1）税收收入划分理论

收入划分是财政体制的构成要素。从各国财政实践来看，政府间财政收入的划分一般遵循以下原则：（1）根据收入项目的调节功能强弱确定归属。一般将数额较大、宏观经济调控功能比较显著的税种划归中央。（2）根据税基的移动性进行划分。如果一个税种的税基具有较强的移动性，容易出现通过迁移得以避税的现象，而地方政府间为减少乃至消除这种税基移动，需要进行有效合作与协调，加大征税成本，则该类税收作为中央收入比较理想。而税基移动性不强或不具移动性的税种，通常划为地方政府收入。（3）根据征管效率进行划分。某些税种能够实现规模效益，则宜于集中，应作为中央收入；反之，收入零星、分散的税种，集中管理成本较高且容易流失，应下放给地方政府。（4）按照税基分布的均衡性进行划分。各辖区税基分布不均衡的税种，应作为中央收入。（5）基于受益原则征收的税收或使用费，交给地方政府管理。

（2）税收公平与效率原则

税收公平原则是指政府征税要使各个纳税人承受的负担与其经济状况相适应，并使各个纳税人之间的负担水平保持均衡。它包括三个方面的含义：

一是税收负担的公平，税收公平分为横向公平和纵向公平。横向公平是指经济能力或纳税能力相同的人应当缴纳数额相同的税收，并且税收负担与其经济状况相适应。纵向公平是指经济能力或纳税能力不同的人应当缴纳不同的税收，纳税人之间的税收负担差别要同纳税人的经济能力或纳税能力的差别相适应。横向公平是纵向公平的前提条件，只有同等条件的纳税人之间实现公平，不同条件的纳税人之间才会实现公平。

二是税收的经济公平，即通过税收机制建立机会平等的经济环境，实现起点的公平。

三是税收的社会公平，即通过税收机制对社会成员个人的收入进行调节，以征税或补贴方式实现社会成员间利益上的相对公平，实现结果的公平。

税收的效率原则指的是以尽量小的税收成本取得尽量大的税收收益，它通过税收成本与税收收益的比较得以衡量。税收的效率主要包括两个方面的内容：税收的行政效率和经济效率。

在市场经济建设初期，我国为了吸引外资以促进国内经济的发展，实行了许多对外资企业十分有利的优惠税收政策。当前，我国整个的经济环境已经有充足的吸引力，我国广阔的市场前景推动外商投资大大增加。如果继续保持原来的税收政策，会造成对内资企业的打击。将内外资企业放在不同的层面进行竞争，既不利于我国市场经济的继续完善，也不符合上述“税收的经济公平”原则，因此，统一内外资企业的所得税成为当时税制改革的重要内容。除此之外，个人所得税等一些税种的改革也是基于税收公平理论进行的。

我国农村经济发展缓慢，从事农业带给农民的效益低下，但农民的负担又很重，这伤害了农民的积极性，不利于农业生产的发展和农民生活水平的提高。农村税费改革既减轻了农民负担，提高了农业生产积极性，有利于农民更合理地调配各种资源从事农业生产，又有利于精简机构，提升县乡机构的管理水平，避免税负反弹，巩固农村税改成果，兼顾了税收的公平与效率原则。

（3）简税制、宽税基、低税率、严征管

《决定》指出要按照简税制、宽税基、低税率、严征管的原则，稳步推进税收改革。改革出口退税制度。统一各类企业税收制度。增值税由生产型改为消费型，将设备投资纳入增值税抵扣范围。完善消费税，适当扩大税基。改进个人所得税，实行综合和分类相结合的个人所得税制。实施城镇建设税费改革，条件具备时对不动产开征统一规范的物业税，相应取消有关收费。在统一税政前提下，赋予地方适当的税政管理权。创造条件逐步实现城乡税制统一。

2.1.5　现代税收制度建设阶段理论与思想

(1)“营改增”理论依据

传统流转税（如营业税）的“全值征税”带来的“重复征税，税负不平”的弊端，阻碍了专业化协作生产的发展。因此，我国自 2012 年起实行“营改增”，并在此后持续深化增值税改革。

营改增涉及税制优化理论，所谓的税制优化理论：就是要尽量使由扭曲性税收所带来的效率损失降至最小。在“营改增”的税制改革中，税制优化理论的要求体现在：一是如何根据各改革后征收增值税的企业性质的不同，规划测算出合理的增值税税率，尽量避免税负不公平因税收制度的改革而在纳税人之间存在，做好营业税纳税人向增值税纳税人过渡的转换。二是要规划好增值税在中央与各个地方的归宿分配方法，确保税收制度的公平与效率。三是通过完善增值税的抵扣链条和合理配置税权，在不影响纳税人的理性交易、降低重复征税、使税收征管的效率与成本相协调等方面做出符合公平与效率原则的安排。

营改增也涉及税收中性理论，亚当・斯密提出纳税人的经济理性决策不受到来自政府的征税行为影响，而且也不会对资源的合理配置产生影响。这就是著名的税收中性理论。增值税是具有中性特点的税种，由于其是就增值额进行征收的税种，企业无论选择何种经营形式均不会带来税收上的不同，因此，相比于营业税，增值税对资源配置的影响更能发挥中性作用。我国的服务业征收营业税，这在一定程度上阻碍了服务业专业化与规模化的发展，影响了税收中性优势的发挥。因此，此次“营改增”正是顺应了税收中性理论的要求，如果在实践中可以借助合理有力的推行举措，相信会对我国的产业结构升级、经济的更好更快发展做好铺垫。

营改增还涉及税收宏观调控理论，政府调控经济时，通常会利用到两大政策工具，即财政政策和货币政策。在市场规律调控资源配置失灵的领域，比如外部性、不完全信息、垄断、收入分配不均衡等，税收政策的使用可以起到显著的调节作用，这是其作为宏观调控最主要的理论渊源。目前，我国处于推进产业结构升级的关键时期，大力扶持第三产业的发展，促进产业结构的升级是我国当前国家宏观调控的重要目标。通过“营改增”的税收政策调整，可以使优质的资源更具倾向性地配置在服务业领域，促进其发展壮大，从而实现了对社会资源在三大产业中的配置做优化调整的政策目标。

（2）现代税收制度改革的整体思想

随着中国特色社会主义进入新时代，税收工作也面临新要求，税收工作要以习近平新时代中国特色社会主义思想为指导，从解决发展不平衡不充分问题入手，为我国建设富强、民主、文明、和谐、美丽的社会主义现代化强国做出贡献。

①坚持税收法治原则。全面依法治国是实现国家治理体系和治理能力现代化的基础和保障，国家治理现代化必然要求国家治理法治化，作为国家财政重要来源的税收的治理也必然要求法治化。提高税收的法治化是落实党的依法治国方略的需要，是实现国家治理体系和治理能力现代化的必由之路。党的十九大报告将“建立权责清晰、财力协调、区域均衡的中央和地方财政关系”作为财税体制改革的首要重点，同时在税制改革方面明确提出了“健全地方税体系”的要求。财力协调，就是要形成中央和地方合理的财力格局，为各级政府履行财政事权和支出责任提供有力保障，同时地方税体系建设是实现“财力协调”的中央和地方财政关系的重要内容。

我国区域经济发展不平衡，中央和地方收入划分体系的构建需要既符合市场经济一般规律，又具有中国特色。完整的中央和地方收入划分体系不仅包括中央与省级政府间的收入划分，还要因地制宜、合理规范划分省以下政府间收入。现有地方税收收入规模小、主体税种不突出，地方政府财政问题突出，是制约完善地方税体系的重要因素。健全地方税体系，实现中央和地方的财力协调是关系到实现区域均衡发展的重大课题。健全地方税体系首先要与税制改革相结合。从国际经验看，房地产税比较适合作为市、县等基层政府的专享税，要按照“充分授权”的原则，赋予地方政府在房地产税征收方面更大的自主权，通过积极稳妥推进房地产税改革健全基层政府的收入体系。在加快地方非税收入立法进程的同时，要结合“费改税”改革通过清费立税拓展地方税的范围。

税收法治是指在税收“良法”的前提下，税权受到了充分制约、税法权威得以确立、我国征税机关的权力、纳税人的权利得到了税法的确认与保护的一种法治状态。在党领导国家实现国家治理现代化的过程中，税收法治的地位至关重要，是我国实现依法治国总目标的关键一环，是衡量我国治理法治化的主要标准之一。

②发挥税收调节功能。税负公平是现代税收制度的基本特征，也是促进社会公平正义，调节收入分配，缩小贫富差距的重要要求。当前，优化税制结构，着力完善直接税体系是实现税负公平的主要措施。比如，建立综合与分类相结合的个人所得税制，能够优化国民收入分配格局，保障和改善民生，更好实现社会公平正义。

税收作为重要的政策工具，要以“贯彻新发展理念”为指导，通过建立健全鼓励研发和促进创新、创业的税收优惠政策体系在“建设现代化经济体系”中发挥应有的作用，促进产业结构的升级。近年来，国家为了鼓励研发、提升我们自己的技术，制定了一系列研发抵扣所得税的政策，而且将中小高新技术产业的亏损结转年限由 5 年提高到 10 年等，极大减轻了税负，推动经济发展。

在现代复合税制体系中，税收还承担着诸多调节功能，推进房地产税立法与改革，有利于建立房地产市场健康平稳发展长效机制；在普遍征收增值税的同时，还要通过对部分产品和服务选择性开征资源税、环境保护税、消费税等税种起到促进资源节约、环境保护，引导生产和消费的功能。

③开拓国际税收视野。在经济全球化不断深入的今天，国际税源竞争日益激烈，在国际税收合作的大势中要拿捏好税收竞争的尺度，使国际税收政策既符合国家战略利益，又与国际税收合作的趋势相吻合，在国际潮流允许的前提下努力吸引更多优质国际税源。另外，当前国际税基争夺加剧必然导致日益严重的税基侵蚀，打击逃避税成为全球税收合作的重点，完善国际税收征管工作十分重要。

2.2　重大税收制度发展改革实践

2.2.1　计划经济时期的税制发展改革实践

从新中国成立到改革开放以前，我国一共进行了三次大规模的税收制度改革，分别是 1949—1950 年统一全国税政、初步建立新税制，1958 年简化工商税制、试行工商统一税以及 1973 年进一步简化工商税制、试行工商税。

（1）1949—1950 年统一全国税政、建立新税制

1949 年 11 月中央人民政府在北京召开了首届全国税务会议。会议根据“国家的税收政策，应以保障革命战争的供给，照顾生产的恢复和发展及国家建设需要的原则，简化税制，实行合理负担”的精神，制定了《全国税政实施要则》。1950 年 1 月 30 日，中央人民政府政务院总理周恩来签署政务院令，公布了《关于统一全国税政的决定》和《全国税政实施要则》，规定全国除农业税外，统一征收 14 种税，即货物税、工商业税（包括营业税和所得税两个部分）、盐税、关税、薪给报酬所得税、存款利息所得税、印花税、遗产税、交易税、屠宰税、房产税、地产税、特种消费行为税和车船使用牌照税。

（2）1958 年简化工商税制、试行工商统一税

1958 年 3 月，中央同意财政部的报告，决定对我国工商税制进行重大改革，本着“基本上在原税负的基础上简化税制”的方针，其主要内容是简化工商税制，试行工商统一税，将工商企业原交纳的商品流通税在货物工业环节和商业零售环节各征一次。同时将工商业税中的所得税改为一个独立的税种，称为工商所得税。简化后的工商税制共设 9 个税种，即工商统一税、工商所得税、盐税、屠宰税、利息所得税（1959 年停征）、城市房地产税、车船使用牌照税、文化娱乐税（1966 年停征）和牲畜交易税（无全国性统一法规）。

（3）1973 年进一步简化工商税制、试行工商税

1973 年，中国进一步简化税制，试行工商税。至此，中国的税制一共设有 13 种税收，即工商税、工商统一税（工商税开征以后此税基本停征）、关税、工商所得税、城市房地产税、契税、车船使用牌照税、船舶吨税、屠宰税、牲畜交易税、集市交易税、农业税和牧业税。此外，盐税名义上包含在工商税内，实际上仍然按照原来的办法征收。在一般情况下，国营工商企业只需要缴纳工商税，集体企业只需要缴纳工商税和工商所得税，农业生产单位（主要是人民公社和国营农场）一般只需要缴纳农业税，公民个人缴纳的税收微乎其微。

2.2.2 改革开放起步阶段的税制发展改革实践

（1）两步利改税

为调整国家与企业的分配关系，调动和激发企业发展生产的积极性，1983 年 4 月，国务院批转财政部拟订的《关于国营企业利改税试行办法》，决定在全国范围实行国营企业“利改税”，即第一步“利改税”改革。这次改革，终止了新中国成立以后三十余年国营企业向国家上缴利润的历史，而改为国家向企业征收企业所得税，成为重塑国家与企业分配关系的一个历史性转折。1984 年 9 月，针对第一步“利改税”税种单一、税后利润分配办法复杂、分配关系没有定型、企业间留利悬殊等问题，国务院决定在全国推行第二步“利改税”并配合实施工商税制改革，实现了由“税利并存”向“以税代利”的过渡①。

（2）工商税制改革

这是中国改革开放后第一次大规模的税制改革，基本建立起了新的流转税体

---

① 康玺，秦悦．改革开放四十年税收制度改革回顾与展望［J］．财政科学，2018（08）：56－71.

系。一是改革流转税制度。如表 2 – 1 所示，1979 年下半年，国家就开始了增值税的试点工作。1984 年 9 月，国务院在实施国营企业第二步“利改税”的同时改革工商税收制度，拟定有关税收实行条例草案。二是建立所得税制度。初步建立依经济成分不同而区别对待的所得税税制。1984—1988 年先后出台了针对不同性质企业的所得税征收条例。这些所得税制度的建立，对调整国家与企业、个人之间的分配关系进行了初步探索，对深化经济体制改革、引导公平竞争和促进经济健康发展产生了深远影响。

表 2 – 1　　　　工商税制改革内容

时间	改革内容
1979 年	开始增值税试点工作
1983 年	《关于对国营企业征收所得税的暂行规定》
1984 年	《中华人民共和国国营企业所得税条例（草案）》《国营企业调节税征收办法》《中华人民共和国产品税条例（草案）》《中华人民共和国增值税条例（草案）》《中华人民共和国营业税条例（草案）》自 1984 年 10 月 1 日起试行。
1985 年	《中华人民共和国集体企业所得税暂行条例》
1986 年	《中华人民共和国城乡个体工商业户所得税暂行条例》
1988 年	《中华人民共和国私营企业所得税暂行条例》

资料来源：根据《改革开放四十年税收制度改革回顾与展望》（康玺，秦悦）整理而来。

2.2.3　社会主义市场经济建立初期的税制改革实践

1992 年 10 月我国进入社会主义市场经济时期。为与社会主义市场经济体制的建设相适应，税收制度也发生了相应的变革与发展。1994 年税制改革是新中国成立以来规模最大、范围最广、内容最深刻的一次工商税制改革，形成了“取消产品税，增值税普遍征收、消费税重点调节”的税制体系。主要包括以下内容：

（1）全面改革货物和劳务税制

实行了以比较规范的增值税为主体，消费税、营业税并行，内外统一的货物和劳务税制。1984 年第二步“利改税”中我国引入了增值税，开始对部分工业产品试行按差额（不完全的增值额）征税的做法，其主要目的是解决重复征税的问题。在实践中，取得了一定效果，到 1994 年税制改革前已经覆盖到了原征产品税的很多工业品。但是，这一时期的增值税很不成熟。从实质上讲，仍然属于在产品生产环节单环节征收的产品税，是一种以增值税办法排除了部分重复征税因素的改进型的产品税。而 1994 年改革对于货物的生产、批发、零售和进口环节以及加工、修配环节普遍征收增值税，将实行产品税的烟、酒、电力、石化、化工等产品全部改为征收增值税，是全新、规范、具备了增值税优势的税制。同时，对出口货物统一实行零税率，加大了出口退税额度，直接刺激了实行增值税的产业生产和出口的积极性。

在实行增值税的基础上，改革选择少数消费品再征收一道消费税，其征税范围仅限于在境内生产、委托加工和进口的若干消费品，共设有 11 个税目，包括烟、酒、化妆品、鞭炮焰火、贵重首饰、小汽车、摩托车、燃料油等，采取从价定率和从量定额两种征税办法，纳税环节确定在生产环节。这些重税产品中包括了一些国家不鼓励发展的产业，如烟、酒，有一定的促进工业结构优化作用。

（2）改革企业所得税制和个人所得税制

将过去对国营企业、集体企业和私营企业分别征收的多种企业所得税合并为统一的企业所得税，废止了国营企业调节税和各种利润承包办法。改革个人所得税制，将过去对外国人征收的个人所得税、对中国人征收的个人收入调节税和城乡个体工商业户所得税合并为统一的个人所得税。

（3）大幅度调整其他税收

取消了集市交易税、牲畜交易税、烧油特别税、奖金税、工资调节税和特别消费税，将屠宰税、筵席税下放到省级地方政府管理。为了限制房地产交易中产生的过高利润开征了土地增值税，同时扩大了资源税的征税范围。

（4）改革涉外税收

在涉外税收方面，进一步深化对外贸易体制改革，进一步完善了出口退税制度，打击骗税行为；同时，严格控制减免进口税收，有关文件指示要继续清理现行的减免关税和进口环节税的政策规定，规定各部门、各地区不要再向国务院及有关部门申请减免关税和进口环节税。

改革之后的我国税制，税种大幅减少，初步实现了税制的简化、规范和高效统一。

2.2.4　社会主义市场经济完善阶段的税制发展改革实践

经过前一阶段的大规模税制发展改革和调整，中国已初步建立起了符合社会主义市场经济体制要求的税收制度体系。2003 年 10 月，党的十六届三中全会通过《中共中央关于完善社会主义市场经济体制的决定》，提出了“简税制、宽税基、低税率、严征管”的税收改革原则。此后，税制改革更加注重优化财政收入结构，公平各类经济主体的税收负担，以及促进经济社会全面、协调、可持续发展。

（1）实现内外资企业税制统一

在分税制的完善阶段，我国首先开始分步实现内外资企业税制统一。2007年1月1日，向外商投资企业和外国企业征收城镇土地使用税；2007年3月《企业所得税法》颁布，统一了内外资企业所得税制度。2008年1月1日起施行的《耕地占用税暂行条例》，在有关纳税人范围的规定中增加了外商投资企业和外国企业。2009年1月1日，《城市房地产税暂行条例》废止，外商投资企业、外国企业和组织以及外籍个人，包括港澳台资企业和组织以及华侨、港澳台同胞，开始依照《房产税暂行条例》缴纳房产税。2010年12月1日起，外商投资企业、外国企业及外籍个人开始适用城建税和教育费附加征收的规定。至此，内外资企业税制实现了统一，外资企业在税收政策上享受的“超国民待遇”至此终结[①]，如图2-1所示。

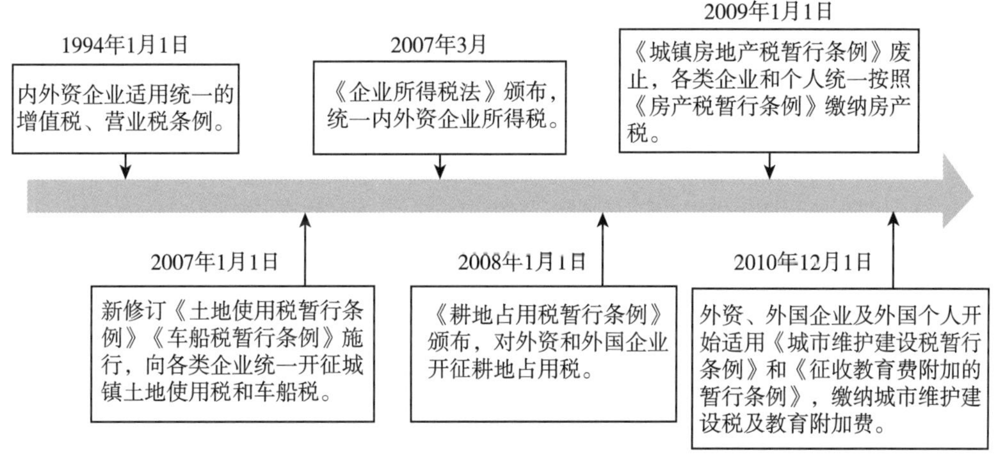

图2-1　逐步实现内外资企业税制的统一

（2）全面实施增值税转型改革

2004年7月1日起，国家开始在东北地区装备制造业等八大行业进行增值税转型试点，并于2007年7月和2008年7月两次扩大试点范围。2009年1月1日，增值税转型改革在全国范围内全面推行，原有增值税重复征税的问题得以解决，

---

① 霍军．新中国60年税收管理体制的变迁［J］．当代中国史研究，2010，17（03）：52-59.

有效减轻了企业的税收负担。

（3）其他税种的改革实践

①全面取消农业税。党的十六届三中全会《关于社会主义市场经济体制若干重大问题的决定》提到“在完成试点工作的基础上，逐步降低农业税率，切实减轻农民负担”以及“完善农村税费改革试点的各项政策，取消农业特产税，加快推进县乡机构和农村义务教育体制等综合配套改革”。经过各方努力，《中华人民共和国农业税条例》自 2006 年 1 月 1 日起废止。这项改革终结了 2600 多年来中国农民缴纳“皇粮国税”的历史，实实在在地减轻了农民负担。

②调整出口退税政策和完善关税制度。从 2004 年 1 月 1 日起试行出口退税新机制，并对出口退税率和具体产品项目进行结构性调整，在这一时期国家还大幅降低了关税总水平，调整规范进口税减免。

③调整其他一些税种。调整了消费税应税品目和税率；两次提高个人所得税扣除标准，实行了对居民储蓄存款利息暂免征收个人所得税的政策；修订了《土地使用税暂行条例》和《耕地占用税暂行条例》，完善了土地相关税收制度；颁布并实施了《烟叶税条例》；陆续调整了部分资源税应税品目的税额标准，完善了资源税制度；实施了资源税、房产税、“营改增”等改革试点，为继续深化改革探索积累经验[①]。

2.2.5 现代税收体制建设阶段的税制发展改革实践

（1）增值税改革的全面启动和深化

①营业税改征增值税。2016 年 5 月 1 日，全国范围内的营业税改征增值税（以下简称“营改增”）的税制改革序幕浩浩荡荡地拉开了，此次改革将建筑业、房地产业、金融业和生活服务业四大行业全部纳入了增值税的征收范围。这标志着实行了 67 年的营业税将正式成为历史，退出了税收舞台。

②深化改革阶段。增值税开始了并档减税降负改革。2017 年开始的增值税改革主要以减税并档为主，2018 年《政府工作报告》中提出“改革完善增值税制度，按照三档并两档方向调整税率水平，重点降低制造业、交通运输等行业税率，提高小规模纳税人年销售额标准”，2019 年《政府工作报告》中提出“深化

---

① 白彦锋，罗庆．财税改革 40 年：回顾、经验与展望［J］．河北大学学报（哲学社会科学版），2018，43（02）：73－82.

增值税改革，将制造业等行业现行 16% 的税率降至 13%，将交通运输业、建筑业等行业现行 10% 的税率降至 9%，确保主要行业税负明显降低；保持 6% 一档的税率不变，但通过采取对生产、生活性服务业增加税收抵扣等配套措施，确保所有行业税负只减不增，继续向推进税率三档并两档、税制简化方向迈进”，具体如表 2－2 所示。

表 2－2　　增值税深化改革过程中税率变化

	调整前税率	调整后税率
2014 年 7 月 1 日	征收率为 6%、4% 和 3% 三档	统一调整为 3%
2017 年 7 月 1 日	增值税税率四档 17%、11%、13%、6%	取消 13% 的增值税税率，将农产品、天然气等增值税税率从 13% 下调至 11%
2018 年 5 月 1 日	增值税税率为 17%、11%、6%	增值税下调 1 个百分点，调整后为 6%、10% 和 16%
2019 年 4 月 1 日	增值税税率为 6%、10% 和 16%	制造业等行业现行 16% 的税率降至 13%，将交通运输业、建筑业等行业现行 10% 的税率降至 9%，保持 6% 一档的税率不变

2019 年深化增值税改革不仅体现在降低增值税税率方面，在进项税额的抵扣范围、税收优惠政策上也都有一定的体现，如表 2－3 所示。

表 2－3　　2019 年增值税深化改革相关政策

改革项目	改革内容
降“四率”	降低税率，16%、10% 分别降至 13% 和 9%；降扣除率，对于购进农产品用于生产或者委托加工 13% 税率货物的，扣除率降为 9%；出口退税率分别降为 13% 和 9%；离境退税物品的退税率分别由 13%、8% 降为 11% 和 8%。
扩大进项抵扣范围	将国内旅客运输纳入抵扣范围；允许不动产进项一次全额抵扣；实施加计递减政策，生产、生活性服务业按当期可抵扣进项税额的 10% 计提加计抵减额。
留抵税额退税	所有行业试行增值税留抵退税制度。

（2）个人所得税改革

随着我国经济发展水平的不断提高，老百姓的工资收入一直在稳步增长，与此同时各类消费品的价格也在上涨。自 2011 年上调个税免征额以来，社会上关于再次上调免征额的呼声一直较高。本次上调免征额、制定税率结构调整方案，正是顺应民心的一大举措。

2018 年《政府工作报告》中进一步提出，要改革个人所得税，“提高个人所得税起征点，增加子女教育、大病医疗等专项费用扣除，合理减负，鼓励人民群众通过劳动增加收入、迈向富裕”。2018 年个税改革意在进一步发挥个人所得税调节社会收入分配、促进社会公平的作用。具体改革内容如下。

①实施综合征收。将个人经常发生的主要所得项目纳入综合征税范围。新个人所得税法第二条将工资薪金、劳务报酬、稿酬和特许权使用费 4 项所得纳入综合征税范围，实行按月或按次分项预缴、按年汇总计算、多退少补的征管模式。新个人所得税法实施条例第六条第五款将原第二条第二项“个体工商户的生产、经营所得”、第三项“对企事业单位的承包经营、承租经营所得”合并为“经营所得”，表述更为科学，如表 2－4 所示。

表 2－4　　2018 年个人所得税改革综合征收变化情况

改革前	改革后	计算方式
工资薪金	合并计征	7 级超额累进税率
劳务报酬		
稿酬所得		
特许权使用费所得		
对企事业单位承包、承租经营所得	经营所得	5 级超额累进税率
个体工商户生产、经营所得		

②完善居民与居民纳税人划分标准。新个人所得税法实施条例第四条对居民纳税人和非居民纳税人的划分标准进行了修改。即将原个人所得税法条例第三条和第六条的规定“在境内居住满一年”的标准修改为：“一个纳税年度内在中国境内居住满一百八十三天”。该修改除文字表述更准确外，主要是和我国与其他国家和地区签订的税收协定或安排相协调。

③完善个税费用扣除模式。一方面合理提高基本减除费用标准，将基本减除费用标准提高到每人每月 5000 元，另一方面设立子女教育、继续教育、大病医疗、住房贷款利息或者住房租金、赡养老人等 6 项专项附加扣除。删除了附加减除的规定（即每月在减除 3500 元费用的基础上，附加减除费用 1300 元）。其中专项扣除属于新增的费用扣除标准，具体内容如表 2－5 所示。

表 2－5　　　　　个人所得税专项扣除具体内容

扣除项目	扣除范围	扣除标准
子女教育	学前教育及全日制学历教育	1000 元/月/人
继续教育	学历教育和职业资格教育	学历教育 400 元/月；职业资格教育 3600 元/年
大病医疗	超过 15000 元的医药费	80000 元/年
住房贷款利息	本人或配偶首套普通住房贷款利息支出	1000 元/月
住房租金	在主要工作城市没有自有住房的租金支出	1500 元/月；1100 元/月
赡养老人	60 周岁以上的父母或者子女去世的祖父母	独生子女 2000 元/月；非独生子女 1000 元/月

④推进个税配套措施改革。推进部门共治共管和联合惩戒，完善自然人税收管理法律支撑。个人所得税完税凭证将成为申请不动产转移登记的必备材料之一。国家税务总局曾于 2009 年 6 月 12 日下发《国家税务总局关于加强股权转让所得征收个人所得税管理的通知》（国税函〔2009〕285 号，根据 2014 年 12 月 7 日国家税务总局公告 2014 年第 67 号废止），规定股权交易各方在签订股权转让协议并完成股权转让交易以后至企业变更股权登记之前，负有纳税义务或代扣代缴义务的转让方或受让方，应到主管税务机关办理纳税（扣缴）申报，并持税务机关开具的股权转让所得缴纳个人所得税完税凭证或免税、不征税证明，到工商行政管理部门办理股权变更登记手续。根据《国务院关于建立完善守信联合激励和失信联合惩戒制度加快推进社会诚信建设的指导意见》（国发〔2016〕33 号）、《国务院办公厅关于加强个人诚信体系建设的指导意见》（国办发〔2016〕98 号）规定，国家建立守信联合激励和失信联合惩戒制度。修改后的条款，为将本法遵从情况纳入信用信息系统并实行联合激励和惩戒提供了法律依据。

（3）推进资源税改革

如表 2－6 所示，2014 年 12 月起实施煤炭资源税从价计征改革，同时清理相关收费基金。2015 年 5 月 1 日全国范围内稀土、钨、钼资源税清费立税、从价计征改革开始实施。2016 年 5 月 11 日，财政部、国家税务总局联合发布《关于全面推进资源税改革的通知》，决定自当年 7 月 1 日起全面推开资源税改革，要求：逐步扩大资源税征税范围，在河北省开展水资源税改革试点工作；改革计税方式，全面推开从价计征方式；全面清理收费基金；确定合理的税率水平；设置合理的税收优惠政策等。资源税改革推动建立了税收调节资源利用的机制，规范了资源领域税费关系，增加了地方政府收入，有利于资源节约和集约利用，促进了生态文明建设①。

表 2-6 资源税改革进程表

时间	改革进程
2014 年 12 月	煤炭资源税从价计征，清理相关收费基金。
2015 年 5 月	全国范围内稀土、钨、钼资源税清费立税、从价计征改革开始。
2016 年 7 月	全面推开资源税改革。河北省开展水资源税改革试点工作。

资料来源：根据资源税改革相关文件整理。

（4）其他税种的改革实践

在现代税制建设阶段，除了增值税、个人所得税、资源税等税种发生了较大的改革外，环保税、消费税以及关税等也在不断地完善和调整，以适应社会主义现代化建设的发展，具体如表 2-7 所示。

表 2-7 其他税种的改革

税种	改革内容
环保税	2018 年，《环境保护税法》正式实施。
消费税	2014 年调整了成品油、电池涂料、卷烟和高档化妆品的税率。
关税	2012 年多次调整税率，整体思路是降低关税税率。2016 年实施跨境电子商务零售进口税收政策，规定跨境电子商务零售进口商品按照货物征收关税和进口环节增值税、消费税。2016 年 9 月，在自贸试验区的海关特殊监管区域积极推进选择性征收关税政策先行先试。

资料来源：本研究归纳。

2.3 税制发展改革一般规律与经验

2.3.1 税制发展改革一般规律

新中国成立以来我国 70 年的税制发展改革理论和实践过程反映了以下规律：

① 康玺，秦悦．改革开放四十年税收制度改革回顾与展望［J］．财政科学，2018（08）：56-71.

（1）经济体制的发展改革决定税收制度的变迁

经济决定税收，经济是税收的源泉，税收政策是调节经济的一个手段和工具。在经济发展的不同时期，我国制定了不同的税收政策，形成具有鲜明时代特色的税收制度，以适应当时的经济体制，配合经济体制的转型，促进经济的发展。

我国不同时期的税制改革，很大程度上是顺应经济体制改革的需要。在计划经济时期，我国的税制改革核心在于简化税制，这在很大程度上是因为计划经济下财政收入主要来自于国有企业上缴利润，社会产品采取公有、分配的形式而非贸易交换，因此税收筹集财政收入、调节经济的作用在此经济环境下显得不那么重要。而在我国开始建立社会主义商品经济和社会主义市场经济体制的过程中，税收的作用日益受到重视，更多的税种得以开征，复合式的税制体系开始建立起来，不同类型的税种发挥其作用，调节经济发展的方向、结构等。随着市场经济的日益完善，我国的税收制度也趋于规范和稳定，从传统向现代转变，与国家治理现代化相匹配。而每个经济发展改革阶段的目标和路径不同，相应阶段的税制发展改革内容和重点也各有侧重。

不同经济发展阶段税制发展改革的理论和实践连接起来构成了新中国成立以来中国税制变迁的完整脉络。

（2）不同阶段的税制发展改革有一定因果联系

归纳每一阶段的税制发展改革特点可以发现，每次税改很大程度上是对前一阶段税改的修正与完善。从税收理论和思想来看，我国的税制发展改革经历了从“税收无用论”到“税收万能论”再到正确认识和发挥税收作用的过程；从税制改革实践来看，从简化税制到恢复税制再到规范税制；从税收的重要性来看，20 世纪 80 年代的两步“利改税”以及工商税制改革，使各类企业获得了更多的制度激励，并逐渐成为市场主体，实现了当时国家通过“放权让利”搞活经济和解决财政困境的目标，但是同时也引发了“两个比重”偏低的问题，导致了政府宏观经济调控职能的弱化。因此，1994 年税制改革中，国家通过分税制改革适度集权，以解决“两个比重”偏低问题。而在这一问题得到解决之后，中央和地方财权和事权不匹配，各地税负偏高等新的问题又显现出来，成为下一次税制改革所要解决的问题。

由此可知，我国的税制改革是在探索和实践中不断前进的，每一个阶段的税制改革达到了一定的目的，但同时也存在不合理之处，在下一次税制改革时进行调整和进一步改革完善。

（3）税制发展改革帮助重新定义政府与市场的关系

70 年的经济发展，我国经历了从计划经济到商品经济再到社会主义市场经济，以及现在的改革与开放深化期，税制发展改革也随之不断调整，而贯穿其中的是对政府和市场关系的厘清和重新定义。

国有企业从上缴利润转变到缴纳税收反映出政府和企业关系的调整，开始奠定企业作为市场主体的地位；内外企业税制的统一实现了市场主体站在同一起跑线上竞争。通过税收的调节，市场越发具有活力，而政府也能发挥其宏观调控作用。

2.3.2 税制发展改革经验

（1）坚持党的领导，推进税收制度现代化进程

新中国成立 70 年风雨历程，中国共产党始终是中国特色社会主义事业的领导核心，其一如既往地贯彻“为人民服务”宗旨，以坚定的勇气应对内外部挑战，敢于纠错、与时俱进，为中国现代化进程提供了坚实的政治和组织保障，我国的税制建设也是在党的领导下开展的，如今更应该坚持党的领导，着力推动税收现代化。

十八届三中全会提出财政是国家治理体系的基础和支柱。在任何构建现代财政制度的方案中，现代税收制度都是不可或缺的一个重要板块。新时期，我国需要在党的坚强领导下大力推进税收制度现代化，冲破全面深化改革面临的阻碍，促进国家治理体系现代化建设。

（2）明确改革目标，促进税制改革的持续推进

改革的作用是为了解决问题，促进发展。我国自新中国成立 70 年来，从社会主义改造建立计划经济到计划经济体制逐步向市场经济体制转轨，每一个阶段都进行了税制的调整和改革，以处理不同时期的问题。因此，在税制改革当中，应当分析当下经济形势和需求，明确税制改革的目标，坚定地推进税制改革，“发挥税收制度在各项制度建设和改革中的‘排头兵’和‘突破口’的作用”[①]。

（3）结合中国国情不断进行制度创新

新中国成立之初，国家建设处于百废待兴状态，各项制度建设均没有经验，学习和引进发达国家的制度是必然选择。税收制度的建设同样如此，我国先后向苏联和欧美国家学习税制理论，汲取税制建设经验，这种主动的学习和借鉴能够有助于我国税收制度的完善。

税收制度应当植根于本国的经济环境和建设需求，因此我国在引进其他国家税制建设经验时充分考虑到各项因素，根据本国国情进行“本土化”改造，对税制要素和征管程序等进行适应本国需求的创新和改造。注重处理好制度引进与结合中国国情的关系。

---

① 张斌．新中国税收 70 年的历史进程与启示［N］．中国税务报．2019－09－25.

第3章

非税收入发展改革回顾

3.1　非税收入发展改革的理论与思想演进

3.1.1　计划经济时期的非税理论

从 20 世纪 50 年代后期到后来相当长的一段时期，具有计划经济特征的“非税论”在我国广为传播和发展。这种观点认为：社会主义国有企业所有权属于国家，所以它应由国家直接经营。在这种情况下，不再有与国家政治权力相对应的产权，因而国家不必借助自己的政治权力取得归自己经营的财产所带来的收入，即国家不用税收这种方式对国有企业进行扣除。同时，国有企业仅仅作为国家的一个生产单位，它与产权毫无关系，国家与国有企业之间关系是一个整体所有权内部的决策者和生产者之间关系。不存在规范的权利义务关系，当然也无所谓产权与政治权力的对立，因而税收对国有企业也就没什么意义，国家完全可以通过提缴利润形式而不必通过征税形式来取得自己的财政收入。这就是“非税论”的基本依据。

当时出现这种状况，一方面是由于苏联的某些理论和实践被作为社会主义建设的普遍经验传入我国，并被机械地照搬照用；另一方面是由于我们自身缺乏经验，对发展社会主义商品经济和发挥经济杠杆调节作用的认识有限。

3.1.2　利改税财政理论

1983 年开始施行了利改税，其核心是对国有企业开征所得税，它突破了长期以来对国有企业不能征收所得税的理论禁区，是国家与国有企业分配关系的重大突破。无论在理论上还是在实践上，都对税收在社会主义经济中的地位和作用进行了探索，为今后进一步科学认识税收在国企利润分配中的地位以及“税利分流”打下了理论和实践基础。

（1）利改税理论产生的背景

①非税论。从理论上，“利改税”是对计划经济时期的“非税论”的彻底否定和突破，同时探索了税收在社会主义经济中的地位。

“利改税”突破了传统的“非税论”框框，使人们认识到公有制企业作为独立的商品生产者和经营者的自身利益是必须承认的，国家利益与企业利益之间的矛盾也是客观存在的，而且是长期的。“利改税”第一次将国营企业作为独立的商品生产者和经营者列入了所得税纳税人的行列。这是改革的一项重要成果，丰富了社会主义的税收理论，也标志着我国的税制建设进入了一个新的历史发展时期。

②国营征税的探讨。关于国营企业财务体制和税收制度的改革问题。正确处理国家与国营企业之间的分配关系，是社会主义生产关系的重要内容。关于国营企业征税的必要性和如何改革税收制度的问题，早在 1964 年第一次全国财政理论讨论会上，就进行过专题讨论。当时强调了产品税的作用，倾向于对国营企业征税，要着眼于产品税的形式，以利于与价格杠杆相配合，调节产品利润水平，从而体现国家政策，促进企业经济核算，并且可以制约价格，保证财政收入。

1979 年以后的几次全国财政理论讨论会和税收专题讨论会对这个问题的研究更为广泛和深入了。会议明确提出，对国营企业征税之所以必要，是在商品生产存在条件下，自觉运用和驾驭价值规律，有计划地发展经济的需要。应使税收真正成为组织财政收入的基本手段，成为调节经济、贯彻国家方针政策、实行计划管理的重要经济杠杆。因此，在国家与国营企业的收入分配中，必须充分发挥税收杠杆的作用，进行“利改税”的改革，用税收形式把国家与企业的收入分配关系固定下来。

（2）1983 年第一步利改税——税利并存论

新中国成立后到 20 世纪 70 年代末，我国照搬了苏联的一套做法，国营企业为国家提供积累，采取税收和利润上缴两种形式。在之后的 30 年里，这已经成为一种通行做法。我国理论界当时对国营企业采用税收和利润上缴两种形式提出的理论依据是：社会主义国家以双重身份，分别用两种形式集中企业的纯收入，一是以国家政权的代表依靠政权强力向国营企业课税，二是国家以全民所有制生产资料所有者的身份参与企业利润的分配。

关于利税并存论。过去有一种观点，认为税收和利润上缴各具特点，是不容相互代替的。税收是一种强制性和固定性征收，纳税种类，纳税对象和税率都是通过法律形式严格固定的，它有利于保证国家财政收入的及时和稳定。利润上缴属于全民所有制内部上下之间积累资金的分配，上缴利润性质软，弹性大，变动频繁不固定，在财政实行统收统支制的条件下，它适于把企业合理留利后的剩余纯收入全部拿上来。两种形式并存，软硬兼施，相互配合，更为有利。

下面是对利税并存论的分析：

①税利与国家权力。有学者认为，把国营企业两种缴纳形式，归源于国家两

重性是未必妥切的。马克思主义认为："……国家是从控制阶级对立的需要中产生的""它照例是最强大的，在经济上占统治地位的阶级的国家，这个阶级借助于国家而在政治上也成为占统治地位的阶级，因而获得了镇压和剥削被压迫阶级的新手段"。[①]

我国是人民民主专政的社会主义国家，是政治权力和经济权力的统一体和权威。为了实现其"两位一体"的任务，国家财政要有计划地建立、分配和使用集中性资金。为了保证取得必要数额的财政收入，必须采取适当的征收形式，这种征收形式要符合国民经济管理的要求，与经济管理形式相协调。社会主义国家具有两重性，但两种权力是不能截然分开的。机械地划分两种权力，然后它又分别决定国营企业的两种缴纳形式，在方法论上是不合适的，也不能阐明问题的实质。

②税利的缴纳形式。从性质上讲，国营企业纳税和缴利，都是国家计划和政策的统一指导，按照国家有关法规的规定，把企业实现的纯收入的一部分上缴国家。这里既不存在所有制方面的转移，也不存在全民所有制内部分配关系方面的原则差别，反映的是统一的生产关系，只有缴纳形式上的特征。至于采取什么形式，随着经济的发展和条件的相应变化，并不是固定不变的。

有一种看法认为，"税收的特征首先是国家的强制性。所谓国家的强制性，是指税收的分配只是依据国家的政治强力，而和生产资料的占有没有关系"。而"税收形式上的特征并不因社会制度的不同而有所区别"。由此得出社会主义国营企业的税收只是国家依据政治强力分配的结论。

（3）1984 年第二步利改税

第一步利改税是一种过渡性措施，为了进一步完善利改税制度，1984 年 10 月实行第二步利改税，即彻底利改税。第二步利改税使我国税收制度有了较大变化，税种明显增多。有学者提出要适应我国国情，建立一个多税种、多环节、多层次调节的税收体系，以代替过去那种过于简化的税制，用资源税等其他多种税收形式对企业税后利润进行调节。在保障扩大企业自主权的同时，稳定国家与企业的分配关系。

这一时期提出的"独立核算，国家征税，自负盈亏"观点，能充分发挥税收调节经济的杠杆作用，打破国家不能对国营企业征收所得税的框框，适当地开征几种以企业利润为对象的所得税性质的税收，把企业的大部分利润和一部分由于价格不合理和资源等优越条件而多得的利润上缴国家……利用多种税、多种税率，合理调节企业的利润分配，用税法明确地统一规定国家与企业之间的分配关系，实行以税代利的税利合一既是必要的，又是可行的。

---

① 弗里德里希·恩格斯. 家庭、私有制和国家的起源［M］. 人民出版社，2003.

（4）利改税——基于经济管理体制发展改革的思考

实行利改税，不仅是缴纳形式上的代替，而且是实质性的改革，是国营企业经济管理体制发展改革的一个重要方面。过去企业和国家之间是行政关系，企业不成为一个相对独立的经济实体，没有真正的自主权，是一种企业吃国家“大锅饭”的管理体制。

以税代利是处理国家与企业之间分配关系的重大改革；是配合扩大企业自主权，实行经济责任制，解决责、权、利的适当结合；是发挥企业内在活力，鞭策企业改善经营管理，挖掘内部潜力，提高经济效益的必要改革。它符合经济管理体制改革的总方向，改革的步伐和范围都可以大一些。从当时经济体制发展改革的实际情况出发，企业整顿还在继续进行，特别是价格体系的重大改革不可能在短期内迅速完成，利改税的条件还不成熟。为此，实行利改税对小型企业可以一步完成，而对大型企业则不得不分成两步走。推行的第一步是继续保留税利并存。第二步，以价格体系合理调整为前提条件，并与整个经济管理体制的发展改革协调配套，以税代利进入名副其实的完善的阶段。税收成为企业向国家提供积累的唯一形式，国家税收划分为中央税、地方税和中央与地方分享税，过渡到以税种划分财政收入的分级财政体制，实行彻底地“分灶吃饭”准备条件。

（5）从利改税到税利分流

以税代利，用单一税收形式把企业的大部分利润收上来，同样也使企业活力得不到应有的发挥。1987 年国有企业体制发生变化，实行了承包制，实际上又改税为利了。随着改革实践的发展，20 世纪 80 年代，我国理论界已提出了税利分流的设想。税利分流是把国家政治权力和财产权力、企业法人地位和经营者地位区别开来，将国有资产的收益权独立出来，国家先征税，用规范的税制保证政府的经常收支，然后参加税后利润分配，用多样化的国有资产收益分配方式适应企业的不同情况。

①税利分流与国家的二重经济身份。在我国经济理论界，对于国家这一概念一直没有严格的认定。对于国家究竟是干什么的，在经济学上我们还未曾做出完整的说明。在发达国家，国家主要是通过它的代表——政府，履行公司和个人所不能履行的职责，如进行社会保障，提供公共服务，干预社会经济运行等等。这通常被看作是国家通过它的代表——政府执行的一种经济职能。国家管理经济的这种职能，是各种类型的国家都具有的。不论是实行市场经济的国家，还是实行集中计划管理的国家，都具有这种职能。只是在不同的国家，由于国情等方面的差异，国家行使职能的范围存在一定的差别。

然而，在我国，国家不仅具有管理经济的职能，就是说，在经济上，国家不仅仅扮演经济管理者这样一个角色，它同时还是国家资产的所有者，支配着这部分占有绝对数量优势的资产。当时在我国，国家既是经济管理者，又是国有资产所有者，是一目了然的事实。作为经济管理者的国家和作为资产所有者的国家，在现实经济生活中应是两个不同的角色，或者说是两个具有不同行为的主体。国家的二重身份及与之相应的不同权利，不能重叠、混合，也不能以一种身份代替另一种身份。在商品经济条件下，国家的二重经济身份，要通过不同的经济形式得到具体体现。作为经济管理者的国家，其以全部社会经济生活为管理对象，要对所有的企业征税。征税一方面是国家取得收入的一种形式，另一方面也是调节社会经济生活的一种有效工具。通过征税，国家作为经济管理者这一经济身份得到体现。作为资产所有者的国家，其以保证国有资产的完整和尽可能大的增值为行为目标。国家让渡资产经营（使用）权，必须获得相应的资产收益，这部分收益就是国家从国有企业那里取得的利润。征税的根据，是国家特有的地位和权力，具有强制性，收利的根据只能是国家让渡了资产经营权。作为经济管理者，国家征税的对象是所有各种类型的企业，而作为资产所有者，国家只能从经营国有资产的企业那里取得利润。

由于理论的模糊，我们长期来对国家所具有的二重经济身份未进行严格区分、甚至没有注意到国家所具有的二重经济身份。反映在经济体制上，就是将国家的二重经济身份混合在一起。在改革之前，我们实行的是集中计划、行政命令式的经济体制。在这种体制下，国家对企业的生产经营活动做出直接的安排，企业没有完整的自主经营权利，而只能听命于上级行政命令的指挥。与之相对应，企业也没有自身相对独立的经济利益。在国家与企业的这种关系中，国家所扮演的不仅是资产所有者这种角色，而且也是国有资产的直接经营者。在实际经济生活中，当国家以资产所有者和经营者的身份对企业进行全面直接行政控制时，国家作为经济管理者的身份也就自然被它的资产所有者身份替代了。事实正是这样，在传统经济体制下，国家与企业间的关系，就是全面的直接行政控制者与全面直接行政控制对象之间的关系。在这种关系之外，不存在国家以经济管理者的身份出现，运用各种必要的经济和行政手段对企业进行间接控制。进一步说，这种间接控制，在传统体制下也不可能发挥作用。这意味着，传统体制下国家作为经济管理者的身份实际上已基本丧失，而被国家作为资产所有者的身份所取代。

征税是国家以经济管理者身份出现，调节社会经济有序运行的重要工具。然而，在国家这种身份被它的资产所有者身份取代后，征税也就没有存在的意义了。传统体制下的以利代税，利税合一，说到底是国家二重经济身份混合，在这种身份混合中国家作为经济管理的身份被取代的结果。

②税利分流与重新建立国有资产管理体制。随着改革的不断推进，越来越多

的人都认为，传统的国有资产管理体制不能适应有计划商品经济的发展，因而，必须对这种体制进行改革。

在理论上，对于建立一种什么样的国有资产管理体制，确实是难以做出简单概括的。但有关学者认为所要建立的国有资产管理体制，必须能克服传统国有资产管理体制的最为严重的弊端。传统国有资产管理体制最严重的弊端，在于这种体制下国家与国有企业间的经济关系模糊，没有明确的利益界限。在这种情况下，企业自然不会有改善生产经营的积极性、主动性和创造性，微观经济的运行当然也就不会有活力。所以所要建立的新型国有资产管理体制，必须保证国家与国有企业间具有清晰而又明确的纵向经济关系。而要建立这样的纵向经济关系，必须保证国家的二重经济身份得到相对独立的经济体现，税利分流正是使国家二重经济身份能得到相对独立的经济体现的必然形式。

利税合一，包括以税代利（利改税），严格说来，都必然混淆国家的二重经济身份，其结果，或者是损害国家作为经济管理者的职能，或者是损害国家作为资产所有者的权能。传统体制下的利税合一，其直接后果是使税收杠杆在整个社会经济运行中丧失作用，作为经济管理者的国家，不能运用税收杠杆对国有企业的生产经营进行必要的调节。这时，国家与国有企业间的关系，往往被简化为直接发布行政命令与接受这种命令的非常僵化的关系。国家以资产所有者身份出现对国有企业的支配，往往是无条件的。在这种情况下，企业就是国家的附属物，而不能成为具有相对独立经济利益的商品生产者。

很显然，在国家二重经济身份混淆，利税合一的情况下，国家与国有企业间不可能确立明确而又清晰的纵向经济关系。从国家这方面来说二重经济身份混淆，利税合一，使国家的权力变得缺少约束，强化了国家对企业直接的硬性支配。这时，国家运用权力的行为几乎可以肯定不可能是规范化的，为了达到近期的经济目标，可以采取非常的手段。这使国家在对国有资产的管理过程中，经常出现一些不应出现的失误。从经营国有资产的企业方面说来，其被动地受制于国家，没有自主的选择，那么，要谋求自身的经济利益，只能运用非规范的手段，如钻政策空隙，消极对待上级命令。企业往往在谋求利益方面，一味依赖国家的给予，而不是依靠自力的努力。在这种情况下，国家和国有企业双方因没有契约约束，其实际运用权力和谋求利益，经常超越既定边界，使得纵向经济关系含混不清。其实，一旦国家与企业间建立起与国家二重经济身份相应的双重经济关系，上述问题也就迎刃而解了。我们认为，理想的国家资产管理体制，只能是在国家与企业间建立起上述二重经济关系框架内形成的一种体制。应当看到，近年来实行的承包制，为国家与国有企业间建立一种以契约信用形式实现的财产关系创造了条件。只要我们能够顺应改革发展态势，逐步实现税后承包，税利分流，那么，国家与国有企业间建立清晰的二重经济关系，就不难成为现实。处于这种纵向经济关系框架内的国有资产管理体制，就可能建立起来。

3.1.3　综合财政思想

20 世纪 80 年代，针对预算外资金日益膨胀、管理混乱的问题，财政学界提出了综合财政概念，强调要统管预算内外财力。

（1）综合财政的起源

早在 20 世纪 50 年代，综合财政与综合财政计划就已被提出来，并有过短暂的实践过程。但真正全面展开讨论，却是 1979 年以后的事情。薄一波（1979年）指出："综合财政也是科学，主要是研究提高管理财政的科学理论和技能，为我国的四个现代化贡献力量。"此后，综合财政和综合财政计划就成为理论界的一个热门话题。

什么是综合财政？在 20 世纪 80 年代初期，以这种看法为主流，即综合财政是国家财政的发展，或是宏观意义上的国家财政。许毅、叶振鹏都认为综合财政是和计划经济相联系的范畴，是宏观经济的管理财政。伍丹戈则认为是一种"大财政"的观点，把货币、银行、信贷、国际收支、会计、审计等纳入国家财政，亦即综合财政。随着时间的推移，下面这种观点渐渐成为主流，即综合财政和国家财政是两个不同的概念。宁学平认为，综合财政不是国家财政的深化和发展，而是客观上固有的一个独立的经济活动领域。黄菊波持类似看法，他在 1991 年撰文指出，综合财政是研究国家财力分配使用，即对国家财力进行综合管理的科学，不同于国家财政。金鑫则把综合财政计划视为以财政预算为中心的宏观财政计划。这明显是受了"大财政"观念的影响。宁学平、黄菊波提出，综合财政计划实际上就是国民经济的综合平衡计划，是引导和调节各种社会资金的一种手段。

（2）预算外资金管理——费改税

财政学界关于预算外资金管理和非税收入管理的研究，深化了对公共收入概念的认识，在推动"费改税"以及规范非税收入管理等方面发挥了积极作用。20 世纪 80 年代至 90 年代，学术界就"费改税"问题展开了深入讨论，提出了要按照积极稳妥的原则，在清理整顿各种现行收费的基础上，根据市场经济的特点和为民理财的要求，确定税收、行政事业性收费和债务收入的合理组合方式及通盘管理框架，按照不同的资金性质、特点使它们分流归位，各行其道。这些思路的提出为提高政府资金分配与运作的规范性、合理性和资金使用效益，理顺分配关系，发挥了积极作用。财政学界对财政收入制度的深入研究和相关制度设计以及关于收入管理完整性、规范性、法治化的讨论，不仅对改革和完善财政收入体系产生了积极促进作用，而且为推进国库集中收付、“收支两条线”、部门预算等改革提供了理论准备。

3.1.4 费改税财政思想

所谓“费改税”，就是将目前村级对农民收取的三项提留（公益金、公积金、管理费）和乡镇的统筹收费（教育费附加、计划生育统筹、烈军属优抚费、民兵训练和国防教育费、乡村道路建设费等）改为“农村公益事业建设税”予以征收（简称“费改税”）。其税负不得超过农民上年纯收入的5%，由乡镇财政所具体组织征收或委托其他单位和部门代征代扣代缴，纳入乡镇财政预算管理。①

（1）实行“费改税”的理论依据

农民负担的居高不下，“三乱”现象的屡禁不止，是“费改税”的直接原因。目前由农民负担的“村提留乡统筹”资金及其他种类繁多、名目不一的大量费用都是由“七站八所”等乡镇职能部门和事业单位各自组织收取的，其基本特点是自收自支、随收随支、多头收钱、多家管账。这样一种混乱的收费格局带来了极为严重的社会问题。突出表现在“三乱”现象愈演愈烈，农民负担有增无减。据统计，当时由农民承担的费用有几十种之多，少数地方向农民收取的费用已占年纯收入的15%左右，远远高于国务院明文规定的5%的标准。党的农村政策和农民政策遭到严重扭曲，党群关系、干群关系趋于紧张，恶性案件时有发生。在支出方面，无视财务制度，违反财经纪律，不讲效益，滥支乱用，贪污、浪费现象严重，助长了腐败，败坏了社会风气，分散了政府财力，加剧了财政困难，削弱了财政职能，制约了农村经济和各项事业的正常发展。另外，乡镇财政预算内收入一直趋于紧张，不少地方的大量精力穷于应付工资等刚性支出，根本没有财力发展乡镇经济和其他事业。严峻的形势提醒人们：这种极不正常的收费格局和财政现状必须进行改革，必须建立一种规范统一的、切实有效的管理、监督与制约机制。

理顺分配关系，强化财政职能，是实行“费改税”的根本原因。分析一下乡

① 张以坤．“费改税”：分税制下乡镇财政的必然选择［J］．财政研究，1996（11）．

镇自筹、统筹资金的收支情况，我们不难看出：它体现的是一种政府行为，是国家与农民之间的分配关系，是政府所属部门或单位依据国家赋予的权力，行使政府职能，在国家规定的范围和幅度内，代政府向农民收取一部分社会劳动产品的活动。从支出看，它应专项用于满足本乡镇社会、文化、教育、福利等公益事业发展的需要，实现的也是政府的基本职能。所以，无论其收还是支都具有鲜明的财政性，是财政性资金。它的所有权只能属于国家，调控权只能属于国家代表者——政府，管理权也必须属于政府资金的专职管理机构——财政部门。[①]

（2）推进相关税费改革

为了规范政府参与收入分配行为，依照公共财政的原则，在对各项收费进行清理整顿的基础上，推进了税费制度改革，用相应税收取代一些具有税收特征的收费，逐步建立适应社会主义市场经济发展要求的以税收为主、少量必要收费为辅的政府收入体系。税费改革工作按照总体规划、分步实施的原则进行。对问题较多、影响较大的领域率先规范。比如，通过农村税费改革，理顺农村分配关系，切实解决农民负担过重问题；通过交通和车辆税费改革，有效遏制交通领域的“三乱”现象，规范道路建设资金的筹资渠道。

交通和车辆税费改革工作从 1988 年开始启动。按照国务院的统一部署，经过两年多时间的认真调查研究，有关部门共同制定了《交通和车辆税费改革方案》，并于 2000 年 10 月经国务院批准后发布。《方案》规定了交通和车辆税费改革的主要内容：一是取消涉及交通和车辆方面的不合法、不合理收费项目；二是对具有税收特征的收费实行“费改税”。具体包括：开征车辆购置税，取代车辆购置附加费；开征燃油税，取代公路养路费、公路客货运附加费、公路运输管理费、航道养护费、水路运输管理费、水运客货运附加费以及地方用于公路、水路、城市道路维护和建设方面的部分收费；三是将不体现政府行为的收费转为经营性收费，严格按照经营性收费的规定进行管理；四是保留少量必要的规费，降低不合理的收费标准，实行规范化管理。2001 年 1 月 1 日，《中华人民共和国车辆购置税暂行条例》施行，开征车辆购置税取代车辆购置附加费，走出了交通车辆税费改革的实质性一步。实施燃油税的改革是交通和车辆税费改革的核心内容，虽然当时燃油税暂时没有开征，但中央有关部门和地方政府一直在认真研究完善燃油税改革方案，并积极为出台燃油税创造良好的外部条件，直至 2008 年，燃油税费改革顺利出台。

---

① 张以坤．“费改税”：分税制下乡镇财政的必然选择［J］．财政研究，1996（11）．

3.2 重大非税收入发展改革实践

3.2.1 统收统支财政体制下的发展改革实践

新中国成立后到改革开放以前，我国分别经历了国民经济恢复阶段、第一个五年计划、“大跃进”以及“文化大革命”这几个主要的阶段。从表 3 - 1 中可以看出，1952 年，预算外资金收入为 13.62 亿元，只占财政收入总额的 7.83%；其后，我国逐渐进入有计划的经济建设时期，对地方政府实行“统一领导、分级管理”，地方因此财权扩大、财力增加，预算外资金比例随之变大。而“文化大革命”时期因政治体制混乱，经济秩序因之混乱，表 3 - 1 显示，1966—1971 年前后，预算外资金处于极不稳定的波动状态，但总体上仍有一定幅度的上升。“文化大革命”后，我国财政逐渐恢复，预算外资金规模不断增长，1977 年，预算外资金增长至 311.31 亿元，占同期财政收入的 35.6%。

表 3 - 1　1952—1977 年我国预算外资金增长情况统计表　单位：亿元

年份	财政收入	预算外资金	
		金额	比例（%）
1952	173.94	13.62	7.83
1953	213.24	8.91	4.18
1954	245.17	14.23	5.80
1955	249.27	17.02	6.83
1956	280.19	21.42	7.64
1957	303.20	26.33	8.68
1958	379.62	55.99	14.75
1959	487.12	96.55	19.82
1960	572.29	117.78	20.58
1961	356.06	57.4	16.12
1962	313.55	63.63	20.29
1963	342.25	51.85	15.15
1964	399.54	65.86	16.48

续表

年份	财政收入	预算外资金	
		金额	比例（%）
1965	473.32	75.56	15.96
1966	558.71	81.13	14.52
1967	419.36	83.61	19.94
1968	361.25	77.44	21.44
1969	526.76	87.42	16.60
1970	662.90	100.94	15.23
1971	744.73	118.56	15.92
1972	766.56	134.24	17.51
1973	809.67	191.29	23.63
1974	783.14	219.72	28.06
1975	815.61	251.48	30.83
1976	776.58	275.32	35.45
1977	874.46	311.31	35.60

资料来源：国家统计局 . http：//data. stats. gov. cn，经整理计算所得。

3.2.2　改革开放后的发展改革实践

（1）预算外资金管理

在我国一段比较长的历史时期内，一直存在着大量的非预算收支，游离于国家预算管理之外或缺少制度依据。预算内收支，预算外收支和制度外[①]收支同时并存是我国财政管理体制中的一个特殊现象。

非税收入的前身是预算外资金和纳入预算管理的行政性收费。为了加强预算外资金的管理，国务院于 1986 年下发了《关于加强预算外资金管理的通知》，要求对预算外资金实行规范管理，各级政府和财政部门据此相继实行了“计划管理，财政审批，专户储存，银行监督”的管理办法。随着经济体制改革的不断深入，预算外资金管理中存在的问题越来越突出。

① 如果将预算内收入称作“依法而征”，将预算外收入称作“依规而征”，那么制度外收入则是由各部门、各地区“自立规章、自收自支”的收入。

20 世纪 90 年代以来，为减少甚至消除“分灶吃饭”、财政包干制度的弱势，国家财政对财政管理体制进行新的规划并构建新型税收制度体系，旨在以健康的制度体系配合市场经济的有效运行。

1990 年，以厘清症结、改变现状为目的，中央发布《中共中央、国务院关于坚决制止乱收费、乱罚款和各种摊派的决定》，要求中央和地方共同合作对“三乱”问题进行重新审核、全面整改。从这一年起，央地各方共同配合协作进行不断的尝试，对该时期的预算外资金管理问题进行多次调整。

1994 年预算法第 76 条规定，“各级政府、各部门、各单位应当加强对预算外资金的管理”“各级人民代表大会要加强对预算外资金使用的监督”。虽然强调管理，但是从另一个角度也是在法律层面赋予了预算外资金合法性。

从概念上看，预算外资金是指“国家机关、事业单位和社会团体为履行或代履行政府职能，依据国家法律、法规和具有法律效力的规章而收取、提取和安排使用的未纳入国家预算管理的各种财政性基金”[①]。由此可见预算外资金的形式特征是游离于国家预算之外，其范围主要包括：法律、法规规定的行政事业性收费、基金和附加收入等；国务院或省级人民政府及其财政、计划（物价）部门审批的行政事业性收费；国务院以及财政部审批建立的基金、附加收入等；主管部门从所属单位集中的上缴资金；用于乡镇政府开支的乡自筹和乡统筹资金；其他未纳入预算管理的财政性资金。其中预算外资金比重最大的组成部分就是收费和基金。

从市场经济的视角来看，预算外和制度外是财政制度不规范的表现，但是从收入层面角度来说，其确实是发挥了重要作用。预算外财力、制度外财力可以说都是在财政统收统支体制之外形成的一种旨在调动地方、部门、企业积极性的财力，而这种财力提供给了政府履行职责的支持。某种意义上预算外财力、制度外财力与预算内财力形成的合力，保证了政府所应承担职能的实现。[②]

然而其负面效应也是不容小觑的，首先，它与政府预算的完整性相矛盾，无论从参数、指标在内的规范格式还是收入征收的内在动因来看，政府的财政统一性都被割裂了。其次，预算外资金的诞生之初，是计划经济体制下中央给予各地方、各部门一定财务自主权的体现，用以弥补政府预算内资金不足。随着改革开放政策自上而下的“放权让利”，预算外资金的规模在新旧体制转轨进程中得以迅速膨胀，这种膨胀在各级政府间、各级部门中是分散化的，扰乱了财政主体的分配秩序。再次，预算外资金的便捷性和较大的自由度也滋生了财政权力的不当

---

① 关于加强预算外资金管理的决定．国发〔1996〕29 号［Z］．1996.

② 杨志勇．中国 30 年财政改革之谜与未来改革之难［J］．财贸经济，2008（12）.

行使，助长了“乱收费、乱罚款、乱摊派”，也成为腐败的诱因之一。最后，预算外财力给大量脱离预算的财政支出提供了可以依赖的平台。

预算外资金在取得和管理方面存在的混乱，对公共财政的冲击是客观存在的，因此在预算外资金规模增长的同时，也一直伴随着国家对预算外资金的规范和整治，逐步对预算外资金进行消化和缩减。从形式上看，就是一方面数量逐渐减少，另一方面逐步纳入预算内，实现政府的全部收和支都体现在预算当中，即全口径预算的实现。

1993 年，财政部发布《关于对行政性收费、罚没收入实行预算管理的规定》（中办发〔1993〕19 号），要求各种行政性收费收入应作为国家财政收入，逐步纳入预算管理。所收款项除国家另有规定的外，应根据执行部门的行政隶属关系，分别作为本级财政的预算收入，上缴同级国库。据此，将 83 项行政性收费项目纳入财政预算。

1994 年《中华人民共和国预算法》及其实施条例，强调了有关主体的管理和监督职能。[①]

1996 年，国务院发布《关于加强预算外资金管理的决定》（国发〔1996〕29 号），规定 13 项数额较大的政府性基金（收费）纳入财政预算管理。[②] 基金（收费）收入要按现行体制及时上缴中央金库或地方金库，使用由主管部门提出计划，财政部门按规定拨付，属于基本建设用途的，由财政部门按计划部门批准的项目计划安排支出，实行收支两条线管理，加强财政、审计监督。地方财政部门按国家规定收取的各项税费附加，统一纳入地方财政预算，作为地方财政的固定收入，不再作为预算外资金管理。同年，《财政部关于制发政府性基金预算管理办法的通知》（财预字〔1996〕435 号）发布，对政府性基金的预算管理工作做出具体性规定，各级财政部门单独编列一张“政府性基金收支预算表”，将基金收入与基金支出按照一一对应的原则排列，不计入一般预算收入总计和一般预算支出总计，仍属于预算外资金范畴。

图 3－1 即是对从 1990 年至 1999 年间我国预算外资金收入的统计反映。自 1990 年开展的全国性治理工作以来，“三乱”问题在短期内得到了显著的治理成果，但随即又开始恶化，因此，在 1993 年，中共中央和国务院再次联合发布《关于治理乱收费的规定》，再次强调乱收费问题，并以先抓重点行业、再全面铺开为策略，很显然我国预算外资金总额得到显著抑制。

---

① 1994 年《预算法》第 76 条，《预算法实施条例》第 67 条。

② 这 13 项行政性收费分别是：养路费、车辆购置附加费、铁路建设基金、电力建设基金、三峡工程建设基金、新菜地开发基金、公路建设基金、民航基础设施建设基金、农村教育事业附加费、邮电附加、港口建设费、市话初装基金、民航机场管理建设费。

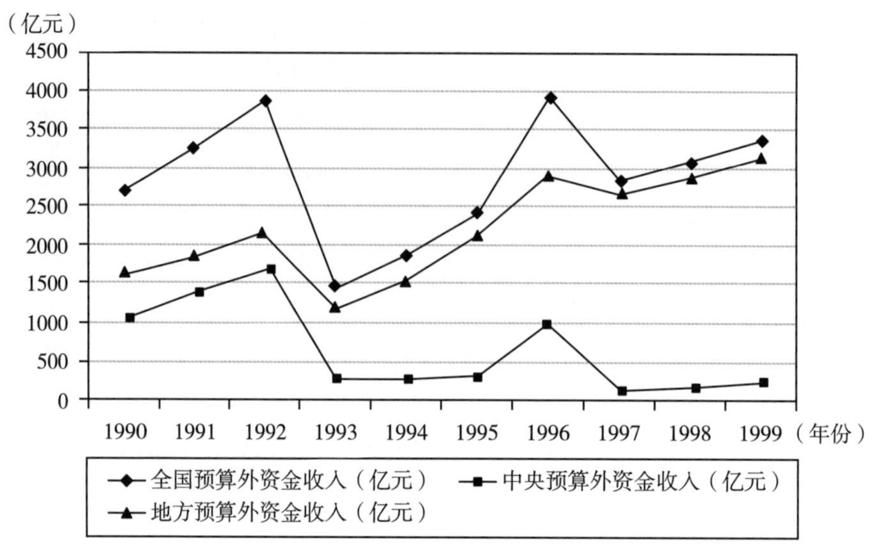

图 3-1　20 世纪 90 年代我国预算外资金收入情况统计

资料来源：国家统计局 . http：//data. stats. gov. cn，经整理计算所得。

（2）非税收入管理

2001 年，财政部发布《关于深化收支两条线改革进一步加强财政管理的意见》，为彻底杜绝自收自缴、收支挂钩的现象，明确“将各部门的预算外收入全部纳入财政专户管理，有条件的纳入预算管理”“部门预算要全面反映部门及所属单位预算内外资金收支状况”“修订、完善有关法规和规章制度，使‘收支两条线’管理工作法制化、制度化、规范化”① 这三大深化改革方向，体现国家对于从根本上、制度上治理腐败和改善政风的强烈意志。

2002 年，中国人民银行与财政部发布关于印发《预算外资金收入收缴管理制度改革方案》的通知。该方案主要是为配合 2001 年《关于深化收支两条线改革进一步加强财政管理的意见》，细化“收支两条线”制度的改革内容，明确规范预算外资金收入收缴管理程序，加强过程监督。

而直至 2004 年，非税收入这一概念，通过财政部发布的《关于加强政府非税收入管理的通知》正式提出，明确非税收入即不包括税收的政府财政收入，并按要求纳入财政预算进行系统化管理，自此，非税收入管理进入崭新的时代，开始又一阶段改革新征程。

2004 年，财政部在《关于加强政府非税收入管理的通知》中界定了非税收入的概念，进一步明确了非税收入的范围，非税收入从名称上正式取代了预算外资金。全国各地财政局纷纷将预算外资金管理局改为非税收入管理局，并制定颁

① 关于深化收支两条线改革进一步加强财政管理的意见 . 国办发〔2001〕93 号［Z］. 2001.

发《非税收入管理条例》，用以规范非税收入的管理。

2006 年年末为配合 2004 年《关于加强政府非税收入管理的通知》中的非税管理计划，财政部办公厅发布《关于调查清理中央单位非税收入项目的通知》，要求中央各部门和单位紧密且积极地配合，对其现有的非税项目进行逐一调研检查。这一举措显然能够在一定程度上对当时非税管理现状进行了解和初步掌控，并利于其后的管理改革的设计。同年，财政部发布《关于加强非税收入收缴管理有关事宜的通知》，其中明确缴款流程："缴款人以银行汇兑方式向中央财政汇缴专户缴款，代理银行应直接将款项缴入中央财政汇缴专户""每日营业终了前，代理银行通过资金汇划清算系统，将所有缴入中央财政汇缴专户的资金（包括已确认信息的和未确认信息的资金）全额自动汇划到中央财政专户，中央财政汇缴专户日终余额为零"[①]。显然，第三方途径加上每日一结的方式，对于非税收入收缴的监督管理起到了便捷且透明化的作用，大幅降低了事前检查和事后追踪的难度。

2007 年，财政部发布的《关于深化地方国库集中收付制度改革的指导意见》的目标是"力争到 2010 年所有财政性资金全部纳入国库单一账户体系运行管理，各级预算单位全部实行国库集中支付制度"[②]，为此，需"逐步将政府性基金、预算外资金等所有财政性资金纳入国库集中支付改革范围"；且确定改革重点"一是推进财税库银税收收入电子缴库横向联网，二是推进非税收入收缴管理改革"，这也正响应了 2006 年《关于加强非税收入收缴管理有关事宜的通知》中的内容。

2009 年，财政部提出的《关于深化地方非税收入收缴管理改革的指导意见》，限定地方非税收入在 3 年期限之内实现统一的国库集中收缴制度，体现了国家对于非税收入收支管理体系一体化、规范化的决心，也为更完备的监督机制打下基础。

此后，一方面，行政事业性收费和政府性基金逐步纳入预算管理；另一方面，行政事业性收费和政府性基金也开始了历时数年的清理。2009 年以来财政部全面推进基金预算管理改革，采取了多项措施，其中清理规范基金项目是一切措施的基础，包括：取消到期或不适应管理体制要求的项目；将应当纳入公共财政预算的行政事业性收费项目从基金预算中划出，转入公共财政预算管理。

2010 年《财政部关于将按预算外资金管理的收入纳入预算管理的通知》（财

① 财政部关于加强非税收入收缴管理有关事宜的通知．财办库〔2006〕360 号［Z］．2006.

② 财政部关于深化地方国库集中收付制度改革的指导意见．财库〔2007〕51 号［Z］．2007.

预〔2010〕88 号）要求从 2011 年 1 月 1 日起，将按预算外资金管理的收入（不含教育收费）全部纳入预算管理。

财政部《2012 政府收支分类科目》中则将除税收收入以外的财政收入划分为：政府性基金、专项收入、行政事业性收费、罚没收入、国有资本经营收入、国有资源（资产）有偿使用收入、其他收入。

2014 年 6 月，国务院办公厅印发《关于进一步加强涉企收费管理减轻企业负担的通知》，明确要求建立和实施涉企收费目录清单制度。对按照法律、行政法规和国家有关政策规定设立的涉企行政事业性收费、政府性基金和实施政府定价或指导价的经营服务性收费实施目录清单管理。2014 年 8 月，财政部、国家发展改革委印发《关于进一步完善行政事业性收费项目目录公开制度的通知》，明确财政部和省级财政部门按照收费项目审批管理权限，分级编制并公布收费目录清单。2014 年 10 月，财政部公布了《全国性及中央部门和单位行政事业性收费目录清单》《全国性及中央部门和单位涉企行政事业性收费目录清单》和《全国政府性基金目录清单》。2014 年年底，各省（区、市）也陆续公布了本地行政事业性收费目录清单。

随着 2015 年 1 月 1 日新预算法的实施，政府性基金预算被正式纳入国家预算体系①，在形式层面已脱离了“预算外”法律地位。

2015 年，财政部颁布《关于进一步加强行政事业性收费和政府性基金管理的通知》，明确指出要加快推进收费基金立法等更细致的改革内容。因为行政事业性收费和政府性基金是非税收入中占比较大且较重要和复杂的两类项目，对其进行率先立法是必要的，这对于调控资金收支、改善管理效率甚至于把握财政整体宏观监测都有着重要的影响。

2016 年 3 月，财政部印发的《政府非税收入管理办法》（以下均简称《办法》）中有包括行政事业性收费收入、政府性基金收入、罚没收入等在内的十二项非税收入，其明确“各级财政部门是非税收入的主管部门”②，并从项目设立、征收、票据管理、资金管理以及监督进行基本规定。2016 年《办法》是目前最新的、效力最高的有关非税收入统一管理的正式办法，它的主要目标是以税收体系为标准，逐渐改善非税资金的收支成果和监管效率。

2017 年 6 月 7 日的国务院常务会议上，李克强总理要求国务院主管部门网上公布中央和地方政府性基金及行政事业性收费目录清单，从源头上防范乱收费。

---

① 2014 年《预算法》第五条规定，预算包括一般公共预算、政府性基金预算、国有资本经营预算、社会保险基金预算。

② 财政部关于印发《政府非税收入管理办法》的通知（财税〔2016〕33 号）[Z]. 2016.

为方便社会查询，加强社会监督，财政部网站于 6 月 29 日公布了全国政府性基金和行政事业性收费目录清单“一张网”。[①] 不仅要求清单之外一律不得收费，同时健全了投诉处理机制。可以说作为非税收入的主体，行政事业性收费和政府性基金的清单制，不仅是决策权规范的体现，也是信息透明度、阳光财政的体现。

根据财政部《2018 政府收支分类科目》，非税收入包括：政府性基金收入（包含彩票公益金）、专项收入、行政事业性收费、罚没收入、国有资本经营收入、国有资源（资产）有偿使用收入、捐赠收入、政府住房基金收入、专项债券对应项目专项收入、其他收入和教育收费。各类非税收入的取得依据有所不同，行政事业性收费、政府性基金、罚没收入和主管部门集中收入是利用行政权力征收的，具有强制性；国有资源有偿使用收入、国有资产有偿使用收入、国有资本经营收入是利用国家资源和国有资产所有权取得的，体现了国家作为所有者或出资人的权益；彩票公益金、以政府名义接受的捐赠收入是依托政府信誉募集的，遵循自愿原则。各类非税收入的取得依据有所不同，行政事业性收费、政府性基金、罚没收入和主管部门集中收入是利用行政权力征收的，具有强制性；国有资源有偿使用收入、国有资产有偿使用收入、国有资本经营收入是利用国家资源和国有资产所有权取得的，体现了国家作为所有者或出资人的权益；彩票公益金、以政府名义接受的捐赠收入是依托政府信誉募集的，遵循自愿原则。

① 自 2013 年以来，经过持续清理规范，财政部陆续颁发了 26 项降费措施，中央设立的行政事业性收费由 185 项减少至 51 项，减少幅度为 72%，其中涉企收费由 106 项减少到 33 项，减少幅度为 69%；政府性基金由 30 项减少到 21 项，减少幅度为 30%。各省（区、市）设立的行政事业性收费平均约 14 项，其中涉企收费平均约 3 项。参见《财政部税政司有关负责人就全国政府性基金和行政事业性收费目录清单“一张网”答记者问》，2017 年 6 月 29 日。

第4章

国际税收发展改革回顾

回顾新中国 70 年的发展历程，从封闭走向开放，经济发展不断进步。资本、人员、技术实现了跨境的自由流动，税基变得国际化，亟需用全球的视野来完善税收制度。从涉外税收到国际税收，我国国际税收经历了一个从无到有、从弱到强的过程，税收制度从完全基于国内税基的体系逐步建立起与国际接轨的所得税制度。对外资从排斥到吸引外资，再到"引进来"和"走出去"并重，全面深化开放，我国的国际税收理论和实践也不断地成熟和完善。

4.1　国际税收的认识与理论发展

4.1.1　改革开放前的国际税收认识

随着经济的发展，一国政府可以赖以生存的税基也在发生变化，从人头、实物、进出口，逐渐形成了以所得、消费、财产为主的现代税基。广义的国际税收既研究所得税制度、财产税制度所产生的国际税收分配关系的冲突及其协调，也研究商品税收即国内流转税和关税对国际经济贸易所产生的国际税收问题。狭义的国际税收则集中于所得税和财产税制度所带来的税收协调问题。其目的都是为了寻找照顾各方利益、各国都能接受的一套规则，从而避免国际重复征税、防止税收恶性竞争和逃避税，实行对外来人员和外来投资的国民待遇，使跨国经济活动建立在公平竞争、互利合作、有效发展的基础之上，达到资源在国际范围内的高效配置①。由此可见，国际税收制度和理论发展的现实需求来自经济活动尤其是投资活动的全球化，一国国际税收制度和理论发展也受制于该国经济、投资活动多大程度上融入全球市场。在开放与发展的艰难过程中，我国对于国际税收的认识和实践也经历了一个渐进的历程。

进入 20 世纪 20 年代，特别是第二次世界大战以后，经济国际化空前发展，资本的输入和输出日益活跃。为了保护本国贸易和本土企业，许多政府都采取措施，既限制外国投资流入也限制本国居民投资外流。新中国成立初期，百废待兴，在华外资企业也大多是殖民地时期遗留的，成为被"请走"的对象。比如外资企业的聚集地——上海，在 1949 年以后，国家利用地价税，加重税率，对私有土地按估定地价比例征税，从 1950 年冬到 1951 年春，就有许多外国资本家宁

① 杨斌．国际税收［M］．上海：复旦大学出版社，2004.

愿把房地产抵交欠税，离开了上海①。在这个时期我国的税收制度也不涉及对于跨境所得的征税，甚至于在这个阶段，所得税的基本制度还未完全建立。以个人所得税为例，1950 年 1 月 30 日，中央人民政府政务院发布了新中国税制建设的纲领性文件《全国税政实施要则》，规定全国共设 14 个税种，其中就包括了具有个人所得税性质的存款利息所得税和薪给报酬所得税，但是薪给报酬税 1950 年 6 月就决定停征，利息所得税 1959 年也停止征收。

20 世纪 70 年代之后，各国对于外国投资的态度发生了巨大的变化。很多国家政府都积极地鼓励外国投资流入，因为他们都已经认识到这是使经济增长最大化的重要因素。1972 年，为了发展纺织工业，我国从法国和日本进口一批成套设备和单机设备。这次进口工程成为了新中国经济第一次无意识地呼应全球化的浪潮，并逐步发展为后来的进口替代战略②。

从 20 世纪 70 年代到 80 年代，由于资本控制的松动和金融市场的不规范，在主要发达经济体中外国投资呈爆炸般的增长。同样的事情发生在许多发展中国家。改革主要包括允许与外国货币交换、允许购买外国证券、允许外国购买本国证券以及本国工厂等。与此同时，技术和通讯手段的进步加速了资本和劳动力的流动。通过互联网和其他工具，个人和商业对于全球性的投资和劳动力有了更多的选择③。跨境投资活动的开展逐步开启了我国国际税收理论和实践的蓬勃发展。

4.1.2 关于税收与吸引外资的认识发展

我国关于税收与资本流动的研究从 20 世纪 80 年代开始逐渐兴起。产业组织学认为，国际直接投资受到利用特定商业机遇的愿望的驱动，而影响国际直接投资地理分布的因素是很多的。在 20 世纪 80 年代中期爆发世界性降税改革之前，税率差异几乎不被看作是资本国际流动的主要驱动力。但由于企业总是试图使其税后利润最大化，那么国际税收差异对国际直接投资的区域和数量还是产生了一定的影响。近 20 多年来，随着科学技术的突飞猛进和经济全球化进程的加快，多边降税竞争的现实和财政经济学家的经验研究证明，国际直接投资对国家间所得税税率的差异是敏感的。

---

① 罗银胜．顾准传［M］．北京：团结出版社，1999.

② 吴晓波．跌荡一百年（中国企业 1870—1977）［M］．北京：中信出版社，2014.

③ Chris Edwards and Veronique de Rugy，International Tax Competition：restraints on Government in 21st Century. CATO Institute，Cato Policy Analysis No. 431，2002.

改革开放以来，我国对外商直接投资（Foreign Direct Investment，以下简称FDI）从“允许”到“鼓励”（Huang，2003）。市场经济改革使得中国再次成为外资青睐的投资地，税收政策在这个过程中发挥了重要作用。在这个时期，我国内外资企业的所得税是分别立法的，1980 年出台《中华人民共和国中外合资经营企业所得税法》，1981 年出台《中华人民共和国外国企业所得税法》。其中，最引人注目的就是“两免三减半”政策，具体包括了一系列针对外资的税收优惠政策，包括外商投资企业可享受自取得第一笔生产经营收入所属纳税年度起 2 年免征、3 年减半征收企业所得税的待遇。对设在中西部地区的国家鼓励的外商投资企业，在 5 年的减免税期满后，还可延长 3 年减半征收所得税。对外商投资设立的先进技术型企业，可享受 3 年免税、6 年减半征收企业所得税待遇；对出口型企业，除享受上述两免三减所得税优惠外，只要企业年出口额占企业总销售额的 70% 以上，均可享受减半征收企业所得税的优惠等等。这些税收政策对于我国吸引外资，实现经济的起飞起到了显著的作用。

如图 4 - 1 所示，自 1979 年至 2000 年，中国累计吸引外资 3462 亿美元，其中大部分是 1992 年之后发生的，1992—2000 年的累计流入量占总量的 93%。1993 年年底，合同外资达到了 1114 亿多美元，实际利用外资是 270 亿美元。吸引外资也被认为是振兴地方经济的捷径，各地对于外资及合资企业都推出了大力度的优惠政策。对于税收和投资的关系，国内的理论和政策层面都逐步放到全球化和全球价值链的背景中进行分析，从更加开放的视角认识中国的国际税收问题。

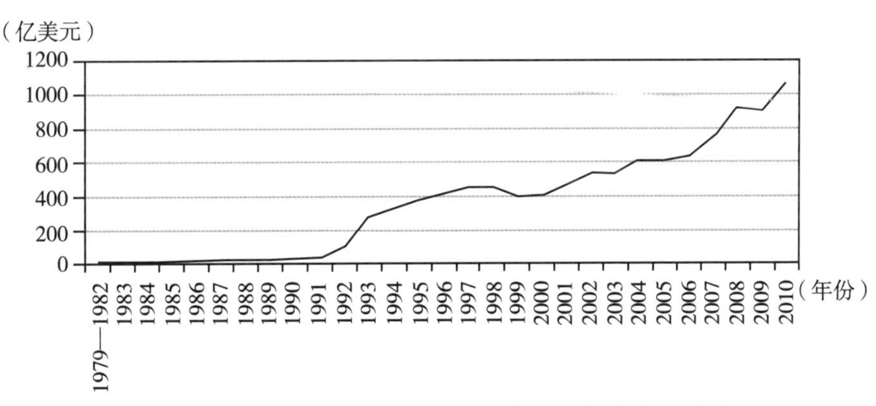

图 4 - 1　1979—2010 年中国吸引外商直接投资总量

注：虽然 1979 年即开始引进外资，但规模较小，直到 1983 年在国家统计局的公报才有了确切的数据。

资料来源：中华人民共和国统计局年度经济和社会发展统计公报（1983—2006）。

国内税收理论界对于国际税收竞争这种经济现象，也从较为陌生发展到熟悉。经过多年的观察与讨论，学者们都赞同这样一个基本观点，即国际税收竞争是经济全球化条件下税收跨国外部效应的产物，是当前国际税收关系中国家主权运用与国际必要协调这对矛盾的主要表现形式；同时，就已经加入 WTO 并全面参与经济全球化进程的我国而言，对于国际税收竞争的基本态度可以体现为：全面把握、完善税制、适度参与、促进协调。国际税收竞争的理念也不断拓展。如程永昌与李万甫（2006）认为，“税收竞争是政府运用税收手段以更多地吸引经济资源和促进产品出口的一种经济行为”。显然，相比较于主流观点，该定义做了一些延伸，即认为税收竞争的目的不仅应该包括对流动性要素或税基的“吸引”，还应扩展到贸易领域，即将“促进出口”也纳入税收竞争的范畴。靳东升等（2008）也提出了类似的观点，认为从微观的层面上看，税收竞争是一国政府为提高本国企业“产品”的价格竞争力的重要手段，而从这个角度看国际税收竞争，则关税政策与出口退税政策的运用也就可以归入这一范畴，一国参与国际税收竞争的目的也就包括了以适当的优惠税负来提升本国产品的竞争能力。研究认识到，争夺税基的税收竞争绝不能被简单地描述为减税竞争或降低税率的竞争或税收优惠的竞争。减税指的是整个辖区纳税人税收负担的减轻；降低税率往往指通过立法程序改变法定税率，如果伴随着税基（征税范围）的扩大，则税负水平的改变不能被一概而论；而税收优惠政策是一种特殊而具体的直接减免税措施或通过缩小税基而减少税收的措施。这些看似置财政利益于不顾，竞相让与收入的措施都是税收竞争的现象而非实质。这种竞争的实质是优化整体税制的竞争，涉及一个政府的整个税制体系更具吸引力和竞争力的问题。同时，竞相减税实际上意味着各辖区政府必须就提供公共物品的效率展开竞争，因为政府必须用尽可能少的税收来提供尽可能好的公共服务。如果一国政府的公共支出不能更加科学、效率，那么减税措施就难以为继。随着这一理论认识的深化，我国 2008 年实现了内外资企业所得税的合并，减少了单一税率优惠吸引外资的导向，更加注重整体税制的公平、透明。尽管在两法合并的讨论中，有一些观点担心中国对外资的吸引力下降，但是数据表明，2008 年之后经过短暂的调整，我国对于 FDI 的吸引力不减反增，在联合国贸发会议的世界投资报告中连续排名最具吸引力的投资地之一。

4.1.3 关于税收与对外投资的认识发展

“走出去”思想缘起于 1979 年国务院提出的“要出国办企业”政策①，但从

① 李桂芳主编．中国企业对外直接投资分析报告 2009［M］．北京：中国经济出版社，2009：145.

此时开始直到随后的二十多年期间，我国整个对外开放的着眼点基本聚焦于大量外资的“引进来”，与之相对应的中国企业“走出去”则呈跛足态势。

提升到国家战略层面的“走出去”思想可追溯到党的十四大。1992 年 9 月，江泽民在党的十四大报告中提出：“积极开拓国际市场，促进对外贸易多元化，发展外向型经济”“积极扩大我国企业的对外投资和跨国经营”“更多地利用国外资源和引进先进技术”。在这里，“对外贸易多元化”“跨国经营”“开拓国际市场”和“利用国外资源”等一些“走出去”战略的核心概念就提出来了①。这应当是“走出去”战略思想的萌芽。党的十四大报告中有关中国企业跨国经营的提法与当时的经济发展背景有着密切的关联。20 世纪 90 年代初的中国经济，其供给短缺性已基本解决，需求不足成为制约经济增长的主要矛盾已略显端倪，为弥补我国经济发展过程中国内市场和资源的不足，有必要寻求国际市场，中央决策层已清楚地意识到这一点，从而决定在宏观政策层面上开始着手引导企业走出去。

步入 21 世纪，随着经济全球化趋势的增强、科技革命的迅猛发展、结构调整步伐的加快以及投资贸易自由化的加速，全球生产组织方式也开始变革。以商品贸易和比较优势为基础的传统国际分工格局向产业间分工、产业内分工和要素分工并存的新型国际分工模式演进，形成动态性、多层次、网络化的国际分工体系。各类公司尤其是跨国公司的全球化程度大大提高，跨国公司形成的发展战略、管理结构、经营模式和文化理念更注重全球，传统的跨国公司正在向真正意义上的全球公司过渡②。与此同时，随着国际产业结构的调整，全球服务贸易出口规模持续扩大，服务贸易发展十分活跃，科技发展、服务外包等新的贸易方式的兴起、全球及区域服务贸易壁垒的逐渐削减，为世界服务贸易的发展提供了便利。国际环境的改变给予中国企业走出去提供了新的机遇。从国内来看，2000 年随着国际经济环境的好转，宏观调控效应的进一步释放，中国国民经济出现了重要的转机，但经济增长内在动力不足的矛盾依然存在。在如此国内和国际背景之下，中央决策层在深刻分析世情国情变化的基础上，于 2001 年 3 月发布的第十个五年规划纲要中，明确提出要“坚定不移地扩大对外开放，在积极‘引进来’的同时，实施‘走出去’战略”③，坚持“引进来”与“走出去”同时并举，相互促进。随后，党的十七大、十八大和十九大报告，都逐步将深化全面开放上升到更高的国家层面，并提出了“一带一路”的发展倡议。2013 年 9 月 7 日，习近平主席在哈萨克斯坦纳扎尔巴耶夫大学发表演讲，提出了共同建设“丝

---

① 陈扬勇．江泽民“走出去”战略的形成及其重要意义［OL］．人民网．

② 陈德铭主编．中国特色商务发展道路——对外开放 30 年探索［M］．北京：中国商务出版社，2008：268．

③ 国务院．国民经济和社会发展第十个五年计划纲要［N］．人民日报，2001 - 03 - 18（1）．

绸之路经济带”的畅想。一个月后，习近平主席出访东盟，提出共同建设“21世纪海上丝绸之路”。作为中国首倡、高层推动的国家间经济合作发展构想，“一带一路”倡议致力于通过合作理念、合作模式和合作实践的创新，有效解决传统全球化模式的缺陷，实现各参与方互利共赢。

随着我国对外投资的不断增加，关于对外投资税收的研究也不断丰富。我国国际税收制度也从单一的注重“引进来”，到“引进来”和“走出去”并重。一些研究认为我国对外直接投资偏向于制度质量较差的国家，这种高风险偏好的特征，与我国对外直接投资的“自然资源寻求”动机密不可分（Buckley et al.，2007；Kolstad and Wiig，2012；杨娇辉等，2016）。也有一些研究的结论相反，提出我国 ODI 倾向流向制度环境较好的东道国（张中元，2013；王永钦等，2014；邓新明、许洋，2015）。同时，一些文献还进一步区分了不同制度因素以及制度距离的类型，得出了差异化结论（李平等，2014；刘敏等，2016）。广义而言，税收环境也是东道国的制度因素之一，其对跨境资本流动的影响不可忽视。近几年国内一些文献针对我国“走出去”企业面临的东道国税收环境进行了讨论，主要包括公司所得税税率、转让定价政策、双边税收协定签订情况、税收饶让条款、税务机关稽查次数、纳税准备与用时等（邱辉、蔡伟年，2015；任力波，2015；詹清荣，2015；西安市国家税务局课题组，2015）。实践和研究表明，对外投资的增加使得我国从资本的净输入国转变为净输出国，国际税收管理的重心发生了一定变化，在国际税收协定、国际税收合作中的角色和身份也在发生重大转变，也为我国国际税收新的发展带来了机遇和挑战。

4.1.4 关于跨国避税的理论认识发展

自 20 世纪 90 年代起，国际避税问题就引起了一些学者的注意（Gordon，1992；Harris 等，1993；Hines 和 Rice，1994；Janeba，1995；Bacchetta 和 Espinosa，1995；Grubert 和 Slemord，1998），2008 年国际金融危机爆发以来，避税天堂更是成为了国际社会进行打击和制裁的众矢之的。我国改革开放初期给予外资的税收优惠政策刺激了国际资本对中国市场的兴趣，但是这种“超国民”税收待遇也造成了很多“假外资”现象，也就是内资企业通过注册成为中外合资企业从而享受外资税收优惠。为了吸引外资，各地还纷纷建设开发区，在工业用地上推出优惠的政策。2004 年我国税务机关公布数据显示，外资企业通过转让定价进行利润转移的规模每年达到了 300 亿元以上，外企“长亏不倒”的现象广受关注。2008 年我国新企业所得税法修订，统一了内外资企业所得税，取消了外资的“超国民”税收待遇，国际税收管理开始全面建立。

我国关于跨国公司在华避税的研究和关注也不断增加。对于中国而言，吸引、利用外资一直是对外开放基本国策的重要内容。改革开放以来，我国外资规模持续增长、外资质量不断提升，带动了对外贸易发展，促进了技术、人才和管理经验的交流。同时，一些外资企业通过恶意税收筹划，将大量利润转移至境外避税天堂。以美国跨国公司为例，2012 年美国跨国公司雇用中国员工规模在全球（除美国本土）各国中排名为第一，具体占比为 11%，这体现为美国跨国公司在中国存在最多的实际经营活动，但是美国跨国公司在中国汇报的收入和利润排名均为进入到前十，具体占比在 2% 以下（Clausing，2016）。由此可知，美国跨国公司在中国存在最多的实际经营活动，而在中国地区产生最少的收入和利润，将其主要收入和利润转移至避税天堂。

对于跨国公司而言，经济全球化的实质是市场营销的全球化、资源配置和研究开发的全球化、生产制造和商业竞争的全球化，是整个企业经营活动的全球化。那么，从税收的角度上说，毫无疑问跨国公司的纳税活动也是全球化的。尽管政府们仍然相信国与国之间的竞争将主要体现在各国企业之间的竞争，从而给予本国大企业提供大量的研发补贴和税收优惠，但这可能日益成为政府的一厢情愿。跨国公司无国籍化的发展趋势，使企业福利和国家福利的对应关系日益复杂，而跨国公司对母国利益的政治忠诚度也在逐渐减弱——跨国公司就其全球所得在整个企业内部进行纳税筹划，充分利用各国税收差异，降低纳税义务，追求税后收益的最大化，恐怕很少会顾及这种做法会使哪些国家（或者说公共当局）之间的税基发生了转移。

Copithorne（1971）和 Horst（1971）提出了跨国公司理论文献中的著名命题：当跨国公司面对不同国家的不同税率时，会潜在地通过内部贸易的商品价格操纵，把利润从高税国向低税国转移。跨国公司利用国家间税收差异进行国际避税是具有其客观合理性的，而以跨国公司在全球经济领域的影响力，其纳税筹划和避税活动极大程度地影响着税基在国家间的转移。而这种影响是通过跨国公司内部实施转让定价将利润从高税国向低税国转移实现的，如图 4 - 2 所示。

关于跨国公司转让定价和利润转移的研究不断深入。所谓转让定价是指公司内部机构之间或关联企业之间相互提供产品、劳务或财产而进行的内部交易作价。转让定价可以发生在一国之内，而与各国税收利益密切相关的是发生在国与国之间的国际转让定价。由于转让定价发生在跨国公司集团的内部成员之间，而这些成员由于法律或经济上的原因在经营管理和经济利益方面存在着紧密的联系，因此转让定价并不一定符合市场竞争原则，而是根据公司集团的整体利益人为地加以确定。转让定价的这种特殊性决定了，跨国公司必然利用它操纵内部交

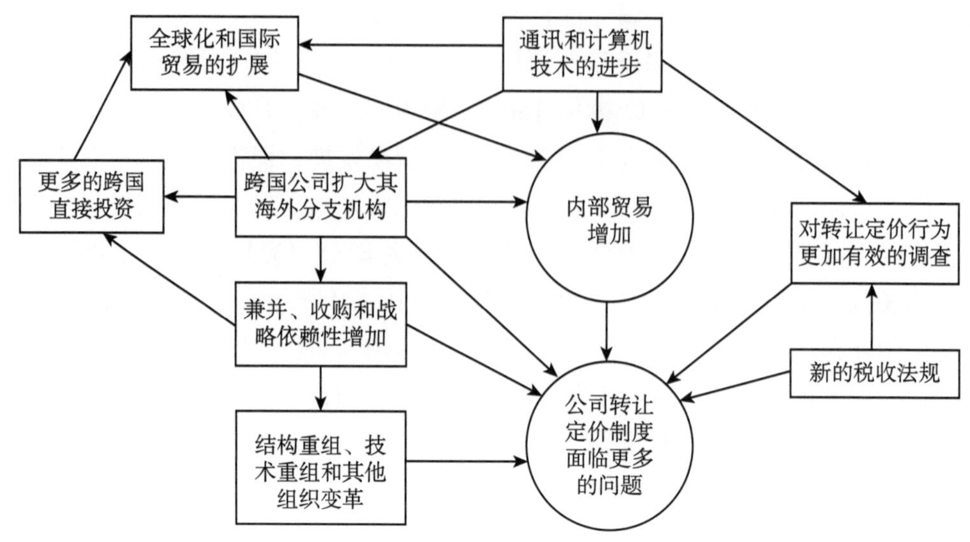

图 4－2　全球化及其对跨国公司对外投资和利润转移的影响

易定价从而在公司集团内部人为转移利润。在跨国公司关联企业之间的各项交易中，包括销售产品、提供劳务、发放贷款、技术转让等，通过实施一定的转让定价策略，跨国公司就可以把利润从一个国家的关联公司转移到另一个国家的关联公司的账面上。

尽管转让定价也可以为跨国公司的很多经营目标服务，但国际避税目标仍然是其中重要的一个。在世界各国公司所得税税率高低不等的情况下，跨国公司可以利用自己经营活动全球化的优势，通过转让定价，在不同国家的关联企业之间分配业务收入和费用开支，尽可能地将利润从高税国企业转移到低税国企业，从而导致跨国公司在全球范围内最少纳税、最大获利的目的。

国内学者已经注意到了由避税天堂引发的相关国际避税及其衍生问题，但目前的文献还大多集中于研究避税天堂的历史渊源（高阳等，2018）、相关法律制度的解读（薛峰、郁云岚，2013；樊穗、陈虎，2017）、涉税案例分析（朱晓丹，2016）、国际经验的比较（梁若莲，2008；崔晓静，2008）以及对中国的启示（李娜，2016；梁若莲和吴巧伶，2013）等，应用实证策略的文献相对较少（何杨和徐润，2016；张瑶，2018），但这并不失为一个良好的开端。在外资企业避税描述方面，王进猛、茅宁（2008）发现中国外资企业存在大面积亏损，2000—2005 年平均亏损面高达到 51.06%，并在正向盈利企业当中存在明显的利润转移；进一步地，王进猛、沈志渔（2011）发现存在内部贸易和内部采购的外资企业税负更低，这说明可能利用内部转让定价来进行利润转移。进一步地，现有文献利用内部微观企业数据进行了印证。其中，张再金（2015）指出我国外资大多来自于低税国家和地区，并利用内部企业纳税申报数据发现，在规模、行业等主要因素同等情况下，外商投资企业的利润率低于内资企业，这也说明外资企业可能存在明显的利润转移行为。何杨、杨武（2014）利用在华投资跨国公司的微观数据发现跨国公司在中国确实通过利润转移降低了税负，并且与避税地的关联增加了跨国公司进行利润转移的机会。另外，部分文献利用税率变化作为外生冲击来研究利润转移行为的变化，比如：毛程连、吉黎（2014）利用 2008 年两税合并来研究外资避税行为的变化，发现两税合并后随着外资税率提高，外资企业出现更加明显的避税行为。部分文献关注两税合并后外资税率提高对于外资避税的影响（毛程连、吉黎，2014），张再金（2015）发现外资企业利润率显著低于内资企业，这可能说明外资企业存在明显的利润转移行为，以及刘志阔等（2019）研究了中国对外直接投资企业在对避税天堂进行投资后的利润转移行为。

对于中国的反避税政策及影响，现有文献主要总结中国反避税政策的具体措施（丁淑芬，2014），以及讨论国际税收改革对于中国反避税政策的影响（廖体忠，2014；庞凤喜、贺鹏皓，2015），部分文献考察了税收情报交换协定对利润转移的影响（何杨、徐润，2016；张瑶，2018）。随着经济的深度全球化和世界经济格局的演化，中国正在积极主动地参与全球治理体系建设，推动国际秩序和全球治理体系朝着更加公正合理的方向发展。近年来，我国积极参与联合国和二十国集团（G20）国际税收规则制定，全程深入参与 BEPS 的所有行动计划，其目的在于修改现有国际税收规则，设计反避税政策以遏制跨国企业规避全球纳税义务和侵蚀各国税基行为。

4.2　重大国际税收发展改革实践

4.2.1　国际税收制度的发展过程

（1）第一阶段（1978—1993 年）：萌芽和发展

①主要背景。“二战”之后，尤其是进入 20 世纪 90 年代以来，贸易全球化得到充分发展，投资、生产和金融也逐渐跨越一国边界，实力不断增强的跨国公司成为推动全球化的重要力量。根据联合国贸易与发展会议的资料，1968 年全球跨国公司仅有 7276 家，子公司 2.7 万家，到了 1996 年全球跨国公司达到 4.45 万家，子公司达到 28 万家。同时，以美国为代表的发达国家在七八十年代经历了经济滞胀，1980 年前后美国开始实施货币紧缩政策和增加军事开支的扩张财

政政策，尽管通货膨胀得以迅速降低，但是却带来了高失业和美元升值。发达国家对外投资的积极性大为增强。

1978 年，我国全面实施改革开放，面临着资金、技术的短缺。为了引进资金、技术促进经济起飞，我国制定了引进外资的基本战略。我国实际利用外资从 1979 年的 3000 万美元到 1997 年迅速增加到了 452 亿美元（如图 4－3 所示）。随着外资企业越来越多进入中国，出现了国际税收问题，主要是外资企业和外籍个人在中国取得的所得如何纳税的问题。

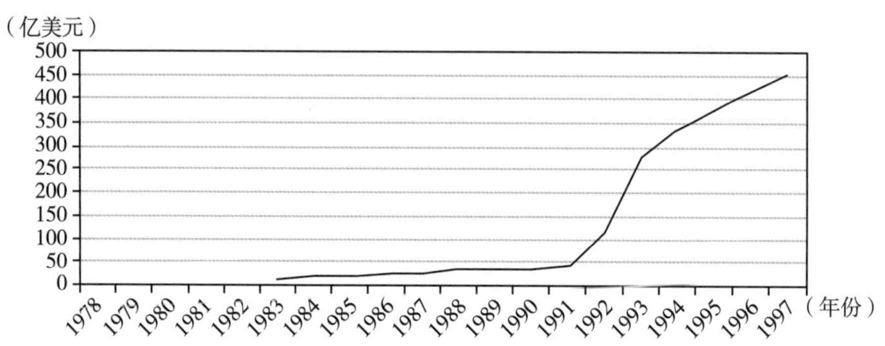

图 4－3　我国实际利用外商直接投资金额（1978—1997 年）

②国际税收制度。1980 年和 1981 年，我国陆续颁布《个人所得税法》《中外合资经营所得税法》和《外国企业所得税法》，初步确立了我国涉外税收的法律框架。但内外资所得税分立。企业所得税制中，分别对内资国营企业、集体企业和私营企业征收企业所得税，外资企业适用《外商投资企业和外国企业所得税法》。个人所得税制中，对外国人征收个人所得税、对中国人征收个人收入调节税和个体工商户所得税。

非居民纳税人在我国取得的经营所得按照《中华人民共和国外商投资企业和外国企业所得税法》（1991—2008 年）应该按照应纳税的所得额计算，税率为 30%，地方所得税，按应纳税的所得额计算，税率为 3%。但是由于我国给予外商投资企业和外国企业两免三减半的所得税优惠政策，再加上各地的招商引资政策，外商投资企业和外国企业在我国境内产生的经营所得几乎免征企业所得税。1994 年我国外商投资企业和外国企业的税收收入仅为 48.1 亿元。

非居民纳税人在我国境内取得的投资所得，按照《中华人民共和国外商投资企业和外国企业所得税法》（1991—2008 年）应当缴纳 20% 的预提所得税，但外国投资者从外商投资企业取得的利润，为科学研究、开发能源、发展交通事业、农林牧业生产以及开发重要技术提供专有技术所取得的特许权使用费等都免征预提所得税。

居民纳税人取得的境外所得按照《中华人民共和国个人所得税法》（1980

年）应该向中国税务机关申报纳税，但是由于规模和数额较少，税收征管上几乎处于空白地带。

③国际税收征管。开始学习和处理国际税收问题，坚持和维护所得来源地的征税权，国际税收管理的基本方针为“促进改革开放、维护国家利益”。

税收协定谈签工作取得成效，主要针对英、美、日等发达国家。随着我国对外开放的发展，为了避免和消除对公司、企业和个人的跨国经营和投资以及从事劳务的所得被重复征税，以有利于国家间的资金流动、劳务交流和国家间的经济技术合作，中国从 1981 年年初开始对外谈判签订对所得避免双重征税和防止偷漏税的协定，并适应对外谈签工作的需要，制定了我国对外签订避免双重征税协定的工作文本。由于发展中国家主要是吸收外资，引进技术，与发达国家进行经济技术合作，所产生的营业利润、劳务所得和投资所得，其来源地主要是在发展中国家。我国在这个时期的协定谈签主要强调有利于吸引外资和技术，而且要维护我国的税收利益。到 1997 年 6 月，我国同 56 个国家签订了国际税收协定，并通过签订单向税收协定、协议或在“海运协定”“航空运输协定”中列入税收条文等形式，同 40 多个国家解决了对国际运输企业的互免税收事项。在协定中，中国对于直接或间接来源于缔约国的利息予以免税，对于在相互承认的教育机构从事教学、研究的报酬予以免税，为促进协定国之间的资金流动、贸易往来和科学文化交流提供了便利。

（2）第二阶段（1994—2007 年）：税制改革与完善

①主要背景。亚洲金融危机爆发，东南亚国家的汇市和股市受到巨大冲击，中国履行了自己不对人民币实行贬值的诺言，实行积极财政政策，成功实现经济平稳着陆。金融危机之后，中国经济持续增长和人民币升值预期等因素，吸引了更多的外商直接投资进入中国。同时，亚洲金融危机也使得盲目建设带来的结构不合理等深层次矛盾内需不足，出口下降，“走出去”逐渐成为新的国家战略，“鼓励能够发挥我国比较优势的对外投资，更好地利用两个市场、两种资源”的战略方针。随着 2000 年政府正式确立“走出去”发展战略，2001 年中国正式加入世贸组织，中国保持了对外商直接投资的较强吸引力，同时对外投资的数量和规模迅速扩大，“引进来”和“走出去”的资本双向流动对中国经济的影响更加显著。2008 年我国实际利用外商直接投资 923.45 亿美元，对外直接投资突破 500 亿美元，达到 521.5 亿美元。

②国际税收制度。1994 年我国进行了大规模的税制改革，将对内资企业征收的多种所得税合并为统一的企业所得税，将对外国人征收的个人所得税、对中国人征收的个人收入调节税和个体工商户所得税合并为统一的个人所得税。

国际税收的法律法规进一步规范。1998 年国家税务总局颁布的《关联企业间业务往来税务管理规程（试行）》，后来于 2001 年和 2002 年先后公布的《税收征收管理法》及其《实施细则》，是有关转让定价方面业务操作细则的进一步完善。2004 年，国家税务总局公布了《预约定价协议实施细则》，为我国开展这项工作提供了法律依据。国家税务总局《关于进一步加强反避税工作的通知》（国税发〔2004〕70 号）对反避税的基本规范进行了明确，为反避税工作的规范化奠定了基础。

③国际税收征管。为了应对涉外税收管理的需要，我国从国家税务总局到各省市地方税务局陆续成立各级涉外税收管理机构，对涉外税收进行特殊管理。2003 年全国涉外税收收入 3487. 1 亿元，同比增长 20. 9%。但是，外资企业为了充分享受税收优惠，采用多种形式的利润转移方式，出现了大量的“长亏不倒”户，反避税的重要性在国际税收管理中逐渐受到关注。

对涉外企业建立专职机构进行专业化管理。按照国家税务总局征管改革方案的总体要求，大部分省市加快了国际（涉外）税收管理体制的改革进程，建立健全了国际（涉外）税收管理机构，并试行了企业税收分类管理机制。

反避税工作逐渐受到关注。跨国公司除了传统的“高进低出”，更多地通过转让定价、资本弱化等手段进行避税。各级税务机关开始加大反避税的力度，在全国范围内开展反避税大户联查工作中，共调整应纳税所得额 51. 6 亿元。反避税主要针对的是外资企业。

非居民预提税的管理进一步加强。与外管局、交通部等部门联合进行了售付汇税务凭证管理，加强了对预提所得税的专项检查。

为配合我国“引进来”和“走出去”战略的有效实施，我国在这一阶段与阿曼、尼日利亚、突尼斯、伊朗、巴林、希腊、吉尔吉斯、摩洛哥、斯里兰卡和特立尼达和多巴哥等 10 个发展中国家正式签署了避免双重征税协定，并与澳门特别行政区签署了两地对所得避免双重征税的安排。在税收管辖权的行使上，从一味强调来源地管辖权，开始参照 OECD 税收协定范本，逐步强调居民管辖权。

（3）第三阶段（2008 年以后）：国际视野下的新阶段

①主要背景。2008 年国际金融危机爆发后，世界各主要发达国家和发展中国家虽然采取了积极的财政货币政策加以应对，但并未能从根本上抑制金融危机的漫延，特别是欧洲主权债务危机的爆发，对全球经济的复苏及我国经济的发展带来了更多更大的不确定性。我国尽管保持了较为强劲的经济增长势头，但也面临实体经济下滑与通货膨胀攀升的双重压力，面临转变经济增长方式的挑战。对外投资的数量和规模不断增加，自 2003 年我国发布年度对外直接投资统计数据以来，我国对外直接投资规模连续 13 年实现增长。截至 2017 年年底，中国 2. 55 万家境内投资者在国（境）外共设立对外直接投资企业 3. 92 万家，分布在全球 189 个国家（地区），境外企业资产总额 6 万亿美元，对外直接投资存量达到

18090.4 亿美元。2018 年，中国对外直接投资跃居全球前二位，达到 1300 亿美元。2019 年，在全球地缘政治发生变化，全球外商直接投资（简称 FDI）下降，人民币贬值等因素共同影响下，我国对外直接投资有所下降，但对外承包工程仍保持增长，这对提高我国“走出去”质量提出了新挑战。“一带一路”投资重要性增强，2018 年，我国企业在“一带一路”沿线对 51 个国家非金融类直接投资 68 亿美元。2019 年 1—6 月，我国企业在“一带一路”沿线国家新签对外承包工程项目合同 3302 份，新签合同额 636.4 亿美元，占同期我国对外承包工程新签合同额的 60.1%，同比增长 33.2%。

②国际税收制度。《中华人民共和国企业所得税法》以及相关法律法规的出台，形成了完整的现代化国际税收法律框架，国际税收管理进一步走向法制化、规范化和国际化。从 2008 年 1 月 1 日起开始实施的《中华人民共和国企业所得税法》（以下简称《企业所得税法》）统一了以往各自独立的内、外资企业所得税制度，并初步形成了完整的居民企业境外所得税收政策框架体系：一是参照国际上通行做法，引入规范的居民和非居民概念，明确采用纳税人的居住地与所得来源地相结合的税收管辖原则；二是采用资本输出中性原则，用抵免法消除国际重复征税，并首次引入间接抵免方式；三是初步建立和完善了特别纳税调整税制，首次引入受控外国企业管理规则，强化了特别纳税调整手段[①]。2009 年年底，财政部、国家税务总局下发了《关于企业境外所得税收抵免有关问题的通知》[②]，进一步明确了“走出去”企业境外所得税收抵免的有关计算方法。并通过了《特别纳税调整实施办法（试行）》等加强对跨境投资的关联交易、受控外国公司、资本弱化等方式的管理。企业所得税方面的税收抵免制度基本建立。

在继续坚持必要的来源地管辖权基础上，进一步加强了居民管辖权的行使。取消和规范了非居民经营所得的税收优惠，对非居民的股权转让、财产所得等投资所得的征税更加规范。扩展和细化了居民海外投资所得已纳所得税的抵免规定，出台了一系列支持企业“走出去”的税收政策。2010 年 6 月 21 日，国家税务总局发出《关于进一步做好“走出去”企业税收服务与管理工作的意见》（国税发〔2010〕59 号），以加大对“走出去”企业的税收政策支持力度，进一步做好相关服务和管理工作。按照“摸清底数、完善制度、优化管理”的要求，大部分省市的税务局对“走出去”企业进行了摸底，完善纳税服务，加强境外税源管理。

在非居民税收、境外所得、反避税和税收协定等制度建设上不断完善，先后出台关于非居民企业间接转让财产企业所得税、完善税收协定受益所有人认定、

① 参见附录 4:《中华人民共和国企业所得税法》。

② 参见附录 4:《关于企业境外所得税收抵免有关问题的通知》（财税〔2009〕125 号）。

税收协定待遇享受、预约定价安排、特别纳税调整及相互协商程序管理、关联申报和同期资料管理等规章制度。2018 年 8 月全国人民代表大会常务委员会通过的《中华人民共和国个人所得税法修订案（草案）》也加入了反避税条款，推进了国际税收反避税领域的立法进程。

③国际税收征管。为了适应国际税收专业化管理的需要，2008 年，国家税务总局经过机构调整，对国际税务司（海洋石油税务管理局）的工作职责进行了调整（国税函〔2008〕57 号）。调整后，国际税务司（海洋石油税务管理局）是国家税务总局主管国际税收、海洋石油税收、国际税务合作交流以及外事工作的职能部门，起草国际税收相关法律、行政法规草案、规章及其他规范性文件；指导国际税收和海洋石油税收的征收管理工作；为中国居民企业在境外投资、输出劳务等提供国际税收服务；协调和处理跨国交易的税收争端问题；承办与国际机构、外国及港澳台税务机关的合作与交流工作；管理国家税务总局机关和国税系统外事工作。

国际税收管理更加专业化，国家税务总局和地方税务局成立境外税务处，强化反避税队伍建设，加强国际税收合作。截至 2019 年 10 月 31 日，我国已经与 117 个国家（地区）签定了双边税收协定（安排），其中 100 个已生效，基本覆盖了我国对外投资的各个地区。国际税收情报交换和征管互助的水平不断提高。

反避税工作的对象从外资向内资扩展，加强基础数据库建设、信息化建设、人才队伍建设等体系建设。相比于其他税收法律法规，我国反避税法律法规的建设起步较晚，最早的是 1991 年的《中华人民共和国外商投资企业和外国企业所得税法》，之后在 20 世纪 90 年代出台了关于关联交易的税收法规等。进入 21 世纪，我国反避税立法逐步完善。尤其是经合组织和 20 国集团积极开展打击跨国公司税基侵蚀与利润转移行动计划（以下简称 BEPS 行动计划）之后，为我国的反避税制度建设提供了有益参考，我国在修改、制定反避税政策法规时积极吸纳了相关成果。在经济新常态时期我国反避税工作取得了较大的进展，具体如表 4－1 所示。

表 4－1　　2012—2018 年主要反避税法律法规列表

文件	文号	发布机构	生效时间	现在状态
《关于加强国际税收管理体系建设的意见》	国税发〔2012〕41 号	国家税务总局	2012. 4. 27 发布实施	现行有效
《关于发布〈税收协定相互协商程序实施办法〉的公告》	国家税务总局公告 2013 年第 56 号	国家税务总局	2013. 9. 24 发布 2013. 11. 1 实施	现行有效

续表

文件	文号	发布机构	生效时间	现在状态
《关于非居民企业股权转让适用特殊性税务处理有关问题的公告》	国家税务总局公告 2013 年第 72 号	国家税务总局	2013. 12 发布实施	有效（已被修改）于 2015 年进行一次修正
《关于依据实际管理机构标准实施居民企业认定有关问题的公告》	国家税务总局公告 2014 年第 9 号	国家税务总局	2014. 1 发布实施	现行有效
《关于委托投资情况下认定受益所有人问题的公告》	国家税务总局公告 2014 年第 24 号	国家税务总局	2014. 4. 21 发布 2104. 6. 1 实施	现行有效
《关于特别纳税调整监控管理有关问题的公告》	国家税务总局公告 2014 年第 54 号	国家税务总局	2014. 8 发布实施	失效 失效依据为国家税务总局公告 2017 年第 6 号
《一般反避税管理办法（试行）》	中华人民共和国国家税务总局令第 32 号	国家税务总局	2014. 12. 2 发布 2015. 2. 1 实施	现行有效
《关于完善预约定价安排管理有关事项的公告》	国家税务总局公告 2016 年第 64 号	国家税务总局	2016. 10. 1 发布 2016. 12. 1 实施	有效（已被修改）
《特别纳税调查调整及相互协商程序管理办法》	国家税务总局公告 2017 年第 6 号	国家税务总局	2017. 3. 17 发布 2017. 5. 1 实施	部分失效 “第四十一条第二款”已被国家税务总局关于公布全文失效废止和部分条款失效废止的税收规范性文件目录的公告废止（国家税务总局公告 2016 年第 34 号）
《国家税务总局关于税收协定中“受益所有人”有关问题的公告》	国家税务总局公告 2018 年第 9 号	国家税务总局	2017. 2. 3 发布 2017. 4. 1 实施	现行有效

资料来源：根据国家税务总局官网法律法规进行整理，截止日期为 2018 年 12 月 31 日。

除此之外，国家税务总局2016年10月公布了《非居民金融账户涉税信息尽职调查管理办法（征求意见稿）》，明确提出了要打击跨境逃避税，履行金融账户涉税信息自动交换国际义务。2017年7月1日起，CRS（共同申报准则）全球征税在国内正式启动，2018年9月1日进行CRS第一次金融账户涉税信息交换。

CRS（Common Reporting Standard），即共同申报准则，是基于2014年7月OECD发布的《金融账户涉税信息自动交换标准》（即Automatic Exchange of Information标准）的内容之一，规定金融机构收集和报送外国税收居民个人和企业账户信息的相关要求和程序，用于指导参与司法管辖区定期对税收居民金融账户信息进行交换的准则，旨在通过加强全球税收合作提高税收透明度，打击利用跨境金融账户逃避税行为。

CRS关注的仅为海外金融账户资产，并非所有的海外资产。CRS交换涉及的信息包括海外机构的账户类型，资产信息类型以及账户内容。海外机构的账户类型包括存款机构、托管机构、投资机构和特定的保险机构，不包括金融资产管理公司、财务公司、金融租赁公司、汽车金融公司、消费金融公司、货币经纪公司、证券登记结算机构等。资产信息类型包括存款账户、托管账户、现金值保险合约、年金合约、持有金融机构的股权/债权权益等。账户内容包括账户及账户余额、姓名、税收居住地等信息，如图4-4所示。

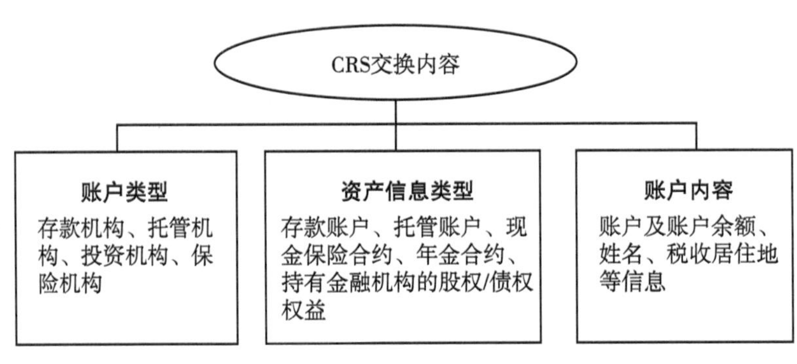

图4-4 共同申报准则（CRS）交换内容

4.2.2 国际税收发展的主要成果

回顾我国国际税收制度的发展，在消除、避免有害税收竞争的前提下，我国国际税收制度的发展伴随着我国整体对外开放的不断深化。适应经济全球化的发展趋势，建立国际税收管理新机制。我国现有的针对跨国企业和跨国经营活动的税收管理面临来自经济全球化的巨大挑战，这就要求我们按照税收征管改革的总体规划，建立对国际税收专业化管理的新机制。这个新机制包括研究、制定针对跨国纳税人及跨国交易的税收管理规范，进一步改进跨国经营企业纳税申报体系，建立完整的信息库；继续加强审核评税工作，全面实施并不断改进税务审计规程，开发应用软件，形成针对大型跨国企业的现代化管理能力等。

适应经济全球化的发展趋势，广泛开展国家间税收关系的适应、竞争、合作和协调。经济全球化和现代市场经济的普遍确立，政府经常会由于竞争的原因被迫效仿其他国家的做法。不同国家在税率、税基等方面的差异促使跨国企业在世界范围寻求“套取税收利益”的机会。一方面，纳税人追求自身利益最大化的行为不可避免地会对相关国家的税收收入、经济效率以及税制的公平产生影响；另一方面，一国政府为追求本国收入的最大化有可能以牺牲他国收入为代价。随着经济全球化程度的加强，后者的矛盾将更加突出。因此，在经济全球化的进程中，政府与政府之间围绕税收利益而相互适应、竞争、合作和协调将是这一进程中的关键所在。

4.2.3　国际税收发展的总结

（1）国际税收制度建立促进了我国改革开放的不断深入

回顾 70 年新中国发展的历程，以开放促改革，以开放促发展，是一个宝贵的经验。国际税收制度的建立和完善，一方面是为了满足对外开放的税源跨境流动的迫切需要，另一方面也通过制度的不断规范进一步促进了资本、技术和人员的自由流动，为全面改革开放保驾护航。一是自 1981 年开始对外谈签避免双重征税协定，不断扩大税收协定网络（截至目前已经谈签 110 个双边协定和安排①），涵盖绝大部分来华投资和对外投资的国家（地区），企业的跨境投资提供了税收的确定性，为税务管理搭建了国际合作的平台。二是陆续颁布和实施《个人所得税法》《外商投资企业和外国企业所得税法》（2008 年废止）和《企业所得税法》（2008 年开始实施），在《企业所得税法》中前瞻性地引入比较先进的国际税收规则，并以《企业所得税法》为基本依据，先后出台特别纳税调整、非居民税收管理、“走出去”企业税收管理等政策和规定，建立了与国际接轨的所得税制度。三是在 2013 年 8 月 27 日正式签署《多边税收征管互助公约》,② 进一步扩大跨国税收征管网络，并积极参与 G20 框架下打击国际逃避税行动——税基

① 参见国家税务总局网站“税收条约”网页。

② 2015 年 7 月 1 日，《多边税收征管互助公约》已经第十二届全国人大常委会第十五次会议批准。

侵蚀与利润转移（BEPS）行动计划，为我国维护自身税收利益、积极参与全球税收合作、推动国际税收秩序的公平提供了较为完善的法律基础。四是服从服务于对外开放大局，完善和落实吸引外商投资的税收政策，更加重视加强“走出去”企业税收服务和管理工作，充分发挥国际税收在维护我国税收主权和跨境纳税人合法权益方面的职能作用，为提高我国开放型经济水平做出了一定的贡献。

（2）积极应对国际税收竞争才能不断提高税制竞争力

在全球化的背景下，税源跨境流动，国际税收竞争是一种常态。提高国际税收竞争力，需要在国际税收制度、国际税收政策、国际税收管理和国际税收服务上进行全方位的优化。一国税制是否对资本具有吸引力越来越重要。这一方面是因为各国对资本能够带来经济繁荣存在共识；另一方面也说明了经济全球化的背景下，税收在国际经济活动中的作用在日益增强。因此一国政府对优化税制、提升税制的竞争力、加强税制的国际化建设等问题应增强紧迫感，给予更高度的重视，放到重要的议事日程上来。

我国目前处于经济转型期，资本流出刚刚超过资本流入，对外投资的质量还有待提高，成本投入正在向要素投入转变，企业创新能力还具有较大提升空间。在这一背景下，国际税收要从“大写意”转向“工笔画”，做好国际税收政策的效应评估，细化、优化国际税收政策，切实提高国际税收管理水平。应完善本国居民国外所得的征税制度。从发达国家国际税收竞争政策制定来看，无论是对于外国居民源于本国的所得还是对本国居民源于外国的所得，都有十分详细的规定。在新一轮税制完善中，应该对于国际税收政策的体系性进一步加强，降低企业所得税名义税率，简化跨境所得的税收管理，加强税收风险管理，促进企业和税务机关的合作遵从，改善营商环境，降低企业遵从成本，不断提高我国税收制度的国际竞争力。

（3）国际税收理念从学习到传播不断提升国际税收话语权

国际税收规则的核心是国家之间税收利益的分配和税收关系的协调。如何建立一个公平合理的国际税收秩序对于我国外向型经济发展和改善全球经济发展环境都至关重要。在国际税收制度建立的初期，我国主要是学习和借鉴国际先进经验和做法。随着我国国际税收实践的深入，开始提出一些适合发展中国家的合理理念，并得到国际社会的认可。首先，在预约定价安排谈签和转让定价双边磋商中，我国创造性地提出维护发展中国家利益的成本节约、市场溢价等新理念和操作方法，强调我国作为新兴市场国家在市场购买力、廉价土地和劳动力等方面的优势，要求发达国家认同并尊重这些特殊经济因素对企业创造价值的贡献。这些理念已在一些案件磋商中得到外方认可并得以成功运用。其次，税务总局参与编写的联合国《发展中国家转让定价手册》，已将上述理念和实践经验融入其中，并应 OECD 邀请，派专家为发展中国家进行反避税培训，在培训中将成本节约、市场溢价等转让定价理念以及中国在反避税案件上的处理经验做了详细介绍和有效推广，得到了各国培训学员的好评。顺应全球打击跨境逃避税的潮流，回应征纳双方规范和明确间接转让股权交易税务处理的要求，中国发布了《关于非居民企业间接转让财产企业所得税若干问题的公告》。此公告对间接转让财产交易适用一般反避税规则的范围、合理商业目的判定要素、纳税义务、法律责任等做出了明确规定，总结了以往非居民税收管理经验并做了进一步创新和完善，是中国积极参与 G20 税改、应对 BEPS 的最新举措之一。通过接下来的操作执行和长远措施研究等实践，中国必将为国际税收规则的创新和发展注入新力量。一直以来，国际税收规则制定、修改的主动权都掌握在发达国家手中。因此，要在国际税收规则制定上获得突破还需要中国积极主动的努力。无论是理论界还是实务界都应该开展对国际税收全球治理组织或者制度以及机制的具体研究。只有掌握大量的鲜活信息，才会在国际舞台上享有充分的发言权，才会在制定“规则”时做出更加有力的表态。积极参与国际税收方面活动，借助国际平台，积极参与制定“规则”，是中国在新的经济发展阶段参与全球治理的必然要求。近年来，中国主动参加多种国际会议，包括反避税、反有害税收竞争和信息情报交换等。特别是在税收协定（包括其注释）条款拟订方面，发挥积极作用，有些建议已引起国际重视，以适当方式出现在有关文件中。2003 年中国成为经合组织的观察国，开始出席和参与经合组织关于国际税收的大部分会议和讨论。2009 年，中国成为全球税收论坛的副主席国，并于 2012 年顺利通过了情报交换和税收透明度的同行审议。

“一带一路”倡议提出，我国在推进全面开放中树立了自己的战略方向。其中税收合作机制，也是中国走上世界舞台，表达“一带一路”沿线国家多边税收共治的呼声，推动建设国际税收治理体系的重要平台。中国应以“道同”的税收治理理念为核心，即：与沿线国家“共明税收治理之道，求大同存小异”，恪守“税收法治、条约信守”精神，以“多边合作、平衡治理”的方式，建立“开放包容、互利共赢”的税收治理框架体系，为资本、劳务、技术等生产要素的跨境自由流动和有效配置提供公平、透明、有序的税收环境。2018 年 5 月 14 日，“一带一路”税收合作会议在哈萨克斯坦首都阿斯塔纳召开，发布了《阿斯塔纳“一带一路”税收合作倡议》。这是自我国 2013 年首次提出“一带一路”倡议以来，沿线国家携手描绘税收合作新蓝图的里程碑式事件，凸显了税收合作机制在推进“一带一路”倡议落地生根、推动建设新型国际税收关系中即将发挥的重要作用。2019 年 4 月 18 日至 20 日，首届“一带一路”税收征管合作论坛在浙江乌镇举行，正式建立“一带一路”税收征管合作机制。

第5章

政府支出制度发展改革回顾

5.1　政府支出制度发展改革的理论与思想演进

2019 年是新中国成立 70 周年的重要历史时刻，回望这 70 年，中国共产党领导全国各族人民努力奋斗创造美好生活，不断走向繁荣富强。沿着中国特色社会主义道路的建设历程，我国财政思想与理论在社会主义道路的探索中不断发展完善，政府支出制度随之做出相应的演化。从毛泽东同志的《论十大关系》到习近平新时代中国特色社会主义思想，我国的财政支出理论与制度在国家分配论、公共财政理论、社会共同需要论等财政基础理论的演进过程中不断完善。在马克思列宁主义、毛泽东思想、邓小平理论、“三个代表”重要思想、科学发展观、习近平新时代中国特色社会主义思想的指导下，我国政府支出制度日益适应我国社会主义市场经济体制的发展需要，推动着现代财政制度的建立，推动着国家治理体系和治理能力现代化的实现。

5.1.1　毛泽东同志的《论十大关系》

新中国成立初期，西方国家采取经济封锁、政治孤立、军事包围等手段打压中国，妄图把新中国扼杀在摇篮中。以毛泽东同志为核心的党的第一代中央领导集体，领导全国各族人民紧紧抓住恢复和发展生产这一中心环节，在继续完成民主革命遗留任务的同时，有步骤地完成从新民主主义到社会主义的转变。1956 年社会主义改造完成后，毛泽东的注意力转向了经济建设，特别是工业建设。毛泽东通过调查和研究，听取中央主管经济的部门的工作汇报后总结出的《论十大关系》具有十分重要的意义。《论十大关系》在基于中国国情的基础上，借鉴苏联的经验，充分调动各方面的积极因素，探索中国特色社会主义道路。它为我国如何建设社会主义指明了方向，同时也为包括财政体制在内的经济体制改革指明了方向。财政工作紧密围绕着党中央的领导，不断地优化体制，健全体系，使得财政管理水平不断提高，为我国社会主义事业不断开创新局面，为促进各个时期国民经济发展和社会进步，做出了巨大贡献。

毛泽东同志的《论十大关系》思想也体现在财政支出理论与制度发展中。《论十大关系》中的第一大关系是重工业和轻工业、农业的关系，谈到要用多发展一些农业、轻工业的办法来发展重工业；第二大关系是沿海工业和内地工业的关系，谈到要充分利用和发展沿海的工业基地，以便更有力量来发展和支持内地工业；第三大关系是经济建设和国防建设的关系，强调要在加强国防建设的重要性时，把军政费用降到一个适当的比例，增加经济建设费用。以上三大关系在财政上的具体反映便是财政支出的分配问题。我国在 1992 年之前是计划经济体制，为保障政权稳定和经济平稳发展，资源配置完全由政府掌握并决定，财政支出的分配影响着各领域的发展。在新中国成立初期，军费支出给财政带来的压力始终很大，1949 年，我国军费开支约占财政支出的一半以上。在“一五”计划期间，国内外环境总的来说比较稳定，毛泽东同志提出大力发展经济而减少国防支出，带动国民经济发展，实现“一化三改”的经济目标。从1950—1952 年总的情况来看，军费和为保证各国家和平建设所支付的各项国防费占总支出的 37. 8%，经济建设支出占总财政支出的 34. 3%。经济建设支出逐年增加，1952 年达到 73. 23 亿元，占总财政支出的 41. 6%，说明经建设越来越成为财政支出的重点。

在以经济建设为主的同时，毛泽东同志提出发展轻工业和农业，以此继续带动工业的发展。国家在落实发展农业、轻工业的方针时也采用了许多鼓励农业、轻工业发展的财政政策，如调整税率、巩固农村信用合作社、扶持农村供销合作社、增加农业投资、发放低息农业贷款等措施，都有效地通过财税政策和资金分配推动了农业、手工业的发展。在计划经济体制下，财政投资是经济等领域建设所需资金的重要来源，通过财政收支的分配保证了各领域的协同发展，促进了经济的稳步发展。

5. 1. 2 邓小平同志的节约开支思想

抗日战争时期，邓小平同志就十分重视财政经济工作，强调财政经济工作必须从大局着眼，树立全局观念，正确处理好财政与经济的关系。要在“钱多多出，钱少少出”的原则上，做到“量入为出与量出为入的配合”，实行财政合理负担政策。新中国成立后，财政出现不平衡、不稳固问题，邓小平同志在《财政工作的六条方针》重要讲话中指出，必须坚持收支平衡的原则，并且力求在执行结果上达到收多于支和保持相当的后备力量，把国家财政“放在经常的、稳固的、可靠的基础上”①。党的十五大明确提出“建立稳固、平衡的国家财政”的战略目标，就是在新的历史条件下，高举邓小平理论伟大旗帜，适应振兴国家财

① 邓小平文选（1）[M]. 北京：人民出版社，1994：195.

政的要求，从我国政治、经济和社会稳定的战略高度赋予稳固财政的重要时代意义①。

邓小平继承和发展了毛泽东的财政思想，并以市场经济体制的框架为前提论述了公共财政思想，对于发挥财政对经济增长和社会发展的宏观调控功能具有极其重要的现实意义②。公共财政是市场经济机制和体制下的国家（政府）财政，其经济实质是市场经济财政，公共财政理论针对市场失灵提出通过市场以外的力量即政府的力量来提供满足公共需要的公共产品和服务。1998 年 12 月 15 日，全国财政工作会议召开，明确提出建立公共财政的基本框架。公共财政理论的一个重要特征是财政收支活动的公共性，强调国家财政支出的安排主要集中于国家政权机构的运转、社会公共基础设施建设、国防和科教文卫发展需要、生态环境的保护与治理，以及社会福利和社会保障制度建设等社会公共需要或公共性支出方面。而邓小平同志的财政支出思想主要体现为节约开支，用好财力，严格支出管理。早在“一五”时期邓小平就指出：“为了把国家财政放在稳固的基础上，保证社会主义工业建设，必须节俭一切可以节俭的开支，克服浪费。”③“收入方面凡应收者都应收足，支出方面凡能节约者都应节约。”④“我们要尽量地把财力用到工业化和社会主义改造方面去。”⑤除强调节约开支外，邓小平还强调要优化财政支出结构，具体表现为：要加大财政对科教文卫事业的投入，合理布局产业结构。邓小平认为，我国经济发展和科教文卫发展比例失调，对科教文卫事业投入太少，同时认为我国产业比例也存在失调，指出财政支出安排要分清主次，分清轻重，促进产业结构的发展⑥。邓小平财政分配思想主要体现在“效率优先，兼顾公平”上，提出中央财政投资性支出和转移支付应向内地倾斜。

值得一提的是，在以毛泽东同志为核心的第一代领导集体和以邓小平同志为核心的第二代领导集体中，都有同一位对中国财政改革做出重要贡献的人物——陈云同志，他坚持财政平衡思想，提倡财政支出全局观。陈云同志的财政思想在理论上构成了中国特色社会主义经济理论的重要组成部分，在实际经济运行和财政管理中也具有指导意义，强调一切从实际出发，“不唯上、不唯书，只唯实”，新中国成立以来在我国财经工作上发挥了重要作用。陈云的财政思想是以财政平

① 武普照．近现代财政思想史研究［M］．天津：南开大学出版社，2010：546.

② 沙治慧．中共三代领导人的财政发展观［J］．毛泽东思想研究，2005，22（03）：118－122.

③ 邓小平文选（1）［M］．北京：人民出版社，1994：197.

④ 邓小平文选（1）［M］．北京：人民出版社，1994：195.

⑤ 邓小平文选（1）［M］．北京：人民出版社，1994：200.

⑥ 孙文学．中国财政思想史［M］．上海：上海交通大学出版社，2008：781.

衡思想为核心的一系列思想的集合，他历来把解决财政困难、平衡财政收支作为管理经济、促进国民经济顺利发展的重要手段。使用财力物力要考虑国家建设规模，坚持财政收支平衡。

在我国政府支出制度的演化中，陈云同志的财政支出全局观是在国家分配论背景下指导我国政府支出的重要思想。陈云在财政支出上的主张可称为“削萝卜”控制支出，一是厉行节约，二是分清主次，三是反对冒进和保守，四是收支平衡。

在厉行节约方面，陈云本着“取之于民，用之于民”和“取之合理，用之适当”的原则，提倡“节省一切可能节省的开支”，对财政支出实行严格的预算审核、决算制度，严格财经纪律。在分清主次方面，陈云认为，国家财力的使用，是集中，还是分散，主要看当时的客观情况。新中国成立初期，陈云提出：“对于人力物力要有一个全局的调整。现在各大区都想自己搞一个大摊子，这是不行的。”抗美援朝开始后，他再次强调：“财政上的各项支出，必须分清主次，不能面面俱到。如果面面俱到，便会一事无成。我们要集中力量，把财力使用在主要方面，解决主要问题，这和作战是一样的道理。”① 1982 年，陈云根据基础产业对国民经济的瓶颈制约问题指出：“由中央适当集中一笔资金，加强能源、交通运输和科学、教育等薄弱环节，保证重点项目的建设，是完全必要的。”②党的十二大把农业、能源、交通运输和科学教育事业确定为经济建设的战略重点。在反对冒进和保守方面，陈云指出，财政支出要有计划地进行，要有控制。要控制大型项目，保证重点，那么何为重点？从全面看，对全局经济有重大影响的项目，则是重点，对重点项目要给予物力财力以及人才方面的保证。此外，还要控制基本建设投资规模，控制投资规模是控制财政支出的一条有效途径，还应控制地方工业的投资。在收支平衡方面，陈云主张开源节流，尽量保持收支平衡，削减以至消灭赤字，“对支出用‘削萝卜’的办法，对收入用‘挤牛奶’的办法，在财政和经济上都会有利”③。

5.1.3 江泽民同志的衡量财税工作好不好的三个“有利于”标准

以江泽民同志为核心的第三代中央领导集体，总结了新中国以来财政工作的经

---

① 陈云文选（2）［M］. 北京：人民出版社，1995：62.

② 1982 年，陈云根据基础产业对国民经济的瓶颈制约问题指出，“由中史适当集中一笔资金，加强能源，交通运输和科学、教育等薄弱环节，保证重点项目的建设，是完全必要的。”

③ 陈云文选（2）［M］. 北京：人民出版社，1995：114 - 115.

验，并在社会主义市场经济体制下进一步发展了财政理论和实践。党的十五大报告中，江泽民同志首次提出振兴国家财政的战略思想，在 2000 年初发表了《关于财政税收工作问题》的重要讲话，这一讲话也是江泽民同志财政思想的集中体现。江泽民同志在《关于财政税收工作问题》中提出“财政是一个经济范畴，又是一个政治范畴，事关治国安邦、强国富民”的著名论断，这一论断体现了社会主义市场经济条件下财政的本质与职能，明确了财政与经济，财政与政治的关系①。

江泽民同志在《关于财政税收工作问题》中提出的财税工作三个“有利于”标准成为社会主义市场经济条件下开展财政工作的根本标准：“衡量财税工作做得好不好的根本标准，就是要看是否有利于我国社会主义市场经济的发展和社会主义制度的巩固，是否有利于维护好、实现好和发展好广大人民群众的根本利益，是否有利于维护国家统一和安全、促进民族团结和社会稳定。”“做好财税工作，不仅要算经济账，同时要算政治账、社会账，不仅要算眼前账，还要算长远账。算经济账还要注意把账算活，就是说不能光算死账，还要算活账。只算死账，财政工作是很难做好的，就可能把它搞死了，就会直接影响财政支出的经济政治社会效果，影响经济社会的发展，影响财源的扩大和国家财力的增强。”同时，江泽民还在讲话中指出，在财政支出安排上，要坚持“一是吃饭，二要建设”的原则，“坚持量力而行、量入为出、勤俭节约、开源节流，有所为，有所不为”。要集中财力解决改革、发展、稳定中的主要问题，正确运用预算、税收、补贴、转移支付等手段将财政资金投入到加大基础设施建设、优化经济结构、促进高新技术发展等方面，充分发挥财政资金的导向作用②。

5.1.4　科学发展观

党的十六大之后，以胡锦涛同志为总书记的党中央以邓小平理论和“三个代表”重要思想为指导，立足社会主义初级阶段基本国情，总结中国发展实践，提出科学发展观。在党的十七大上，胡锦涛同志在《高举中国特色社会主义伟大旗帜为夺取全面建设小康社会新胜利而奋斗》的报告中提出，科学发展观第一要义是发展，核心是以人为本，基本要求是全面协调可持续，根本方法是统筹兼顾。科学发展观的基本内涵是坚持全面协调可持续发展，坚持统筹兼顾，在经济社会

① 沙治慧．中共三代领导人的财政发展观［J］．毛泽东思想研究，2005，22（03）：118－122.

② 孙文学．中国财政思想史［M］．上海：上海交通大学出版社，2008：795.

发展中要统筹城乡发展、区域发展、经济社会发展、人与自然和谐发展、国内发展和对外开放。科学发展观对我国财政理论与政策赋予了新的内涵，在社会主义市场经济体制下，个人需要与社会公共需要都需要满足，私人所需物品与服务和社会公共所需物品和服务都需要提供，市场系统与政府系统都需要发展完善。

2003 年 10 月，中共十六届三中全会召开并通过了《中共中央关于完善社会主义市场经济体制若干问题的决定》，提出了进一步健全和完善公共财政体制的战略目标。这一阶段，财政收支的“公共性”大大增强。随着中国公共财政制度建设的深入，在科学发展观的指导下，中国不断调整财政支出结构并加大公共服务投入，公共预算管理体制的逐步确立，亦使财政预算能够满足社会公共产品和服务的需要①。在公共财政框架下，科学发展观的“以人为本”实质上是与公共财政“取之于公众，用之于公众”的本质是一致的，公共财政支出以满足社会公共需要为主要目标，为社会公众提供公共产品和服务，而科学发展观要求把满足人的多层次需要和促进人的全面发展作为社会经济发展的根本出发点和归宿②。按照科学发展观的要求，财政支出需要以提高人民生活福利水平为目标，满足社会公共需要；需要在强调经济发展的同时，还要重视政治、社会、文化、生态等各方面的发展，要满足人的需要，健全社会系统与市场系统，要加大科教文卫事业的支出，实现人的全面发展，还要重视生态环境发展，为当代人的生存环境和未来子孙着想，实现可持续发展。而这也是与“五个统筹”相一致的，财政政策与财政支出要着眼于解决“三农”问题，还要缩小地区发展差距，增进全体人民福利，促进人与自然的和谐发展。

5.1.5 习近平新时代中国特色社会主义思想

在习近平新时代中国特色社会主义思想的指导下，结合十八届三中全会提出的“财政是国家治理的基础和重要支柱”，从过去的国家分配论再到社会共同需要论再到公共财政理论，习近平新时代中国特色社会主义思想要求我们重新思考市场失灵理论，探寻更适用于社会主义市场经济的财政基础理论，探讨财政的发展职能，实现中国特色社会主义的财政理论创新③。

---

① 马海涛，汪昊．中国特色财政改革的伟大实践——改革开放 40 年回顾与思考［J］．经济研究参考，2018（43）：3－17.

② 邢俊英．优化财政支出结构落实科学发展观［J］．中央财经大学学报，2005（03）：1－5.

③ 郭庆旺．以习近平新时代中国特色社会主义思想指导新时代中国财政理论创新和财政制度建设［J］．财政科学，2017（11）：22－23.

以习近平新时代中国特色社会主义思想为指导，我国的财政理论与制度也逐渐演化为新时代中国特色社会主义公共财政，这一财政是国家治理的基础和重要支柱，是与社会主义根本制度相适应的财政，是与社会主义市场经济体制相适应的财政，是满足人民日益增长的美好生活需要的公共财政。首先，在2013 年确立全面深化改革主基调后，财政作为“国家治理的基础和重要支柱”，正式开启了建立现代财政制度的历史篇章。十八届三中全会提出，财税体制改革的基本思路是“完善立法、明确事权、改革税制、稳定税负、透明预算、提高效率”，并将建立“现代财政制度”具体部署为“改进预算管理制度、完善税收制度、建立事权和支出责任相适应的制度”三大任务，其中，“建立事权和支出责任相适应的制度”是当前阶段政府支出制度的重要依据和指导。其次，党的十九大报告提出：“坚持社会主义市场经济改革方向”“加快完善社会主义市场经济体制”“着力构建市场机制有效、微观主体有活力、宏观调控有度的经济体制”“加快建立现代财政制度”。习近平新时代中国特色社会主义思想指导下的财政理论与制度，是适应社会主义市场经济发展需要的、与社会主义市场经济体制相适应的财政理论与制度。最后，党的十九大报告提出：“新时代我国社会主要矛盾已经转化为人民日益增长的美好生活需要和不平衡不充分的发展之间的矛盾，必须坚持以人民为中心的发展思想，不断促进人的全面发展、全体人民共同富裕。”那么，新时代社会主义公共财政就应是坚持以人民为中心、坚持人民主体地位、实现人民对美好生活的向往而加油助力的财政，多谋民生之利、多解民生之忧的财政，保障和改善民生、不断增进民生福祉、保证全体人民在发展中有更多获得感、幸福感、安全感的财政，不断促进人的全面发展、全体人民共同富裕、不断促进社会公平正义的财政①。这也意味着，财政支出将越来越多地向提升人民生活水平、增强人民生活幸福感和增进人民福祉的领域倾斜。

5.2　政府支出制度发展改革实践

我国政府支出制度的演进历程沿着我国财政体制演变的轨迹而发展，财政体制是处理中央财政和地方财政以及地方财政各级之间的财政关系的基本制

① 李齐云．中国特色社会主义公共财政之“特色”释义——以习近平新时代中国特色社会主义思想为统领的新认知［J］．公共财政研究，2017（06）：4－10.

度，财政体制的核心是各级预算主体的独立自主程度以及集权和分权的关系问题[①]。新中国成立以来，在中国共产党的正确领导下，我国从计划经济走向社会主义市场经济，先后经历了高度集中的计划经济时期、计划经济体制向市场经济体制的探索时期、社会主义市场经济体制确立和不断完善时期、市场基础性地位发挥巩固时期和国家治理现代化与全球治理时期。我国的财政体制伴随政治经济环境的演变而适时而变。在计划经济时期，统收统支的财政体制应运而生；随后，我国开始探索具有中国特色的社会主义市场经济，财政体制进而也演变为包干制，即从计划经济时期的“一灶吃饭”变为“分灶吃饭”；随着党的十四大将社会主义市场经济体制确立为中国经济体制改革的目标，1994年，在我国财税史上具有里程碑意义的分税制财政体制逐渐确立，这也是与社会主义市场经济相适应的财政体制。在随后的发展中，以分税制为主体体制的公共财政框架得以构建，在不断的结构性改革下，我国财政体制不断完善，社会主义市场经济地位不断巩固。2012 年党的十八大提出“使市场在资源配置中起决定性作用”，我国正式开始建立统一完整、法制规范、公开透明、运行高效、有利于优化资源配置、维护市场统一、促进社会公平、实现国家长治久安的可持续的现代财政制度[②]，财政体制不断走向成熟。

在这样的财政体制演变之下，我国的政府支出制度也在不断发展并完善。根据财政部对新中国成立以来财政体制沿革的划分，在此基础之上将政府支出制度也按照这一发展轨迹进行划分，见表 5 – 1。

表 5 – 1　　新中国成立以来财政体制沿革

实行时间		财政体制简述
统收统支阶段	1950 年	高度集中、统收统支
	1951—1957 年	划分收支，分级管理
	1958 年	以收定支，五年不变
	1959—1970 年	收支下放，计划包干，地区调剂，总额分成，一年一变
	1971—1973 年	定支定收，收支包干，保证上缴（或差额补贴），结余留用，一年一定
	1974—1975 年	收入按固定比例留成，超收另定分成比例，支出按指标包干
	1976—1979 年	定收定支，收支挂钩，总额分成，一年一变，部分省（市）试行“收支挂钩，增收分成”

① 陈共．财政学［M］．北京：中国人民大学出版社，2009：351 – 352.

② 2014 年 6 月 30 日中共中央政治局召开会议审议通过的《深化财税体制改革总体方案》。

续表

实行时间		财政体制简述
分灶吃饭阶段	1980—1985 年	划分收支，分级包干
	1985—1988 年	划分税种、核定收支、分级包干
	1988—1993 年	财政包干
分税制阶段	1994 年至今	按照统一规范的基本原则，划分中央地方收支范围，建立并逐步完善中央对地方财政转移支付制度

资料来源：财政部网站。

5.2.1　财政体制沿革带来的政府支出制度演变

（1）统收统支阶段的支出制度

按照财政部对新中国成立以来财政体制沿革的划分，统收统支阶段可划分为 7 个小阶段。

①1950 年："高度集中、统收统支。"新中国成立之初，解放战争还未结束，财力十分有限，财政支出压力巨大。1950 年 3 月通过的《关于统一国家财政经济工作的决定》提出关于统一全国财政收支管理的规定，主要内容有：国家预算管理权和制度决定权在中央，一切收支项目、收支办法、收支范围和收支标准都由中央统一制定；财力集中在中央，预算收支由中央统一掌握和分配①。统一财政收支，重点在财政收入，收入除地方税收和其他零星收入抵充地方预算支出外，各项收入均属于中央预算收入；各级政府的财政支出也由中央统一审核，逐级拨付，地方的预算收入和预算支出不发生直接联系，年终结余要全部上缴中央；统一支出的目的在于保证军队和地方人民政府的开支及恢复国民经济的必要投资②。

②1951—1957 年："划分收支，分级管理。"1951 年全国财经形势开始好转，因此，政务院于 1951 年 3 月颁发《关于 1951 年度财政收支系统划分的决定》，开始实行"划分收支，分级管理"体制，规定预算支出基本上按企业、事业、行政单位的隶属关系划分，划为中央预算支出的主要有国防费、中央管理的国营企业投资、经济建设事业费、社会文教事业费、中央级行政管理费、内外债还本付

① 程谦．财政制度变迁与政策选择［M］．北京：中国财政经济出版社，2006：92.

② 郑小玲．中国财政管理体制的历史变迁与改革模式研究（1949—2009）［D］．福建师范大学，2011：36－37.

息支出等；划为地方预算支出的主要有地方管理的国营企业投资、经济建设事业费、社会文教事业费、地方各级行政管理费等。还规定地方财政收支每年由中央核定一次，确定支出数。1957 年年末，国务院颁布《关于改进财政管理体制的规定》，在中央和地方的财政关系上采用了“以收定支，五年不变”的原则，规定财政支出分为中央专案拨款和地方正常的年度开支。地方正常支出，即地方预算中比较经常的支出，包括地方经济建设事业费、行政经费和其他地方性的正常支出，由划定的地方财政收入自行安排；中央专案拨款解决的支出，包括基本建设支出和重大灾荒救济、大规模移民垦荒等特殊支出。

③1958 年：“以收定支，五年不变。”1958 年，财政管理体制进一步下放了财权，增加了地方的机动财力，在支出划分方面，过去地方支出中包括基本建设拨款，新规定改为全部由中央专案拨款。地方所需要基本建设拨款，不算在地方正常支出基数以内。过去每年地方的支出先由中央来确定，然后根据支出划给一定的收入项目，并确定分成的比例，这次体制改为中央把地方财政的收入项目和分成比例确定以后，五年不变，在五年内，地方可以按照收入情况自行安排支出[①]。这一向地方有限放权的举措却在实施过程中变成了随意放权，因此该《规定》仅实施一年。

④1959—1970 年：“收支下放，计划包干，地区调剂，总额分成，一年一变。”1958 年 9 月，国务院通过了《关于进一步改进财政管理体制和银行信贷管理体制的几项规定》，决定从 1959 年起实施“收支下放、计划包干、地区调剂、总额分成、一年一变”（简称“总额分成、一年一变”）的财政管理体制，在支出方面规定：除了少数由中央负责的支出，如国防费、援外支出等，财政支出全部下放地方，包括地方基本建设拨款和企业定额流动资金等支出。自此不再区分地方正常财政支出和中央专案拨款。地方财政收大于支的部分，按照一定比例上缴国家，不足部分由中央拨款补助，归省包干使用。地方上缴中央的收入，除了少数用于中央财政的必要开支外，主要用于补助经济落后、少数民族和收入少建设多的地区。在中央和地方的财政关系上，采用新的“总额分成、一年一变”原则代替 1958 年实行的“以收定支、五年不变”[②]。然而地方财力过大问题未能得到根本解决。这一体制在 1959—1967 年和 1969—1970 年的 11 年中执行。1968 年因受“文化大革命”影响，当年预算无法编制，收支指标无法落实，被迫采取了“收支两条线”的管理办法。

---

① 郑小玲．中国财政管理体制的历史变迁与改革模式研究（1949—2009）[D]．福建师范大学，2011：57－58.

② 江庆．新中国财政管理体制的变迁与完善 [D]．福建师范大学，2004：7－8.

⑤1971—1973 年：“定支定收，收支包干，保证上缴（或差额补贴），结余留用，一年一定。”1971 年起，实行“定收定支、收支包干、保证上缴（或差额补贴）、结余留用、一年一定”的“财政收支包干”体制。国家财政收支，除中央部门直接管理的企业收入、关税收入以及基本建设、文教行政、国防战备、对外援助及国家物资储备等支出以外，都划归地方财政。然而这一体制导致出现中央财政平衡压力加大、地区间机动财力苦乐不均等问题。

⑥1974—1975 年：“收入按固定比例留成，超收另定分成比例，支出按指标包干。”针对当时财政经济不稳定状态以及“收支包干”体制存在的问题，1974 年起，全国普遍试行“收入按固定比例留成，超收另定分成比例，支出按指标包干”办法，地方的财政支出，按中央核定的指标包干。由于收支不挂钩，这一办法并不能长久有效。

⑦1976—1979 年：定收定支，收支挂钩，总额分成，一年一变，部分省（市）试行“收支挂钩，增收分成。”1976 年再次实行“定收定支，收支挂钩，总额分成，一年一定”的财政体制。扩大了地方的财政收支范围，扩大了地方财政的管理权限。由于总额分成比例是根据核定的各地区财政收入指标总额和财政支出指标总额计算得出，存在各地年初争指标的现象，影响预算执行。于是，1978 年又在部分省（市）试行了“增收分成、收支挂钩”的办法。1979 年，又对绝大部分地区改行“收支挂钩、超收分成”体制。

可以看出，这一时期政治经济环境的复杂多变导致财政体制与支出制度也在不断变化，总的来说是一种高度集中的统收统支的财政体制，通过不断调整以求中央与地方的平衡。

（2）包干制阶段的支出制度

十一届三中全会后，我国正式进入改革开放时期，我国的财税体制包括政府支出制度也开启了相应的改革。财税体制改革以“放权让利”为突破，以“利改税”和财政管理体制改革为主要内容，从 1980 年开始在全国大部分地区实行“分灶吃饭”的体制。

1980 年 2 月，国务院颁布了《关于实行“划分收支、分级包干”财政管理体制的暂行规定》，有关财政支出的主要规定是：按企业、事业单位的隶属关系划分，由中央直接管理的，列中央财政预算支出；由地方管理的，列地方财政预算支出。另外，中央专项设置了一部分资金，用于解决预算执行中发生的特殊问题，如特大自然灾害救济费、支援经济不发达地区发展资金、边境建设事业补助费和基本建设专项拨款等。依据上述收支划分范围，地方财政的收入、支出包干基数以 1979 年财政收支执行数为基数确定。地方支出基数首先用地方固定收入抵顶；固定收入不足以抵顶支出基数，则划给调剂分成收入，然后再与支出基数比较，收入大于支出基数的按比例上交中央财政，收入小于支出基数的由中央财政给予定额补助。收入基数、支出基数和调剂分成比例确定以后，五年不变。在这一体制下，统收的格局被打破了，但统支的格局并未完全打破。中央财政的支出负担并未减轻，中央财政有时还需向地方财政借款。

1985 年，在两步利改税完成后，“分灶吃饭”体制在表述上调整为“划分税种，核定收支，分级包干”，即把财政收入划分为中央固定收入、地方固定收入和中央与地方共享收入，而在支出划分上则基本维持原有的体制格局。

1988 年国务院发布了《关于地方实行财政包干办法的决定》（国发〔1988〕50 号），对包干办法做出改进，除广州、西安两市财政关系仍分别与广东、陕西两省联系外，对其余 37 个地区分别实行不同形式的包干办法，包干办法有“收入递增包干”“总额分成”“总额分成加增长分成”“上解额递增包干”“定额上解”“定额补助”等。

包干制增强了中央与地方财权与事权的统一，调动了地方的财政积极性，但衍生于计划经济时期的财政体制依然存在其自身缺陷，中央政府所承担的经济建设投资和财政补贴支出责任较大，连续出现财政赤字，甚至陷入向财政盈余的地方政府借款、发行国家外债的尴尬境地，难以发挥宏观调控作用①。

（3）分税制以来的支出制度

随着社会主义市场经济体制的确立，包干制也逐渐暴露一些弊端，如束缚了企业发展活力，国家财力分散，“两个比重”过低，中央宏观调控能力被削弱等。因此，为进一步理顺中央与地方财政关系，增强中央的宏观调控能力，1993 年出台的《国务院关于实行分税制财政管理体制的决定》（国发〔1993〕85 号）提出分税分级财政管理体制（简称分税制）改革，于是自 1994 年起，在财税体制改革历程上最具影响的分税制改革正式启动。分税制改革以来的财政体制可细划分为三个阶段，分别为 1994—1998 年的分税制建立阶段、1998—2012 年的公共财政框架构建阶段和 2013 年至今的现代财政制度建立阶段，不同阶段政府支出制度有一定差别。

1994—1998 年的分税制建立阶段：根据分税制改革的内容，根据中央政府与地方政府事权的划分，中央财政主要承担国家安全、外交和中央国家机关运转所需经费，调整国民经济结构、协调地区发展、实施宏观调控所必需的支出以及由中央直接管理的事业发展支出。具体包括：国防费、武警经费、外交和援外支出、中央级行政管理费、中央统管的基本建设投资、中央直属企业的技术改造和

① 马海涛，任强，孙成芳．改革开放 40 年以来的财税体制改革：回顾与展望［J］．财政研究，2018，430（12）：4－11.

新产品研制费、地质勘探费、由中央财政安排的支农支出、由中央负担的国内外债务的还本付息支出，以及中央本级负担的公检法支出和文化、教育、卫生、科学等各项事业费支出。地方财政主要承担本地区政权机关运转所需支出以及本地区经济、事业发展所需支出。包括地方行政管理费；公检法支出；部分武警经费；民兵事业费；地方统筹的基本建设投资；地方企业的技术改造和新产品研制经费；支农支出；城市维护和建设经费；地方文化、教育、卫生等各项事业费；价格补贴支出以及其他支出。

1998—2012 年的公共财政框架构建阶段：由于分税制主要侧重于收入端的改革，使得支出端矛盾日益突显，于是，在 1998 年全国财政工作会议上，国务院首次提出在中国建立公共财政框架的思路和基本原则。2003 年 10 月，党的十六届三中全会召开并通过了《关于完善社会主义市场经济体制若干问题的决定》，提出了进一步健全和完善公共财政体制的战略目标。这一阶段，财政收支的“公共性”大大增强，财政支出由“办自家之事”走向“办众人之事”，政策取向由“区别对待”走向“国民待遇”。随着中国公共财政制度建设的深入，中国不断调整财政支出结构并加大公共服务投入，公共预算管理体制的逐步确立，亦使财政预算能够满足社会公共产品和服务的需要①。这一阶段省以下支出制度也取得了重要进展，明确省以下事权与支出范围，省、市级政府支出责任不得转嫁给县、乡级政府；省、市级政府委托给县、乡级政府执行的事务，需要提供配套的专项拨款；对于省、市、县、乡的共同事务，要合理划分各级政府支出分担比例，力图让基层政府拥有足够的财力支持基本公共服务供给②。也就是从这一阶段开始，我国进行了改革开放以来力度最大的支出制度改革，先后推出了政府采购制度改革、国库集中收付制度改革和部门预算制度改革，共同构成了财政支出制度的“三驾马车”。

2013 年至今的现代财政制度建立阶段：2013 年确立全面深化改革主基调后，提出“让市场在资源配置中起决定性作用”，以及财政是“国家治理的基础和重要支柱”，正式开启了建立现代财政制度的历史篇章。十八届三中全会提出，财税体制改革的基本思路是“完善立法、明确事权、改革税制、稳定税负、透明预算、提高效率”，并将建立“现代财政制度”具体部署为“改进预算管理制度、完善税收制度、建立事权和支出责任相适应的制度”三大任务，其中，“建立事权和支出责任相适应的制度”是当前阶段政府支出制度的重要依据和指导。2016

---

① 马海涛，汪昊．中国特色财政改革的伟大实践——改革开放 40 年回顾与思考［J］．经济研究参考，2018（43）：3 - 17.

② 马海涛，任强，孙成芳．改革开放 40 年以来的财税体制改革：回顾与展望［J］．财政研究，2018，430（12）：4 - 11.

年国务院发布了《关于推进中央与地方财政事权和支出责任划分改革的指导意见》（国发〔2016〕49 号），首次全面提出划分中央与地方事权和支出责任的原则和改革的主要内容。2018 年，国务院又发布了《基本公共服务领域中央与地方共同财政事权和支出责任划分改革方案》，对基本公共服务领域中央与地方共同财政事权和支出责任划分改革进行了部署。

在财政部网站公布的“现行中央地方财政收支划分”中，对中央与地方的支出责任划分做出如表 5－2 所示的界定：

表 5－2　　中央与地方支出责任划分

中央财政支出	国防、武警经费，外交和援外支出，中央级行政管理费，中央统管的基本建设投资，中央直属企业的技术改造和新产品试制费，地质勘探费，中央安排的农业支出，中央负担的国内外债务的还本付息支出，以及中央本级负担的公检法支出和文化、教育、卫生、科学等各项事业费支出。
地方财政支出	地方行政管理费，公检法经费，民兵事业费，地方统筹安排的基本建设投资，地方企业的改造和新产品试制经费，农业支出，城市维护和建设经费，地方文化、教育、卫生等各项事业费以及其他支出。

资料来源：财政部网站。

党的十八大以来，财政支出领域进行了多项卓有成效的改革，包括重点支出同财政收支增幅或者生产总值的“脱钩”，打破财政支出结构的固化局面；改革支出经济分类科目，与当前预算管理改革与发展的实际紧密结合；全速推进公务支出管理改革的同时，加速提升基本公共服务保障水平；规范支出标准体系以及支出绩效管理制度，打下“支出有依据，花钱必问效，无效必问责”的制度基础。

值得一提的是，与党的十八大提出的“让市场在资源配置中起决定性作用”相适应，财政支出领域有三项改革可圈可点。

一是促进地方政府融资模式向市场化转向的地方债置换改革。2014 年新预算法施行之后，开始以债务置换的方式处理 2014 年年底的 14.34 万亿元包括地方融资平台等在内的地方政府负有偿还责任的存量债务，化解地方债务潜在风险。其中，2015 年地方置换债务 3.2 万亿元，2016 年地方政府置换债务 5 万亿元，2017 年预计地方政府置换债务约为 3 万亿元。经过近三年时间的改革，地方存量债务成本已经从 10% 左右降至 3.5% 左右，为地方政府每年节省利息 2000 亿元，有效缓解了地方政府债务集中还款的压力。同时，地方政府融资模式也开始向市场化、规范化和透明化模式转变。

二是有效缓解地方财政融资压力的政府与社会资本合作（PPP）改革。党的十八大以来，我国 PPP 模式的制度化改革提上议事日程，正逐渐形成由法律法规、管理机构、操作指引、标准化工具和专业培训构成的相对完整的 PPP 政策框架，地方财政长期健康可持续的融资渠道正逐渐拓宽。2015 年被誉为“PPP 元年”，截至 2015 年年底，我国各地已推出的 PPP 项目多达 1800 多个，总投资达 3.4 万亿元。2016 年 PPP 迎来发展大潮，PPP 项目进展加速。截至 2016 年年底，财政部 PPP 入库项目累计 11260 个，全年总投资额达 13.5 万亿元，PPP 项目落地率呈逐月增加趋势，落地率达到 31.6%。截至 2017 年 6 月底，PPP 入库项目累计 13554 个，2017 年上半年投资额 16.3 万亿元。其中，已签约落地 2021 个，投资额 3.3 万亿元，落地率 34.2%。全国 PPP 入库项目和落地项目均呈逐月持续稳步上升态势。PPP 模式将政府的监管、监督、公共服务职能与社会资本的管理高效、技术创新等方面有机结合，通过签订项目合同，以契约的形式规定了作为项目参与方的政府的权利与义务，明确了政府“责任清单”。PPP 模式通过契约利益共享、风险共担，借助市场“看不见的手”提高公共服务效率，有利于政府简政放权，管住“看得见的手”，从而更好地实现政府职能，提升财政治理能力。

三是有待进一步发力的政府购买服务改革。政府购买服务是转变政府职能、改进公共服务供给效率和供给水平、缓解财政支出压力的重要举措，这一改革与财政作为国家治理的基础和重要支柱的定位是一致的，同时，通过政府购买服务改革的推行，能在一定程度上减缓供给侧结构性改革和“新常态”背景下“减收”和“增支”的双重压力。但从目前看，受改革定位不够清晰、事业单位改革尚需到位等因素的影响，这一改革的效果还未完全发挥出来。

总的来说，分税制主要从收入端进行了改革，重新划分了中央与地方的财权财力，中央财权财力加强，地方事权与支出责任加重，而支出端大体沿用了包干制中的中央与地方事权与支出责任划分。而到了目前现代财政制度的建立阶段，随着事权与支出责任划分进一步科学、明确，政府支出制度也在不断走向完善，促进了市场起决定性资源配置作用的发挥。

5.2.2　重大政府支出制度发展改革进展

政府支出制度改革，除了体制层面的支出改革外，从 20 世纪 90 年代中后期开始，我国从管理视角推行了以政府采购制度、国库集中支付制度、部门预算制度和公务卡制度等为主要内容的支出制度改革，对改进我国政府支出管理起到了重要的推动作用。

（1）政府采购制度

我国政府采购自 1996 年开始试点，1998 年在全国全面推开。在短短的二十多年的时间里，走过了发达国家政府采购制度 200 多年走过的历程。从制度构建，到落地实施，到效果显现，都得到了飞速发展，其对经济社会的影响也越来越大。这些改革，适应了经济新常态下我国供给侧结构性改革的需要，适应了政府职能转变、“简政放权”的需要，贯彻了“创新、协调、绿色、开放、共享”的新发展理念，也展现了中国作为一个发展中大国主动参与和推动经济全球化的姿态。

①政府采购制度框架已初步形成。我国政府采购的立法进程相对较快，从 2002 年颁布《中华人民共和国政府采购法》（以下简称《政府采购法》）至今，仅中央层面专门针对政府采购方面的法律法规就出台了近 60 部，从而已初步形成了以《政府采购法》为统领，以《中华人民共和国政府采购法实施条例》（以下简称《实施条例》）为支撑，以《政府采购信息公告管理办法》（财政部令第 19 号）、《政府采购质疑和投诉办法》（财政部令第 94 号）、《政府采购非招标采购方式管理办法》（财政部令第 74 号）、《政府采购货物和服务招标投标管理办法》（财政部令第 87 号）等规章办法为依托，以各级指导性文件为补充的较为完善的政府采购法律制度框架，涵盖了体制机制、程序操作、政策执行、基础管理及监督处罚等各个方面的内容。地方政府也在此框架下结合实际对辖区内的政府采购制度进行了规范。这些法律法规制度有效规范了财政支出行为、维护了政府采购市场交易秩序，奠定了政府采购市场良性发展的基石。与 2000 年颁布的《中华人民共和国招标投标法》（以下简称《招标投标法》）及其相关法律法规相衔接，我国已初步建立了覆盖货物、工程和服务的较为完善的公共采购法律制度框架。

②政府采购范围和规模不断扩大。政府采购的对象范围由最初的主要限于货物采购，逐步扩大到了服务以及工程。货物类采购从通用类货物向专用类货物延伸；服务类采购从传统的专业服务逐步扩展到公共服务、服务外包等新型服务领域；工程类采购开始逐步纳入政府采购管理范围。政府采购的资金范围也明确为“纳入预算管理的资金”①，而且规定了两种“视同财政性资金”需要进行政府采购的情况②。

与此相适应，政府采购规模也得到了快速发展，节约资金效果明显。1998 年全国政府采购规模为 31 亿元，到 2018 年，政府采购规模已经达到了 35861.4

① 2015 年出台的《政府采购法实施条例》明确规定：财政性资金是指纳入预算管理的资金。而《中华人民共和国预算法》（2014）中指出，预算包括一般公共预算、政府性基金预算、国有资本经营预算、社会保险基金预算。

② 这两种情况包括：以财政性资金作为还款来源的借贷资金；采购项目既使用财政性资金又使用非财政性资金的，且财政性资金与非财政性资金无法分割采购的。

亿元[①]；其占GDP的比重由1998年的0.04%，上升到2018年的3.98%；占财政支出的比重从1998年的0.29%，上升到2018年的16.23%[②]，见表5-3。特别是近年来随着政府购买服务改革的推进，服务类采购规模大幅增长，见表5-4，2003年服务采购仅103.8亿元，到2018年同口径增长到12081.9亿元。数据显示，我国政府采购规模由2002年的1009亿元增加到2011年1.13万亿元，10年间增长了10倍，累计节约财政资金6600多亿元[③]，每年政府采购资金节约率都在10%以上[④]，提高了财政资金的使用效益。

表5-3　　1998—2018年全国政府采购规模情况　　单位：亿元

年份	政府采购规模	GDP	财政支出规模	政府采购/GDP（%）	政府采购/财政支出（%）
1998	31.0	85195.50	10798.18	0.04	0.29
2000	328.0	100280.10	15886.50	0.33	2.06
2001	653.2	110863.10	18902.58	0.59	3.46
2002	1009.6	121717.40	22053.15	0.83	4.58
2003	1659.4	137422.00	24649.95	1.21	6.73
2004	2135.7	161840.20	28486.89	1.32	7.50
2005	2927.6	187318.90	33930.28	1.56	8.63
2006	3681.0	219438.50	40422.73	1.68	9.11
2007	4660.9	270232.30	49781.35	1.72	9.36
2008	5990.9	319515.50	62592.66	1.87	9.57
2009	7413.2	349081.40	76299.93	2.12	9.72
2010	8420.8	413030.30	89874.16	2.04	9.37
2011	11332.5	489300.60	109247.79	2.32	10.37
2012	13977.7	540367.40	125952.97	2.59	11.10
2013	16381.1	595244.40	140212.10	2.75	11.68

① 2016年全国采购规模为31089.8亿元，剔除一些地方以政府购买服务方式实施的棚户区改造和轨道交通等工程建设项目相关支出5358.5亿元，全国政府采购同口径规模为25731.4亿元。

② 2016年、2017年和2018年财政部公布的政府采购占财政支出的比重分别为：11.0%、12.2%和10.5%，与本表依据国家统计局统计数据计算出的结果有出入。

③ 《政府采购法颁布10年节约6600亿资金》，《中国经济时报》2012年07月02日，http://finance.sina.com.cn/roll/20120702/095412453547.shtml。

④ 通过测算，2002—2011年平均节约率为12%左右。另，财政部公开数据显示，2012年政府采购资金节约率为11.7%，2013年资金节约率为10.3%。

续表

年份	政府采购规模	GDP	财政支出规模	政府采购/GDP（%）	政府采购/财政支出（%）
2014	17305.3	643974.00	151785.56	2.69	11.40
2015	21070.5	685505.80	175877.77	3.07	11.98
2016	25731.4	744127.00	187755.21	3.46	13.70
2017	32114.3	827122.00	203085.49	3.88	15.81
2018	35861.4	900309.50	220906.07	3.98	16.23

资料来源：1998—2017 年各年财政支出和 GDP 来自《中国统计年鉴》，政府采购数据来自《中国统计年鉴》和财政部网站，2018 年政府采购、财政支出和 GDP 数据分别来自财政部和国家统计局网站。

表 5－4　　2003—2018 年全国政府采购结构情况

年份	政府采购总额（亿元）	货物		工程		服务	
		金额（亿元）	占比（%）	金额（亿元）	占比（%）	金额（亿元）	占比（%）
2003	1659.43	897.34	54.08	658.33	39.67	103.75	6.25
2004	2135.72	1048.70	49.10	948.43	44.41	138.59	6.49
2005	2927.57	1408.66	48.12	1323.15	45.20	195.75	6.69
2006	3681.61	1647.39	44.75	1763.91	47.91	270.31	7.34
2007	4660.87	1973.28	42.34	2330.64	50.00	356.94	7.66
2008	5990.88	2559.21	42.72	2978.35	49.71	453.31	7.57
2009	7413.17	3010.61	40.61	3858.35	52.05	544.22	7.34
2010	8421.97	3176.29	37.71	4536.62	53.87	709.06	8.42
2011	11332.47	3829.61	33.79	6614.30	58.37	888.57	7.84
2012	13977.73	4390.30	31.41	8373.45	59.91	1213.98	8.69
2013	16381.10	4921.10	30.04	9925.60	60.59	1534.40	9.37
2014	17305.34	5230.04	30.22	10141.11	58.60	1934.25	11.18
2015	21070.50	6571.40	31.19	11155.20	52.94	3343.90	15.87
2016	25731.40	7240.00	28.14	13630.40	52.97	4860.80	18.89
2017	32114.30	8001.80	24.92	15210.90	47.36	8901.60	27.72
2018	35861.40	8065.3	22.5	15714.2	43.8	12081.9	33.7

资料来源：2003—2015 年数据来自 Wind，2016 年—2018 年数据来自财政部网站。

③采购模式与方式体系逐步完善。一是从采购模式上看，我国采取了集中采购与分散采购相结合的方式，即列入集中采购目录以内的实行集中采购，不在集中采购目录以内但达到规定限额以上的实行分散采购，这较好地发挥了集中采购的统一性和分散采购的灵活性。其中，集中采购又分为“政府集中采购”和“部门集中采购”两类。表5－5列示了我国2008年以来不同采购模式所占比重情况。

表5－5　　2008年以来不同采购模式所占比重情况　　单位：%

<table>
<tr><th>年份</th><th>政府集中采购比重</th><th>部门集中采购比重</th><th>分散采购比重</th></tr>
<tr><td>2008</td><td>比上年增长32.6%</td><td>比上年增长20.8%</td><td>—</td></tr>
<tr><td>2009</td><td>比上年增长26.1%</td><td>比上年增长22%</td><td></td></tr>
<tr><td>2010</td><td>—</td><td>—</td><td>—</td></tr>
<tr><td>2011</td><td>66.5</td><td>19.9</td><td>13.6</td></tr>
<tr><td>2012</td><td>65.2</td><td>—</td><td>—</td></tr>
<tr><td>2013</td><td>65.5</td><td>—</td><td>比上年略有上升</td></tr>
<tr><td>2014</td><td colspan="2">84.8</td><td>15.2</td></tr>
<tr><td>2015</td><td colspan="2">79.3</td><td>20.7</td></tr>
<tr><td>2016</td><td>52.9</td><td>19.7</td><td>27.4</td></tr>
<tr><td>2017</td><td>47.6</td><td>17.1</td><td>35.3</td></tr>
</table>

资料来源：财政部公开数据资料，部分年份数据系根据公开资料推断得出，如2014年数据系根据2015年公开资料中提及，“2015年分散采购金额为4365亿元，占全国政府采购规模的比重为20.7%，较上年上升5.5%”。

从实践来看，我国在实施政府采购初期，依托“集中采购代理机构”的集中采购模式被广泛推广，因此集中采购占全部采购金额中的比重呈逐步上升趋势，在2014年集中采购所占比重将近85%，达到峰值，但随着国务院“简政放权”改革的推进，各地政府调整政府集中采购目录，集中采购项目相应减少，相应地，分散采购所占比重逐渐提高，从近三年的数据年看，分散采购所占的比重大幅增加。但即便如此，集中采购占主导的地位没有发生改变。

二是针对不同情况设立了多种采购方式，且适用条件越来越清晰。《政府采购法》中规定了公开招标、邀请招标、竞争性谈判、单一来源、询价五种具体采购方式，同时，法律也规定国务院政府采购监管部门可以规定除此之外的其他采购方式。由于公开招标是政府采购的主要采购方式，为了规范这类采购方式，2004年，在《政府采购法》实施一年后，财政部发布了财政部第18号令《政府采购货物和服务招标投标管理办法》，专门对货物和服务招标投标方式进行了规范。随着非公开招标方式在实践中出现的不规范现象的增多，2013 年年底，财政部发布了第 74 号令《政府采购非招标采购方式管理办法》，专门对非招标采购方式进行比较详细的规定。2014 年年底，为适应政府购买服务和 PPP 改革的需要，财政部新增了“竞争性磋商”采购方式。2017 年，又根据政府采购实践发展，用第 87 号令替代了第 18 号令。多样化的采购方式适应了采购形势发展的需要，健全了政府采购方式体系，规范了政府采购行为。

与“集中采购”变化趋势一致，在全部政府采购中，公开招标所占的份额也经历了一个先升后降的过程，如表 5－6 所示。公开招标的比重也基本以 2014 年为界，经历了先升后降的过程，特别是 2016 年以来，适应“简政放权”需要，各地大幅提高了公开招标数额标准，因此公开招标所占比重也大幅下降。但 2018 年公开的数据又显示，公开招标所占的份额比 2016 年上升了 5.6 个百分点（2017 年数据未公布）。

表 5－6　2008—2018 年以来公开招标金额占全部政府采购金额　单位：%

年份	公开招标比重	非公开招标比重
2008	71.6	28.4
2009	75.2	24.8
2010	77	23
2011	80.7	19.3
2012	83.8	16.2
2013	83.3	16.7
2014	84.5	15.5
2015	77.9	22.1
2016	64.1	35.9
2018	70.5	29.5

资料来源：财政部公开数据资料，部分年份数据系根据公开资料推算得出，如 2014 年数据系根据 2015 年公开资料中提及，公开招标“所占比重比上年下降 6.6 个百分点”。

三是从采购手段上看，旨在提高效率的电子化采购方式持续推进。各地政府拓宽电商平台销售渠道，扩大竞争范围，

实行全网比价，由采购人进行比对，自由选择。如浙江省的“政采云”平台，安徽省的“徽采商城”等。不少地方还在电子化集中采购推进二次竞价管理模式，大幅提高采购效率、降低采购价格，通过“跟单”模式，让零星采购项目也能享受议价成果。

④全链条采购监管体系初步构建。一是建立了“管采分离”的政府采购监管机制。在政府采购监督管理部门统一管理监督下，采购单位、集中采购机构等执行操作部门依法组织具体采购活动。政府采购监督管理部门负责采购政策和规章制度的制定、指导和监督采购单位和集中采购机构开展工作，协调各个采购关系、投诉处理和检查处罚等管理性工作，不参与和干预具体采购交易活动。采购单位是采购项目需求者和使用者，作为采购主体要执行政府采购各项规章制度，将政府集中采购目录中的项目，委托集中采购机构实施采购，非集中采购目录以内但达到限额标准以上的则委托除集中采购机构外的其他采购代理机构采购或者自行组织采购。集中采购机构是政府设立强制代理政府集中采购目录项目采购活动的代理机构，集中采购机构是采购执行机构，不具有管理职能。

二是将监管链条延伸到需求和结果管理。我国政府采购制度建立之初，其主要目标集中在“节支反腐”，从而政府采购管理的焦点也主要集中在程序管理上，以期用规范化的程序设计卡住“腐败”的关键点，以程序为导向的管理模式在初期对扭转原来政府采购不规范现象、节约财政资金，起到了积极作用。但随着改革的深入，程序导向管理的弊端日渐显现，其忽视了采购需求管理和采购结果管理，导致出现采购效率低、价高质次、低价恶性竞争、超标准需求等现象。近年来采购管理开始向前端的需求管理和后端的结果管理延伸，全链条采购管理体系逐步构建。在采购准备阶段，要求采购人和采购代理机构科学合理确定采购需求，在采购程序进行中，规范政府采购方式的选择，在采购程序结束后，要求采购人和代理机构严格规范开展履约验收，推进政府采购管理结果导向。例如，从 2011 年起，结合采购人的现实需要，我国深化了批量集中采购改革，将协议供货价格联动机制扩大到所有批量集中采购品目，努力解决协议供货产品价格虚高问题。2015 年政府采购法《实施条例》实施以来，覆盖采购全生命周期过程的采购管理体系逐步形成。

三是强化了政府采购信息公开制度。在《政府采购法》树立“公开透明”原则的基础上，《实施条例》以政府采购全过程信息公开的目标为导向，进一步规定采购项目信息、采购文件、中标成交结果、采购合同和投诉处理结果等都必须在指定媒体上进行公开。2017 年财政部又颁发了《关于进一步做好政府采购信息公开工作有关事项的通知》（财库〔2017〕86 号），再次对政府采购信息公开工作提出了更高要求。

四是加强了政府采购内控制度建设。2016 年财政部发布了《关于加强政府采购活动内部控制管理的指导意见》（财库〔2016〕99 号），进一步规范政府采购活动中的权力运行，强化内部流程控制，促进政府采购提质增效。

五是围绕“专家和代理机构监管不到位”问题，健全监管体制机制，加强监督检查和警示教育。例如，《实施条例》在原有《政府采购法》的基础上通过进一步明确评审专家的管理主体，确立随机抽取、动态管理的原则，明晰评审专家的权利义务，规范评审专家的行为，并加大对评审专家违法行为的处罚力度，从整体上加强了对评审专家的规范管理。2016 年财政部印发《政府采购评审专家管理办法》（财库〔2016〕198 号），着重解决专家不专、专家权利责任不对等、专家数量不足等问题，还发布了《政府采购代理机构监督管理办法（征求意见稿）》，重点解决代理机构无序竞争、专业化能力不足、违规操作、执业能力不足等问题。

六是在“简政放权”与“放、管、服”改革的大背景下，大力减少审批审核数量，简化审批审核流程，加强事中事后监管。如 2014 年 9 月以来，社会代理机构代理政府采购业务不再需要财政部门进行审批，但对代理机构的监管同时得到了加强，财政部门每年都对代理机构进行抽查，推行“双随机一公开”运行机制，强化了对代理机构的监管；提高货物服务的公开招标数额标准和分散采购限额标准；落实和细化了中央关于扩大高校、科研院所采购自主权的政策措施，中央高校、科研院所可自行采购科研仪器设备和自行选择科研仪器设备评审专家，对进口科研仪器设备实行备案制管理；实行采购单位一揽子申请，变更采购方式和采购进口产品“部门集中论证、财政统一批复”，对审批审核实行限时办结制，对符合要求的审批项目 5 个工作日内完成批复；建立对中央预算单位政府采购预算和计划编报情况、变更政府采购方式审批和采购进口产品审核事项执行情况、政府采购信息公开要求落实情况的常态化动态监管机制；推进联合惩戒，建立健全部门协同监管机制。主动加强与纪检监察、审计部门的协调配合，从信息共享和工作协调等方面，进一步完善政府采购协同监管机制。

⑤政府采购的政策功能逐渐发力。我国《政府采购法》第九条规定：政府采购应当有助于实现国家的经济和社会发展的政策目标，包括环境保护，扶持不发达地区和少数民族地区发展，促进中小企业发展等。《中国国民经济和社会发展“十一五”规划纲要》首次把政府采购列为与财税手段、金融手段并列的宏观经济调控手段，使政府采购从单纯的财政支出管理手段上升为国家实现宏观经济和社会目标的公共政策工具。《实施条例》进一步完善了政府采购政策的相关规定，指出应通过制定采购需求标准、预留采购份额、价格评审优惠、优先采购等措施，实现节约能源，保护环境，扶持不发达地区和少数民族地区，促进中小企业发展、维护国家安全等目标。

目前我国已经建立起涵盖支持绿色产业、支持中小企业、支持残疾人就业、支持扶贫等内容的政府采购政策支持体系。2004 年财政部、发展改革委发布的

《节能产品政府采购实施意见》（财库〔2004〕185 号）。2007 年财政部和国家环保总局发布《环境标志产品政府采购实施意见财库〔2006〕90 号》，国务院办公厅发布《关于建立政府强制采购节能产品制度的通知》（国办发〔2007〕51 号）。截至 2017 年，“节能产品政府采购清单”和“环境标志产品政府采购清单”分别发布了 22 期和 20 期，节能环保产品范围不断扩大。2011 年财政部发布《政府采购促进中小企业发展暂行办法（财库〔2011〕181 号）》。2017 年，财政部发布了《关于促进残疾人就业政府采购政策的通知（财库〔2017〕141 号）》，以发挥政府采购促进残疾人就业的作用。2019 年，财政部又发布《关于运用政府采购政策支持脱贫攻坚的通知》（财库〔2019〕27 号）。表 5－7 显示了我国政府采购支持节能、环保产品和支持中小企业发展的实现程度，从 2008—2016 年节能产品占同类产品采购额度均占 64% 以上，环保产品也基本都在 60% 以上。特别是 2013 年节能产品占比高达 86%，环保产品也在 2013 年以来呈现较大幅度的增长，主要原因可能在于当年发布了《国务院关于加快发展节能环保产业的意见》（国发〔2013〕30 号），提出要“扩大政府采购节能环保产品范围，不断提高节能环保产品采购比例，发挥示范带动作用”。此外，向中小微企业采购的金额占全部采购金额的 76% 以上，特别是对小微企业的采购也都在 40% 以上。

表 5－7　　2007—2017 年政府采购政策功能实现程度　　单位：亿元

类别＼年份		2007	2008	2009	2010	2011	2012	2013	2014	2015	2016	2017
节能产品	绝对额	108.2	131.9	157.2	721.5	910.6	1280.7	1839.1	2100	1346.3	1344	1733
	同类产品规模占比（%）	—	64	64.6	77.6	82.2	84.6	86	81.7	71.5	76.2	92.1
环保产品	绝对额	—	171.2	144.9	601.7	739.8	939.6	1434.9	1762.4	1360	1360	1711.3
	同类产品规模占比（%）	—	69	73.8	55.4	59.6	68.3	82	75.3	81.5	81.5	90.8
中小微企业	绝对额	—	—	—	—	9016.5	10830	12454	13179.76	16072.2	24036.2	24842
	占全部采购金额的比重（%）	—	—	—	—	79.6	77.5	76	76.2	76.3	77.3	77.4
其中：小微企业	绝对额	—	—	—	—	—	5842.8	5765.3	6020.84	6564.6	10193.9	10869.9
	占中小微企业的比重（%）	—	—	—	—	—	54	46.3	45.7	40.8	42.4	43.8

注：2011 年财政部印发《政府采购促进中小企业发展暂行办法》的通知（财库〔2011〕181 号），才对小微企业给予专门支持，故之前的统计年鉴没有专门列示中小企业采购占比。

资料来源：财政部公开数据，2008—2013 年《中国政府采购年鉴》。

事实上，近年来，政府采购在支持监狱企业发展上也有所作为，如 2015 年全国政府采购授予监狱企业的合同额为 1.4 亿元[①]。为促进自主创新，部分地方已经开始落实政府采购首购、订购政策。

⑥主动融入政府采购领域全球化。我国坚持“改革开放”的基本国策，在不断深入政府采购改革的同时，不断推进政府采购市场开放，主动融入政府采购领域全球化。政府采购市场开放，意味着一国财政支出管理已经不囿于国内而是走向世界，同时也表明一国财政在全球的参与权和话语权的增加，是大国财政的重要体现。我国政府采购制度改革发展历程中，非常重视政府采购市场开放、推动经济全球化。1996 年我国开始参加亚太经济合作组织政府采购专家组活动，参与政府采购非约束性原则的制定，并积极参与政府采购磋商和交流。2005 年以来，财政部先后在政府采购领域与欧盟建立了政府采购对话机制，与美国建立了政府采购技术性磋商机制，并先后与澳大利亚、新西兰和韩国在自由贸易区框架下开展政府采购谈判。2007 年，我国启动了加入世界贸易组织《政府采购协议》（Agreement on Government Procurement，GPA）[②] 的谈判，履行了加入世界贸易组织时的相关承诺，截至 2014 年年底已提交了六份载明政府采购市场开放范围的出价清单，并提交了《政府采购国情报告》，请参加方对我国政府采购法律制度进行审议。表 5 - 8 列出了我国加入 GPA 提交的六次出价清单情况。

表 5 - 8　　我国加入 GPA 的六次谈判出价

出价时间	开放实体	门槛价	采购范围	过渡期
2007 年 12 月	中央实体（50 个）：外交部、国家发展和改革委员会、教育部等。 其他实体（14 个）：新华通讯社、中国科学院、中国社会科学院等。	货物：50 万 SDR * 服务：400 万 SDR 工程：2 亿 SDR	根据我国《政府采购品目分类表》（财库〔2000〕10 号）确定的 A03（一般设备类）、A04（办公消耗用品）、A05（建筑、装饰材料）、B01（建筑物）、C06（租赁）、C09（培训）。	15 年

① 财政部国库司，2015 年全国政府采购简要情况，http：//gks. mof. gov. cn/redianzhuanti/zhengfucaigouguanli/201608/t20160811_2385409. html。

② GPA 是世界贸易组织（WTO）的一项诸边协议，目标是促进成员方开放政府采购市场，扩大国际贸易。GPA 由 WTO 成员自愿签署，目前有美国、欧盟（共 28 个成员国）、日本、中国香港和中国台湾地区等 15 个参加方签署了协议。

续表

出价时间	开放实体	门槛价	采购范围	过渡期
2010 年 7 月	中央实体（65 个）：在初次出价清单的基础上，新增国家粮食局、能源局、国防科技财富局、烟草专卖局等 15 个采购实体。	货物和服务：实施后第 1 年 50 万 SDR 逐步降低至第 5 年起 20 万 SDR。 工程：从实施后第 1 年 1 亿 SDR 逐步降低至第 5 年起 1500 万 SDR。	将初次出价中按照我国《政府采购品目分类表》标准调整至按联合国《主要产品分类》（CPC ** ）确定的货物、工程和服务明细。	5 年
2011 年 11 月	除 65 个中央实体外，地方实体包括“北京、上海、天津、江苏、浙江”5 个次中央级政府的 171 个实体被纳入。	货物和服务未做调整 工程：中央采购实体，从实施后第 1 年的 8000 万 SDR，逐步降为第 5 年起 1500 万 SDR；地方采购实体，从实施后第 1 年的 1.5 亿 SDR，逐步降为第 5 年起 3000 万 SDR。	未做调整。	5 年
2012 年 11 月	增列了福建、山东、广东等 3 个省，扩大了地方实体开放范围。	货物和服务未做调整 工程：中央实体起始门槛价由 8000 万 SDR 下调到 5000 万 SDR，地方实体起始门槛价由 1.5 亿 SDR 下调到 1 亿 SDR，其余阶段除最后一年不变外均作了下调。	一是增加了货物附件，与参加方新一轮出价形式保持一致；删减和调整了有关例外情形。	5 年
2014 年 1 月	增列了 6 个省（市），包括辽宁省、重庆市、河南、河北、湖南、湖北。	中央实体工程实施后第 1 至第 2 年 6000 万 SDR、第 3 年 5000 万 SDR、第 4 年 4000 万 SDR、第 5 年起降至 2000 万 SDR。地方实体工程实施后第 1 至第 2 年 8000 万 SDR、第 3 年 6000 万 SDR、第 4 年 5000 万 SDR、第 5 年起降至 4000 万 SDR。		5 年
2014 年 12 月	列入大学、医院和国有企业，扩大了中央政府实体覆盖范围，增加了 5 个省（出价省份达到 19 个）。	门槛价也降至参加方水平。中央实体货物、服务 13 万 SDR，工程 50 万 SDR；地方实体货物、服务 20 万 SDR，工程 500 万 SDR；其他采购实体的货物和服务项目为 40 万 SDR，工程为 500 万 SDR。	工程项目全部列入出价；增列了服务项目，调整了例外情形。	

续表

出价时间	开放实体	门槛价	采购范围	过渡期
2019 年 10 月	首次列入军事部门，增加了 7 个省，出价范围涵盖了除自治区外的全部 26 个省和直辖市，新增了 16 家国有企业和 36 所地方高校。		增列了服务项目，调整了例外情形。	

注：* SDR，即 Special Drawing Rights（特别提款权）的缩写，自 2016 年 10 月 1 日起，人民币被纳入特别提款权“货币篮子”，一个特别提款权的定值货币及权数分别为：美元（41.73%），欧元（30.93%），日元（8.33%），英镑（8.09%），人民币（10.92%）。

** 联合国主要产品分类（Central Product Classification，CPC）是产品分类的国际标准。CPC 覆盖的范围要比一般的产品广。它除了包括一般意义的可运输产品外，还包括不可运输的产品和服务，以及非生产性财产或资产，如土地和具有法律效力的契约合同等形成的无形资产（如专利、商标及版权等）。

资料来源：财政部公布资料。

从第六份出价清单开始，我国的政府采购市场开放整体出价水平基本已经达到了其他参与方的水平，这既体现了我国参与经济全球化、构建人类命运共同体的决心和信心，也彰显了我国作为世界最大发展中国家的国际地位。2017 年，国务院对 GPA 谈判工作做出部署，要求扩大开放范围，尽快加入 GPA。2018 年 4 月习近平总书记在博鳌亚洲论坛 2018 年年会开幕式主旨演讲中又一次提到，要“加快加入世界贸易组织《政府采购协定》进程”。2019 年新的出价清单更是表明了我们开放政府采购市场的明确态度。

（2）国库集中收付制度

新中国成立后的半个多世纪，我国财政部门一直没有设立独立的国库机构，国库业务由中国人民银行代理。我国实行的是由中央银行代理的四级国库代理体制，即在中国人民银行总行设总库，各省、自治区、直辖市分行设分库，省辖市、自治州支行设中心支库，县（市）支行（城市区办事处）设支库。同时，在县以下和不设人民银行的地方，为了及时收纳国家预算收入，方便缴库单位纳税缴利，则由人民银行委托商业银行（主要是中国工商银行和中国农业银行）作为国家金库的经收处，代收财政预算收入。经收处只办理库款的收纳，并向国库结报，其收纳的预算收入不作为正式入库。国库经收处不办理各级共享收入的划分和报解，也不办理预算收入的退库。这种传统的国库分散收付制度，在计划经济时期的财政实践中曾经发挥过重要作用。但随着我国经济体制转轨和建立公共财政体系，传统国库制度的弊端日益明显：一是国库机构的设置不到位，国库的非独立性带来的人员配备不足、素质不高问题，人民银行随着管理领域的多元化扩展，对国库管理的重视程度有所下降；二是国库运行效率较低，财政资金收入滞后，财政资金支付迟缓；三是不利于财政监督；四是国库宏观调控职能弱化。

2000 年以来我国开始实施国库集中收付制度改革，财政部下设国库司，2001 年 3 月 16 日，财政部、中国人民银行印发了《财政国库管理制度改革试点方案》（以下简称《方案》），标志着我国国库制度改革正式开始实施。按照《方案》要求，我国财政国库管理制度改革主要包括以下内容：建立国库单一账户体系，所有财政性资金都纳入国库单一账户体系管理，收入直接缴入国库或财政专户，支出通过国库单一账户体系支付到商品和劳务供应者或用款单位，取消支付中间环节，使财政资金在未支付到收款人之前一直保存在国库。改革选择了水利部、科技部、财政部、国务院法制办公室、中国科学院、国家自然科学基金会等部门作为第一批试点单位。2002 年，实行国库集中支付改革的中央部门增加到了 38 个。同年，财政部、中国人民银行联合发布了《预算外资金收入收缴管理支付改革方案》和《中央预算单位预算外资金收入收缴管理改革试点办法》，启动了收入收缴制度改革，并分两批对 15 个中央部门实施了收入收缴改革。截至 2005 年年底，所有 160 多个中央部门均实施了国库集中支付改革，并将改革实施到所属 3300 多个基层预算单位，涉及预算资金 3700 多亿元。70 多个有非税收入的中央部门全部纳入非税收入收缴制度改革范围。与此同时，全国 36 个省级财政、200 多个地市以及 500 多个县实施了国库集中支付改革，10 多个省份通过使用中央非税收入收缴系统实施了收入收缴改革。

2006 年，专项转移支付资金实行国库集中支付取得突破，率先对农村义务教育专项资金实行国库集中支付。2006 年开始，我国实施中央国库现金管理。2007 年，财税库银税收收入电子缴库横向联网工作正式启动。同年，公务卡改革正式启动，利用“刷卡支付、消费有痕”的特点，使公务消费至于阳光之下。截至 2007 年年底，中央所有部部门及所属 9300 多个基层预算单位实施了国库集中支付制度改革；全国 36 个省、自治区、直辖市和计划单列市本级，300 多个地市、1300 多个县（区），超过 23 万个基层预算单位实施了改革。财税库银税收收入电子缴库横向联网稳步实施并取得初步成效。中央近 50 个部门，地方大多数省份的省本级、近 200 个地市、1000 多个县（区）、超过 18 万个执收单位实施了非税收入收缴改革。有 100 多个中央预算部门推行了公务卡管理试点，地方一些省份也积极开展公务卡管理试点改革。2010 年，根据《财政部关于将按预算外资金管理的收入纳入预算管理的通知》，决定从 2011 年 1 月 1 日起，将按预算外资金管理的收入（不含教育收费）全部纳入预算管理，这样，《方案》中的“预算外资金专户”随之被取消。中央各部门各单位的教育收费（包括目前在财政专户管理的高中以上学费、住宿费，高校委托培养费，党校收费，教育考试考务费，函大、电大、夜大及短训班培训费等）作为本部门的事业收入，纳入财政专户管理，收缴比照非税收入收缴管理制度执行。

2013 年 5 月，财政部颁布实施的《财政专户管理办法》，限定了纳入财政专户的资金范围，包括社会保险基金、国际金融组织和外国政府贷款赠款和偿债准备金、待缴国库单一账户非税收入、教育收费、彩票发行机构和销售机构业务费、代管预算单位资金等 6 类特定资金。明确了财政专户开设的规定，上收了财政专户的核准权限，规定地方财政部门开立财政专户，应逐级报经财政部核准，取消了由各级财政部门审批规定。

2015 年，在国库集中支付制度实现对县级以上预算单位全覆盖的基础上，开始大力推进乡镇国库集中支付改革。

截至 2019 年 6 月 30 日，全国有 36 个省级、305 个地市、1500 个区县财政部门实施了集中支付电子化管理。经过十几年的时间，我国国库管理制度改革取得了显著成效。

推进公务卡制度是国库动态监控的表现之一，截至 2018 年年底，全国 81% 以上的乡级预算单位、94% 以上的县级以上预算单位实行了公务卡制度，累计发行公务卡超过 2500 万张。此外，专项监控效果显著。2018 年 7 月，财政部印发《财政扶贫资金动态监控工作实施方案》，全力推进监控平台建设。目前，监控平台已实现中央、省、市、县上下贯通，具备按日监控预算分配下达、资金支付及绩效目标执行等情况的功能。2019 年 6 月，财政部印发《财政部财政扶贫资金动态监控工作规程》，推进动态监控工作。

（3）部门预算制度

实行部门预算是深化我国预算管理改革的必然要求。1999 年，财政部在天津、河北、大连等地多次召开预算编制国际研讨会，为实施部门预算改革进行了充分的理论准备。同年 9 月，财政部召开中央部门 2000 年部门预算编制工作会议，正式布置部门预算编制工作。2001 年 7 月，财政部颁布《中央部门基本支出预算管理试行办法》（财预〔2001〕330 号）和《中央部门项目支出预算管理试行办法》（财预〔2001〕331 号），基本明确了我国部门预算改革的基本框架：一是按部门预算管理的要求调整财政部内部机构及其职能，理顺财政部内各司局与中央各部门之间的关系，为预算编制改革工作提供人员和组织保障；二是中央 159 个部门全部按照部门预算的要求试编部门预算；三是调整 2002 年政府预算目级科目，将原一般预算支出中的 12 个目级科目修改、扩充并细化为 44 个目级科目；四是采取综合预算编制方法，要求部门将所有收支统一纳入部门预算中反映；五是规范部门预算编报程序，提前编制预算，延长预算编制时间，按照法定时间批复预算；六是试编部门政府采购预算；七是向立法机关报送部门预算；八是严格按照法律规定的时间批复预算。①

2003—2005 年是我国部门预算基本建立阶段，这一阶段，我国推进基本支出改革、项目支出改革、加强财政拨款结余资金管理、推进部门预算绩效考评工作、推动预算外资金和收支两条线综合预算管理、规范中央部门预算编制规程。②

2006—2009 年是我国部门预算不断深化阶段，这一阶段部门预算改革的任务是：规范部门预算管理，提高财政资金使用效益，逐步实现部门预算管理的科学化、规范化和有效性。改革的主要内容有：进一步完善中央部门预算管理工作规程，规范部门预算编报行为；推进基本支出定额管理改革；加强行政事业单位资产管理，推进预算管理和资产管理的有机结合；加强预算资金监管，提高部门预算的透明度；启动项目支出定额标准体系建设工作。在加强项目清理和项目库管理，实行前三类项目核减激励机制的同时，针对当前项目支出定额标准数量少、覆盖面窄、尺度不一的问题，启动了项目支出定额标准体系建设工作；稳步推进结余资金管理和绩效考评工作。③

2010 年至今，是我国部门预算改革逐步完善阶段。这一时期部门预算改革的主要工作是：不断完善中央部门预算管理相关制度；细化预算编制，提高部门预算管理的精细化水平；积极规范各类账户管理，加强财政专户、部门和单位银行账户管理；加强预算资金监管，提高部门预算的透明度。

5.3　政府支出制度发展改革的一般规律和经验总结

新中国成立 70 年以来的财政支出制度发展改革，既有着理论上的创新，也有着实践上的探索，不断走向一条规范化、科学化之路，有力地促进了我国的经济发展。回顾 70 年的改革，主要有如下特点。

---

① 贾康．中国财税改革 30 年：简要回顾与评述［J］．财政研究，2008（10）．

②③ 刘彦博．中国部门预算改革研究［D］．财政部财政科学研究所，2010．

5.3.1 政府支出制度发展改革有着鲜明的中国特色、时代特色

我国政府支出制度发展改革在中国共产党的领导下，走出了一条具有中国特色的政府支出制度发展改革路线，并且有着鲜明的时代特色。从改革的理论与思想上看，不同时期的领导集体根据当时的经济社会背景，提出了相应的政府支出思想，如毛泽东同志在《论十大关系》中提出的“重工业和轻工业、农业的关系”“沿海工业和内地工业的关系”“经济建设和国防建设的关系”，这正是在新中国成立后、在经济初创时期指导政府支出的思想基础，并且也与我国的国情相吻合。又如，邓小平同志在《财政工作的六条方针》中指出，“要坚持收支平衡的原则”，后来，党的十五大又提出“建立稳固、平衡的国家财政”，这正好适应了我国分税制改革后加强财政支出管理的需要，也为紧接着的各项财政支出改革奠定了思想基石。再如，2013 年十八届三中全会通过的《中共中央关于全面深化改革若干重大问题的决定》，提出“财政是国家治理的基础和重要支柱”，这是关于财政理论的重大创新，而此后的各项政府支出改革便上升到了国家治理的层次，比如，提出推进政府购买服务改革。

因此，我国政府支出制度改革的中国特色便是始终坚持中国共产党的领导，始终在党的领导下结合中国的国情、发展阶段进行各项改革，具有中国特色、时代特色。

5.3.2 政府支出制度改革在体制和管理层面双驱动

一方面，我国的政府支出制度改革内嵌于财政体制改革之中，因此支出表现为体制层面的改革，具体主要分为 1950—1979 年的统收统支阶段的改革，这一阶段支出体现为高度集中的统一支出阶段，地方财政支出的自主权比较小，1980—1993 年的包干体制、分灶吃饭阶段，这一阶段调动了极大调动了地方政府支出的积极性，而 1994 年以来的分税制阶段，政府支出体现为中央和地方之间的合理分权，对各级政府财政支出范围做了比较明确的划分。另一方面，基于管理层面，自 20 世纪 90 年代中期以来，政府支出改革不断推进，主要体现为政府采购改革、国库集中支付制度改革和部门预算改革，极大地强化了财政支出管理，提高了财政资金的适用效益。

5.3.3　政府支出制度发展改革越来越聚焦于“以人民为中心”

政府支出制度发展改革要服务于国家的经济发展大局，无论从财政支出制度发展改革的理论与思想演进，还是从财政支出的最终流向来看，我国的政府支出制度发展改革始终体现了“为人民服务”的思想，并且，越来越聚焦“以人民为中心”。例如，邓小平同志提出“三个有利于”思想，其中有一条就是“是否有利于维护好、实现好和发展好广大人民群众的根本利益”，而这也是判断政府支出制度好不好的标准之一。后来，江泽民同志又提出“三个代表”重要思想，指出中国共产党始终代表中国先进生产力的发展要求、中国先进文化的前进方向、中国最广大人民的根本利益，而党领导下的各项改革包括财政支出改革也紧紧围绕“最广大人民的根本利益”而进行。胡锦涛在党的十七大报告《高举中国特色社会主义伟大旗帜为夺取全面建设小康社会新胜利而奋斗》中提出“科学发展观”，而科学发展观的核心是“以人为本”，而政府支出也应以此为核心。习近平同志在党的十九大报告中提出，“必须坚持以人民为中心的发展思想，不断促进人的全面发展、全体人民共同富裕”，可以看出，我们的政府支出制度发展改革，从理论思想上，越来越聚焦于“以人民为中心”。而从政府财政支出最终流向来看，财政支出结构经历了一个以经济建设为主逐步转向以各项公共服务提供为主的变化，更是体现了以人民为中心的理念。

5.3.4　部分政府支出制度发展改革在全球具有一定的领先性

始于 2001 年的国库集中支付制度改革，从根本上改变我国传统的预算执行管理方式，建立以国库单一账户体系为基础、资金缴拨以国库集中支付为主要形式的现代财政国库集中支付制度。截至 2018 年年底，中央、省、市、县、乡五级近 70 万个预算单位实施了国库集中支付制度改革，占到全部预算单位的 99% 以上，基本实现了“横向到边、纵向到底”，构建了现代化的国库管理框架。在中国这样一个涵盖多层级政府的大国，在区区十几年的时间内就建立了“全覆盖”的国库集中支付制度，在世界范围内都属罕见，在全球有一定的领先性。

5.3.5 政府支出制度改革彰显开放理念

党的十一届三中全会后中国开始实行对内改革、对外开放的政策，自此中国开始不断融入全球化，2018 年博鳌亚洲论坛年会上国家主席习近平在开幕式上的演讲申明："中国开放的大门不会关闭，只会越开越大!" 而也是在这次会议上，习主席指出，"加快加入世界贸易组织《政府采购协定》进程"，2019 年 10 月，我国向 WTO 提交了加入《政府采购协定》的第七份出价清单，增加了开放的实体范围，增列了服务项目，表明了我们开放政府采购市场的决心。因此，我国的财政支出制度改革彰显了明确的开放理念。

第6章

政府投融资发展改革回顾

政府投融资作为公共财政体系的重要组成部分，是政府财政部门为了实现一定时期内的国家经济社会发展目标，依靠国家信用，通过资金有偿使用的方式，一般通过发行债券、贷款、基金等方式进行融资，将筹集到的资金进行直接或间接投资，从而实现财政资金的合理分配。从新中国成立至今，特别是改革开放后，我国政府投融资活动呈现出不断发展和完善的过程。从投融资理论上分析，主要有公债理论、综合平衡理论、市场失灵理论、公共产品理论和新公共管理理论来指导具体的实践活动。同时，从制度变迁上分析，政府投融资改革在国债、地方债、政府投资管理、政策性银行体系、政府与社会资本合作（PPP）领域，以及法制建设等相关领域都在不断发展和进步。

6.1　政府投融资发展改革的理论与思想演进

6.1.1　马克思的公债理论

马克思在其经典著作中，对公债的起源及其功能等问题进行过探讨。在《资本论》第一卷中，马克思认为，国债制度产生于中世纪的热那亚和威尼斯地区，到手工业时期，国债制度开始在欧洲等地区大范围流行。从政府投融资的角度来分析，在发展中国家，举债是为了筹集建设资金，加快本国经济的发展。在发达国家，举债为了弥补税收不足，以安排各项财政支出，并对国民经济运行过程进行有效调控。同时，国债政策也被认为是一种政府的综合性政策工具，发挥政府宏观调控经济的作用。

马克思认为“国债是依靠国家收入来支付年利息等开支，所以现代税收制度就成为国债制度的重要补充。借债使政府可以抵补额外的开支，而纳税人又不会立刻感到负担”，因此，国家举借大量债务未来都是需要通过税收来进行偿还，从长期看，会增加纳税人负担。[①] 同时，马克思认为，国家证券也是一种有价证券，也是一种资本的投资方式，运用公债筹集到的资金和同量现金可以发挥的作用是一样的[②]。因此，在阶级矛盾比较严重的时期，公债主要是政府的一种政策工具，为统治阶级服务。在各国财政管理的实践中，必须要处理好债务发行和纳

① 马克思恩格斯全集［M］.（第23卷），北京：人民出版社，2006：824.

② 马克思．资本论［M］.（第一卷），北京：人民出版社，1975：883.

税人负担的关系，同时在选择长期公债时，还要考虑不同代际人之间的税收负担。

马克思认为“公债成了原始积累最强有力的杠杆之一，它像挥动魔杖一样，使不生产的货币有了生殖力”，同时还认为“每一次公债都使他们获得新的机会，通过交易所活动来掠夺一般投资于公债的大众……使得大量的投资者暴富起来”。因此，公债的作用主要是资本家进行原始的资本积累，使得货币具有了投资能力，不同公债用途，其发挥作用的领域也不同。当筹集到的公债应用于战争或者行政经费等一些消费性支出领域时，偿还本息的资金来源是政府若干年后筹集到的税收收入。当筹集到的公债应用于经济建设时，由于其资金性质发生了变化，其在再生产的过程中可以发生价值的增值，因此，可以利用项目后期产生的利润来支付公债的利息。

马克思的上述理论观点，对新中国成立后我国认识公债的性质、作用，积极开展各项财政投融资活动，具有重要的指导意义。

6.1.2　改革开放前既无外债也无内债的理论观点

1949 年新中国成立后，公债在我国经济社会建设中发挥重要的作用。1950 年 1—3 月，为了弥补预算赤字、稳定物价，国家发行了约为 2.58 亿元的“人民胜利折实公债”。1954—1958 年期间，人民政府又连续 5 年发行了每期 6 亿元，总计 30 亿元的“国家经济建设公债”。

新中国成立之初，大力争取苏联的帮助和支援，充分利用苏联资金、技术来发展我国经济建设。1950 年 2 月，中苏两国签署《中苏友好互助同盟条约》，同时还签署了《中苏关于苏联贷款给中华人民共和国的协定》。其中规定：“苏联向中国的贷款以美元为单位，总额为 30000 万美元”“由于中国长期的军事战争行动，耗费大量财力，苏联政府同意给予贷款，并将贷款利率给予年利 1% 的优惠”。自 1950 年起，“在未来五年的期间内，以同等数目即贷款总数的 1/5 交付之，用以偿付为恢复和发展中国人民经济而由苏联交付的机器设备与器材”，中国“将以原料、茶、现金、美元等付还第一条所指的贷款及其利息”“贷款的付还以 10 年为期”。新中国自此开始了借外债之路，之后，于 1953 年 5 月、9 月又向前苏联借债，开展 156 项支援项目。据统计，从 1950 年到 1957 年间，中苏两国签署了 13 次贷款协议，中国政府向苏联举借的外债总额为 68.4 亿旧卢布（约等于 17.1 亿美元）。

后期，中苏关系由于苏联大国沙文主义以及中国国内“左”的思想影响，两国关系开始逐渐破裂。苏联停止对中国进行贷款，同时也不再对中国进行技术和人才方面的支援。因此，到1968年我国还清内外债本息后，我国再没有发行新的债务。于是国内开始形成“既无内债又无外债，是社会主义制度优越性”的理论观点。这种观点的核心，认为在国民经济计划指导下，社会主义经济可以实现有计划、按比例、协调发展，可以避免资本主义生产的盲目性和周期性经济危机，无须举借内外债。和资本主义制度相比，这是社会主义制度的优越性。应当看到，这种理论观点的形成，是当时特定的历史背景和极“左”路线的影响下形成的，既有一定的客观性，其局限性也是显而易见的。

6.1.3　综合平衡理论

新中国成立后，陈云等老一辈财经工作领导人，根据我国计划经济时期国家经济社会发展的实践，提出了著名的国民经济综合平衡理论。即在财政、信贷、外汇和物资各自平衡的基础上，实现国民经济的综合平衡。有时也称之为四大平衡。其要求财政收支平衡、信贷收支平衡、外汇收支平衡，以及物质收支平衡，在此基础上，实现统一平和或综合平衡。首先要求财政信贷收支平衡，即资金的平衡，且略有节余。资金收支平衡就能保证其所形成的货币购买力和物资之间的平衡。建设规模的大小，要和国家的人力、物力和财力相适应。综合平衡不仅看当年，还需要统筹兼顾。综合平衡理论，是计划经济体制下我国财政投融资工作的重要指导思想。从我国社会主义经济建设的实践来看，综合平衡理论是我国计划经济时期符合我国国情的、科学的理论总结。新中国成立后正反两个方面的经验，充分证明了这一点，是我国中国特色社会主义经济建设的重要理论成果。

6.1.4　市场失灵理论和政府干预理论

改革开放后，我国逐步引进、学习和借鉴西方经济学理论，指导我国的财政投融资实践。包括市场失灵理论和政府干预理论等。

从西方经济发展理论来分析，1930年前，新古典经济学派信奉亚当·斯密的“看不见的手”的市场自发调节经济发展理论，市场可以不需要外力的作用，通过自身的调整，实现资源的有效配置，从而实现帕累托最优。一直到1933年，资本主义国家遭受的严重经济危机，市场有效理论不再是万能的，市场在调节经济运行的过程中，也会存在失灵，因此以凯恩斯理论为主导的“市场失灵论”

开始被人们接受。后期经济发展的历程表明，在市场经济发展的过程中，市场不是万能的，会存在失灵，需要政府的适当干预，从而弥补市场机制所存在的缺陷。

在市场经济条件下，既要发挥好市场机制的作用，同时也要发挥政府宏观调控的作用。政府参与宏观调控的手段有很多，但是其中比较重要的一个手段就是财政投融资手段。财政投融资在市场失灵的领域发挥的作用主要表现在以下几个方面：

①外部性。在市场经济发展过程中，一个行为主体在进行生产经济活动过程中，可能会给他人带来的收益或损害，分为正的外部性和负的外部性。由于外部性的存在，市场经济中的私人利益和社会利益有时是不平等的，有时私人损失和社会损失也是不平等的。而财政投融资主要通过财政资金的合理配置，纠正“负外部性”造成的市场失灵。

②垄断存在。市场中的垄断企业的存在，造成市场机制不能正常运行，财政投融资通过国家政策的导向来支持中小微企业的发展，将资金投向需要扶持的领域，有利于纠正垄断，解决市场失灵。

③信息不充分和不对称。由于信息不充分和不对称，在市场经济发展过程中存在的逆向选择和道德风险问题，加大市场交易风险，导致市场不能有效正常运行。通过财政投融资体制对市场的引导和带动，运用政策性贷款和担保等手段，减少市场交易过程中的信息不对称风险，保证市场有效运行。

④宏观经济稳定。财政投融资作为政府的宏观政策的一个重要手段，可以根据宏观经济发展情况适时调整，以为满足经济发展需要，通过财政投融资开展各项业务活动，从而有利于宏观经济的稳定与平衡，克服市场机制的盲目性。

在市场经济中，市场不是万能的，需要政府发挥作用，但是政府的经济调控职能也会受到限制。因此要充分发挥政府和市场的作用。市场机制的作用是有限的，在财政投融资领域中发挥作用时就必须发挥政府和市场的双重作用，这也是政府政策工具的选择之一。

6.1.5 政府支出阶段理论

政府投资具有普遍性，在经济发展的不同阶段，政府的投资规模和结构是不同的。这个理论是由马斯格雷夫和罗斯托共同提出的。在经济发展的初期，政府投资在社会总投资中占有绝大的比重，因为这个阶段要解决经济社会发展所需要的基础设施、公共物品的提供；在经济社会发展的中期阶段，政府投资的比重稍有所下降，在市场失灵的领域，需要政府干预，政府投资要重点关注民间投资不足的领域。在经济发展的成熟阶段，政府投资的结构要发生转变，由于前期基础设施领域的逐步完善，应将投资的重点转向教育、医疗、社会保障、科学技术等领域。

我国经济发展也受到财政支出阶段理论的指导，在经济发展的各个阶段政府投资的作用都是重要的。在计划经济时期，我国财政投资占社会总投资的比重非常大。分税制改革后，地方政府自身财力的不足而导致政府投资需求上升，需要财政投融资发挥作用。随着经济社会的发展，政府投融资的方式也发生了变化，需要充分调动私人资本投入的积极性，从而解决财政资金的短缺问题。同时，要关注投融资资金的使用效益，加强资金的绩效监管，确保资金的合理使用。

6.1.6　市场经济条件下的公共产品理论

萨缪尔森在《公共支出的纯理论》中认为，社会产品可以划分为公共产品和私人产品，而公共产品又可进一步划分为纯公共产品和准公共产品，划分的依据主要是看在消费这种产品或劳务的过程中会不会给其他人带来额外的损失或收益。公共产品具有非竞争性和非排他性，同时还存在“免费搭车”现象，按照公共产品的属性，其划分为准公共产品、纯公共产品。其中纯公共产品可以由政府提供，但是准公共产品由于其利益的外溢性，政府无法有效供给所有的准公共产品，因此，需要政府和市场配合提供，可以运用财政投融资的手段，充分调动社会资本投入的积极性，配合财政资金，共同提供公共产品，如基础设施的建设。

在市场经济条件下，市场机制可以有效提供私人产品，但是有些内部收益低而外部收益较高的准公共产品，由市场提供这部门准公共产品会导致供给无效率，从而出现市场失灵问题。政府部门通过财政支出可以提供，但是由于无偿支付会加重政府的财政资金负担，同时，政府过度干预会导致市场机制运行的低效率。因此，在准公共产品的提供上，需要政府和市场的相互配合，发挥财政投融资的作用，促进准公共产品供给效率的提高。

6.1.7　新公共管理理论

20 世纪 70 年代在西方国家发起的公共管理运动中，产生了新公共管理理论，主要提出了政府管理要借鉴企业的管理理念，要做到以人为本；要重塑市场，提高管理效率，要将更多的私人部门纳入到公共管理框架中；为了提高公共服务的质量和效益，引入竞争机制，使得更多的私营部门参与到公共服务的供给中；采用私营部门先进的管理经验和技术，创建出有事业心和预见性的政府；为了实现公共服务社会效益的最大化，要充分利用资源，节约各项资金成本，从而降低公共管理的成本。

在我国财政投融资管理的改革实践中，要正确认识市场和政府的关系、提高财政资金的使用效益，以及在公共管理领域借鉴企业的先进管理经验和技术。

6.2 重大政府投融资发展改革实践

财政投融资概念，在我国也是一个不断细化的过程，学者也对比进行了大量的研究。从广义上来看，政府投融资活动过程中只要有一部分资金来源是有偿使用的，即可被界定为政府的投融资活动。从狭义的角度来看，政府的投融资活动就是政府部门依靠国家信用的方式，有偿使用筹集到的资金，将资金进行分配，从而实现一定时期内的国家经济社会发展。

我国政府投融资体制变迁，除计划经济时期外，改革开放后主要经历了四个阶段的发展变化。

第一阶段是 1978 年到 1983 年的经济建设恢复阶段。在这个时期，我国政府投融资体制建设也是刚刚起步的。财政投融资体制在这个阶段的特征便是下放投资决策权。在市场经济条件下，为了处理好政府和企业的关系，引入有效的投资激励措施来调动企业的积极性，作用较为明显并取得一定成效。主要包括在企业间推行合同制、部分单位和部门实行收费化试点、下放国营企业自主权等。

第二阶段是 1984 年到 1992 年间的全面改革阶段。随着《关于投资管理体制的近期改革方案》的颁布，我国投资体制改革的基本任务、目标和措施首次予以确认，同时还成立了国家专业的投资管理公司。在市场经济体制的影响下，采取责任制的企业积极性被全面调动，因此，投融资的发展作用力度较为明显，经济发展速度也不断提升。

第三阶段是 1993 年到 2003 年的规范化发展时期。由于法人责任制的确立、具体规范操作以及市场精细化的发展。使得投融资规模不断壮大，对经济增长的贡献也越来越大。在市场体制下的企业行为也逐步成型。在公共基础设施领域中，财政投融资的作用越发明显。市场中的企业开始走向专业化分工的发展，企业通过竞争的方式来追求经济效益。

第四阶段是 2004 年至今的投融资发展改革方向更加明确阶段。自党的十六届全会审议通过了一系列关于完善市场经济体制发展的重要决定，财政投融资开始大规模发展，但囿于资金有限，投资的速度远远落后于经济发展的速度。因此在明确改革方向后，针对经济社会发展的实际来做出更加具体详细规范的举措，并将这些措施落实到位。

财政投融资的作用可概括为以下几个方面：

第一，填补投资空白，优化经济结构。市场机制并非万能，在部分领域，特别是收益较低、风险较大的基础产业和重大基础设施建设领域，会出现资源配置失效。而通过财政投融资的方式可以弥补市场配置的不足，填补投资空白。

第二，调节经济的周期波动。经济发展会受到周期性波动的影响，因此利用投融资手段可以调控经济发展。例如，在经济发展过热时，政府可多集中一部分民间资本，减少银行资本金，从而压缩一般性支出，抑制投资膨胀。反之亦然。

第三，促进国家高科技的发展，引导产业升级。许多重大科研计划的开发和组织实施对国民经济的发展有着至关重要的影响，同时又带动国家产业结构进行相应的调整和改造。但是分散的社会资本自身是无法满足这些科研计划的资金需求的。像欧洲共同体的“尤里卡计划”，日本政府制订的“振兴科技发展计划”这样的大计划都有动辄上千亿的资金需求。这个时候就需要以政府为主导的财政投融资来帮忙解决大型科研计划的融资需求。

第四，财政投融资也具有负面作用。财政投融资的负面效应主要体现在两个方面：首先，正视投资领域的挤出效应。财政投融资的投资会对民间投资产生挤出效应。其次，财政投融资决策直接影响市场作用的发挥，扭曲市场在配置资源方面的有效性，造成财政资金的浪费。

财政投融资活动自新中国成立以来，主要在财政投资领域、政府债务、政策性银行、PPP 领域取得了不小的成绩，因此，本章从以下几个方面来进行探讨。

6.2.1　财政投资体制改革

为推动国民经济发展，满足人民物质、文化生活需要，履行政府公共管理职责，政府需要开展财政投资项目建设和运营。政府投资的项目，基本上是关系国计民生和经济的可持续发展的重要项目，需要建立有效的政府投资管理体系。

（1）计划经济体制下：财政投资的起步阶段

在我国改革开放前的 30 年时间里，受计划经济体制影响，财政投资主要以政府无偿投资为主。主要的运作模式是，计划部门负责项目审批，财政部门拨付资金，但项目归地方政府或行政主管部门管理。这种无偿的政府投资方式以及项目分管方式，一方面给政府带来很大的财政压力，也容易导致区域经济结构失衡；另一方面，企业积极性不高，影响投资效率。但在当时的历史时期，采用中央政府指令性计划的财政投资方式，也发挥了重要作用。

①国营企业贷款。1956 年，财政部发文对国营企业实行小型技术改造贷款，对财政资金使用不再提供无偿支持，比照银行利率从低征收利息，该项贷款资金必须用于企业技术改造。此项政策的实施，一方面可以缓解财政压力，提高财政资金使用效率，另一方面还调动企业进行技术改造的积极性，企业进行技术更新换代，提高企业技术进步，从而促进经济稳步增长。

②支农周转金。20 世纪 60 年代，为了促进农业的技术进步，改善我国农业生产条件和农村的经济发展情况，国家建立了支农周转金，用于扩大农业技术改造的有偿资金使用，并在全国广泛展开，从而促进农业经济持续、稳定、健康协调发展。

（2）改革开放后：加强财政投资管理

改革开放后，在商品经济、市场经济发展逐步发展的过程中，我国对财政投资资金管理方式进行初步探索，逐步下放投资决策权。通过经济、行政、法律相结合的手段，加强投资项目的管理。随着市场经济地位的确立，政府职能从“全能型政府”向“服务型政府”转变，为了处理好政府和企业的关系，引入投资激励机制，激发企业积极性。同时，还颁布了一系列的法律法规，规范财政投资行为。

①逐步下放国营企业自主权。为了进一步推进经济体制改革和财政投融资体制改革，企业之间采用合同制、部分单位和部门开始实行收费试点，下放国营企业的自主经营权，加强企业间的合作，促进企业自主经营，调动企业发展积极性。

②基本建设资金“拨改贷”和财政周转金制度。我国从 1979 年起，试点把基本建设支出改为由中国人民建设银行贷款，1985 年起全面推行。1979 年后，我国恢复和发展了财政支农周转金、企业技术改造周转金、城市公用事业发展周转金等各类周转金。1984 年后，我国财政投资管理体制逐步适应经济体制改革的步伐，我国投资管理体制中的基本任务、目标和措施等，得到明确规定。财政投融资的发展作用明显加强，市场也逐步发挥其在资源配置中的作用。

③实行基本建设基金、组建国家专业投资公司。1989 年，国家实行基本建设基金制，国家计委组建了能源、原材料、机电轻纺、农业、林业等国家专业投资公司，主要负责管理和经营本行业中央投资的经营性项目的固定资产投资。一方面，配合基本建设“拨改贷”，另一方面，可以为不同行业提供专门的资金支

持，确保财政资金的使用效率。

（3）分税制体制改革后：确立政府和市场的投资边界

1992 年确立社会主义市场经济体制改革总目标，我国的政府投资管理体制改革也发生了重要的变化，建立与市场经济规则相适应的投资管理体制提上议事日程。近年来，我国在借鉴发达国家的先进经验基础上，不断探索，政府投资的规范化、科学化、法制化程度进一步加强。

①财政投资边界的划分。1994 年以来，我国公共财政制度的确立，是与社会主义市场经济体制确立相匹配的，在这个阶段，我国财政投融资体制开始进行市场化改革，体制建设更加规范，建设项目确立法人责任制，保证投融资的质量和效率。明晰政府和市场分工，政府投资主要是为了加强对公益性项目和公共基础设施项目的建设（城市的供水、供电、供气、道路、桥梁、绿化、通信等），加强对生态环境项目的保护，推动区域协调发展，加强对中西部地区的倾斜力度，推动科技进步和高新技术产业的发展。政府投资项目具有非盈利性、满足社会公共需要等特征。

2004 年，国务院发布《关于投资体制改革的决定》，指出市场在资源配置中起基础性作用，要优化投资结构，提高投资效益，推动经济平稳发展。2016 年，中共中央、国务院颁布《关于深化投融资体制改革的意见》，其中明确了政府投资范围，主要是公共领域的非经营性项目。同时，政府投资范围的界定上还存在以下问题：

第一，投资范围过于宽泛。根据当前的政府投资目录的范围来看，有一些基础设施可以交给企业进行投资，例如供水、供电、供气等；在社会事业领域中，财政对于教育、医疗、科技文化、卫生等领域的固定资产投资占主要的比例，应加大其他投资主体的投资力度。同时，要对不同经济区域以及产业结构来调整财政投资的范围，在新兴战略行业和高新技术产业加大财政投资力度。

第二，政府各级缺乏明确的投资目录指引。由于我国区域经济发展不平衡，各级地方政府需要根据本地实际情况确定财政投资目录。设定财政的重点投资领域、一般投资领域以及可供选择的投资领域，并规定限制性的投资领域和禁止性投资领域。同时对于政府投资目录可以根据经济发展的不同阶段进行适当的调整、补充和修订。同时还应加强对财政投资目录的定期评估机制，加强财政投资范围的准确性。

第三，财政投资的法制化建设进程缓慢。为财政投资建立良好的法制环境，需要通过财政投融资法、条例的方式，加强对财政投资及其范围的法制化管理，对财政投资范围提供明确的法律依据，出现违规行为进行严厉的惩处，维护市场经济正常运行秩序，提高资源的配置效率，确保经济社会的健康发展。而我国

《政府投资条例》直到 2019 年才发布实施，前后经历十多年之久。

②财政投资形式。根据经济社会发展水平、财政投资项目的具体运行情况来看，我国的财政投资方式主要包括直接投资和间接投资两类。直接投资方式，即对部分非经营性基础设施项目采取无偿拨款方式，或是通过控股和参股的方式，参与重大基础设施和高新技术项目的管理。间接投资方式，即政府通过财政贴息、政策性贷款、税收减免等方式，对社会资本给予资金补贴，支持社会资本投资。这种间接投资方式可以根据投资的项目以及某个行业发展情况，安排具体的资金支持方式，引导资源投向政府支持的领域。

③加强财政投资绩效评价管理。财政投资的绩效评价，是指运用科学有效的绩效评价方法，参照政策所规定的绩效评价标准，对财政投资行为的整个过程及其最终所达到的效果，进行全方位分析、衡量、比较和评估。绩效评价是随着我国财政投融资管理体制的法律不断完善而不断发展的。我国财政投资管理体制的法律状况也处于不断完善的过程中。

财政投资绩效评价，实际上就是分析评价财政投资活动最终实施的有效性是否达到了预期的目标。对项目绩效的评价，既包括了投资人是否满足了经济性的要求、实施过程是否合规合理、项目自身与资源环境之间能否协调可持续发展，又包括了财政资金投入与产出相比是否有效率，行为结果是否与预期目标一致，以及对投资项目所产生的中长期影响的预估。中长期的影响包括经济影响和社会影响。与传统的项目评价相比，财政投资的绩效评价更为强调两点：一是评价内容的完整性、科学性和连续性；二是进行全过程的动态评价。财政监督管理工作有助于加强财政投资绩效管理，在当前的绩效管理中应注重以下几个方面：

第一，加强各部门对绩效评价工作的理解支持。财政投资绩效评价工作不能单单依靠财政部门，要加强各级党政、人大部门、审计部门的支持，积极配合财政部门开展基础工作，以绩效评价推动财政投资的具体工作环节，提高投资效益，为社会提供更好的公共服务。

第二，完善相应的财政投资绩效法律法规。首先，在《预算法》中增加财政投资绩效评价的相关条款，为财政投资绩效评价工作提供法律依据。其次，加快制定专门的财政投资绩效评价的规章制度，促进财政投资绩效工作制度化、法制化和规范化的实现。

第三，健全绩效评价管理制度。包括要加强对绩效评价工作的应用，可以在预算管理全过程中采用绩效评价结果，加强各部门和各单位对绩效评价的重视程度，提高绩效管理水平。加强人大对绩效评价结果的监督。人大对绩效监督的过程中，可以依法对违法违纪的单位和部门进行惩处，真正发挥人大的监督作用。

第四，完善绩效评价信息管理系统。包括要进一步完善评价指标体系，提高绩效评价质量。利用当前大数据信息网络平台，加快建立财政投资绩效评价综合信息交换平台和数据库，对绩效评价的相关数据进行搜集、整理、分析，根据不同的项目选择适合的评价体系。建立一个可以信息共享的交流平台，便于对公开的数据进行分析，从而提高绩效评价效率。

（4）十六届三中全会后：多元化新型投资模式共同发展

2003年党的十六届三种全会后，我国财政投融资管理趋于完善，投融资方向更加明确。坚持在社会主义市场经济体制下，发展和完善投融资体制改革，正确处理政府和市场的关系，发挥政府职能，重视市场的作用，采取规范的经济手段来调节经济运行。

①地方政府投融资平台。20世纪80年代末，地方政府融资平台主要为地方政府项目融资。2009年由于受金融危机的影响，国家出台“四万亿”政策刺激计划，导致地方融资平台贷款余额迅速增加。2011年《关于地方政府融资平台贷款监管有关问题的说明》（银监办发191号）文件中，对于地方政府融资平台的风险定性，是指按照借款人自由现金流覆盖全部应还债务本息的比例，对平台贷款划分为“全覆盖、基本覆盖、半覆盖、无覆盖”[①] 的四种风险类别。

融资平台数量和规模呈现快速增长趋势，其自身存在的问题也开始出现。例如法人治理结构不完善、权责主体不明确、操作程序不规范等问题。目前存在的最大问题是，投融资平台转型发展缓慢，投融资平台不断增加的负债，形成地方政府的“隐性债务”，加重地方政府的财政负担。再是地方政府违规担保，导致投融资平台管理混乱；地方政府通过土地出让金偿付融资平台的负债，导致房地产市场出现泡沫等等。

为防范化解地方政府融资平台风险，首先，有效控制投融资平台数量，加快资产重组步伐，推动投融资平台转型发展。其次，健全融资平台的法人治理结构。现任公务员退出投融资平台，健全公司法人治理结构，提高经营管理水平。最后，建立健全地方政府债务管理体制，加强对融资平台的债务管控力度。

同时，也促进地方政府融资平台转型发展。2014年，国务院印发《关于加强地方政府性债务管理的意见》[②] 中规定，要建立“借、用、还”统一的债务管理机制。同年，全国人大常委会修改预算法，在法律上允许地方政府发债。财政

---

① 全覆盖是指借款人自有现金流量占其全部应还债务本息的比例达到100%以上；基本覆盖是借款人自有现金流量占其全部应还债务本息的比例达到70%至100%之间；半覆盖是指借款人自有现金流量占其全部应还债务本息的比例达到30%至70%之间；无覆盖是指借款人自有现金流量占其全部应还债务本息的比例在30%以下。

② 也被称为国发43号文。

部 2017 年下发 50 号文[①]和 87 号文[②]，也对政府举债融资行为做出进一步规范。在转型过程中，国家也出台了一系列支持政策，例如，从 2015 年起，用 3 年时间，对存量政府债务进行置换，为融资平台顺利转型提供保障；国家政策性银行对地方棚改、旧改项目设立专项资金，予以支持融资平台转型；银行等金融机构对在建、续建政府公益性项目不得停止贷款、续贷支持。

②政府投资基金。政府投资基金，是指由政府财政出资，以股权投资的方式，对于一些初创期的新兴战略产业、高新技术产业等给予资金支持，等产业成熟后，通过股权转让、退出等方式，让企业继续发展，从而推动产业升级，优化产业结构，促进国家经济社会健康发展的一项专项资金。

改革开放后，我国就开始了政府投资基金的探索。2006 年 2 月，国务院颁布《实施〈国家中长期科学和技术发展规划纲要（2006—2020 年）〉的若干配套政策》，鼓励相关部门和地方政府设立创业风险投资引导基金，引导社会资金流向创业风险投资企业，引导资金投向种子期和起步期企业。以清科研究院报告为例，2007 年至 2016 年，共成立政府引导基金 1047 支，募集金额达 33348. 94 亿元[③]。

政府投资基金可以采用公司制、有限合伙制和契约制三种方式。公司制主要是依据《公司法》建立具有独立法人资格的基金公司，并拟定相应的公司章程，由投资者拥有基金公司的全部资产，它作为基金公司的股东主要来负责基金的管理和运作。在我国投资基金发展的早期，公司制是主要的组织形式，投资基金公司可以自己来管理基金的运作，也可以委托第三方来进行投资基金的管理。有限合伙制的组织形式，投资基金存在有限合伙人和普通合伙人两个基金主体。在政府投资基金中，有限合伙人通常指的是政府，作为基金的主要出资方，它一般不会直接参与基金的管理和日常运作，而是寻找专业的基金管理团队，来对基金进行管理运作投资。契约制形式的政府投资基金是指基金的管理人通过发行受益凭证向基金投资人筹集资金，从而形成基金并依据契约合同进行投资的一种基金组织形式。在契约制形式中，投资基金实质上是一种信托关系，基金的管理人、基金的托管人和基金的投资人三者各司其职进行基金的募集、保管和收益。

---

① 《关于进一步规范地方政府举债融资行为的通知》规定要进一步健全信息披露机制，融资平台公司在境内外举债融资时，应向债权人主动书面声明不承担政府融资职能，同时还说明，自 2015 年 1 月 1 日起，新增债务依法不属于地方政府债务。

② 《关于坚决制止地方政府以政府购买服务名义违法违规融资的通知》中，对政府购买服务做出具体规定，对融资平台公司来讲，政府融资方式更加规范合法。

③ IUD 领导决策数据分析中心 . 2017 地方政府引导基金数据报告［J］. 领导决策信息，2017（36）：28.

一是推动经济结构调整和促进战略产业转型升级，重点投资于中小企业，促进企业技术创新，提高其内部竞争力。政府投资基金通过引导社会资本加入，扶持重点需要的产业，从而实现产业结构升级和结构调整，推动供给侧改革的顺利实现。二是可以更好地厘清政府和市场的关系，从而加快政府职能的转变。政府与其他参与者一样，同样具有平等的主体地位，遵循市场机制的规律和原则从事活动，加快转变政府的职能作用，发挥政府作为政府投资基金出资者之一的引导作用，引导政府投资基金的资金投向，尽量在基金运作过程中一般不干预日常的投资活动。三是加强社会责任的使命，充分发挥财政的杠杆作用。政府投资基金的资金来源中由政府投资部分，在本质上增加了企业信用，风险较小，更好地吸引私人资本投资，实现财政资金在经济发展中的乘数效应。四是财政投融资的重要组成部门，提高财政资金的使用率。财政资金的有偿使用，加之政府以自身的出资额为限承担有限责任，这也和公司相类似，同样要承担风险，因此企业也会充分利用财政资金，提高了资金使用效率。

③政府和社会资本合作（PPP）。PPP 模式可从狭义和广义两方面来理解。狭义的 PPP 模式，是指公共部门和私人部门共同出资，成立项目公司，为社会提供公共服务的方式。而广义的 PPP 模式，是指公共部门和私人部门采取各种合作方式，共同为社会提供公共服务，如建设—运营—移交（BOT）、建设—拥有—运营（BOO）、转让—运营—移交（TOT）、改建—运营—移交（ROT）等等。

改革开放后，我国就已经开展了 PPP 项目的探索，如广西来宾电厂等，但发展较为缓慢。近两年来，在财政部、发改委等部门的大力推动下，PPP 项目获得较快发展。2014 年财政部以及发改委分别公布了有关政策指南、合同范本。到目前为止、国务院以及财政部、发改委发布了 PPP 项目政府采购、财政承受能力论证、特许经营等规章制度。国家发改委推出了三批示范项目，财政部发布四期示范项目，总投资额近 20 多万亿元。2017 年，我国已经成为全球 PPP 市场规模最大，最具影响力的国家之一。PPP 发展的历程可以归纳为以下几个阶段：

1984—1993 年为 PPP 模式探索阶段。这个阶段，我国的 PPP 项目没有法律法规可以遵守，审批项目采用“一事一议”方式，地方政府要得到中央政府的允许才可以实施 PPP 项目。

1994—2002 年为 PPP 模式试点阶段，1994 年也被称为“中国 PPP 元年”，对外贸易经济合作部通过《关于以 BOT 方式吸收外商投资有关问题的通知》。国家计委、电力部、交通部借鉴国外经验，采用 BOT 投资模式，开展基础设施项目投资。

2003—2008 年为 PPP 模式推广时期。这段时间，建设部出台了鼓励社会资本及外国资本参与市政公用设施的建设的相关规定。城市供水、供气等行业实行特许经营。这一阶段，PPP 政策法规基础开始构建，PPP 模式除了获得国家计委的支持，还获得了建设、交通、环保、国资等行业主管部门的认可。

2009—2012 年为 PPP 模式调整阶段。2008 年金融危机过后，为刺激经济增长，国家 4 万亿刺激计划中，需要地方政府配套 2.8 万亿元资金，因此，地方融资平台与土地储备机构融资方式开始大范围推广。

2013—2016 年为 PPP 模式大力推广时期。党的十八大后，我国经济发展面临新格局，经济处于“三期叠加”，面临供给侧结构性改革，形成了以土地储备项目融资模式与政府委托代建项目融资模式为主，PPP 项目进行融资为主，信托和基金项目融资为辅的方式。在 2016 年，形成了以 PPP 项目融资与政府购买项目融资模式为主的融资方式。在多方面、多层次的 PPP 项目实施阶段，促进了 PPP 理论体系的形成，财政部相继在 2014 年推出了 22 个第一批示范项目、2015 年推出 162 个示范项目、2016 年推出 513 个示范项目，PPP 示范项目的数量和规模都呈现上升趋势。

2017 年以来，PPP 模式规范发展。党的十九大以来，在新时代和中国特色社会主义制度的运行过程中，PPP 项目在国家出台的监管措施中开始规范发展。2018 年第四批示范项目共计 369 个，虽然较第三批项目的数量上有所下降，但是在质量上已经呈现出高质量发展态势。截至 2019 年一季度末，管理库项目累计 8843 个、投资额 13.4 万亿元。截至一季度末，落地项目累计 5541 个、投资额 8.4 万亿元；落地率 62.7%。

6.2.2 政策性银行体系发展

1994 年以来，为了解决国有专业银行身兼两职，确保财政融资方式更加科学和规范，在国家六大投资公司的基础上，我国先后成立了三家政策性金融机构，分别是国家开发银行、中国进出口银行和中国农业发展银行，针对不同领域的发展提供专门的资金，同时确保政策性金融业务和商业性金融业务分离，政策银行成为我国投融资体系的重要机构。

（1）政策性银行体系概述

我国于 1994 年先后成立的三大政策性银行，标志着我国政策性金融体系逐步完善，同时政策性金融与商业性金融呈现出分离状态，政策性银行在政策性金融体系中居于主导地位。

从本质上看，政策性银行既不是普通的商业银行，也不同于国家的政策制定机关，它主要是执行国家长期性投融资政策的金融机构，在国外主要类似于开发署的性质。政策性银行并不直接制定哪些部门可以享受资金支持，也不负责贷款额度、利息情况以及本金偿还方式等政策性选择问题，而是制定一些计划安排和审批程序来执行政策性指令。因此，政策性银行主要充当了政府投资代理人的角色，为政府有效投资提供政策咨询帮助。

政策性银行的资本金来源是通过国家预算安排，在负债结构安排上，主要通过发行金融债券来筹集资金等。

（2）政策性银行资金投向及使用

①政策性银行的资金投向。国家开发银行主要负责基础设施、基础产业和支柱产业项目建设的资金支持，立足于国家区域经济发展政策，承担着国际金融组织的专项贷款业务；中国进出口银行主要负责国家的国际贸易领域的专项资金支持，对大型机电设备的进出口提供买卖双方的信贷，同时贯彻国家的外贸政策，为成套的机电产品出口提供信贷贴息和信用保证。中国农业发展银行主要是农业开发业务中的一些政策性贷款，还负责财政支农资金的拨付和监督财政资金的使用。

②政策性银行的职能。政策性银行的资金运用主要采取股权投资、贷款和担保的方式。首先，股权投资主要是为了贯彻国家特定的政策意图而对特定行业或企业进行的资本金注入，根据项目的重要程度来安排资本金的大小。股权投资后，政策性银行可以按照持股比例享受分红收益，同时还拥有被投资对象的经营决策权，确保企业可以按照国家的政策方针来发展。政策性银行还可以根据国家发展战略，针对不同的投资对象，选择参股或控股的方式来安排资金投入。其次，贷款主要是根据不同时期政府支持产业的侧重点，来安排贷款支持产业发展。贷款利率的高低也和当期国家政策支持的侧重点相关。低利率而产生的借贷差额由财政预算给予贴息补助，但是不管利率高低，必须要保证可以偿还本金，保证政策性资金的回流和周转。同时必须要对贷款进行严密监控，确保资金使用符合国家产业政策。同时这种有息贷款还会督促企业改善自身的生产经营环境，提高经济效益。最后，担保主要是向国家产业政策扶持和鼓励企业提供贷款的金融机构提供还贷保证，以国家信用作为担保，引导商业资金的流向，鼓励商业金融机构向特定领域的企业积极提供信贷资金。

（3）拓宽政策性资金来源

为确保财政投融资的顺利进行，确保资金的来源是必要的前提。第一，加强财政资金的投入力度，充实政策性金融机构的资本金。第二，债券市场融资，债券融资具有融资成本小，信用保障较强的优点，因此，通过发行债券可以作为融资的一个重要手段。第三，直接投资基金，通过对产业的投资，控制所投资本的所有权和控制权，或是以金融资本为载体，通过借贷或投资的方式来支持产业发展。

（4）发挥政策性金融机构的投融资作用、完善财政投融资体制建设

深化投融资体制改革中的一个重要方面，就是要确保政策性银行改革的顺利进行，从投融资角度来理解政策性金融业务，充分发挥政策性金融体系的重要作用。首先，政策性金融业务具有一定的财政属性，是以国家信用为基础进行融资，同时资金在偿还的过程中和商业性银行较为类似，是有息偿付，因此后期对政策性银行的运营和风险管理仍然要借鉴商业银行的做法，降低系统性财政风险的发生。其次，政策性银行的金融机构属性和一般的商业银行机构存在较大差别，由于以国家信用为基础，因此在资产管理过程中应更加注重资产质量的监管，避免财政资金使用低效率。最后，要正确认识政策性金融机构的风险，由于政策性金融机构的投资领域大都是公益性项目，收益相对较低，因此确保业务操作过程中的合规风险把控，注重内部控制和业务流程操作，不能用后期项目的盈亏来衡量资金的使用效率，是保证政策性金融机构顺利展开业务的关键。

6.2.3 公债融资的发展

在70年的财税改革发展历程中，我国国债市场的发行体系的不断完善为财政投资提供融资渠道以及确保资金来源的稳定性。

（1）改革开放前公债发行情况

①1950年人民胜利折实公债。新中国成立后，为了恢复国民经济发展，解决国家财政困难的实际情况，中央人民政府于1950年发行的一种公债面值与物价指数挂钩的债券。此项公债原定分两期发行2亿份，后因国家财政经济状况开始好转，实际共发行一期1亿份。

②1954—1958年国家经济建设公债。国家为了经济建设的需要，以信用方式为财政筹措的资金。这类公债可以用“国家经济建设”的字样标明，有的没有直接标明，但可以根据其实际用途来判断其是否属于经济建设公债。我国中央人民政府自1954—1958年历年发行的国家公债属此性质，共筹措到62.17亿元。偿还期限除1954年发行的分8年偿还外，其余各年发行的分10年偿还。债券利率均为年息4厘，每年付息一次。发行对象主要为城市私营工商业者、公私合营企业的私方人员、机关团体职工等。至1968年止，公债本息已全部还清。改革开放以后，我国1981又重新开始发行国库券，从支出用途看，主要也属经济建设公债。国家经济建设公债的发行对于实现社会主义改造，巩固和加强社会主义经济的物质基础，起了良好的作用。

（2）20 世纪 80 年代后：国债市场的起步阶段

1968 年国家偿付了全部内外债本息，1968—1979 年，中国是一个既无内债、又无外债的国家。改革开放以后，为了克服财政困难和筹集重点建设资金，重新发债。

①1981—1990 年：以场外柜台为主进行交易。1988 年开始，国家先后允许 7 个城市，接下来又批准 54 个城市在证券中介机构进行国库券流通转让工作。中国国债流通市场开始于场外交易。

②1991—1997 年：以交易所交易为主。1991 年国债流通市场范围扩大，先后允许 400 个地区和城市可以进行国债的流通转让。同时，国债承销的成功，证券机构迅速增加，这些都促进了场外市场交易活跃起来。但场外交易由于存在诸多弊端，1997 年后，银行间市场得到较快发展。

（3）1998 年金融危机后：国债市场的发展阶段

金融危机刚过后，国债市场成为投资者、金融机构进行资产管理以及央行公开市场操作、调节货币政策的一个重要场所。但是短期国债缺乏，导致持有者结构不合理，场外交易市场不活跃等问题存在，制约了国债交易，国债调节市场功能不强。1998 年金融危机后，国债市场开始呈现发展态势，基本呈现出以下特点：国债市场开始在银行间进行交易；以中长期国债为主；国债的投资者主要集中于商业银行等金融机构；中央银行开始在国债市场上进行公开市场操作，以上几项措施导致当期国债流动性增强，规模逐渐发展壮大。

（4）国债市场的成熟阶段：参与宏观调控与经济结构调整

随着社会主义市场经济体制的逐步完善，我国国债市场的发展程度也不断提高。投资主体更加多元化，国债期限结构也更加合理。

①1997—2005 年：银行间国债市场初步确立。1998 年取消实物国债，国家实施的积极的财政政策导致国债市场也发生了变化。主要是国债发行转变为中长期；商业银行被允许购买和持有国债，这都有利于国债市场上投资结构和投资主体的优化。

②2005 年至今：跨市场发行国债。2002 年开始允许跨市场发行国债，2003 年，制定了跨市场国债转托管办法，2005 年组建统一的记账式国债承销团，并不断完善。因此，国债市场开始建立了统一的、多层次的、以银行间市场为主体的债券市场体系。2007 年，财政部发行 1. 55 万亿元特别国债，购买了 2000 亿美元的国家外汇储备，作为国家外汇投资公司的资本金。

随着我国经济社会发展的需要，政府对公共基础设施投资的日益增加，同时受到积极财政政策的影响，财政收入已经远不足以满足支出的需要，因此对发行国债的诉求日益激烈。2016 年，安排了 2. 18 万亿元的财政赤字，减税降费，减轻企业的负担，这部分财政赤字就需要通过国债的发行和存量债务的置换进行弥补，保证积极财政政策的顺利实施。

我国的国债市场体系呈现出良好的运行态势，我国也是当今世界上，为数不多的可以发行超长期国债的国家之一；在面临金融危机的过程中，国债市场可以充分发挥其宏观调控的职能。

6.2.4 地方债融资的发展

国际上地方政府债券（Local Treasury Bonds），是地方政府或公共机构发行债券。根据 1998 年世界银行汉娜女士提出的财政风险矩阵的划分，并结合我国国情，将政府债务进行了明确的分类。这一分类基本奠定了政府债务分类的基本框架（见表 6－1）。

表 6－1　财政风险矩阵

债务分类	直接债务	或有债务
显性债务	直接显性债务	显性或有债务
隐性债务	直接隐性债务	隐性或有债务

资料来源：根据世界银行汉娜女士的财政风险矩阵划分方法整理得出。

2015 年，被称为“中国地方债务管理改革元年”，这一年，中国地方债务管理改革又拉开了崭新的篇章。地方政府可以依法合规举债，按照债务资金的使用用途，地方政府债务明确划分为两类，分别是一般债券和专项债券。

一般债券主要是各省、自治区、直辖市政府发行的，主要应用于公益性项目，并且这些项目后期不会产生收益。同时还约定在规定的期限内还本付息。一般债券发行通常采用记账式固定利率附息的形式，是要按照一般公共预算管理方式进行。债券期限有 1 年、2 年、3 年、5 年、7 年、10 年、15 年和 20 年，这主要是由各地方政府根据实际资金需求和债券市场结构合理进行安排。

专项债券主要是政府为了建设某个具体工程，而专为其筹集的建设资金。省、自治区、直辖市政府为专项债券的发行主体，由省级财政部门负责发行工作。

（1）中国地方债发行模式的历史演进与突破

改革开放后，我国国家预算的基本建设投资大部分实行“拨改贷”，这些资金经过多年沉淀形成了地方政府向中央政府的借款，即形成了地方政府的债务。根据审计署公告显示，我国在改革开放后的 1979 年，全国有 8 个县区举债，即举借了第一笔地方政府负有偿还责任的债务。之后，各地方政府开启了举债大门，据统计，截至 2010 年年底，全国仅有 54 个县级政府没有举借政府性债务。

1994 年财政分税制改革后，中央政府将财权集中，但地方政府要承担大部分经济建设、社会服务职能。地方政府往往将资金投向建设期和回收期长的基础设施建设项目中，由于资金规模不足，地方政府往往大量举债。

在 1998 年至 2005 年间，中央政府供给发行长期建设国债 9900 亿元。这其中有 2650 亿元转贷给地方政府，同时要求地方政府配套相当数额的资金，由于地方政府的财政能力有限，为了提供公共服务，获取中央政府的转贷资金，就陆续开启了举债的大门。

2008 年年底，为了应对国家金融危机，国务院推出了 4 万亿投资计划，其中中央安排资金仅有 1.18 万亿元，其余由地方政府进行配套解决。同时在 2009 年，政府安排发行地方政府债券 2000 亿元，来缓解 4 万亿投资计划的地方政府配套资金的压力，因此，我国地方政府的举债之门被打开。具体地方政府债券的发展阶段主要包括三个阶段，如图 6－1 所示：

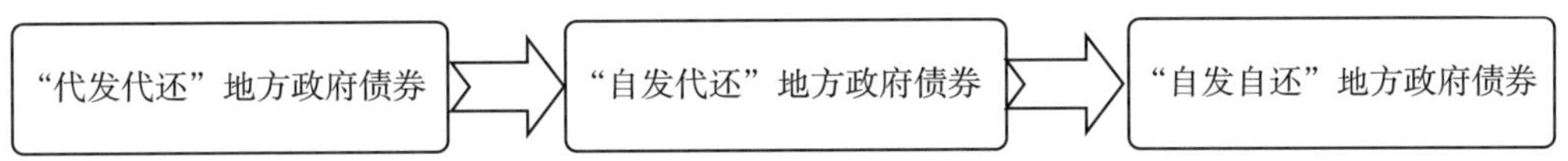

图 6－1　中国地方政府债券发展阶段

①“代发代还”地方政府债券。2009 年 2 月，财政部通过了《2009 年地方政府债券预算管理办法》。其中规定：地方政府发展必须经过国务院批准后，相关的省、自治区、直辖市和计划单列市政府可作为发行和偿还债务主体，这个阶段都是由财政部代理发行，同时债务的还本付息和相关发行费用都由财政部门承担。2009—2011 年三年中，全国人大每年批准的地方政府债券额度均为 2000 亿元。

②“自发代还”地方政府债券。2011 年，国务院批准上海、浙江、广东、深圳四个城市可以采取自行发行债券的方式，但是还本付息还是要由财政部门来掌握。2013 年，新增江苏和山东成为“自发代还”地方政府债券试点地区。首次提出“试点省（市）应当加强自行发债试点宣传工作，逐步推进建立信用评级制度。2011—2013 年地方政府债券的发行总额分别为 2000 亿元、2500 亿元和 3500 亿元，发债规模日益扩大。

③“自发自还”地方政府债券。在党中央十八大三中全会《决定》和国务院《2014 年政府工作报告》等重大纲领性改革文件的指导下，2014 年 5 月，

财政部印发《2014 年地方政府债券自发自还试点办法》，推进地方政府债券改革：第一，在前期自行发行的基础上，在还本付息上从财政部代行突破至发债地区自行还本付息；第二，在前期 6 个试点地区的基础上，增加北京、青岛以及江西、宁夏为试点地区；第三，将债券期限拉长至 5 年、7 年和 10 年；第四，明确提出“试点地区按照有关规定开展债券信用评级”，具体如表 6－2 所示。

表 6－2　　中国地方政府债券发展历程及特点

地方政府债券方式	发行主体范围	发行事宜组织	还本付息	信用评级
代发代还	省级地方政府	财政部	财政部	不需要
自发代还	上海、广东、浙江、深圳、江苏和山东	试点地区	财政部	不需要
自发自还	上海、北京、广东、江苏、山东、浙江、江西、宁夏、深圳和青岛	试点地区	试点地区	需要

资料来源：根据财政部、中债资信相关资料整理得出。

（2）地方政府债券发展现状

地方政府投融资平台发行企业债券，主要应用于基础设施建设或地方公益性项目的建设，在我国也将“城投债”称为准市政债券。“城投债”的发行形式虽然是企业债券，但在我国又有政府干预，因此，又不完全是企业债券。“城投债”、企业债和市政债券的对比关系如表 6－3 所示：

表 6－3　　“城投债”、企业债券和市政债券分析

	“城投债”	企业债券	市政债券
发债主体	地方政府直属的建设投资公司	符合发债条件的企业	地方政府或其代理机构
信用依赖	政策性银行、授信银行以及政府信用担保	授信银行或其他担保机构担保	政府信用
偿债资金	发债主体未来现金流以及发债项目收益	发债主体未来现金流以及发债项目收益	地方政府税收收入、建设经营的基础设施项目的收益
资金用途	公共基础设施建设	企业生产经营项目	公用基础设施建设
投资人	机构投资者	机构投资者或个人	机构投资者和个人

资料来源：根据鹏元资信评估有限公司《美国市政债券与中国城投债对比》文章整理得出。

2015 年以前，地方政府主要以企事业单位的名义，通过地方政府投融资平台进行融资，债务资金管理并不纳入地方政府预算进行严格的管理，因此，地方政府债务监管不严，风险较大。这种融资方式虽然有助于实现地方政府快速融资，有利于城市建设和地方工业发展，为发展地方政府经济带来资金支持。但是由于管理不严，隐患很大，特别是地方政府的隐性债务的存在，导致财政和金融风险加大。

2014 年年末，地方政府债务余额约为 15.4 万亿元，政府或有债务 8.6 万亿元，因此，债务余额总计为 24 万亿元。2015 年 1 月，财政部发布《对地方政府债务实行限额管理的实施意见》①，规定地方政府要合理确定政府债务总限额。并将债务余额实行纳入限额管理的政策，在保证地方政府负债投资的基础上，防范地方政府过度举债造成财政金融风险，出现降低经济的整体风险溢价的情况。

2015 年地方政府债务限额为 16 万亿元，债务率为 89.2%。为了降低地方政府财政压力，财政部出台债务置换计划，2015 年财政部下达了三批置换债券，总计 3.2 万亿元，同时发行了地方政府债券置换存量债务，从而有效降低了地方利息负担，缓解部分地区的偿债压力。从而地方政府融资平台开始向 PPP 和政府购买服务转移。具体新《预算法》实施前后我国地方政府债券举债模式的比较分析如表 6-4 所示：

表 6-4　新《预算法》实施前后我国地方政府举债模式的比较分析

	新《预算法》实施前	新《预算法》实施后
分权程度	地方政府融资平台进行融资，分权化程度较高，地方融资方与投资方根据市场规则举债	集权程度高：全国人大确定额度，中央财政分配额度，中央设置举债限制
举债主体	统借统还时期：中央政府为主 自行发债时期：省级政府 融资平台公司 市县以下的地方政府	省、自治区、直辖市及计划单列市级政府
债务用途	根据融资目的安排	公益性资本支出，不得用于经常性支出

① 财预〔2015〕225 号文中规定，要切实履行政府债务偿还责任。要对甄别后纳入预算管理的地方政府存量债务进行分类，属于公益性项目债务的，由地方政府统筹安排，必要时可进行处置政府资产的方式；属于非公益性项目债务的，由举借债务的单位和部门通过压缩预算支出的方式进行偿还，如切实不能缩减财政支出的可用财政资金现行垫付，并在以后年度中的部门和单位预算中扣回。明确规定取消融资平台公司的政府融资职能，推动有经营收益和现金流的融资平台公司市场化转型改制，通过政府和社会资本合作、政府购买服务等措施予以支持。

续表

	新《预算法》实施前	新《预算法》实施后
救助方式	早期，政府负有偿还责任的要进行救助，后期更加关注道德风险，减少救助	中央明确不救助原则，可以通过临时国库调度等方式参与地方政府债务应急处置
融资工具	银行信贷、上级转贷、地方政府债券、平台企业借款、外国政府贷款	地方政府债券、外国政府贷款
预算管理	未纳入预算管理，受政府广义收支行为支配	一般债务纳入一般公共预算管理；专项债务列入政府性基金预算管理
监管权限	中央政府名义上有监管权，但是没有真正形成自上而下的监管体系	中央政府拥有实际监管权：对违规举债的认定权、问责权；地方升级政府依据中央审查意见处置违法违规机构和责任人

资料来源：中国财政科学研究院金融研究中心课题组．地方政府举债模式研究［J］．经济研究参考．2017（72）．

（3）新《预算法》颁布后：地方政府债券规范运行

随着现代财政制度的逐步完善，我国财政投融资体制改革也逐步成熟，特别是2014年新《预算法》颁布后，地方政府的财政投融资资金更加科学规范。

①规范地方政府债券发行的法律法规。中央政府重视地方政府债券的发行工作，从分税制体制改革一直到新《预算法》的实行，地方政府债券的相关法律法规如表6－5所示：

表6－5　　地方政府债券相关法律法规发展历程

时间	法律法规	内容
1994年	《预算法》	地方政府不得发行地方政府债券，法律另有规定除外。
1995年	《担保法》	国家机关不得担任保证人，除特殊规定外。
2006年	《关于加强宏观调控、整顿和规范各类打捆贷款的通知》	要求加强宏观调控，抑制地方政府投资过热和过度融资。
2010年	国务院《关于加强地方融资平台公司管理有关问题的通知》	清理核实并妥善处理地方政府融资平台公司债务，坚决制止地方政府违规担保承诺等行为。

续表

时间	法律法规	内容
2014 年 8 月	新《预算法》	规定省一级地方政府可以在国务院确定的限额标准下，通过发行债券方式举借债务。
2014 年 9 月	国务院《关于加强地方政府性债务管理的意见》	全面系统地对地方政府性债务进行阐释。
2014 年 10 月	财政部颁布《地方政府存量债务纳入预算管理清理甄别办法》	对存量债务进行甄别处理。
2015 年 3 月	财政部制定《地方政府一般债券发行管理暂行办法》	加强地方政府债务管理，规范一般债券的发行。
2015 年 4 月	财政部制定《地方政府专项债券发行管理暂行办法》	加强地方政府债务管理，规范专项债券的发行，保护投资者合法权益。
2016 年 11 月	财政部制定《地方政府专项债务预算管理办法》	规范地方政府专项债务预算管理。
2016 年 12 月	财政部制定《地方政府一般债务预算管理办法》	规范地方政府一般债务预算管理。
2017 年 5 月	财政部、发改委、司法部、人民银行、银监会、证监会印发《关于进一步规范地方政府举债融资行为的通知》	健全规范的地方政府举债融资机制，在国务院批准的限额内发行地方政府债券，除此以外不得以任何方式举借债务。
2017 年 7 月	财政部公布《关于试点发展项目收益与融资自求平衡的地方政府专项债券品种的通知》	在土地储备和政府收费公路两个领域展开专项债务试点。
2018 年 8 月	财政部印发《地方政府债券公开承销发行业务流程》	为进一步完善地方政府债券发行方式，提高债券发行效率。
2018 年 8 月	财政部印发《关于地方政府债券弹性招标发行业务规程》	为进一步完善地方政府债券发行机制，保障地方政府债券发行工作顺利开展，防范地方政府债券发行风险。
2019 年 3 月	财政部通过《关于开展通过商业银行柜台市场发行地方政府债券工作的通知》	为拓宽地方政府债券发行渠道，满足个人和中小机构投资者需求，丰富全国银行间债券市场柜台业务品种。并于 3 月 25 日，成功推出地方债券柜台发行，宁波、浙江地方债券开始在柜台销售。

资料来源：根据财政部债券管理专栏整理得出。

②规范地方政府债券发行、预防系统性财政金融风险发生。近年来，财政部、审计署对地方政务债务进行屡次摸底，地方政府的巨额隐性债务开始显现。虽然 2014 年新《预算法》中对地方政府举债限额进行了明确的规定，但是地方政府违规举债的方式仍然存在，隐性债务庞大，因此，对于地方政府的债务管理成为重中之重，化解债务风险才能有效防范财政金融风险的发生。

首先，应尽快转变政府职能，优化地方政府投融资体制。在市场经济条件下，加快基础设施投融资体制的构建，也是合理界定政府和市场的关系的关键。采用多种吸引社会资本金的方式，引导政府部门与私人部门的合作，充实财政资金，鼓励社会资本参与城镇化建设。地方政府采取差别化的融资与偿债方式，降低地方政府负债率，缓解对银行间接融资和土地财政的高度依赖，拓宽融资渠道。

其次，完善地方政府债务管理体制。对于地方政府债务规模的把控，财政部为了控制地方财政风险，确保财政可持续性，明确财政承受能力的红线为 10%，即每一年度全部 PPP 项目需要从预算中安排的资金占一般公共预算支出比例不超过 10%。但是结合发达国家的做法，应该根据各个地区的实际情况，综合考虑政府债务的总量、规模和结构，有效管理地方债务的发行。要健全地方债务的偿付责任，细化责任追究机制，将“终生问责、责任倒查”落到实处，遏抑地方政府债务风险的发生。规范土地的“租、税、费”收益制度，减少对债务资金的依赖。加强地方政府债务外部监督机制，利用市场评价、社会民主监督的方式共同促进地方债制度的发展。

再次，规范政府融资行为，坚决制止违规举债行为。加快推进投融资平台的转型，规范融资平台公司融资行为，严格政府担保，禁止违规担保行为的出现。按规定发行地方政府债券，设立政府引导基金，促进融资合法合规。

最后，积极利用 PPP 模式，化解地方政府债务风险。创新 PPP 融资方式，开拓二级市场，开展 PPP 资产证券化，拓宽融资退出渠道。按照利益共享、风险共担的原则，引导社会资本投入到经济发展的重点领域。

6.3 政府投融资理论与制度变化的归纳与总结

新中国成立以来，我国财政投融资制度改革不断地发展和完善，对我国经济社会发展发挥了重要的作用，不少经验值得总结和发展，为我国现代财政制度服务。

6.3.1 “既无内债，也无外债”并不是社会主义制度的优越性

在 1968 年至 1978 年，我国曾将“既无内债，也无外债”当作社会主义制度的优越性来宣传，并引以为自豪。改革开放后，通过理论上的拨乱反正，观察其他国家经济社会发展的经验，逐步纠正、摆脱了这一理论认识。实际上，一个国家或地区有无债务，和其实施的社会制度，没有必然的联系，债务只是政府财政政策而已。当代国际社会，各国政治经济社会制度差异较大，但几乎所有的国家都有债务。在国家财政还本付息能力限度内，通过举借债务，筹集资金，开展亟需项目建设，加快经济社会发展步伐，改善人民生活，是利国利民的政策选择。在现代市场经济条件下，公债已成为政府调节经济运行、实现经济社会发展目标的综合性政策工具。另外，我国这一时期既无内债，也无外债，还和当时我国面临的国际、国内环境存在密切联系，在一定程度上，也是一种无可奈何的选择。

6.3.2 利用国际国内两个市场、两种资源

1978 年党的十一届三中全会后，我国实行改革开放政策，在财政投融资认识方面，提出了利用国际国内两个市场、两种资源的思路。我国作为发展中国家，在国内积累有限的情况下，以外债的方式，在风险可控的范围内，充分利用国际市场筹集资金，也是加快经济社会发展步伐的重要途径。改革开放后，我国逐步打破了新中国成立初期西方国家的封锁，国际环境得到改善，有条件、有可能利用国际市场筹集资金，和国内市场相配合，建设国内亟需的项目，促进我国经济社会的快速发展。改革开放后，我国积极利用世界银行贷款、亚洲开发银行贷款，建设了一批当时亟需的能源、交通、水利等重要的基础设施项目，在我国经济社会发展中发挥了重要作用，取得了良好的经济社会效益。

6.3.3 财政资金有偿使用，提高资金使用效益

在计划经济体制下，我国财政支出一般坚持无偿性的原则，对当时国营企业的固定资产投资，采用无偿拨款的方式，其他经济建设类支出，也主要采用无偿拨款的形式。这种模式在新中国成立初期也发挥了积极作用，改革开放后，随着

计划经济体制向市场经济体制转轨，我国财政理论界也逐步改变了这一观念，开始探索财政资金有偿使用，努力提高资金使用效益。认为在商品经济或市场经济条件下，各部门、各单位和个人，都有其独立的经济利益，即使国有企业和事业单位也一样，如果对财政资金实行有偿使用，在其他条件一定的情况下，就会增加成本，降低收益，迫使各部门、各单位努力节约财政资金，降低成本，提高财政资金使用效益，从而增加各部门、各单位和个人的收入，充分调动其资金管理的积极性。改革开放后，我国进行了“拨改贷”、建立“支农周转金”等一系列的财政资金有偿使用的实验。尽管效果不一定达到预期目标，但在理论认识上有了跨越。

6.3.4 完善地方政府职能，赋予其发债权

新中国成立以来，我国在不同的历史时期，对中央与地方关系做了相应的探索。在计划经济体制时期，总体上是一种中央高度集权的体制。在财政管理体制方面，地方财政收支指标由中央核定，一年一变。鉴于我国地域辽阔、人口众多，各地区发展不平衡的状况，改革开放后，我国逐步采取了在保持中央宏观调控能力的前提下，赋予地方政府更多的自主权。在财政管理体制上，在 1980 年、1983 年、1984 年、1994 年等多次重大体制改革后，建立了分税制财政管理体制，中央与地方政府之间初步划分了财政支出范围、建立了地方税体系，按税种划分中央与地方财政收入。2009 年开始由财政部代地方政府发债，在此基础上，试点地方政府自主发债。经过一系列实践探索和理论认识的突破，我国于 2014 年修改了《预算法》，从 2015 年起，允许省级地方政府发行地方政府债券，每年发行总额由国务院报请全国人大或常委会批准。这是完善地方政府职能、健全地方财政管理体制的一项重大突破。地方政府在履行公共管理职能的过程中，需要健全的财权，不仅包括税收管理权，也应包括举债权。

6.3.5 逐步厘清财政投融资领域的政府与市场的关系

在计划经济体制下，政府是社会资源的配置主体。在计划经济向市场经济体制转轨过程中，转变政府职能一直是经济体制改革的核心问题之一。经过较长时间的实践探索，我国在这一领域取得了理论认识上的突破。2004 年国务院关于投资体制改革的决定提出，企业是投资主体，要规范政府投资行为，保护投资者

合法权益。要合理界定政府投资职能，提高决策的民主化、科学化水平，建立投资决策责任追究制度。将政府投资职能界定在关系国家安全和市场不能有效配置资源的领域。2016 年中共中央国务院关于深化投融资体制改革的意见提出，政府投资资金只投向市场不能有效配置资源的社会公益服务、公共基础设施、农业农村、生态环境保护和修复、重大科技进步、社会管理、国家安全等公共领域的项目，以非经营性项目为主，原则上不支持经营性项目。这些论述表明，我国在财政投融资领域解决政府与市场关系方面，向前迈出了重要步伐。

6.3.6　市场经济条件下财政投资与国有经济投资职能分离

在计划经济体制下，政府财政投资的重要职责之一，就是集中国家财力，投资兴办国有企业，发展国有经济，并认为是为向更高层级社会阶段发展做准备。经过三十多年的发展，我国已建立了完整的国民经济体系，特别是工业体系，国有经济已有较大规模，从 1992 年起，我国经济体制改革的目标确定为建立社会主义市场经济体制，1998 年我国宣布财政改革的目标是建立公共财政框架。在公共财政体制下，政府财政的重点，是以市场经济为基础，为社会提供公共服务，就企业而言，国有企业和其他类型的企业一视同仁。政府财政一般不再投资兴办经营性国有企业，而国有经济的发展，主要靠国有企业自身的投资，同时，国有企业还要通过国有资本经营预算，将部分税后收益上缴财政，用于社会的公共服务支出。这样，就实现了财政投资与国有经济投资职能的相对分离。

第7章

政府预算理论与制度发展改革回顾

预算是政府财政活动的集中反映，预算过程兼具有经济性和政治性特征。政府预算理论和制度的演进与财政理论、财政改革的推进密不可分。本书将新中国 70 年政府预算理论的演进划分为三大阶段："国家分配论"下的预算理论与思想、"公共财政论"下的预算理论与思想和"国家治理理论体系"下的现代预算理论；政府预算制度的变革划分为五大阶段：政府预算管理技术规范形成阶段、计划经济和有计划的商品经济时期的预算制度稳定阶段、市场经济初期的预算制度变革阶段、公共财政目标下的预算制度变革深化阶段、全面深化改革背景下的现代预算制度构建阶段。总结梳理政府预算理论与制度变革规律性的特征，并对未来中国政府预算改革的方向进行展望。

7.1　政府预算理论与思想演变

按照新中国成立以来财政理论的重大变迁，可以将预算理论的演变划分为三个阶段："国家分配论"下的预算理论与思想、"公共财政论"下的预算理论与思想和"国家治理理论体系"下的现代预算理论（见图 7－1）。

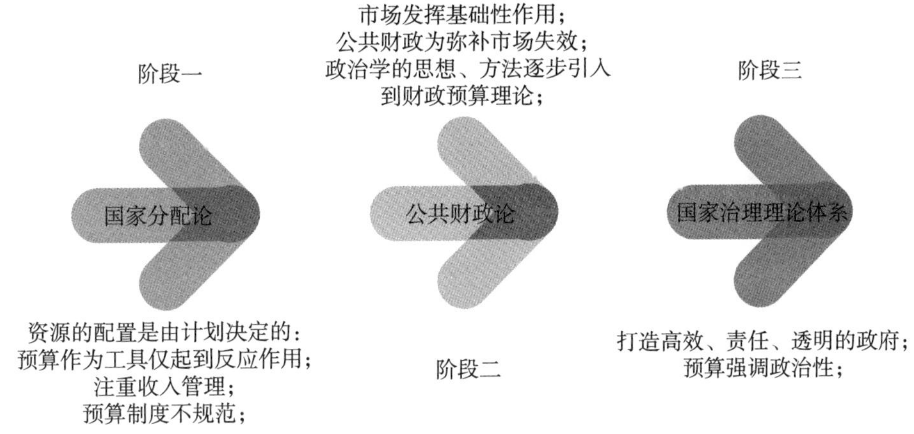

图 7－1　新中国 70 年来政府预算理论重大变迁图

7.1.1　"国家分配论"下的预算理论与思想

"国家分配论"以马克思的国家观为理论支撑，认为财政属于经济范畴，是以国家为主体的分配，财政与国家之间是相互依存的关系，财政以国家的产生为前提，财政参与分配的对象是社会新创造的剩余价值，属于社会再生产的四大环节——生产、交换、分配、消费的分配环节的活动。在这一财政理论背景下，我国改革开放前的对于预算的研究主要集中于经济视角，预算只是政府财政收支管理的一种反映和工具。国家分配论时期，我国实行的计划经济体制，财政预算一直是中央计划占统治地位。在这一时期，资源的配置是由中央计划决定的，预算仅仅是计划的反映，是财政收支管理的一个工具。并且这一时期的财政改革重点在收入的管理，缺乏一个有效规范的预算制度，政府财力分散，预算制度碎片化的特征明显。

7.1.2 “公共财政论”下的预算理论与思想

1992 年党的十四大召开，提出中国经济体制改革的目标是建立社会主义市场经济体制，发挥市场在资源配置中的基础性作用。在此背景下，“公共财政论”逐步发展起来。其主要观点认为，公共财政是与市场经济相适应的一种财政类型，公共财政的逻辑出发点是弥补市场失效，是为满足公民的共同需要而合理安排财政收支活动。在公共财政论的理论背景下，一些政治学的思想、方法逐步介绍引入到财政预算理论中来。布坎南所创立的公共选择理论，用经济学的方法来研究纳税人投票、预算决策等问题，最终提出了中间投票人模型和官僚预算最大化模型等。但是公共财政理论是建立在西方社会契约论的基础上，也有诸多学者就其是否适应我国的经济社会体制提出了质疑。

7.1.3 “国家治理理论体系”下的现代预算理论

20 世纪 80 年代以来，治理理论在全球范围内开始兴起与发展，认为政府公共部门管理和企业管理没有本质区别，企业管理中一些好的做法、工具也可以引入到政府管理中来，打造高效、责任、透明的政府，从而在西方国家掀起了一起“政府再造”运动，以“效率、责任、透明”为核心，推动政府行政管理、财政管理体制机制的改革，提高政府提供公共服务的社会满意度。在这场改革中，预算改革发挥着突破口的作用，因为预算是立法机构监督行政机构的重要载体，一个国家治理能力的高低与这个国家的预算能力息息相关。

这一阶段的国家治理理论背景下的预算理论不再仅仅局限于经济学视角，而是受西方政治学、行政管理理论影响，开始强调预算的政治性，形成了新的预算理论，即预算政治说。预算政治说认为，预算不是数据的加减与汇总，预算不是计算器，预算本质是不同利益集团的政治博弈，预算过程是一个政治过程，预算过程中的各种冲突实质是政治冲突。具体而言，预算是政治学和公共财政学中极重要的研究领域之一，预算和政治学以及公共行政学之间具有密不可分的关系。而过往的经济学家多认为预算过程是一个技术和管理过程而非政治过程，但其却忽视了政治因素会影响预算过程进而对预算结果产生影响。

7.2　政府预算管理制度发展改革实践

预算管理制度发展改革是一个兼顾政治过程和经济过程的综合性发展改革进程，预算管理制度改革创新紧紧围绕着政治体制、经济体制改革而展开。按照新中国成立后中国经济体制变迁的关键时点为标志，本书将中国预算管理制度变迁划分为五个阶段（见图 7－2）：政府预算管理技术规范形成阶段（1949—1953

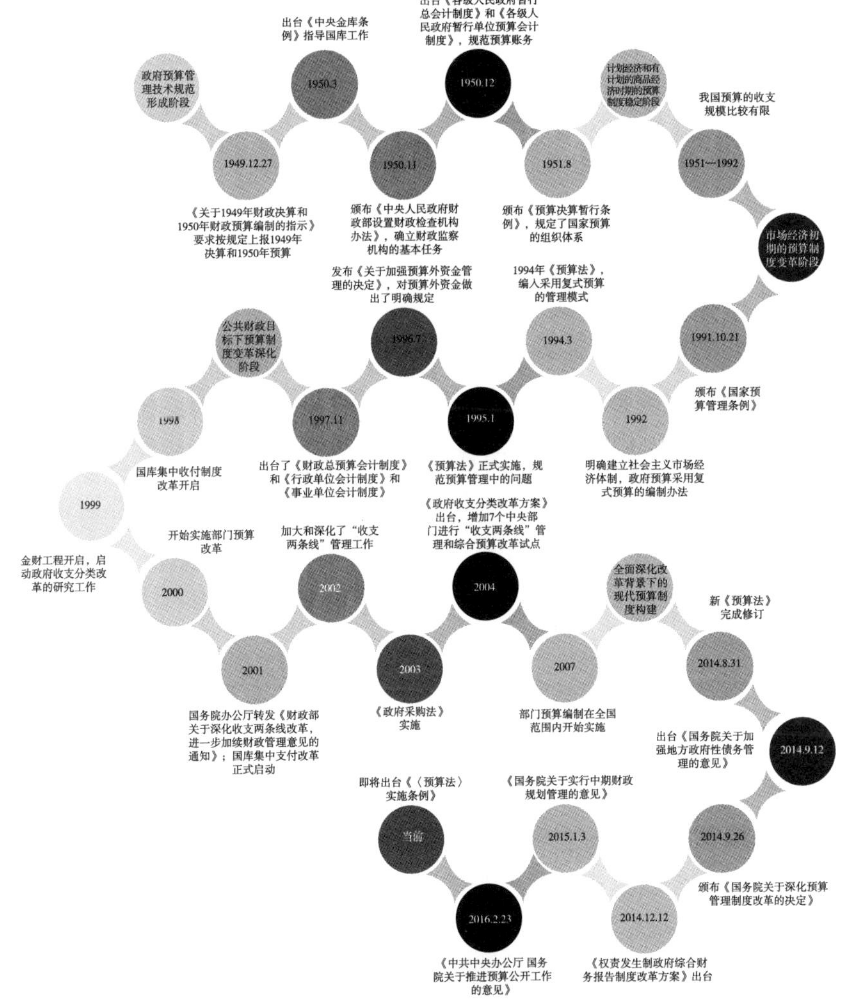

图 7－2　新中国 70 年政府预算管理制度重大变迁图

年)、计划经济和转轨时期的预算管理制度长期稳定阶段(1953—1991 年)、市场经济建立初期的预算管理制度变革阶段(1992—1998 年)和公共财政框架下的政府预算管理制度改革深化阶段(1998—2012 年)、全面深化改革背景下的现代预算制度构建阶段(2013 年至今)。

7.2.1 政府预算管理技术规范形成阶段

编制国家预算,是《中国人民政治协商会议共同纲领》所规定的一项重要的财政工作。1949 年 12 月 27 日,中央人民政府政务院发出了《关于 1949 年财政决算和 1950 年财政预算编制的指示》,要求各级政府和中央直属企业部门对 1949 年的财政收支决算和 1950 年财政预算,按规定时间编制上报。该指示还明确规定,我国预算实行历年制,即从每年的 1 月 1 日起至 12 月 31 日止为一个预算年度,同时规定了编报预算的具体方法和要求。

在财政资金管理和财政监督方面,1950 年 3 月政务院颁发《中央金库条例》以指导国库工作。规定国库工作委托中国人民银行代理,国库机构的设置原则上是一级预算设立一级国库,国库工作实行垂直领导。1950 年 11 月政务院发布《中央人民政府财政部设置财政检查机构办法》(后改检查为监察),确立财政监察机构的基本任务。

在预算账务处理方面,1950 年 12 月财政部发布《各级人民政府暂行总会计制度》和《各级人民政府暂行单位预算会计制度》。1951 年 8 月颁布《预算决算暂行条例》,规定了国家预算的组织体系,各级人民政府的预算权,各级预算的编制、审查、核定等执行的程序,决算的编制与审定程序等。随着上述各种预算法规的颁布和实施,我国政府预算管理制度的技术规范逐步建立起来。

7.2.2 计划经济和有计划的商品经济时期的预算制度稳定阶段

在此期间,我国的预算的收支规模比较有限,国家经济管理实行计划经济体制,强调计划而不是市场在资源配置中的作用,预算主要定位于服务于国家总体的经济管理布局,实行单式预算。加之"国家分配论"逐步占据财政学的主导地位,在此阶段,预算编制原则上贯彻国民经济综合平衡原则,在理财思想上遵循"以收定支、略有节余"的财政平衡观;预算编制方法上长期沿用基数法编制预算;预算编制程序上采用"一下、一上、二下"的逐级汇总编制方法。在计划经济体制大环境和“国家分配论”的大背景下，预算成为政府收支管理的一个工具，预算的宏观调控功能无从谈起，提交人大审查批准的预算报告被打上“机密”标签，财政透明度不高。

7.2.3　市场经济初期的预算制度变革阶段

（1）实施《国家预算管理条例》，试行编制复式预算

1992 年，党的十四大明确了我国经济体制改革的目标是建立社会主义市场经济体制，发挥市场在资源配置中的基础性作用，财政管理体制与预算管理制度也开始按照市场经济的要求进行调整改革。国务院于 1991 年 10 月 21 日颁布《国家预算管理条例》，规定，从 1992 年开始，政府预算采用复式预算的编制办法。即将政府收支按照不同的性质，分门别类的在两个账本——经常性预算和资本性预算中反映，为强化预算的宏观调控功能打下管理上的技术基础。复式预算的管理模式，在 1994 年《预算法》第 26 条中加以反映，在 2014 年《预算法》修订中，又删除了复式预算的条款规定，突出对政府预算的全口径管理。

（2）实施《预算法》，预算管理走上法制化道路

1995 年 1 月 1 日起《预算法》正式实施，该法是新中国第一部规范政府和部门收支管理的法律，对于政府预算管理的基本原则性问题和政府预算管理的技术性问题，均做出了法律上的明确规范，对于官员预算违法行为和处罚也做出了相应的规定，中国的预算管理开始逐步走上法制化的道路，预算即法的理念在政府和官员们的施政中逐步强化。

（3）改革政府财务核算体系，实施新的预算会计制度

结合财政预算管理的需要和会计反映和监督的基本功能定位，按照会计主体不同，财政部在 1997 年出台了《财政总预算会计制度》和两个单位会计制度——《行政单位会计制度》和《事业单位会计制度》，强化财政资金管理的安全性，发挥预算会计在跟踪记录财政资金流转过程中的反映监督功能。尽管预算会计在全面反映会计主体的资产、负债等财务信息方面存在不足，但在当时财政预算管理背景下，对于保障财政资金的安全性，发挥了重要作用。

（4）完善预算外资金管理

预算外资金是财政性资金，在此时期，预算外资金的快速膨胀，给正规的财政分配秩序产生了巨大的冲击。预算外资金管理的不规范，也为官员腐败提供了可乘之机，成为腐败行为发生的重灾区。因此，国务院于 1996 年 7 月发布《关于加强预算外资金管理的决定》，对于预算外资金的定位、设立、管理、监督等均做出了明确规定。随着中国全口径预算管理改革的推进，现在已经不存在预算外资金的概念。

7.2.4 公共财政目标下预算制度变革深化阶段

1998 年，随着建立公共财政这一财政改革目标的确立，我国的政府预算管理制度改革速度开始加快，其范围逐步扩大，改革措施也逐步深入。从 1999 年开始，财政部相继实施加强“收支两条线”管理、部门预算改革、实施国库集中收付制度、政府采购制度和政府收支分类改革等改革措施。这几项改革相辅相成，规范了预算资金范围、预算编制、预算执行等预算管理过程，公共财政模式下规范的政府管理制度体系基本构建起来。

（1）部门预算改革

部门预算是市场经济国家财政预算管理的基本组织形式，它是部门依据国家有关政策规定及其行使职能的需要，由基层预算单位编制，逐级上报，由主管部门按规定汇总，经财政部门审核后提交立法机关依法批准的涵盖部门各项收支的综合财政计划。2000 年，中国开始在中央部门实施部门预算改革，目前，与市场经济体制相适应的部门预算管理框架已基本建立。这种预算编制在编制的基础、范围、方法等方面都有很大突破。在编制原则上，保证了部门预算、部门行使职能与财力可能之间的一致性；在编制内容上，涵盖了部门或单位所有收入和支出；在编制方法上，部门基本支出实行定员定额管理，项目支出以“零基预算”的方式计算；在编制程序上部门作为预算编制的基础单元，财政预算从基层部门编起，通过逐级上报、审核，经单位和部门汇总形成。

（2）进一步深化“收支两条线”管理

2001 年，国务院办公厅转发《财政部关于深化收支两条线改革，进一步加强财政管理意见的通知》。以部门综合预算编制为出发点，以预算外资金管理为重点和难点，以强调收支脱钩为中心，以国库管理制度改革为保障，明确提出进一步深化“收支两条线”改革的步骤与相关措施。2002 年，财政部又进一步加大和深化了“收支两条线”管理工作。2004 年，增加信息产业部等 7 个中央部门进行“收支两条线”管理和综合预算改革试点，地方也加大了改革力度。

（3）推进国库集中收付制度改革

我国的国库集中收付制度改革始于 1998 年，正式启动于 2001 年 3 月，是一项涉及整个财政管理的基础性改革，贯穿于财政预算执行的全过程，是预算执行制度的创新。所谓国库集中收付制度是指对预算资金实行集中收缴和支付的制度，其核心是通过国库单一账户对现金进行集中管理。2001 年 2 月 28 日，国务院第 95 次总理办公会议原则同意财政部会同中国人民银行报送的《财政国库管理制度改革方案》，确立了我国财政国库管理制度改革的目标、指导思想和原则、改革的内容、配套措施及实施步骤。改革方案明确提出，我国财政国库管理制度改革的目标是建立以国库单一账户体系为基础、资金缴拨以国库集中收付为主要形式的财政国库管理制度。

（4）实施政府采购制度改革

1996 年我国开始在上海、河北、深圳等地开展政府采购的改革试点工作，到 1998 年试点规模迅速扩大。在推进过程中，第一，明确政府采购的管理机构。1998 年机构改革中，国务院授予财政部“拟定和执行政府采购政策”的职能。第二，政府采购模式基本成形。在加强政府采购管理结构建设的同时，全国绝大部分地区还设立了政府采购中心，负责组织实施本级政府跨部门的采购事务。集中采购机构的建立，标志着集中采购与分散采购相结合的采购模式已初步确立。第三，政府采购的法律法规体系基本形成。根据《预算法》的有关规定，财政部自 1999 年先后颁布了《政府采购管理暂行办法》《政府采购招标投标管理暂行办法》和《政府采购合同监督暂行办法》等规章制度。2003 年 1 月 1 日起，《政府采购法》正式实施。这些法规为依法开展采购活动提供了制度保障，对政府采购的范围、管理机构、采购模式、采购资金拨付以及采购监督等有关问题做出了明确规定，并对中介组织准入政府采购市场的条件、程序以及政府采购资金预算单列和支付形式等，都做出了原则性的制度规定，标志着我国政府采购工作进入规范化、法制化的轨道。

（5）建设金财工程

财政部在推进上述预算制度改革的同时，自 1999 年下半年开始着手规划建立“政府财政管理信息系统”（简称 GFMIS），利用先进的信息技术，构建以预算编制、国库集中收付和宏观经济预测为核心应用的政府财政管理综合信息系统。“金财工程”以财政系统纵横向三级网络为支撑，以细化的部门预算为基础，以所有财政收支全部进入国库单一账户为基本模式，以预算指标、用款计划和采购定单为预算执行的主要控制机制，以出纳环节高度集中并实现国库资金的有效调度为特征，以实现财政收支全过程监管、提高财政资金使用效益为目标。

（6）政府收支分类改革

财政部从 1999 年年底开始启动政府收支分类改革的研究工作，在认真研究了国际上政府收支分类的经验的基础上，结合公共财政、部门预算、国库集中收付等财政改革对科目体系的要求，在全国人大、中央有关部门、地方财政部门等各有关方面的积极参与、支持和配合下，于 2004 年年底形成了《政府收支分类改革方案》，并于2007年1月1日的部门预算编制中在全国范围内开始实施。改革后的政府收支分类体系由“收入分类”“支出功能分类”“支出经济分类”三部分构成。

7.2.5 全面深化改革背景下的现代预算制度构建

2014年8月31日，具有“经济宪法”之称的《预算法》经过四次讨论，完成修订。2017年党的十九大报告提出建立全面规范透明、标准科学、约束有力的预算制度，全面实施绩效管理。经过2015年以来政府预算制度领域的重大改革，与国家治理能力提升和治理体系现代化相适应的现代预算制度基本形成。

（1）突出预算的全面完整性原则，构建四本预算的复式预算体系

现代预算必须具有完整性。即要求政府的预算包括政府全年的全部预算收支项目，完整地反映政府全部的财政收支活动。2014年《预算法》删除了有关预算外资金的内容，并明确规定：政府的全部收入和支出都应当纳入预算。预算包括一般公共预算、政府性基金预算、国有资本经营预算、社会保险基金预算。同时对四本预算功能定位、编制原则及相互关系做出规范。

（2）强化预算的公开透明原则，循序渐进推进预算公开

2014年《预算法》增加规定，除涉及国家秘密的事项外，经本级人大或其常委会批准，预算、预算调整、决算、预算执行情况的报告及报表，应当在批准后20日内由政府财政部门向社会公开，并对本级政府财政转移支付的安排、执行情况以及举借债务的情况等重要事项做出说明。各部门预算、决算及报表应当在本级政府财政部门批复后20日内由各部门向社会公开，并对其中的机关运行经费的安排、使用情况等重要事项做出说明。

（3）拓展预算的年度性原则，建立跨年度预算平衡机制

十八届三中全会《关于全面深化改革若干重大问题的决定》，提出要建立跨年度的预算平衡机制。原预算法规定预算审查的重点是年度间预算收支的平衡，很容易带来预算执行的“顺周期”问题，影响预算调控经济的质量。2014年《预算法》第三十二条规定：各级预算应当根据年度经济社会发展目标、国家宏观调控总体要求和跨年度预算平衡的需要进行编制。2014年《预算法》第四十一条规定各级政府应当建立跨年度预算平衡机制。

（4）强化预算的绩效性原则，倡导“用钱必问效、无效必问责”的理念

2014年《预算法》修订中，在总则、预算编制、预算审查批准、预算执行、决算章节中，均对预算绩效管理做出明确规定，2018年9月发布的《关于全面实施预算绩效管理的意见》，更是吹响了我国全面实施预算绩效管理的号角。全面实施预算绩效管理已经成为提高国家治理能力、优化财政资源配置，落实以人民为中心的发展要义、提高人民福祉的重要改革。

（5）加强地方政府债务管理，明确地方政府债务管理的职责权限划分

2014 年《预算法》修订中，地方各级预算仍然按照量入为出、收支平衡的原则编制，对于地方政府能否发债、发债主体、发债规模、发债用途、发债方式、风险控制、监管机构等问题进行了明确。在债务管理的职责分配上，财政部是中央政府债务的统一管理主体，负债中央政府债务的发行、偿还等日常工作。2014 年《预算法》修订中，给予地方政府适度的发债权，但同时也强化了财政部对地方政府债务监督管理的职责。

（6）加强预算超收收入管理，设立预算稳定调节基金

预算稳定调节基金是指各级财政通过超收安排的具有储备性质的基金，用于弥补短收年份预算执行的收支缺口，以及视预算平衡情况，在安排年初预算时调入并安排使用。2007 年以来，随着财政超收收入规模的不断加大，年度超预算收入的分配机制开始引起人大和社会各界的广泛关注。2007 年开始建立中央财政预算稳定调节基金，主要目的在于稳定中央预算，规范超收收入管理。通过建立基金将部分超收暂时“储备”起来，而不是在当年用于平衡预算后花光用尽，在一定程度上可以避免年底突击花钱等行为，也可以强化对超收资金的统筹管理，调控经济运行。

7.3　政府预算理论与制度发展改革的特点与经验总结

从新中国成立以来政府预算理论发展与预算管理制度变迁来看，仍然呈现出依托于一定时期的经济体制、财政体制等阶段性特征，反映出财政预算管理工作不断走向法制化、规范化的道路。

7.3.1　政府预算理论发展受财政经济理论的影响较大

新中国成立至 1978 年改革开放基本国策的实施，我国实行的是计划经济体制，《资本论》、马克思主义政治经济学是中国经济学理论界的研究主流，在此理论背景下，“国家分配论”在与“社会共同需要论”“剩余产品价值论”等财政观点的论辩中，逐步成为财政学的主流理论体系，强调财政是以国家为主体的分配，预算是国家参与社会再分配的工具，“预算工具说”是此阶段预算理论的主要特征，预算的政治性无从谈起。

1978 年改革开放的实施至 2012 年党的十八大召开，是中国由计划经济体制逐步向市场经济体制转轨时期和市场经济逐步完善的时期。1992 年党的十四大提出建立社会主义市场经济体制，强化市场在资源配置中的基础性作用，1998 年全国财政工作会议提出“构建公共财政管理框架”，预算成为政府实施宏观调控的重要财政政策工具。在此阶段西方的政治学、公共管理、行政管理的预算理论开始逐步被介绍到国内，我国开始逐步关注预算政治性的特征，“预算政治说”开始逐步引入到学界，也推动了以合规性为导向的预算管理制度的变革。

2013 年以来是国家治理理论体系下现代预算理论发展与制度的变革时期。2014 年《预算法》的修订，实现了立法宗旨由“管理法”到“控权法”的提升，“预算即法”的理念不断强化，现代预算制度的内涵、特征、要素等不断地发展完善。综上而言，政府预算理论发展受国家经济体制大背景及经济理论、财政理论的突破影响较大，具有深刻的时代特征。

7.3.2 预算制度发展变革具有明显的阶段性特征

在新中国成立初期，重在构建预算管理的制度、组织体系与编审操作流程等内容。计划经济时期，财政资金分配呈现出明显的供给制特点，预算管理的重点在于实现财政的分配、调节、监督三大职能。在由计划经济体制向市场经济体制转轨时期，在本阶段财政改革的重点是理顺政府间财政分配关系，此时的预算管理改革是逐步建立起与市场经济相适应的管理体系，呈现多变和探索性的特点。在 1994 年的分税制财政体制改革后，我国建立了财政收入稳定增长的机制，随着所得税分享改革的完成，一个较为规范的政府间收入分配机制已建立。但与公共财政的要求相比，我国的支出管理却相对滞后，这就导致了预算管理重心的转移，支出管理改革成为预算改革的重心。2013 年党的十八届三中全会召开之后，预算成为推动国家治理能力提升和实现国家治理体系现代化的重要技术支撑，2014 年《预算法》的修订，更是成为深化财税体制改革的突破口。

7.3.3　预算制度改革和财政体制变革不同步

预算管理制度改革与财政体制变革属于两个不同层次的范畴，预算管理制度侧重于财政收支管理的技术层面的工作方案设计，而财政体制属于处理政府间财力分配关系的制度设计。财政预算管理的技术性、操作性的工作方案设计必须依托于相对稳定的预算管理体制的制度设计。1994 年分税制财政体制改革后，中央政府与地方政府间才初步形成法制、规范的政府间财力分配格局。预算制度改革必须在中央的地方政府财政关系较为稳定时才能顺利进行，这也正是我国预算管理制度的全面深入改革是在实施分税制财政体制改革 6 年后才正式实施的原因所在。

7.3.4　预算制度改革采取“渐进性”的改革模式

我国预算管理体系改革的渐进模式体现在以下几方面：第一，预算管理体系的改革紧跟经济改革和政治改革的步伐。由于预算管理体系是为行政管理服务的，属于上层建筑范畴，必须紧紧适应经济体制的变革。我国的政治体制和经济体制改革是渐进式的，因此预算体系的改革也是渐进式的。第二，预算管理体系改革具有强制性制度变迁中的诱致性。即在预算管理体系改革中把政府自上而下的领导、组织和协调与基层单位自下而上的探索和试验相结合。第三，体系内改革与体系外推进相结合、普遍性与特殊性相结合的特点。预算管理体系的改革牵涉到许多配套改革，因此预算管理体系的改革必须配套其他体制的改革推进。同时，改革过程中坚持普遍性与特殊性相结合的原则。我国的预算管理体系改革必须遵循预算管理的规律，在借鉴发达国家成功预算管理改革经验的同时，又要结合我国的实际情况进行创新，建立适合我国财政管理的预算管理体系。

7.3.5　预算制度改革过程中注重“突破口”的选择

经济体制改革、财税体制改革是一个系统性工程，每一轮的重大财税改革，均需注重突破口的选择问题。1994 年分税制改革，成为上一轮财税改革的突破口，国家财政实力大幅度增强；2000 年部门预算改革和 2001 年国库集中收付制度改革，成为预算管理领域改革的突破口，财政部门对财政资金的合规性事中监控大幅度提升；2003 年财政支出绩效评价改革，开始重点关注财政资金的使用效益；在 2013 年启动的全面深化改革是一场关系国家治理现代化的深刻变革，既要加强顶层设计，增强改革的整体性、系统性和协调性；也要细化政策操作，准确把握各项改革措施出台的时机、力度和节奏，增强改革的针对性、有效性和执行力。以 2014 年 6 月 30 日《深化财税体制改革方案》的发布为标志，财税体制改革成为全面深化改革的突破口，以 2014 年 10 月 31《预算法》的修订为标志，具有“经济宪法”的《预算法》修订成为财税体制改革的突破口。

第8章

财政管理与财政监督发展改革回顾

8.1　财政管理与财政监督的理论与思想演进

8.1.1　财政管理原则的演进

（1）“国家分配论”框架下的财政管理原则

“国家分配论”是我国传统财政理论的主要流派之一，是在 20 世纪 50 年代末建立和发展起来的基本财政理论。其区别于其他财政思想的最具特色之处，在于对财政本质问题的研究。“国家分配论”以马克思主义国家学说为依据，通过层层“剥笋”式的剖析，揭示出财政与国家之间所存在着的本质联系①。国家分配论的核心观点可以概括为以下三点：财政随国家的产生而产生，财政与国家有本质的联系；财政参与社会总产品与国民收入的分配；财政是以国家为主体的分配关系。“国家分配论”属于理论财政学范畴，它说明了财政是什么，或什么是财政的问题。“国家分配论”强调财政的分配职能，并将其分解为筹集资金与供应资金两个方面。相应地，财政管理的原则也主要从筹集资金和供应资金的角度来考虑。

①坚持财政计划的约束力，保护其严肃性。计划经济时期的财政收支计划是根据国家经济和社会发展计划及党的方针政策制定的，其资金来源是根据经济计划计算的，其资金运用又是为了实现经济和社会发展的目标，因此，从性质上看，它虽然不似国家预算那样具有明显的法律性和指令性，但它却具有指导作用。因此，国家需要制定相应的规章制度，并做好宣传教育工作，使各地区、各企业单位服从国家计划指导、按国家计划用好资金。

②统一性和灵活性相结合②。财政资金的运动是社会总资金的运动，而社会总资金的运动是一个有机整体。纳入综合财政的各种资金都是社会总资金这个整体中相互联系、相互制约、不可分割的有机组成部分。如果没有统一的行动，社会总资金运动就无法正常进行。因此，各地方、各部门资金的安排和使用必须服从中央的统一领导，按国家的方针政策和计划的要求办事，需服从全局利益。但

---

① 邓子基. 国家财政理论思考：借鉴“公共财政论”发展“国家分配论”［M］. 北京：中国财政经济出版社，2000.

② 赵松林. 谈谈综合财政及其管理原则［J］. 江西财经学院学报，1984（02）：39－43.

是由于综合财政资金的性质、作用、所有权和使用权有一定甚至很大的差异，如果过分强调统一，就不利于调动各方面的积极性，不利于发展生产和搞活经济。所以在不违反统一性的前提下，还要有一定的灵活性。

③财政平衡原则。财政收支平衡是指在一定时期内（通常为一个财政年度）财政收入与财政支出之间的等量对比关系。现实中，财政收入恰好等于财政支出的绝对平衡状态是很少见的，通常是财政支出大于财政收入，或是财政收入大于财政支出。由于超过财政收入的财政支出在资金和物资上没有保证，可能会给经济造成不利影响，因此，习惯上把财政收入大于财政支出，略有结余的情况视为财政平衡。“收支平衡、略有结余”是我国财政管理一贯坚持的基本原则。坚持财政收支平衡，减少乃至消灭赤字，可以保障国民经济持续、协调、稳定发展，提高社会经济效应，争取为经济体制改革创造较为宽松的经济环境。

（2）“公共财政论”框架下的财政管理原则

改革开放以来，伴随着经济社会体制改革，财税体制不断进行探索性改革，并逐步建立与社会主义市场经济体制相适应的财税体制基本框架。在 1998 年全国财政工作会议上，决策层适时提出建立公共财政基本框架，标志着财税体制改革由碎片化的局部调整步入系统性的整体机制构建。自此，“公共财政”一词正式进入了官方话语体系，公共财政制度的目标是构建与社会主义市场经济体制相适应的财政制度。1998 年提出构建公共财政框架后，西方财政学家马斯格雷夫的“三大职能论”，即“资源配置、收入分配、稳定经济”三大职能，开始占据中国财政学理论和教科书的主流阵地。与之相适应，财政管理也不断向科学化、精细化发展。这一阶段财政管理的主要原则有：

①全口径管理原则。全口径预算管理是财政预算管理的一种模式，是指“政府的全部收入和支出都应纳入预算”[①]，《预算法》第 5 条规定“预算包括一般公共预算、政府性基金预算、国有资本经营预算、社会保险基金预算”[②]。实行全口径预算管理，是建立现代财政制度的基本前提。财政收入的全口径是指预算管理的范围不仅包括税收和收费，还包括国有资本经营收入、政府性基金收入等；财政支出也要涵盖广义政府的所有活动；同时地方政府债务也需纳入预算管理，避免地方政府债务游离于预算之外、脱离人大监督[③]。全口径预算管理，有助于实现预算的统一性和完整性，也是实现财政制度的公开透明，建设阳光政府、责任政府的需要。

---

① 新《预算法》第 4 条。

② 新《预算法》第 5 条。

③ 楼继伟．建设现代财政监督的坚实一步——财政部部长详解新预算法［J］．中国财政，2014（18）：15－19.

②依法管理原则。依法行政是建设法治政府的核心，也是现代政治文明的重要标志。财政部门是政府的宏观经济管理部门，因此财政管理必须依照财政法律法规和相关管理规定来进行，这是财政管理的一项基本原则。财政部门应当将依法理财贯穿财政工作的始终，全面提高依法行政依法理财工作水平。依法管理原则确保了财政管理制度的严格执行，无论在政策实施的内容还是程序上，都应当严格按照相关财政法律法规和管理规定进行。此外，依法管理原则还能够有效地约束各个政府部门的行动，防止在财政管理过程中出现腐败行为。

这一时期，我国的财政立法工作得到不断推进和完善，形成了由财政基本法律制度、财政收入法律制度、财政支出法律制度、财政管理法律制度和财政监督法律制度五大类法律制度构成的财政法律体系。其中，财政基本法律制度是指规定政府从事资源配置和收入分配等财政收支活动中的基本制度的法律规范的总称，在财政法律体系中处于核心地位，是制定其他法律制度的原则和基础。财政管理法律制度是指调整国家在对财政分配及相关经济活动进行计划、组织、协调、控制等过程中所发生的社会关系的法律规范的总称，具体包括预算管理法律制度、国库管理法律制度、政府公共支出绩效管理法律制度、税收征收管理法律制度、财务管理法律制度、会计管理法律制度、注册会计师管理法律制度等。这些法律制度对财政管理的各个方面进行了严格的规范，为国家进行财政管理、实施宏观调控形成制度保障。

③绩效管理原则。效率是对行为效应的一种评价，是经济学中的一个重要概念。经济学迄今给予明确界定的经济效率概念就是"帕累托效率"，效率的标准就是资源配置的帕累托状态，是指资源配置达到了这样一种状态：如果再改变它，就不可能使任何一个人的利益有所增加而不影响其他人的利益，这就是最有效的状态。政府预算行为中的帕累托状态就是效率，它要实现以最低的投入取得既定的产出，或以既定的投入得到最多的产出。

财政管理的效率不同于一般的经济效率，其特殊性主要表现为效率指标的多元性，即财政管理的效率指标既有经济效率指标，又有社会效率指标，甚至政治效率指标。效率指标的多元性决定了政府财政管理效率测算和评价的复杂性，单纯地以货币为尺度并不能对许多政府活动领域进行有效的分析。因此，在对财政管理进行绩效考核时，应对不同的项目采用不同的评价方法。

绩效考核是实现财政管理科学化精细化的重要保障。绩效管理一方面包含对政府工作人员工作绩效的考核，这需要根据岗位和职责体系的要求，按照奖优、治庸、罚劣的原则，合理确定考核标准，坚持定性与定量考核相结合，强化考核结果的运用，积极推进预算编制、执行等工作。另一方面，绩效管理也包含对政府财政资金使用绩效的管理，通过制定科学合理的绩效评估办法，对财政资金的使用效率进行评估，提高资金的使用效益和财政的管理水平。

（3）现代财政制度框架下的财政管理原则

现代财政的理解强调“以政控财、以财行政”。其中，“以政控财”是指财政是国家政权体系凭借社会管理者的政治权力掌握社会总财力的一部分；而“以财行政”，则是通过财政的运行来履行政府的职能。因此，财政与政治密不可分，而马斯格雷夫的“三大职能论”主要是从财政作为经济杠杆、一种调控经济的工具而得出的结论。十八届三中全会《关于全面深化改革若干重大问题的决定》提出“财政是国家治理的基础和重要支柱”这一论断，表明财政已经超越了经济范畴的概念，上升到国家治理的政治学层面。这样一来，仅仅从经济学视角将“财政”作为政府调控经济的工具而理解财政的职能，就显得有些狭隘。因此，必须从现代财政制度改革的目标——与国家治理能力提升和治理体系现代化相适应的现代财政制度出发，从政治学、管理学、经济学多学科视角来重新界定现代财政制度框架下的财政职能。

现代财政制度与公共财政相比，其基点是治理。如果说公共财政是与社会主义市场经济相适应的财政制度框架，那么现代财政制度就是与国家治理体系现代化相适应的财政制度框架，是一种“治理财政”模式。因此，与“治理理念”相伴随的规范、法治、民主、透明，不仅是现代财政制度的鲜明特色，也成为现代财政制度框架下财政管理的重要原则。其中，规范和法治包括财政预算的完整规范；财政管理各项规章制度的健全完善，并能依法有效执行等。例如，财政预算应能够完整地反映以政府为主体的全部财政收支活动，全面体现政府活动的范围和方向，不允许在预算规定范围之外还有任何以政府为主体的资金收支活动①。民主和透明强调财政管理的决策过程和结果公开、公正。例如政府预算应该是对全社会公开的文件，其内容应为全社会了解。这种决策结果的公开透明不仅可以加强政府与公众的沟通，使公众了解政府的决策，从而更好地配合政府落实有关决策；还可以反过来促进决策程序的民主化，更加充分地发挥预算的监督约束作用，促进财政管理工作不断完善和更好发展。

8.1.2 财政职能的演进②

纵观我国财政职能的理论发展轨迹，在从计划经济体制向市场经济体制逐步

① 李燕．政府预算收支分类改革的公共化透视［J］．财政监督，2008（19）：20－22.

② 崔潮．论财政职能的演进：理论、历史与启示［J］．河南财政税务高等专科学校学报，2011（06）：1－7.

过渡的大背景下，依次出现了财政使命观、财政功能观、财政职责观、政府经济职责观四类主要观点。

（1）财政使命观

20 世纪 50 年代至 70 年代，我国盛行财政使命观，到 20 世纪 80 年代和 90 年代，又先后出现了财政功能观和财政职责观。这三种财政职能观具有相同的理论基础。它们认为，国家是阶级统治的工具，财政是实现统治阶级剥削被统治阶级的手段。国家的利益等同于统治阶级的利益。统治阶级内部的利益差别可以忽略不计，统治阶级的总代表国家在与统治阶级外部的联系中是“经济人”，对内则是“利他人”。其次，财政作为分配方式，是社会再生产四个环节（生产、交换、分配、消费）中分配环节的一部分。财政分配不仅包括经济要素（生产资料）的分配，还包括经济成果（生活资料）的分配，是财政最基本的职能，以其为依托衍生出监督、调节、资源配置等职能。

财政职能使命观源于苏联。苏联财政学家吉雅琴科指出“财政的职能就是财政的本质在作用中的表现，就是财政的社会使命的表现”①。财政职能使命观把财政职能等同于财政作用，强调发挥财政主体的主观能动性。20 世纪 50 年代和 60 年代，我国主流的财政职能观认为财政职能包括分配和监督两项，到了 70 年代末又认为财政还应具有调节职能。

（2）财政功能观

盛行于 20 世纪 80 年代的财政职能功能观是由我国财政领域奠基人之一——邓子基先生提出。邓子基（1984）认为“社会主义财政职能乃是社会主义财政本质的客观反映、要求和固有功能”②。他明确区分了职能和作用，指出“‘职能’指的是事物的固有功能，而‘作用’则是事物的职能在实际生活中的表现或效果”。财政功能观强调财政“能干什么”的客观属性，沿用使命观关于财政职能分类的观点，但强调财政主体应遵循财政的客观属性。

（3）财政职责观

20 世纪 90 年代，对财政职能的探讨由强调其“客观功能”转到“财政应干什么”的问题上来，财政职能由“功能观”逐渐转向“职责观”。但仍有学者如杨灿明（2006）认为财政职能就应该是财政客观上固有的功能，其不会随着社会发展而变化。一直以来，保障政府的资金需要就是财政客观固有的功能，这一职

---

① 崔潮．论财政职能的演进：理论、历史与启示［J］．河南财政税务高等专科学校学报，2011（06）：1－7．

② 邓子基．社会主义财政理论若干问题［M］．北京：中国财政经济出版社，1984．

能是从来不变的，变化的只是表现形式和作用领域[①]。

1992 年我国确立了实行社会主义市场经济体制的目标后，理论界很多学者把财政职能等同于财政的职责。财政职责观是从主观的而不是客观的角度去分析问题，但与使命观的不同之处在于，其分析基点是市场经济而不是计划经济。经济体制转轨后，我国财政学界关于财政职能转变与界定的争论持续了 10 多年，有“三职能论”（朱柏铭、陈共的资源配置、收入分配、经济发展论，吴俊培的分配、调节与监督论）、“四职能论”（谢旭人的公共保障、收入分配、经济调控和国有资产管理，叶汉生的筹集资金、供应资金、调节职能和监督职能，刘邦驰的资源配置、收入分配、稳定经济和监督，郭代模的财政分配、价值管理、经济调节和财政监督职能等）和“一带三职能论”（贾康的由基本的分配职能而派生出的资源配置、调节和监督职能）（牛定柱，2006）[②]。

（4）政府经济职责观

从计划经济体制过渡到市场经济体制的过程中，我国逐步形成关于财政职能的政府经济职责观，其理论基础和内容表述与西方主流财政学观点趋同。贾康（1998）认为财政职能作用是财政本质的外化，包含着内在规定转为外部活动、客观分配关系见之于主观后再作用于客观的过程，其间财政分配主体必然加入了能动性因素[③]。依据政府经济职责观，市场经济国家的财政职能包括资源配置、收入分配和稳定经济，即保障公共物品的供给，将外部效应内部化；调节收入再分配，减小贫富差距；以及运用财政手段保证总供给与总需求的平衡，推动经济持续发展。财政“三职能论”确定了现代市场经济国家政府的基本财政职能，原则性规定了各级政府财政职能分工。政府经济职责观的理论基础包括两个方面：一是公共经济与私人经济并存的混合经济是财政活动的经济基础；二是政府与公众是委托代理关系，财政的主体是各级政府及部门。政府接受公众委托，采用财政手段实现公众利益，公众通过公共选择机制对政府这一代理人进行约束。

进入 20 世纪 90 年代末后，马斯格雷夫关于财政职能的政府经济职责观及其延伸在我国理论界逐步得到认同。财政活动就是政府经济活动，财政职能就是政府经济职能，财政活动应弥补市场失灵，提高社会公众福利，因此其活动范围应限于市场经济运行不足的领域，即公共经济领域。邓子基（2001）认为财政职能指财政活动所具有的客观功能。在社会主义市场经济下，财政的基本职能是资源

---

① 杨灿明．财政职能辨析［J］．财政研究，2006（07）：22－25.

② 牛定柱．东西方财政职能演进的启示与思考［J］．云南财贸学院学报，2006（02）：32－36.

③ 崔潮．论财政职能的演进：理论、历史与启示［J］．河南财政税务高等专科学校学报，2011（06）：1－7.

配置、收入分配、调控经济、监督管理[1]。陈共（2004）认为，财政职能是指财政作为一个经济范畴所固有的功能，是对财政工作的理论抽象和概括，反过来又对财政工作起理论指导作用。在社会主义市场经济下，包括资源配置、收入分配、经济稳定与发展[2]。张馨（2006）认为财政职能指的是政府应当履行的经济职责和任务，解决的是市场经济下政府应当干什么的问题，实质上是解决政府与市场的关系问题[3]。

8.1.3　财政监督思想的演进

计划经济时期关于财政职能的看法最初来源于苏联，认为财政只有分配和监督两个职能[4]。这一时期，政府高度重视财政监督，但实际效果却因制度安排而存在较大差异。这一时期，行政监督是财政监督的主要方式，通过制定和检查行政法规，对行政事业单位及国有企业的财政资金运行、开展财务活动以及执行会计制度、财政政策的情况进行监督。自我监督是财政监督的主要形式，国营企业是其主要的监督对象。但由于政府行为很少受人民代表大会和公众的监督，客观上靠自我约束，因此，政府的自我约束状况直接影响着财政经济活动[5]。当政府自我约束良好时，财政就能促进社会经济的平稳发展；反之，社会经济就可能出现动荡倒退，导致灾难性后果。我国国民经济在大跃进和“文化大革命”时期，由于政府行为受到错误思想的指导，曾一度到崩溃的边缘。其后，得益于政府的自我调整，对财政活动的自我约束和规范，国民经济才较快地扭转局面而走上正轨。[6]

随着社会主义市场经济体制的建立，我国财政分配出现了三个转变：一是在分配方式上，中央财政与地方财政由统收统支的分配体制调整为明确事权、划分税种、确定收支的分税制体制；二是在国家、企业、个人的分配关系上，由单一按劳分配转变为以按劳分配为主体、按要素分配为补充的分配体制；三是在国家财政部门与其他政府部门的分配关系上，由预算内、预算外分配双轨制逐渐向预

---

① 邓子基．财政学［M］．北京：中国人民大学出版社，2001.

② 陈共．财政学（第四版）［M］．北京：中国人民大学出版社，2004.

③ 张馨．财政学［M］．北京：科学出版社，2006.

④ 张馨．比较财政学教程［M］．北京：中国人民大学出版社，1997.

⑤ 刘晓凤．1949 年—2007 年中国财政监督变迁［J］．地方财政研究，2008（06）：59－64.

⑥ 叶青，黎柠．计划经济时期的财政监督制度与思想［J］．财政监督，2007（05）：43－44.

算内单轨分配转变[①]。与此同时，财政监督的内容和形式也因财政体制的转变而发生了变化。首先，外部监督逐渐形成与完善，且约束力不断得到加强。作为国家权力机关，人民代表大会依据《中华人民共和国宪法》以及国家的相关法律规定，对财政部门执行国家法律法规的情况及综合预算与部门预算的编制、执行情况实施监督。此外，社会公众和社会中介机构等外部监督的力量也逐步增强。其次，拥有财政监督权力的各经济部门承担不同的财政监督职责。如国家和地方各级税务机关、国家审计部门，财政部门自身等。此外，财政监督法制建设逐步完善。除了《预算法》《会计法》《审计法》《税收征收管理法》《注册会计师法》等对预算、会计、审计和税收工作的监督立法外，我国还制定了《财政检查工作规则》和财政检查通知书、工作底稿、检查报告以及询问、审理等几个配套的具体规则，同时也结合财政监督的特定监督目标，出台了一些具体规则[②]。各地方财政部门也陆续出台了根据地方工作实际制定的《财政监督条例》。

8.2 重大财政管理与财政监督实践

图 8 –1 至图 8 –3 展示了财政管理的基本组成体系及其各个部分的主要构成。新中国成立以来，我国财政管理与财政监督领域重大的改革实践包括：预算编制改革——部门预算的实施、预算执行改革——国库集中收付制度和政府采购制度的实施、财政管理的技术基础建设——政府收支分类改革、财政信息化建

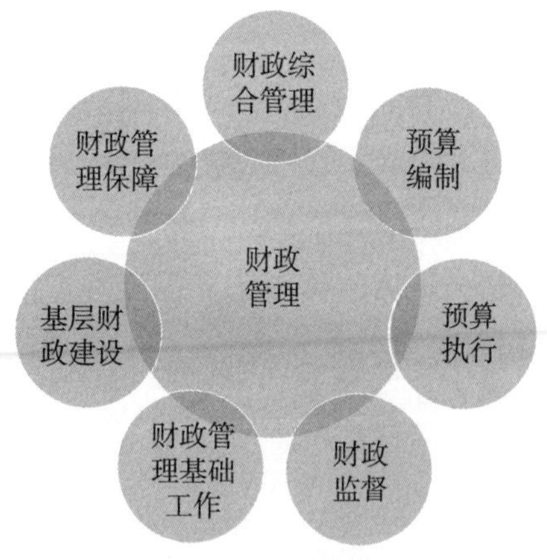

图 8 –1　财政管理的组成体系

①② 叶青，黎柠．市场经济时期的财政监督制度与理论［J］．财政监督，2007（07）：30 –31.

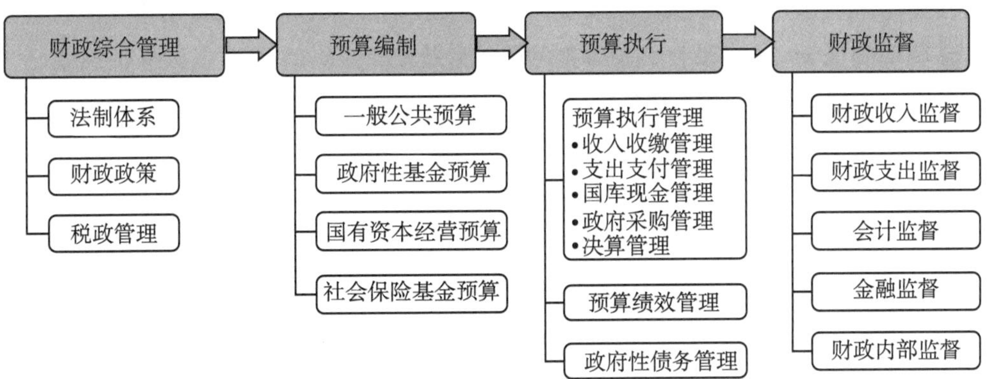

图 8－2　财政管理体系的组成部分

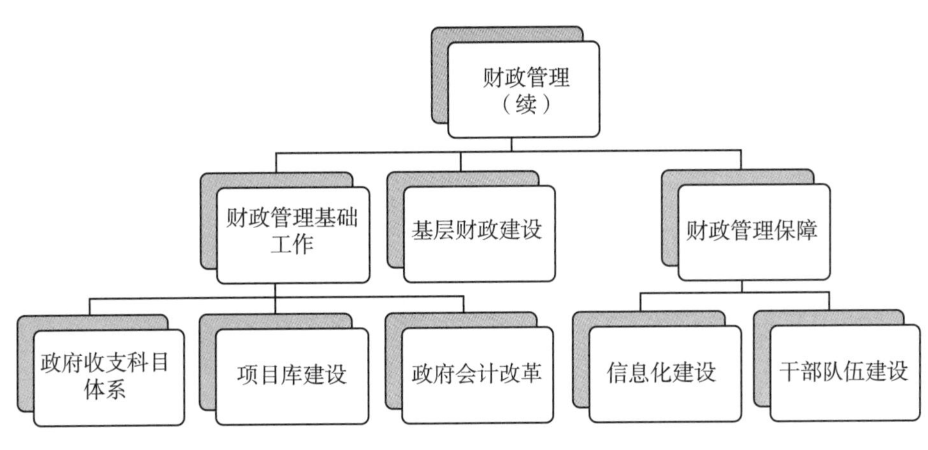

图 8－3　财政管理体系的组成部分（续）

设——金财工程以及预算绩效管理改革、政府会计改革和财政监督改革等。由于部门预算、国库集中收付制度及政府采购制度改革的相关内容在第 3 章有所介绍，本部分主要介绍政府收支分类改革、预算绩效管理改革、政府会计改革、财政监督改革及财政信息化建设。

8.2.1　政府收支分类改革实践

政府收支分类改革是指在我国原有《政府预算收支科目》的基础上，参照国际通行做法，构建适合社会主义市场经济条件下公共财政管理要求的新的政府收支分类体系。新的政府收支分类体系具体包括收入分类、支出功能分类和支出经济分类三部分。收入分类反映政府收入的来源和性质，支出功能分类反映政府各项职能活动，支出经济分类反映各项支出的经济性质和具体用途。新的政府收支分类体系对进一步深化各项财政改革，提高预算透明度和财政管理水平，起到十分重要的推动作用。

（1）政府收支分类改革的历程①

为解决原有预算科目体系存在的问题，财政部从 1999 年年底开始启动政府收支分类改革的研究工作。在认真研究了国际上政府收支分类的经验的基础上，结合公共财政、部门预算、国库集中收付等财政改革对科目体系的要求，在全国人大、中央有关部门、地方财政部门等各有关方面的积极参与、支持和配合下，经过反复修改和完善，于 2004 年年底形成了《政府收支分类改革方案》。考虑到政府收支分类改革涉及面广，环节多且复杂，为积极稳妥地推进这项工作，2005 年又专门选择了比较有代表性的天津、河北、湖北、湖南、海南 5 个地区及交通部、科技部、中纪委、国家中医药管理局、水利部、环保总局等 6 个中央部门进行模拟试点。通过试点，一些地方和部门反映新的科目体系总体上是科学的、可行的，并对推进改革表示支持。2005 年 12 月 27 日，经国务院批准，政府收支分类改革正式进入实施阶段。2006 年，财政部预算司下发了《政府收支分类改革方案》，并于 2007 开始实施新的政府收支分类体系。

（2）政府收支分类改革的内容②

2007 年的政府收支分类改革，是以建立包括收入分类、支出功能分类和支出经济分类在内的政府收支分类体系为目标的，具体内容包括以下三个方面：

第一，对政府收入进行统一分类，全面、规范、细致地反映政府各项收入。改革后的收入分类覆盖属于政府收入范畴的各项收入，不仅包括原有的预算内收入，还包括预算外收入、社会保险基金收入等，全面反映政府收入的来源和性质。在分类方法上，原收入分类只是对各种收入，如各项税收收入、罚没收入、行政事业性收费等进行简单罗列。新的收入分类为加强收入管理和数据统计分析，依据国际通行做法和科学标准将政府收入划分为税收收入、非税收入、社会保险基金收入、贷款转贷回收本金收入、债务收入以及转移性收入等。从分类结构上看，原收入分类分设类、款、项三级，改革后分设类、款、项、目四级，进一步细化核算级次，以满足不公层次的管理需求。

第二，建立新的政府支出功能分类体系，更加清晰、细致地反映政府各项职能活动。这是此次科目改革的核心。新的支出功能分类主要根据政府的职能进行分类，说明政府做什么，科目设置类、款、项三级。类级科目反映政府的某一项职能，款级科目反映为完成某项政府职能所进行的某一方面工作，项级科目反映

---

① 楼继伟．公共财政建设与政府收支分类改革［J］．财经界，2006（10）：27－28.

② 财政部预算司．政府收支分类改革问题解答［M］．北京：中国财政经济出版社，2006.

某一方面工作的具体支出。政府各项支出究竟做了什么事，履行了哪项政府职能，可以从支出功能科目上看出来。新的支出功能科目能够清楚地反映政府支出的内容和方向，可有效解决原支出预算的弊端。

第三，建立新型的支出经济分类体系，全面、规范、明细地反映政府各项支出的具体用途。支出经济分类体系主要扩充和完善了原来的支出目级科目，设类、款两级科目。全面、明细的支出经济分类对政府预算管理、部门财务管理以及政府统计分析具有重要的意义。

新的政府收支分类体系完整、分类明细、反映全面、便于操作。新的分类科目与部门分类编码和基本支出预算、项目支出核算相配合，在财政信息管理系统的有力支持下，可对任何一项财政收支进行“多维”定位，清楚地说明政府的钱是怎么来的，最终用到了什么地方，为预算管理、统计分析、宏观决策和财政监督等提供全面、真实、准确的经济信息。不仅如此，近年来，我国的政府收支分类一直处于不断完善中，如将预算外资金全部纳入预算，使得预算收支涵盖的范围更加广泛。

（3）政府收支分类改革的成效及意义[①]

2007 年政府收支分类改革，有效克服了原政府预算收支分类的弊端，充分体现了国际通行做法与国内实际的有机结合以及市场经济条件下建立健全我国公共财政制度的总体要求。

第一，政府收支分类改革形成了一个政府预算内外资金共用的统一、规范的收支分类体系，使政府预算的编制和报告更加准确和完整[②]。从长远来看，政府预算各类收支的统计和管理已经从长期分散转变为全面综合。

第二，新的政府收支分类可清晰反映政府收支的总量与结构，因此，财政宏观调控能力和优化资源配置能力将大大增强。全口径政府预算管理的实施，可以更加清晰地判断财政收入占 GDP 的比重以及教育、农业、科技、社会保障等重点支出占全部政府支出的比重等，这是准确把握宏观调控力度、合理配置财政资源、不断优化财政支出结构的重要依据。

第三，新的支出功能和支出经济分类可清晰反映政府各项职能活动以及各项支出的具体用途，将有效提升政府预算透明度及促进预算监督。新的支出分类客观上促使政府预算编制的出发点从便于管理转向便于监督。在新的支出功能分类能够清楚反映政府国防、教育、农业等支出的基础上，支出经济分类可

---

① 门淑莲，颜永刚．政府收支分类改革及其对我国财政管理的长远影响［J］．经济理论与经济管理，2008（10）：50－54.

② 谭浩．浅谈政府收支分类改革［J］．投资与合作，2011（10）：271.

以进一步告诉公众办教育的钱究竟是支付了教师工资，还是建了校舍。这种制度设计，恰好体现了公共财政条件下政府预算必须公开、公正、透明的基本要求。

第四，新的收支分类体系实现了与国际财政统计口径的有效衔接，更有利于进行宏观分析决策与国际比较交流。新的政府收支分类除包含预算内外收支外，还按国际通行做法，纳入了具有“准财政资金”性质的社会保险基金收支，从而实现了与国际通行政府全部收支口径的总体衔接。另外，由于遵循了国际通行分类原则，我国政府收支分类科目尽管设置较细，但都能与国际财政统计口径实现很好的衔接。

第五，新的政府收支分类体系和财政信息管理系统相配合，可实现对财政运行过程的全面、实时监控，有力地促进了我国财政管理更加规范、精细、科学。

8.2.2 预算绩效管理改革实践

（1）预算绩效评价的发展历程

自计划经济时期，我国学者和实际部门就开始关注财政支出的效益问题。实行社会主义市场经济后，政府和社会对“经济效益”“财政支出效益”越来越重视。进入 20 世纪 90 年代以来，随着公共财政理论和效益财政理论的建立，我国政府及财政部门逐步开始了以实施预算绩效考评、建立预算绩效评价体系为突破口，以最终实行绩效预算为目标的积极实践和探索，具体过程可以分为以下四个阶段：

①预算支出绩效评价的萌芽阶段。该阶段从 20 世纪 90 年代初开始。为加强行政事业单位财务管理，从 1990 年起，财政部开始实行文教行政财务管理和使用效益考核工作。为加强国家重点投资项目的评价工作，从 1998 年起，我国开始建立财政投资评审制度体系，明确了评审对象，形成了比较成熟的评审方法和程序，建立了相对独立的投资评审机构队伍。上述考核和评审主要是相关财政支出的后评价，具有一定的预算支出绩效评价的性质，但并非严格意义上的预算支出绩效评价，其初衷也不是为了实行绩效预算，而是为了完善财政支出管理，加强对财政资金使用的监督和跟踪问效。这一时期关于财政支出效益评价的实践还属于小范围和浅层次的，只是预算支出绩效评价的萌芽或开端，但客观上为我国下一步探讨建立预算支出绩效评价体系，实行绩效预算奠定了基础。

②分散性的预算支出绩效评价初步试点阶段。该阶段从 21 世纪初开始。在

此阶段，绩效预算理念已经进入我国，理论界和实际部门对我国实行绩效预算的必要性和可行性问题，进行了较为深入的研究探讨，认识到虽然我国还不具备全面实行绩效预算的条件，但是积极探索建立预算绩效评价体系，对财政支出绩效进行评价，提高财政资金使用效益，具有重要意义也具备可行性。2001 年，湖北省财政厅根据财政部安排，率先在恩施土家族自治州选择 5 个行政事业单位进行了评价试点，真正意义的预算支出绩效评价开始在我国起步和试验。2003 年，《中共中央关于完善社会主义市场经济体制若干问题的决定》明确地将“建立预算绩效评价体系”，列为推进我国财政管理体制改革的内容之一。在此背景下，中央和一些地方财政部门有选择地从教育、科技、卫生、转移支付等部分管理领域的一些项目入手，进行了绩效考评的初步试点，并制定了一些单项性的绩效考评管理办法，如财政部的《中央级教科文部门项目绩效考评管理试行办法》（财教〔2003〕28 号）、《中央级行政经费项目支出绩效考评管理办法（试行）》（财行〔2003〕108 号）、《关于开展中央政府投资项目预算绩效评价工作的指导意见》（财建〔2004〕729 号）等。在相关部门的通力合作下，试点范围逐步扩大，取得了一定的成效，摸索出初步经验。但总的看，这一阶段的预算绩效评价还是初步的、尝试性的，主要反映在：一是试点分散进行，没有统一的制度规定为指导；二是实施范围有限，主要是部分行业管理部门预算中的项目支出，很少涉及基本支出；三是指标体系设计不很科学，比较粗放，偏重于效率指标和对工作量的考评；四是具体执行中存在走样问题，有的将预算绩效考评变成了项目竣工验收或是项目执行情况的反映。

③统一制度规范下的预算支出绩效评价试点阶段。进入这一阶段的标志是 2005 年 5 月，财政部制定了《中央部门预算支出绩效考评管理办法（试行）》（财预〔2005〕86 号，以下简称《办法》）。《办法》在总结前期预算支出绩效考评试点经验的基础上，统一规定了部门预算绩效考评的各项基本制度，表明我国预算支出绩效评价取得了重大突破，具体表现在三个方面：一是规定要对部门绩效进行评价。这将为下一步实行对政府绩效的评价奠定基础。二是规定要进行综合评价。将实施范围由前阶段的主要针对财政投资性支出及一般预算支出中的项目而进行的单项评价，扩展到对整个部门预算进行评价的综合性评价。三是规定要有专门的评价主体。明确了绩效评价的组织管理体系和评价机构制度。《办法》的出台和实施，为健全完善预算绩效评价体系奠定了制度基础，对统一规范和指导部门预算绩效考评试点工作，保障预算绩效考评试点工作的顺利进行，推动向绩效预算目标迈进都将发挥重要作用。以《办法》为依据，从 2006 年起，财政部组织新闻出版总署、农业部和水利部，选择了 3 部门的 4 个项目，开展了统一的绩效考评试点工作。目标是在 2008 年至 2010 年，基本建立起预算绩效评

价体系，大大提高政府管理效能和财政资金使用效益。

④财政支出绩效评价常态化阶段。2007 年，我国全国财政收入突破 5 万亿元，2011 年，突破 10 万亿元大关，随着我国财政收支规模的不断扩大，我国财政支出绩效考评工作进入常态化阶段。2009 年 6 月，财政部下发《财政支出绩效评价管理暂行办法》（财预〔2009〕76 号）。2011 年 4 月，财政部对 76 号文件进行了修订，下发《财政支出绩效评价管理暂行办法》（财预〔2011〕285 号）（以下简称《暂行办法》），成为我国开展财政支出绩效评价工作的指导文件。

为推动地方开展此项工作，2011 年 7 月，财政部出台《关于推进预算绩效管理的指导意见》（财预〔2011〕416 号）和 2011 年 8 月出台《绩效评价工作考核暂行办法》（财预〔2011〕433 号），逐步建立全过程预算绩效管理机制，标志着完整意义上的预算绩效管理理念得以确立。

2012 年，财政部召开年中全国财政厅（局）长座谈会，不断拓展预算绩效管理各环节的广度和深度。同年，财政部印发《预算绩效管理工作规划（2012—2015 年）》的通知（财预〔2012〕396 号），在预算绩效管理工作规划中，明确了预算绩效管理的目标是树立“讲绩效、重绩效、用绩效”“用钱必问效、无效必问责”的绩效管理理念。2013 年 7 月，财政部出台《预算绩效管理工作考核办法（试行）》（财预〔2011〕433 号）通知。

2014 年 8 月，新《预算法》的通过首次以法律形式明确了公共财政预算收支中的绩效管理要求，为中国预算体制由传统预算向绩效预算转型奠定了坚实的法理基础。同期，财政部将投资评审中心改名为预算评审中心，并于 2015 年 6 月正式发文《关于充分发挥预算评审中心职能作用，切实加强预算管理的通知》（财办预〔2015〕21 号），对预算评审中心的职能和作用进行了重新界定。预算评审中心的职能作用是：一是建立预算评审机制，将预算评审实质性嵌入部门预算管理流程，使预算评审成为预算编制的必要环节，提高预算编制的真实性、合理性和准确性。二是全过程参与预算绩效管理，成为绩效管理的重要组成部分，为提高财政资金使用效益服务，促进形成预算编制、执行、监管、绩效评价相互衔接相互制约的工作机制。

2015 年 6 月，财政部发布《关于加强和改进中央部门项目支出预算管理的通知》（财预〔2015〕82 号），对绩效目标的设定、审核、批复、调整与应用等进行了全面规范，以提高中央部门预算绩效目标管理的科学性、规范性和有效性。2018 年 7 月 6 日，《关于全面实施预算绩效管理的意见》由中央全面深化改革委员会第三次会议审议通过，自 2018 年 9 月 1 日起实行，以促进我国加快建成全方位、全过程、全覆盖的预算绩效管理体系。

（2）预算绩效管理的主要内容①

预算绩效管理是政府绩效管理的重要组成部分，是一种以支出结果为导向的预算管理模式。它强化政府预算为民服务的理念，强调预算支出的责任和效率，要求在预算编制、执行、监督的全过程中更加关注预算资金的产出和结果，要求政府部门不断改进服务水平和质量，花尽量少的资金、办尽量多的实事，向社会公众提供更多、更好的公共物品和公共服务，使政府行为更加务实、高效。

从管理流程上来看，预算绩效管理是一个由绩效目标管理、绩效运行跟踪监控管理、绩效评价实施管理、绩效评价结果反馈和应用管理共同组成的综合系统。推进预算绩效管理，要将绩效理念融入预算管理全过程，使之与预算编制、预算执行、预算监督一起成为预算管理的有机组成部分，逐步建立“预算编制有目标、预算执行有监控、预算完成有评价、评价结果有反馈、反馈结果有应用”的预算绩效管理机制。完整的绩效预算管理过程一般可分为 5 个阶段：一是政府确定预期要实现的施政目标，并细化分解为部门绩效目标和具体工作计划；二是为实现各部门的绩效目标和工作计划配置资源；三是各部门分别围绕绩效目标实施工作计划并报告绩效目标完成情况；四是由评价机构按照确定的标准和方法对绩效目标的实现情况进行评价，并向社会公布评价结果；五是应用评价结果，调整政府及部门的施政目标和计划，并据以确定以后年度的预算。

2018 年出台的《关于全面实施预算绩效管理的意见》围绕“全面”和“绩效”两个关键点，对我国全面实施预算绩效管理做出部署②。总体思路是，创新预算管理方式，更加注重结果导向、强调成本效益、硬化责任约束，力争用3—5年时间基本建成全方位、全过程、全覆盖的预算绩效管理体系，实现预算和绩效管理一体化，着力提高财政资源配置效率和使用效益，改变预算资金分配的固化格局，提高预算管理水平和政策实施效果，为经济社会发展提供有力保障。基本原则包括：一是坚持总体设计、统筹兼顾，统筹谋划全面实施预算绩效管理的路径和制度体系，既聚焦解决当前最紧迫问题，又着眼健全长效机制；二是全面推进、突出重点，预算绩效管理既要全面推进，又要突出重点，坚持问题导向，聚焦提升覆盖面广、社会关注度高、持续时间长的重大政策和项目实施效果；三是科学规范、公开透明，既要抓紧健全科学规范的管理制度，又要大力推进绩效信息公开，主动向同级人大报告、向社会公开；四是权责对等、约束有力，既要明确各方预算绩效管理职责，又要健全激励约束机制，调动地方和部门的积极性和

---

① 财政部．关于推进预算绩效管理的指导意见．财预〔2011〕416 号［Z］．2011.

② 李烝．加快建成全方位、全过程、全覆盖的预算绩效管理体系——财政部有关负责人就贯彻落实《中共中央国务院关于全面实施预算绩效管理的意见》答记者问［J］．中国财政，2018（20）：32－34.

主动性。

（3）预算绩效管理改革的成就与意义

加强预算绩效管理，提高财政科学化精细化管理水平，有利于深入贯彻落实科学发展观和党中央、国务院关于经济财政工作的各项要求，有利于进一步完善政府绩效管理制度和加强财政预算管理工作，有利于推动政府职能转变和公共财政体系建设①。

第一，加强预算绩效管理，是深入贯彻科学发展观的客观要求。预算绩效管理强调结果导向，加强预算绩效管理，促进公共资源的科学合理配置，要求使用好有限的财政资金，进一步保障和改善民生，促进社会主义和谐社会建设，做到发展为了人民、发展成果由人民共享，这与科学发展观以人为本的核心要求是一致的。

第二，加强预算绩效管理，是建设高效、责任、透明政府的重要内容。预算绩效管理注重支出的责任，加强预算绩效管理，强化部门的支出责任意识，履行好经济调节、市场监管、公共服务、社会管理等政府职能，推进预算绩效信息公开，有利于促进政府部门提高管理效率，改善决策管理和服务水平，提升公共物品和服务的质量，进一步转变政府职能，增强政府执行力和公信力。

第三，加强预算绩效管理，是财政科学化精细化管理的出发点和落脚点。预算绩效管理是财政科学化精细化管理的重要内容，是效率观念的拓展和提升。加强预算绩效管理，要求预算编制时申报绩效目标，实施绩效运行监控，加强绩效监督和结果问责，建立预算安排与绩效评价结果有机结合机制，把绩效理念融入预算编制、执行、监督管理全过程，既可有效缓解财政收支紧张的矛盾，又可提高财政资金的使用效益，是进一步提升财政科学化精细化管理水平的有力抓手。

第四，加强预算绩效管理，是财政改革发展到一定阶段的必然选择。预算绩效管理更加关注公共部门直接提供服务的效率，加强预算绩效管理，促进财政工作从“重分配”向“重管理”“重绩效”转变，解决财政资金使用的绩效和支出责任问题，是市场经济国家财政管理发展的一般规律，也是我国财政改革发展到一定阶段的必然选择。

由此可见，顺应时代发展要求，立足我国国情并借鉴国际经验，逐步推行绩效预算，建立科学的预算绩效评价体系，对于深化财政改革，加强财政管理和提高财政保障能力；对于强化政府的社会管理和公共服务职能，建设服务型政府，提高政府及公共部门的管理水平和能力；对于全面贯彻落实科学发展观、执政为

---

① 李占刚，何成忠，徐程．推行预算绩效管理工作的思考［J］．行政事业资产与财务，2013（15）：26－27.

民的执政观和经济社会发展战略目标，推进社会主义和谐社会构建等，都具有重要的现实意义和深刻的长远意义。

8.2.3　政府会计改革实践[①]

（1）政府会计改革发展历程

为适应我国经济政治社会体制改革，我国的政府会计改革自改革开放而启动，至今已历经了 40 多年。我国政府会计改革的核心，是由原来以收付实现制为基础的预算会计制度体系，变革为“双基础”“双分录”“双报告”的预算会计和财务会计相互分离又相互衔接的政府会计制度体系。具体来说，我国由预算会计到政府会计的改革历程可划分为初步改革调整（1983—1992 年）、主动改革摸索（1993—1998 年）、系统改革准备（1999—2009 年）、全面改革突破（2010 年至今）等四个时期。

①初步改革调整时期（1983—1992 年）。在改革开放之前，与当时的计划经济体制相适应，我国的政府会计是以收付实现制为基础的预算会计模式，实行单一的收支决算报告，缺少政府财务状况和成本费用信息。1983—1992 年，为配合预算管理的改革调整，对预算会计制度也进行了相应的改革调整，政府会计改革处于起步阶段，但这一时期的改革尚未冲破计划经济体制下的单一预算会计模式。这一时期，我国尚无政府会计的概念，理论与实务研究均匮乏。主要的改革举措有：1979 年年初，国务院批准财政部恢复会计制度司（1982 年更名为会计事务管理司，1994 年改称会计司）；1980 年 1 月，成立中国会计学会，为研究交流会计改革理论与实践提供了高层次平台。为适应有计划的商品经济体制和财政预算管理方式变化，1983 年财政部修订《财政机关总预算会计制度》，充实总预算会计的机构建设；1988 年又修订《财政机关总预算会计制度》和《行政事业单位会计制度》。1985 年颁布新中国首部《会计法》，会计工作开始步入法制化轨道。

②主动改革摸索时期（1993—1998 年）。1993—1998 年，政府会计改革进入主动摸索阶段。在事业单位会计准则中引入了财务会计要素和权责发生制，突破了原有的单一预算会计模式。有关政府会计的研究持续开展，有了政府会计的提法和比较研究的初步成果。主要的改革举措有：1993 年财政部成立预算会计改革领导小组和常务工作组，以及若干专家小组；1995 年发布《预算会计核算制度改革要点》；1997 年制定《财政总预算会计制度》《行政单位会计制度》《事

① 荆新．中国政府会计改革发展四十年：回顾与展望［J］．财会月刊，2018（19）：5－8.

业单位会计准则（试行）》《事业单位会计制度》，陆续制定事业单位分类会计制度，如高校、医院、科学事业单位等。

③系统改革准备时期（1999—2009 年）。1999—2009 年是我国政府会计改革攻关的系统准备期。财政部明确提出政府会计改革命题，并有规划地开展前期准备研究，为后续改革提供理论支持和方案准备。主要的改革举措有：2003 年财政部成立政府会计改革领导小组，正式启动政府会计改革研究工作。2004 年财政部发布《民间非营利组织会计制度》，确立了非营利组织会计部门的制度规范。2007 年，《国民经济和社会发展第十一个五年规划纲要》中提出：政府会计改革目标是建立规范统一的政府会计准则制度体系和政府综合财务报告制度。同年，我国正式加入国际公共部门会计准则委员会。2009 年，为配合财政预算体制改革，对《高等学校会计制度》和《医院会计制度》进行了修订。

④全面改革突破时期（2010 年至今）。进入 2010 年以来，我国政府会计改革全面深化，发展步入快车道，形成了顶层设计、总体规划、明确目标和组织协调的新机制。主要的改革举措有：2010 年财政部发布《权责发生制政府综合财务报告试编办法》，并于 2011 年在 11 个省市开展试编工作；2012 年发布《行政事业单位内部控制规范（试行）》；2014 年国务院批转财政部发布《权责发生制政府综合财务报告制度改革方案》，明确政府会计改革的目标规划和总体部署；2015 年财政部成立政府会计准则委员会，作为政府会计准则制度制定的协调机制；2016 年以来，财政部陆续发布《政府会计基本准则》、五项政府会计具体准则、《财政总预算会计制度》以及《政府会计制度——行政事业单位会计科目和报表》。2016 年财政部会计司发布《会计改革与发展“十三五”规划纲要》，提出总体目标——建立健全与社会主义市场经济相适应的会计体系，深入推进会计工作法治化、信息化、现代化。

（2）政府会计改革的成就与意义

改革开放 40 多年来，尤其是进入 21 世纪新时代以来，我国政府会计改革与发展在政府会计制度建设、机制建设、理论建设等方面都取得了丰富的创新成果，基本建成中国特色政府会计体系，探索出中国特色政府会计改革发展的新路子，彰显出国际影响力。

①政府会计的制度创新成果。按照《权责发生制政府综合财务报告制度改革方案》，制定了政府会计制度包括《政府会计制度》和《财政总预算会计制度》，开辟了政府会计准则建设，并发布了基本准则和五项具体准则，开创了统一规范的政府会计准则制度模式，确立了双体系、双基础、双报告的新型政府会计体系，为新时代政府会计实务提供了新规范，开拓了行政事业单位内部控制的基本框架，为政府和社会治理现代化提供了基础性的制度条件。这是新中国政府会计

史上的一次伟大飞跃，具有里程碑意义。

在制度设计层面，成功破解了权责发生制的会计确认难题，攻克了公共基础设施和股权投资等资产的计量难题，有效解决了基本建设会计分账的难题，实现了财务报表与决算报表的有机契合，建成了政府综合财务报告体系，有效实现政府财务会计与政府预算会计的总体协同，适应社会主义市场经济体制和国家治理体系治理能力现代化要求的政府会计法规体系基本形成。

②政府会计的机制创新成果。我国政府会计机制创新的主要成果有：借鉴企业会计改革的成功经验，形成顶层设计、总体规划、组织协调、有序推进以及制度实施的新机制。

在中国特色的经济政治社会体制下，改革的顶层设计至关重要。党的十八届三中全会的《中共中央关于全面深化改革若干重大问题的决定》明确提出“建立权责发生制政府综合财务报告制度”的总任务，政府会计改革的顶层设计通达最高层。

国务院批转财政部发布的《权责发生制政府综合财务报告制度改革方案》，为政府会计全面深化改革制定了总体规划，明确了政府全面深化改革的总目标和阶段性目标、安排了时间表和路线图，财政部成立了政府会计准则委员会，有效组织协调，持续有序推进，形成了政府会计改革的系统性创新机制，以保证政府会计全面深化改革取得成功。

政府会计准则制度的实施机制更加完备。财政部发布《关于贯彻实施政府会计准则制度的通知》（财会〔2018〕21 号），对政府会计准则制度的实施内容、实施时间和范围，实施的准备工作，实施的组织领导等都做出了明确具体的安排。要求各级财政部门要高度重视政府会计准则制度的贯彻实施工作，建立健全工作机制，加强统筹规划、协调指导、宣传培训和督促检查，积极推进本地区政府会计准则制度的贯彻实施。

③政府会计的理论创新成果。进入 21 世纪新时代以来，政府会计理论研究不断得到加强，越来越多的学者聚力于政府会计理论研究，在政府会计的体系结构、基本目标、范围边界、具体准则、确认基础、报告体系、概念框架、国际比较等方面，都取得了创新性成果，为我国政府会计改革提供了有力的支持。与此同时，我国引进了一批国际政府会计理论研究文献、国际公共会计准则和外国政府会计准则文献，促进了国际比较与借鉴研究。此外，自 2009 年以来，中国会计学会政府及非营利组织会计专业委员会创建了政府会计与公共管理合作研究年会平台，持续开展学术交流，推出了一批研究成果，为我国政府会计改革发展出谋划策。

④政府会计改革发展的国际影响。作为世界大国，中国政府会计改革发展取

得了成功，探索出中国特色政府会计改革发展的新路子，本身就是世界的成果，显露出国际影响。譬如，在权责发生制方面，成功避免了一些国家激进式改革的做法，在行政事业单位内部控制制度建设方面取得了新鲜经验，在成本会计和管理会计建设方面取得了重要成果。随着全面深化改革开放和“一带一路”的持续推进，预期我国政府会计改革发展必将取得更加圆满的效果，必将彰显更大的国际影响力。

8.2.4 财政监督改革实践

（1）财政监督发展历程[①]

我国财政监督经历了曲折而辉煌的发展历程，财政监督事业的发展与财政改革和财政管理同步向前推进。改革开放以来，财政监督领域在实践中不断拓展，财政监督职能在探索中日益完善。财政监督已成为整顿和规范财经秩序、维护财经法纪、促进财政管理和财政改革的重要力量，成就巨大。

①“放权让利”下财政监督事业的恢复重建（1978—1994 年）。1950 年，财政部设立了财政检查司（后称财政监察司），1962 年，建立财政驻厂员制度，在服务国家经济发展中发挥了很好的作用。“文化大革命”时期，这些财政监督的制度机制被废止。随着改革开放的开始，财政监督制度开始逐步恢复重建。1978 年 8 月，经国务院批准，财政部恢复建立财政监察司，各地也相继恢复了财政监察专门机构、配备人员。为堵住财政收入流失黑洞，严肃财经纪律，1985 年 8 月，国务院设立非常设机构——税收、财务大检查办公室（1986 年更名为税收、财务、物价大检查办公室，以下简称“大检办”），同时要求各地层层设立“大检办”，组织开展检查。为了切实加强国营大中型企业的财经纪律，改善经营管理，提高经济效益，1986 年，成立中央企业财政驻厂员处，在地市设立中央企业财政驻厂员组，作为财政部的派出机构对中央企业财务收支实施就地监督。

这一时期的财政管理，以实现财政收支平衡为主题，千方百计保收入。与之相适应，财政监督工作也主要以查补财政收入，平衡财政收支，严肃财经纪律，治理整顿经济秩序为目的，通过专项检查、事后检查企业财务账目，以查办案件和查补收入为主要方式，重点监督企业的财务收支活动，具有鲜明的检查特征。

②“分税制”下财政监督事业的稳步推进（1994—1998 年）。1994 年，为

① 财政部监督检查局．在改革的激流中前进——三十年财政监督发展历程回顾［J］．财政监督，2008（23）：19－21.

了适应分税制财政管理体制改革的需要，财政部成立了财政监督司（财政部财政税收财务大检查办公室），将原财政监察司与商贸司中企处并入，主要监督各地区财政收支和各部门的财务活动，检查财政税收政策、法令和财务会计制度的执行情况。为强化中央财政监督，1995 年 1 月 1 日国务院批准财政部将驻各地的原中央企业财政驻厂员机构改建为财政监察专员办事机构（简称专员办）。业务工作及人、财、物由财政部垂直管理，人员编制 3000 人，监督的权威性与独立性进一步加强。

这一时期的财政监督工作以转变职能、寻找定位、探索模式、寻求突破为主线，逐步确立了“专项检查、财税大检查、日常监管”的基本格局，财政监督的形式从集中性的税收财务物价大检查逐步向日常监督过渡；范围逐步从单一的对企业财务收支和财政收入征缴情况的监督检查，转向围绕财政管理的重点问题开展监督检查；手段也从原来单一的检查向监督与审核等多种手段转变；特点是逐步从企业财务收支监督向财政收支监督转变，从收入监督向“收支并举”转变。财政监督工作进入稳步发展阶段。

③“公共财政框架”下财政监督事业的全面发展（1998—2012 年）。1998 年，根据新一届政府机构改革方案要求，财政部财政税收财务大检查办公室被撤销，各地大检查办公室也相继撤销，并入同级财政监督机构。1998 年 6 月，根据机构改革和财政管理体制改革的需要，按省设置专员办，各地（市）办事组撤销，人员裁减 2/3，在职能上也做了较大转变和调整。2000 年 6 月，为适应建立公共财政的要求，财政部对内设机构又进行了调整，新增设了财政内部监督处。同时根据财政管理体制改革的需要，进一步强化了财政监督执法的独立性，将财政监督司更名为监督检查局，调整了内部机构与分工。

这一时期财政监督主动适应公共财政体制建设要求，监督理念上，实现了从检查型监督向管理型监督转变；监督内容上，实现了从注重查补收入向收支并重转变，从外部监督向内外监督相结合转变；监督方式上，实现从注重事后专项检查向事前审查审核、事中跟踪监控和事后检查处理有机结合的全过程监督转变；监督目的上，从关注和查处财政违规事项的“纠错”型监督向建立完善内控机制、促进财政管理的“预防”型监督转变，从安全性和合规性监督向效益性监督转变。财政监督工作逐步走上了规范化、制度化和科学化的发展道路。

④“国家治理的基础和重要支柱”下财政监督事业的调整优化（2012 年至今）。党的十八大以来，特别是党的十八届三中全会赋予了财政“国家治理的基础和重要支柱”的特殊定位，提出要建立“现代财政制度”，财政监督事业也随之进行调整优化。2014 年年底，财政部启动专员办转型工作，推动监督工作与财政主体业务深度融合，实现对预算管理范围和流程的全覆盖，促进专项检查更

加精准、财政监督水平不断提高。围绕国家治理，调整优化财政监督内容。

这一时期的财政监督主要着眼于以下工作：一是围绕中央重大决策部署开展监督检查。从维护国家和人民利益的高度出发，把财政监督工作放到社会经济发展大局中统筹安排。例如 2017 年，为助力打赢脱贫攻坚战，开展财政扶贫资金专项检查。检查共发现贪污挪用、截留私分、虚报冒领、挥霍浪费等违法违规问题金额 31. 17 亿元。追回被虚报冒领、挤占挪用的扶贫资金，严肃问责和处理有关责任人员。二是围绕财税改革政策开展监督检查。针对财政改革的重点、难点开展监督检查，例如，围绕全面规范透明预算制度改革，2015—2017 年，连续 3 年在全国范围内组织开展了地方预决算公开情况专项检查，并连续 2 年对外发布“年度地方预决算公开度排行榜”，推动地方预决算公开工作更加规范有序，公开状况进一步改善，未公开预决算的地方各级部门和单位大幅减少，部门预决算公开率接近 100%。三是围绕提升财政管理水平开展监督检查。针对财政管理中存在的问题和不足有意识地组织监督检查，以查促改。例如，2014 年，会同审计署开展贯彻执行中央八项规定、严肃财经纪律和“小金库”专项治理工作，通过坚决纠正和查处各种财经违法违纪行为，推进厉行节约反对浪费，从源头上斩断不良作风的“资金链”，确保中央八项规定落到实处。四是围绕提升财政监督的威慑力、影响力和推动力，向社会公开一批违反财经纪律的典型案例。2016 年以来，财政部对违反预算法及财经纪律的典型案例予以公开曝光，先后向社会公开了新能源汽车推广应用补助资金专项检查、改善中职学校基本办学条件中央补助资金专项检查、中央大气污染防治专项资金检查以及财政扶贫资金专项检查查处的典型案例，连续 3 年公开曝光了未公开预决算的地方部门和单位名单。相关案例曝光后，有力提升了财政监督的威慑力、影响力和推动力。

此外，2014 年，财政部启动财政内部控制建设工作，并将内控建设作为加强财政内部监督工作的重要抓手。经过几年的建设，设立了内控委、内控办、牵头单位和各单位内控管理岗、内控联络员组成的四级内控管理机构，构建了由《财政部内部控制基本制度》、专项内部控制办法、《专员办内部控制办法》、高风险内部控制办法和各单位内部控制操作规程等制度组成的内控制度体系，实施了由内控风险事件应对、内控信息化、内控有效性检查、内控考核评价和内控结果运用等工作组成的内控执行体系，形成了以制约财政核心权力为目标，以强化流程控制为手段，业务风险与廉政风险防控相结合，自我约束和监督制衡并重的财政内控机制。出台《关于加强财政内部控制工作的若干意见》，在全国财政系统内推动内控建设。与此同时，逐步将内控建设和执行情况作为领导干部经济责任审计的重要内容，推动内控和内审相互融合。自 2015 年起，财政部将对于专员办和部属单位领导干部的经济责任审计职能调整到监督检查局，部分地方财政部门也相应进行了职能调整。各级财政监督部门在经济责任审计中，重点审计领导干部贯彻执行中央和部党组决策部署、守法守纪尽责、重大经济决策、财务收支、国有资产管理等情况。例如，2015 年至 2018 年年底，财政部监督检查局共计对 60 位司局级领导干部开展了经济责任审计。

（2）财政监督的成效及意义①

①促进财政改革，保障政策执行，提高财政分配决策的科学性。加大对重大财政政策执行和涉及民生资金的监督检查力度，保障财税政策执行。2002 年开展的地方企业所得税核查，为所得税分享改革的顺利推进提供了充分依据；积极参与部门预算审核，推进了部门预算改革的深化；对预算单位银行账户进行审批，从源头上把握住资金载体，把住资金监管的命脉，为实现部门预算奠定了基础；组织开展了中央国家机关及省直机关津补贴和住房公积金专项检查，针对查出的问题，提出了改进意见和建议，为推进改革提供了重要参考资料。通过财政监督，及时反映政策执行中存在的问题，督促各项财政政策落实到位，保障了国家政令畅通，为政策制定或调整提供第一手材料，对多项财政改革的顺利推进起到保驾护航的作用。

②提升层次，突出重点，深入开展财政收支监督。收入监督一直是财政监督工作的重要内容。从监管对象来看，摒弃了单纯监督检查纳税人的思路，实现了向征缴税收、非税收入的各个部门、单位的征管质量进行监督检查的转换。从监管内容来看，克服了片面重视税收收入、忽视非税收入的问题，实现了向税收收入、非税收入监督并重，对收入收缴、退付、留解、划分全过程监督，对重大财税政策执行情况进行调研反馈的思路转换。从监管方式来看，从年度突击性检查逐步转变为日常监督与专项检查相结合。从 1985 年到 1997 年，连续 13 年在全国范围开展了税收财务物价大检查工作，共查出各种违法违纪问题金额 2044 亿元，挽回财政损失 1331 亿元。

我国财政支出监督也经历了一个循序渐进的发展过程。1998 年前，支出监督主要以单一财务收支检查和对部分财政专项资金事后检查为主，监督的重点主要是财政资金使用的合规性和安全性。从 1998 年起，随着财政管理与财政改革的不断深入，特别是随着公共财政体制的建立，支出监督已经摆上财政工作重要议事日程，加强财政支出监督已经成为财政监督工作的重点。加大了对社保资金、财政支农资金、扶贫资金、教育资金等公共支出项目的监督检查力度，在财政资金安全性、规范性监督的基础上，强调财政资金的有效性监督，切实提高财政资金使用效益。

① 财政部监督检查局．在改革的激流中前进——三十年财政监督发展历程回顾［J］．财政监督，2008（23）：19－21.

③内部监督发挥“减震器”和“免疫”作用。财政内部监督，是一种预防机制和自我纠正机制，目的是促进加强财政管理，完善规章制度，充分发挥“减震器”和“免疫”作用，保障财政资金安全，保护财政干部。从 1999 年起，各级财政部门在常规检查的基础上，开展对制度建设、内控机制和履行职责等内部管理水平情况的检查，发现内部管理的深层次问题，提出的整改意见涉及财政管理和财政改革的许多方面，促进被查单位健全内控制度，从根本上纠正违规问题的发生。目前，内部监督检查已形成制度，内部监督的目标从单一的监督或以监督为主向监督与服务并重转变；工作重点由一般性财务检查向监督内部制度、内控程序上转变，由合规性为主向合规性和效益性并重转变，从微观监督为主向微观监督与宏观分析相结合转变，财政内部监督日益制度化和规范化。

④履行政府监管职责，深入开展会计监督和金融监督。自 1999 年至今，财政部已连续发布了十四次《会计信息质量检查公告》，及时向社会披露有关问题，引起新闻媒体和社会各界的高度关注，对会计造假行为起到了震慑和教育作用。扩大了财政监督的影响力。1999—2007 年，仅财政部组织开展的会计信息质量检查就涉及医药等 1344 户企业，累计查出违规问题金额 1300 多亿元，发现并严肃处理了沈阳黎明、华源制药等违规问题。2003—2007 年，财政部共组织检查了 138 家会计师事务所，对 59 家会计师事务所、107 名注册会计师进行了处理处罚，对深圳中喜等个别严重违法违规的事务所及相关注册会计师给予了暂停执业乃至吊销证照的严肃处理。

同时，加大了金融监督力度。通过实施财务审批、日常监管、会计信息质量检查、部门预算审核、调查研究等手段，及时发现并严肃查处了各类违规违纪问题，提出加强金融监管的对策建议，促进了金融企业加强财务会计管理，提高资产质量，规范经营行为，提高财政抵御和防范风险的能力，为金融改革提供了参考。配合部门预算改革，在原有金融监管职能的基础上，重点加强了对人民银行部分分行和“三会”派出机构预算编制、执行和财务收支情况开展检查。确保预算编制、执行的严肃性，提高了财政资金使用效益。

⑤制度和理论框架初步建立，提升了财政监督的科学性和规范性。2005 年 2 月 1 日施行的《财政违法行为处罚处分条例》，使财政监督的执法地位和执法手段得到强化，标志着财政监督事业在法制化进程中迈出了一大步。随后，《财政检查工作办法》等相继出台，提高了监督检查的科学性和规范性。组织修订了《财政检查通知书规则》等 5 个操作规程。汇集制定《专员办日常监管业务工作规范》，规范了监管行为。近年来，地方财政监督立法也迈出了实质性的步伐，吉林、广西等地以地方人大立法的形式出台了财政监督条例，河北、湖北等地以政府令的形式制定了财政监督办法。

同时，财政监督理论得到了极大的丰富和发展。近年来，我国先后出版了《财政监督的理论分析》《财政监督》《财政监督案例》《财政监督 10 年》《财政监督文集》等一批专著，完成了多项重点财政监督课题研究，多次成功举办了财政监督理论研讨会，财政监督国际交流成果突出，国际交往日渐频繁。

8.2.5　财政信息化建设实践——金财工程

（1）财政信息化建设历程①

在电子信息化时代，政府预算执行的技术保障手段是政府财政管理信息系统。政府财政管理信息系统又称为“金财工程”（Government Fiscal Management Information System，简称 GFMIS），是指运用现代信息技术，综合预算、会计与财务管理应用程序，完整记录财政收支过程；及时提供各种准确可靠的财务信息；为预算编制和执行提供全面、综合的管理报告，为微观经济管理和宏观经济决策提供依据的系统。

自 1999 年下半年起，财政部按照党中央、国务院深化财政体制改革，建立社会主义市场经济体制下公共财政体系框架的总体要求，在推进部门预算、国库集中支付改革的同时，着手规划建立“政府财政管理信息系统”。2000 年成立了专门工作小组，在考察发达市场经济国家和东欧转型国家政府财政管理计算机系统运行模式和建设经验的基础上，于 2001 年年初完成初步设计，下半年开始试点。2001 年年底，国务院又做出了收支两条线改革的决定。为了与已经和正在建设的“金关”“金税”“金卡”等重大信息工程相对应，2002 年年初，遵照朱镕基总理的指示，将其正式命名为“金财工程”。2006 年全国财政系统“金财工程”建设座谈会提出，“要构建以一个应用支撑平台（即数据库）、二级数据处理（即中央与地方分级数据处理）、三个网络（即内部涉密网、工作专网和外网）、四个系统（即预算编制系统、预算执行系统、决策支持系统和行政管理系统）、五个统一（即统一领导、统一规划、统一技术标准、统一数据库和统一组织实施）为主要内容和特征的、管理与技术有机融合、公开透明、服务便捷、安全可靠的政府财政管理信息系统”。

（2）财政信息化建设的总体规划与实现

GFMIS 系统以大型信息网络为支撑，以细化的部门预算为基础，以所有财政收

---

① 王建国．加快推进金财工程建设全面提升财政管理水平［M］．北京：中国财政经济出版社，2006.

支全部进入国库单一账户为基本模式，以预算指标、用款计划和采购订单为预算执行的主要控制机制，以出纳环节高度集中并实现国库现金的有效调度为特征，详细记录每个用款单位的每一笔财政资金收支，覆盖了财政收支管理的全过程，可监控任一时间点的财政资金收支状况①。它是一套与我国建立公共财政体制框架目标相适应的先进信息管理系统，是我国正在实施的电子政务战略的重要组成部分。

按照系统工程规划设计，“金财工程”建设共分为业务应用系统、信息网络系统和安全保障体系三个方面，即以应用为中心，以网络为支撑，以安全为保障。一是建立财政业务应用系统，包括预算管理系统、国库支付管理系统、总账管理系统、现金管理系统、工资发放管理系统、国债管理系统、政府采购管理系统、固定资产管理系统、收入管理系统、财政经济景气分析系统、标准代码系统和外部接口系统共 12 个业务管理系统（参考图 8－4）；二是建立纵横向三级网络系统，包括本级局域网、纵向连接各级财政部门的广域网和横向连接统计各预算单位、国库、银行、税收等相关职能部门的城域网；三是建立安全保障体系，即建立以认证中心、数据加密为核心的统一安全保障体系，确保“金财工程”应用系统高效、稳定运行。

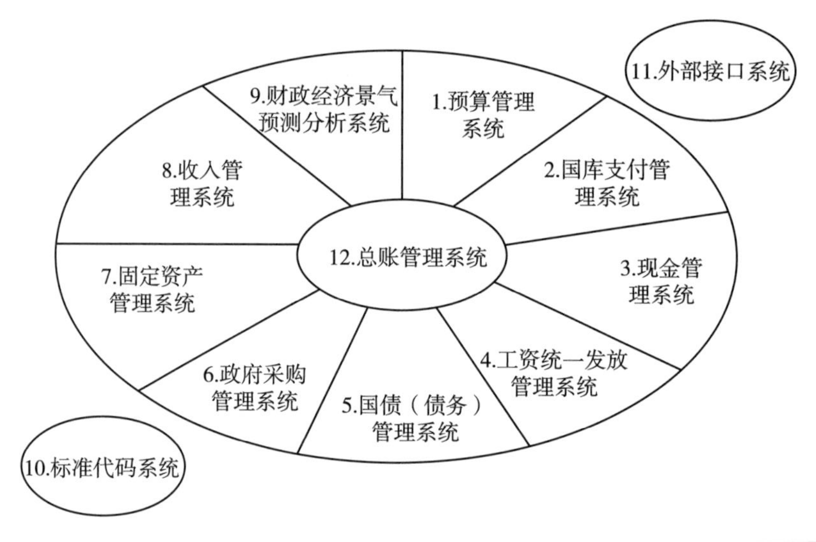

图 8－4　财政业务应用系统模块构成

（3）财政信息化建设的意义②

财政信息化是公共财政框架下财政改革的一个重要方面，是财政管理现代化

---

① 李炳鉴. 政府预算管理学［M］. 北京：经济科学出版社，2003.

② 王建国. 加快推进金财工程建设全面提升财政管理水平［M］. 北京：中国财政经济出版社，2006.

的必然要求。它的建设与实施将管理超过全国 20% 的 GDP 资金流动，对于加快社会主义市场经济体制的建立和促进国民经济管理的现代化，规范财政预算管理，提高国库资金使用效率，增强财政决策的科学性和财政工作的透明度，加强廉政建设实现依法理财等都具有十分重要的意义。

①财政信息化是我国推进电子政务建设的重要组成部分。信息技术是当代先进生产力的代表，信息化关系到经济、社会、政治和国家安全的全局，信息化水平是衡量一个国家和地区竞争能力、现代化水平的重要标志。电子政务（政府管理信息化）是国民经济和社会发展的必然要求和必然趋势。财政部门是国家重要的综合经济管理部门，实现财政管理信息化，是电子政务的重要内容，是财政部门和财政工作适应国民经济和社会管理信息化的必然要求。财政信息化工作的核心是建立财政管理信息系统，财政管理信息系统以大型数据库为基础，建立包括部门、单位、地域、序号等属性的数据字典，将详细记录每个部门、单位每一笔财政资金收支的来龙去脉和每一个时点的资金运动情况，涵盖了财政收支管理的全过程。

②财政信息化是我国财政预算管理工作高效运行的要求。政府财政管理信息系统是目前世界上主要市场经济国家政府信息管理系统中的核心之一。美国财政部的联邦政府国库支付系统 2000 年度除国防支出外，包括社会保障基金和退税在内的全部 9 亿笔政府开支，总值为 1.2 万亿美元的财政资金都是由管理信息系统通过单一账户支付（其中 70% 是以电子支付方式）实现。因此，建立与实施财政管理信息系统，符合我国按市场经济发展和加入世界贸易组织要求，在财政管理方式方法上有利于尽快与国际接轨。在全国范围内建立起各地方、各部门之间的电子信息化系统，实现电子信息的传输和所有信息的共享，从而大大提高整个财政工作的效率。

③财政信息化规范预算收支管理，增加预算编制与执行的透明度的保障。预算作为政府的财政收支计划，是政府筹集和使用集中性财政资金的重要分配杠杆，体现政府集中性的财政分配关系，是政府实现其职能的重要工具。按照市场经济体制的规律和建立公共财政体系的要求，预算编制与执行必须真实、统一与公开。建立与实施财政管理信息系统，将详细记录每个用款单位每一笔财政资金收支的运行状态，大大减少了预算执行的随意性。因此，它不是传统意义上只能做“事后”记账处理的一般财务系统，而是带有“事前”控制机制的政府财政“资源性”管理系统，也是自动化程度较高，依法理财的系统。它的建立与实施可以从根本上防止财政资金的体外运行和沉淀。既能对财政部门的管理工作进行规范，又能对支出部门的预算执行行为进行有效监督，从源头上预防腐败现象的发生。

④财政信息化科学预测收支，提高国家宏观经济决策水平的需要。宏观经济分析与决策是对国民经济整体运行状况所进行的分析和相应采取的财政、货币政策，是整个宏观经济政策制定的基础，也是进行宏观经济管理的前提。财政是国家职能的重要组成部分，财政政策是国家宏观调控的一个重要工具。政府财政信息系统的建立与实施可以完整地保存宏观经济分析和预算执行各方面的数据，为整个财政管理工作提供准确、适时的财务信息，从而促进宏观经济预警模型、收支测算模型、现金预测模型分析等模型的建立，既为决策的科学化提供数据保障，又为各种财政管理工作提供科学的分析依据。

⑤财政信息化有利于提高财政部门对外服务水平。服务型政府的理念已经得到全社会的认可和期待，对于财政部门而言，通过财政信息化工作，可以在加强财政部门内部管理的同时，进一步提高财政部门对各行政事业单位、企业、公民的服务效率和服务水平。

8.3 财政管理与监督发展的特点与经验总结

8.3.1 各项改革相互衔接、相互促进、不断完善

政府收支分类、预算绩效管理、政府会计、财政监督等各项发展以及财政信息化建设均植根于改革开放的大背景和经济政治社会发展的大环境，必须适应经济政治社会体制的要求，且各项财政管理改革发展相互衔接、相互协调，相互促进、相得益彰、不断完善。例如，我国的政府会计由预算会计转变而来，但原有的预算会计无法满足“责任、公开、绩效”的目标，同时政府的责任意识和“新常态”下的财政压力也促进了政府会计改革的启动。而政府会计制度引进权责发生制原则，新增预算收入、预算支出与预算结余会计科目，能够更加准确地反映财政资金的成本与效益，成本与产出的配比，有利于加强财政资金使用者对绩效目标实现的责任意识，有利于促进全面预算绩效管理改革。此外，财政信息化建设也促进了我国财政监督的发展。财政信息化建设使财政监督部门由传统的手工检查监督方式向利用电子技术和网络技术的智能检查监督方式转变，能实时得到财政业务数据和信息，实现对财政业务开展情况的动态监测，以及时发现风险隐患或可疑点，提高财政监督的效率。财政信息化建设促进了财政监督信息技术建设，创新信息化监督方式，提升信息化监督水平，各地方政府均积极打造具

有特色的财政监督检查工作机制，如各地方人大开启“联网 + 大数据 + 监督”模式，建立人大预算联网监督系统，有效地提高了人大预算监督的效率。

8.3.2　明确的目标和组织规划，有序推进改革

我国各项财政管理改革注重顶层设计和总体方案，有明确的改革目标和组织规划协调，以实现改革有序推进、重点攻关突破，有效实现预期目标。这是中国特色财政管理改革发展的内在机制。例如，我国政府会计改革就具备明确清晰的目标导向。2014 年 12 月，在国务院批转财政部制定的《权责发生制政府综合财务报告制度改革方案》，确立了政府会计改革的指导思想、总体目标、基本原则、主要任务、具体内容、配套措施、实施步骤和组织保障。总体目标是通过构建统一、科学、规范的政府会计准则体系，建立健全政府财务报告编制办法，适度分离政府财务会计与预算会计、政府财务报告与决算报告功能，全面、清晰反映政府财务信息和预算执行信息，为开展政府信用评级、加强资产负债管理、改进政府绩效监督考核、防范财政风险等提供支持，促进政府财务管理水平提高和财政经济可持续发展。同时，还提出分 2014—2015 年、2016—2017 年、2018—2020 年三个阶段分步实施改革，力争在 2020 年前建立具有中国特色的政府会计准则体系和权责发生制政府综合财务报告制度。此外，我国预算绩效管理改革也有明确的目标和组织规划。《中共中央　国务院关于全面实施预算绩效管理的意见》（中发〔2018〕34 号）围绕“全面”和“绩效”两个关键点，对全面实施预算绩效管理做出部署，提出：“力争 3—5 年，要加快建成全方位、全过程、全覆盖的预算绩效管理体系”，并采用“坚持总体设计，统筹兼顾；全面推进，突出重点；科学规范，公开透明；权责对等，约束有力”的基本原则。在财政管理改革中，明确的改革目标和任务有助于有序推进改革，提高改革的效率。

8.3.3　坚持试点先行、逐步推广

由于我国的财税改革是基于中国国情的一项开创性改革，因此，在实践中，我国的很多重要的财政管理改革均采取试点先行的办法，在试点的基础上总结经验，在成功的基础上进一步推广至全国。例如，我国预算绩效管理改革实践，由分散性的初步试点阶段过渡到统一制度规范下的试点阶段再到全面推广阶段。2001 年，湖北省财政厅根据财政部安排，率先在恩施土家族苗族自治州选择 5 个

行政事业单位进行了评价试点，开始在我国真正意义的预算支出绩效评价起步和试验。到了 2006 年，财政部组织新闻出版总署、农业部和水利部，选择了 3 部门的 4 个项目，开展了统一的绩效考评试点工作。2011 年，随着我国财政收支规模的不断扩大，我国财政支出绩效考评工作才进入常态化阶段。“试点先行、逐步推广”是我国推进改革的一个成功做法，对我国各项财政管理改革有序平稳发展发挥了重要的作用。

8.3.4 注重制度建设，把改革纳入法制化的轨道

在各项财税改革中，我国注重制度建设，把改革纳入法制化的轨道。我国的政府会计改革、预算绩效管理改革等的推进都伴随着相关财税法规的制定与出台。例如，我国为全面贯彻落实党的十八届三中全会提出的“建立权责发生制的政府综合财务报告制度”重大改革举措，2017 年 10 月，财政部印发了《政府会计制度——行政事业单位会计科目和报表》（财会〔2017〕25 号），自 2019 年 1 月 1 日起施行。此外，我国在 2011 年全面推广实施预算绩效评价时，财政部下发《财政支出绩效评价管理暂行办法》（财预〔2011〕285 号），对财政支出绩效评价的主体、对象、目标、指标、结果应用等做出规范，成为当时我国开展财政支出绩效评价工作的指导性文件。为全面实施预算绩效管理，2018 年 7 月 6 日，中共中央、国务院印发了《关于全面实施预算绩效管理的意见》，就我国全面实施预算绩效管理做出部署。这些法律成为约束和规范各市场主体财税行为的重要依据，并通过法律的强制性，保证财税改革的成果得以落实。

第9章

国有资产管理与资产评估发展改革回顾

新中国成立 70 多年来，国有资产在我国经济的发展中发挥着重要的作用。作为社会主义国家，我国始终存在“如何在历史轨迹中寻求出一条适合我国国有资产管理体制的路径”这一问题。而我国国有资产管理从思想、具体方针到行动措施都必须从我国实际情况出发，对其他国家的情况只能进行参考。国有资产改革的过程中，我们需要对 70 年以来的历史轨迹进行回顾，对我国制度变迁的改革进程进行分析概括，从中探索出我国国有企业和公共财政体制改革的道路规律。

9.1　国有资产管理与资产评估的理论与思想演进

长期以来，经济体制改革中，如何进行围绕社会主义导入市场机制的改革，成为了几十年以来包括中国在内，多个社会主义国家探究和思考的问题。由于历史原因，我国不少国有企业曾施行过“一厂两治”，举办过“大集体”企业等经济组织，确实存在产权不清的问题，需要明确界定。这也需要对我国具体国情施行理论研究。实践证明，国有经济与市场经济是可以相容的，经济体制改革具有阶段性色彩。

在实践中，财政类型转变和目标有差距，这与国有资产管理体制改革速度缓慢、有时甚至停滞不前，国有资产管理体系与财政管理体制之间的联系没有得到充分明确和规范有关。研究国有资产管理理论，有助于协调梳理国有资产管理与财政管理的关系、联系。

国有资产管理体制的变革与行政管理体制改革密切相关，国有资产管理体制的变迁过程相当于是行政管理体制变迁过程的一部分。国有企业的所有者是政府，然而国有企业作为自主经营的经营者，既拥有注册资本，又管理资本。企业应当凭借注册资本数额承担注册资本相应的责任。政府作为国有企业的所有人，应该遵循所有者职能，丢弃经营中的经济职能。因此，对旧制度进行改良、建立新的国有资产体制，促使政府行政组织与经济组织的分离，政府不再拥有企业的所有权，而是将它让渡给专门的所有权代表行使。政资分离指的就是这样的过程。

9.1.1 国有资产管理的思想理论认识发展

（1）马克思产权理论

马克思产权理论主要指马克思提出的有关产权的相关概念理论。需要注意的是，产权的相关概念中并未真正对产权下定义。然而，马克思相关理论内容仍然比罗纳尔德等人内容完备，时间上要早出100多年。

马克思产权理论主要包括以下内容：①产权的根本来源。马克思的理论中认为，原始生产力的基础是原始公有产权，原始公有产权主要由自然物构成，例如土地。私有财产是生产力发展到一定阶段上必然的交往形式。②生产资料所有权是产权的核心。财产所有权，即“这种法的关系或意志关系是由这种经济关系本身决定的”。马克思始终认为，生产资料的所有、占有、支配和使用乃至收益权（广义所有权）的决定因素是生产资料的所有权（狭义所有权）。财产所有权不是一成不变的，而是会随着社会关系的变化而不断变动。③生产关系在法律中表现为财产权。马克思认为，产权是生产关系在法律体系中的具体表现，产权的本质和实质是法权关系；产权关系是生产关系等关系的一种法律表现形式；所有制关系是经济发展中的本源和经济基础，是一种先于所有制的存在。而所有权则是所有制在法律层面和法律范畴中的体现。④财产权的统一与分离。马克思产权理论认为，财产权是一系列权利的加总，而不是一个单一的权利。在财产权中，除了最基本的所有权外，还有着其他的权利，例如占有权等权利。在生产力落后的情况下，财产权的各种权利不会被分离，也没有分离的条件，相当于一个统一的整体；但如果有着发达的生产力，财产权就不再仅仅由所有权组成。尤其是在优质的市场经济条件下，财产权利会分解成第一层单纯的所有权和第二层占有权。股份制公司内部的所有权与经营权分离。马克思指出：“在股份制公司内，职能已经同资本所有权相分离，因而劳动也已经完全同生产资料的所有权和剩余劳动的所有权相分离……实际执行职能的资本家转换为单纯的经理，即别人的资本的管理人，而资本所有者则转化为单纯的所有者……”股份公司中所有权与经营权的分离，符合社会化大生产的要求，这种分离是趋势所致。①

（2）西方产权理论

西方产权理论由美国新制度经济学创立，主要研究内容是有关产权界定和交易的相关经济学理论。西方产权理论的根基是对传统西方微观经济学进行批判，

---

① 武建奇．马克思的产权思想［M］．中国社会科学出版社，2008.

揭露福利经济学的漏洞，同时对新古典经济学逐步修正。其中代表性的理论有：

奈特和康芒斯的交易成本理论。人类的天性中有一种道德上的冒险精神，经济运行中一定会出现一些非理性的行为与冒险机会主义。奈特在《风险、不确定性和利润》中指出，需要一种制度约束这种机会主义与道德上的不负责任的随意性，将风险与产权联系起来，进而将产权引入市场运行机制。而则在《制度经济学》一书中，康芒斯认为，人类的全部经济活动可以大致概括为生产活动和交易活动两种。制度运转是由无数次的交易构成的。而交易中既包含了产权归属问题，也包含了利益冲突问题，同时又是一种利益关系。为保证制度的顺利运行，经济组织要协调交易参与者的行为。康芒斯的产权理论中阐述了交易的定义、特点以及法律在产权关系中起到的重要作用，为产权理论的发展奠定了基础。

科斯的产权理论。科斯构筑了以"科斯定理"为核心的产权理论基本分析框架。"第一，在交易费用为零的情况下，不管权利如何进行初始配置，当事人之间的谈判都会导致资源配置的帕雷托最优；第二，在交易费用不为零的情况下，不同的权利配置界定会带来不同的资源配置；第三，因为交易费用的存在，不同的权利界定和分配，则会带来不同效益的资源配置，所以产权制度的设置是优化资源配置的基础（达到帕累托最优）。"要进行资源配置，必须在资源产权的初始界定明确的情况下才能实现，科斯定律阐述了法律界定产权的重要性。科斯定律从三个层次，说明了初始法律权利配置的重要性（前提是存在交易成本的情况下）：由于费用的存在，只有当预期收益大于预期成本时，才能通过交易调整权力配置；如果法律做出的调整能降低权利调整所需要的费用，那么该调整是积极的。科斯定理将产权、交易成本和资源配置有效性问题紧密联系，标志着产权经济学的诞生。

（3）诺斯：新制度经济学的制度变迁理论

新制度经济学的创始人是诺斯。在制度变迁理论中，诺斯考虑了多种因素，诸如政治、经济等。在此基础上，诺斯建立了新的理论体系，即新经济史学理论体系。其中，制度变迁理论的第一要义是产权理论。产权理论在国家社会的经济增长、经济运行中起到了至关重要的作用。除此之外，制度变迁理论的第二要点是国家理论。在诺斯的观点中，国家管理的关键在于强制力实行对资源的控制。

制度变迁理论具有沿袭性的特征。制度变迁并不是创造一个新的理论或制度，而是在原有的基础上结合实际情况与经验对原有的制度进行改良，从而生出一种新的制度。新制度并不与以往的实践毫无联系，新制度施行必然需要外部条件与内部条件。出于对社会各式各样的利益追求的考虑，新制度的产生和运作必须要满足旧制度各经济主体利益不受损伤。

（4）伯利与米恩斯：委托代理理论

委托代理理论于20世纪30年代，由伯利与米恩斯提出。委托代理理论的核心观点概括为，一个企业的所有者不应该同时对企业进行经营，企业所有者是所有权的拥有者，即所有权的持有者不应当同时拥有经营权而应该将企业的经营权转交给其他代理人。否则将不利于企业的生产经营。在委托代理理论中，所有权和经营权应该得到分离。

国有资产具有群体特性，委托代理的种种问题根本在于代理人普遍具有利己性，并且委托代理人和委托人中存在信息不对称。企业的利润有时并不能合理反映在代理人的报酬上，委托代理问题是必然存在的。为了使代理能够顺利继续，并且获得利润，对代理人行为必须设立强有力的监管制度。而国有资产管理必须成立具有强实践性、强稳定性的委托代理机制。

（5）国有资本财政理论

国有资本财政是指“国家以国有资本所有者身份，对国有资本进行价值管理和收益分配而形成的政府收支活动或分配行为”。和公共财政不同，国有资本财政是我国“双重结构财政”下的一种财政模式，主要有以下五个方面：

第一，国家政府担任国有资本财政的主体。国有资本财政从根本上而言是一种政府对掌握的国有资产资源的分配行为，虽然国有资本财政与公共财政一起构成了我国双重结构的财政主体，却有千差万别。与公共财政不同，国有资本财政是国家的宏观调控，是国家政府作为所有者的分配行为；公共财政属于政权行使人的分配行为，而不一定对资本具有所有权，二者不能混淆。

第二，国有资本财政分配的根本目的在于增强我国有资本的经济效益。国有资本在我国国民经济、国民生活中占有不可或缺的地位，必须从国民的整体视角以及国有资本的宏观经济效益角度来审视和考虑国有资本财政的宏观调控作用。

第三，国有资本财政收入的重要组成部分是国企的税后利润。国有资产所有者对国有资本财政收入进行再投资和分配，按照国家的有关政策使经济得到增长，以达到增值国有资本的目的。这就是国有资本财政的收支过程。

第四，国有资本财政支出不能仅仅注重经济效益，也要注重财政带来的社会福利影响。国有资本财政支出具有投资性，主要是为了获得资产增值，因此注重其经济效益。但是政府对国有资本财政收入进行分配的过程中，也要注重满足宏观经济利益，注重宏观调控效果。

第五，国有资本财政分配具有多元化行使。国有资产有不同的存在形式，与之相对应，国有资本财政的经营方式也不完全相同，存在着实物产品生产为主、资本运营为主的经营方式。

回望整个国有资产管理史，整体研究仍然是关于中央政府对国有资产的权利、地方政府享有的权利与企业享有的权利三者的相互权衡，不断进行调整。其中也经过许多权利过度下放、权利过度集中等状态，但都逐渐改善。完善权利分配后，开始进一步修正制度和企业发展策略，使国民经济得到快速有效的发展。

9.1.2　资产评估的理论与思想演进

（1）资产评估的理论思想形成背景

我国资产评估的基本理论思想起步较晚，是在我国改革创新开放的历史过程中初步发展形成，并于 1978 年国有企业集体改制的顺利进行中逐步发展壮大起来的。我国 20 世纪 80 年代末期，为了充分明确知识产权以及有效防止国内企业资产价值流失，资产价值评估中的有关商业活动已经开始显现；之后的十年，随着中国资产评估协会的建立，资产评估的理论思想初具雏形，相关的法律规章开始逐步完善，资产评估行业进入初步发展阶段；进入 21 世纪后，资产评估行业相关的各类部门专业技术委员会相继成立，理论操作思想逐渐成熟，资产评估相关行业法律管理愈发规范完善；2016 年，《中华人民共和国资产评估法》的正式颁布出台，更是直接标志着我国资产评估相关行业发展进入了一个有法可依、理论体系基本成熟的全新发展阶段。资产评估的从业者努力开拓探索，不断创新，建设发展出独具特色的当代中国资产评估科学理论体系，开辟了一条属于中国的独具特色的社会主义资产评估的科学发展之路。目前，我国的资产评估行业已初具规模，并且正伴随着日新月异的信息时代发展进程蓬勃发展；资产评估的理论思想亦基本完善，在时代发展中不断探索创新。

（2）现代资产评估的基本理论

资产评估中的资产价值要素，是我国资产评估理论思想体系的基本组成元素，是构造我国资产评估整体理论体系的重要基础。确定我国资产评估各个要素之间的内在逻辑关系，更是建立我国资产评估基本理论框架的必然要求。

资产评估的要素有资产、假设前提、估价时点、价值类型、评估目的、评估原则、评估程序、评估方法、评估对象、评估结果以及评估管理，共 11 个基本部分。

资产评估要素之间存在密切的联系，也正是这些联系为构造逻辑框架创造了基本前提。一般情况下，在我们确定评估的资产后，首先应明确假设前提、估价时点、评估目的与评估对象这四个方面。它们是资产评估逻辑框架形成的基础要素。假设前提通过影响评估程序与评估原则间接影响评估结果。估价时点能通过影响评估方法的手段，从而间接影响评估结果。评估目的则直接对价值类型产生影响，进而导致评估方法的变化，从而间接影响评估结果；同时，评估目的也通过影响评估原则间接影响评估结果。评估对象的不同会对评估程序、评估方法、评估原则三方面都造成影响，进而间接影响评估结果。与此同时，评估原则的不同也会导致评估方法的改变，进而导致评估程序的变化。总之，资产评估各个要素之间的相互联系基本围绕着资产的价值发现，也即资产的本质展开讨论的。

资产评估的理论框架体系主要是以价值发现为基本逻辑起点，以现有的资产评估基本概念为基础共识，与评估准则制度、评估要素、内外部环境共同结合构成的一个较为完备的体系。资产评估的理论逻辑框架由四个主要部分构成：本质、内核、外核与环境。

本质是价值发现。价值发现是资产评估至关重要的逻辑起点。它是由国家相关部门的专业机构从业人员依照一系列的法律法规准则等，根据一定的原则目的与估价原则，通过相关规定的程序，选择合适的价值类型，采用科学的方法对资产的实际价值进行统计分析、加以估算，并及时发表专业意见的行为过程。价值发现是资产评估的逻辑起点，与资产评估的基本思想息息相关，故价值发现的概念作为资产评估理论框架的本质，充分表明了资产评估的专业工作的特点。

内核构成了资产评估学科的基本研究内容与主要研究领域，由假设前提、估价时点、价值类型、评估目的、评估原则、评估程序、评估方法、评估对象、评估结果九个方面构成。它们之间的层次关系分为约束层、测算层与结果层。

其中，假设前提、评估对象、估价时点、评估目的、价值类型属于约束层。假设前提是指由有限且已经确定的实际条件进行逻辑链清晰的推导过程，对所研究的事物或对象做出清晰的假定，从而使委托方更明确评估价值的存在前提、适用范围、限制条件与可能风险。假设前提可以具体分为市场经济条件假设、宏观经济环境假设、技术性条件假设、评估对象使用状况假设、评估对象实际作用空间假设等。评估对象常常指被评估的各类资产，包括有形资产以及无形资产；目前我国资产评估行业涉及的评估对象越来越广泛，除了专利权、商标权、房地产行业、机器设备等等传统意义上的资产外，企业海外并购、物业税、文创资产、新能源资产等也逐渐地成为了资产评估的重点对象。估价时点是指某一特定的资产价值所对应的相应时间点，一般由资产委托方与资产评估方共同商定。评估目的主要是指对目标评估对象的价值进行评估后所要从事的某种行为，一般由委托方提出要求。评估目的具体可分为一般目的与特殊目的，一般目的主要是给资产交易的买卖双方提供资产价值的参考性意见；特殊目的则主要涵盖资产评估与税务管理方面、案件审理方面、保险、清算等等相关的评估。价值类型指资产评估结果的各种价值属性及价值表现形式，从不同角度准确反映各类资产评估价值的基本属性和表现特征。价值类型的具体分类目前有两种较具有代表性的观点：早期，资产评估理论界将价值类型区分为现行市价、重置成本、收益现值和清算价格四种；后期，根据《国际评估准则》，将价值类型分为市场价值类型以及除了市场价值之外的价值类型，这也是在我国现实中得到更为广泛应用的一种观点。

评估程序、评估方法、评估原则属于测算层。评估程序主要指一系列资产评估机构与专业人员配合执行相关业务、形成相应结论所必须履行的系统性的工作步骤与业务环节，它是有效规范资产评估行为、提高资产评估业务质量、维护资产评估行业公信力的重要保证。评估方法是指对企业资产价值评估时所采用的计算手段，其基本的方法包括现行市价（市场）法、清算价格（成本）法、收益现值（收益）法，除上述方法以外，还有 B－S 模型法、二项式模型法、经济利润法、现金价值增加法等等，亦会不断发展出现新的、适应时代的方法。评估原则是用于调节资产评估有关权益各方的相互关系、规范资产评估行为和业务的准则，是资产评估进行过程中的行为依据。评估原则分为最高原则与一般原则，在资产评估要素不尽相同时，其一般评估原则可能发生变化，但最高原则基本不变，且目的皆是为了独立客观地反映出资产的价值。

评估结果属于结果层。评估结果是指资产评估方在进行资产分析、判断、测算后所发表的专业意见，也即资产评估得出的结论。评估结果建立在特定的科学假设的条件下，因此评估的结果必须在一定的假设限制下才能应用。

外核是资产评估过程和结果间接作用的要素，包括法律制度、考试培训、行业自律、行业准则、后续教育、会员管理等内容。它们有效地间接约束了资产评估相关从业人员的行业规范，提升了从业者的执业能力与道德水平，进而保证了资产评估过程与结果的科学性、客观性、公正性。

准则是外核的主要内容，主要可分为基本准则、具体准则、评估指南与评估指导意见四个不同的层级。基本准则具体分为资产评估准则基本准则与职业道德准则基本准则，分别从技术操作与职业道德两个不同方面对资产评估行业的从业者进行规范。具体准则分为实体性具体准则和程序性具体准则，其中，实体性准则包括了企业资产价值、机器设备、不动产、珠宝首饰、无形资产基本准则等方面，而程序性准则主要规定了评估原则与报告。评估指南包括了以财务报告为目的的评估指南、企业国有资产评估报告指南等。指导意见则基本涵盖投资性房地产、商标、专利、金融等各个方面。它们共同构成了完整的资产评估准则体系。

环境是指影响资产评估行为和结果的外部因素，涉及制度环境、经济环境、社会文化环境以及其他环境等等。制度环境是指由法律法规、部门规章、规范性文件等形成的环境，它们对资产评估的技术水平与职业道德做出要求，对资质不足、弄虚作假的行为进行处罚，进一步规范、加强了行业的自律程度，提升行业的整体水平。经济环境是指和资产评估相关的国家现行经济政策与社会经济基本状况，间接作用于资产评估，影响资产评估行业的发展情况。社会文化环境包括社会结构、风俗习惯、文化传统等等多方面因素，而这些更多的是对资产评估行业产生潜移默化的影响。

目前，我国资产评估的理论思想目前仍处于探索阶段。针对框架体系、基本要素等基础方面，资产评估行业中的学者们已基本达成共识，但在理论框架边界界定、要素之间的相关关系等细节问题的处理上，仍在不断进行探讨、深入研究。

9.2 重大国有资产管理与资产评估发展改革实践

9.2.1 国有资产管理发展改革实践

（1）计划经济时期（1949—1978 年）

国有资产管理就是对所有权属于国家的各类资产的经营和使用，以及组织、指挥、协调、监督和控制的一系列活动的总称，包括国有资产投资、经营、收益分配、处置等方面，管理手段可分为法律、经济、行政三种，自新中国成立到十一届三中全会胜利召开前，我国的国有资产管理集中在“国营”“计划”两个关键词上。

1949 年，第一届政协会议胜利召开，会议讨论并公布了起临时宪法作用的《中国人民政治协商会议共同纲领》，奠定了我国经济政策的基础，我国的各种社会经济成分要在国营经济的领导之下，通过不同成分间的分工合作，实现每一种成分的经济利益都得到满足，以促进整个社会经济的发展。国营经济是社会主义性质的经济。凡是与国家经济命脉息息相关的行业或者对国民生计有着极大影响的事业，国家会实行统一经营管理。《当前财经形势和新中国经济的几种关系》指出国家方面主要经营重工业，国营商业服务于工农业品的流通。

1950 年，政务院颁布《关于统一国家财政经济工作的决定》，提出进一步深化国营企业管理要求，在国营贸易资产管理方面，要求各地国营贸易机构业务范围的规定和物资的调动，均由中央人民政府贸易部统一负责，每日售得的现金，必须逐日解缴国库，不得挪用延缴。文件将国家所有企业分为三种，第一种，由中央各个部门进行直接管辖；第二种，所有权属于中央人民政府，管理权被委托给了地方人民政府或军事机关；第三种，中央将所有权与管理权一并给予地方人民政府或军事机关。在外部管理方面，由政务院财政经济委员会划清管理责任，制定投资贷款条例，国营企业的投资依照全国概算及政务院财政经济委员会批准的额度执行，且无论是哪一种国有企业，均需要依照财政部的规定，按时纳税。随后政务院公布了《政务院关于统一管理一九五〇年度财政收支的决定》，明确国营企业的收入和折旧准备金提存，均归中央人民政府所有。其中贸易、银行、航运、工厂、矿山、铁路及邮电等企业收入，统由各该主管部门按期交总金库报财政部，中央直管企业由财政部催收，地方管理企业，由地方财政部门催收。中央直管国营企业投资费用列入中央预算，由财政部掌管；地方管理国营企业列入地方预算。

1955 年，《中华人民共和国发展国民经济的第一个五年计划》发布，其对国营工业、农业、商业、书店以及企业员工管理分别提出了改革意见，对于国营工业，进一步地提高企业管理的水平。健全各种责任制；加强计划管理，推行作业计划；加强对技术工作的指导和规范，实现相同技术操作统一化与规范化，提高产品合格率，降低废品率与次品率；尽快制定出各种技术经济定额，推行先进的技术经济定额；强调生产作业安全，提高工人安全意识，设备的维护与检修日常化与规范化，确保生产工人作业时必要的安全保障措施，避免发生人身事故和国家机器设备的损害；加强财务管理，控制并降低生产成本，加强财经纪律，贯彻落实经济核算制，节约人力物力财力。国营商业应该推行经济核算制，同时努力地提高自己的业务水平，在流通方面，扩大流通领域，降低流动成本，加快资金的周转速度。首先是改进批发机构，提升其主营业务水平，简化流通环节，提高流通效率。其次就是改良仓库管理的工作，改进入库流程，确保所保管物资的安全，降低损耗率，减少杂费开支，以最少的流动资金，保持最合理的库存数量。

这段时期的关键词是“高度集中”“统一”。“高度集中”体现在国家集中行使所有权、占有权、支配权、使用权，控制生产环节和流通环节，“统一”体现在企业的人财物由中央与地方根据各自所分权限调拨，产供销也由国家所定计划决定。国营企业经营自主权被排除，统一纳入到国家计划中管理，所得利润根据这一时期政策全部或部分上缴国家，经费国家无偿拨给，亏损由国家负责承担，国有资产投资所有资金实行“统收统支”，政企不分，所有者与经营者不分。随后的“大跃进”时期的改革，关键在国有资产管理权限的下放，将大量央企下放给地方管理，88% 的央企被下放地方，央企数量从 9300 多个减少到 1200 多个。1961 年的改革，对国有企业再次实施中央集中统一管理，中央直属国有企业在 1965 年达到一万多家，除了国营企业外的国有资产管理权也有所集中，缓解了国有资产管理混乱的局面。“文革时期”，国有企业的管理权再次被大幅度下放，并将国有资产的投资和运营权限下放给地方政府。包括大庆油田、长春汽车厂等关系国计民生的大型骨干企业在内的 2600 多个部属大中型企业下放给地方管理，在物资管理方面也减少了国家统一分配和中央各部管理的项目种类。地方政府代表国家对国有资产进行监督管理也不加区别地下放给各省、自治区、直辖市管理，有的甚至层层下放直至到市县管理。

（2）改革开放初期（1978—1992 年）

这段时期的主旋律是："放权让利""两权分离"与"国有资产管理专门化"。"放权让利"是指，给予企业一定的自主经营权的同时，允许企业留存一部分利润自主安排支出项目。1978 年，党的十一届三中全会胜利召开，针对前一时期计划经济下国家对企业管得过多、过死的弊端，国家决定，普遍扩大国有企业的自主经营权并且允许企业留存一部分利润，为了提高国有企业的生产积极性，在保持计划经济的基础上，研究出台了一系列实行利润留成、利润分配、盈亏包干的办法，同时改进内部管理，推广实行岗位责任制以及健全企业的财务会计制度，对落后、过剩产能实施"关、停、并、转"，同时，利润分配方式也在不断改进，1983 年，第一步利改税实施，一年后，第二步利改税在全国推行，国营企业利润分配从税利并存逐步向以税代利过渡，初步确定了国家与企业分配关系的雏形。"两权分离"即国家的所有权与企业的经营权的分离。其以承包经营责任制为重点，实行企业所有权与经营权适当分离，具体表现是：企业有权在服从国家计划和管理的前提下，根据企业经营管理的具体情况和需要，选择如租赁经营责任制、承包经营责任制、资产经营责任制等多种灵活多样的经营方式，提升企业的效益；其有权自行安排生产活动，选择原材料供应商，自行组织销售活动以及合法具有和管理自有资金，拥有在国家规定范围内进行自主定价。其有权依照规定自行任免、聘用员工，以及在员工中进行民主选举，有权自行决定用工办法和工资奖励方式。而国有资产管理专门化的标志是 1988 年 9 月，国家国有资产管理局的正式组建，国务院明确规定，企业财产的所有权由国务院代表国家行使，财政部和国家国有资产管理局行使管理职能，其有权对国有资产进行监督管理和资产处置。从此，清产核资、资产评估、产权登记等国有资产管理责任由国有资产管理部门专职负责，并且按照中央的指令，改革国有企业的组织形式，进行股份制试点和组建企业集团。

①十一届三中全会后（1978—1982 年）。1978 年 12 月党的十一届三中全会胜利召开，将党的工作重心转移到经济建设上，拉开了改革开放的序幕，12 月 22 日，《十一届三中全会公报》公布，其明确指出，现在我国经济管理体制的一个严重缺点是权力过于集中，下一阶段的工作应该是将管理权力大胆下放，在坚持计划经济的基础上，让地方和工农业企业在国家统一计划的指导下有更多的经营管理自主权。《公报》中的坚持计划经济是指，以计划经济为主、同时充分重视市场调节的辅助作用，凡是涉及国计民生的产品需要由国家进行统一规划，统一规定价格，统一进行分配，保证经济运行的有序，而扩大企业的经营自主权主要体现在实行企业基金制度、财务包干制度，试点"以税代利、独立核算、自负

盈亏”政策，把企业经营好坏同职工的物质利益挂起钩来，改进人事管理。

在这一历史时期，经营性国有资产主要以国营农场、林场、工厂等形式存在，对国有资产管理的改革首先在国营工业企业进行，其目标是，在坚持党的一元化领导下，认真解决党政企不分、以党代政、以政代企的问题，实行分级分工分人负责，增加国有企业管理机构和管理人员的权限和责任。1979 年，首都钢铁公司、天津自行车厂、上海柴油机厂等八家大型国企被列入国务院扩大企业自主权的试点。为了尽快推进改革，国务院连发五文，《关于扩大国营企业经营管理自主权的若干规定》《关于国营企业实行利润留成规定》《关于开征国营工业企业固定资产税的暂行规定》《关于提高国营工业企业固定资产折旧率和改进折旧费使用办法的暂行规定》《关于国营工业企业实行流动资金全额信贷的暂行规定》，为各地各部门工作提供指导。在管理方面，对内部实行岗位责任制，并对国营工厂实行全面计划管理、质量管理和经济核算，整顿财经纪律，健全企业的财务会计制度。在人事方面，在用人制度上，选业务水平高和管理水平比较高的人当厂长，负责日常生产行政工作，要求其善于选用人员，量才授予职责，国营企业招工用人要实行全面考核、择优录取，要实行合同工、临时工、固定工等多种形式的用工制度，废除“以工代干”，补充脱产干部需要在定编定员的前提下，在经过批准的指标内，按照新时期的干部标准，从大中专毕业生或经过培训具有相当文化科学技术和业务能力的工人、农民中选拔，并履行严格审批程序，杜绝走后门、攀关系的现象。

在这一时期对国营商业进行了改革，主要是改善经营管理，努力做到把群众需要出售的产品（主要是农产品与农副产品）收购，以不赚不赔，维持物价稳定为目标，同时开始发展对外贸易，以以物易物为原则发展边境贸易。

此外，对于在前一历史时期中建造了大量落后产能的现象，国家积极开展企业整顿工作、促进企业改组和联合，要求对落后企业实行“关、停、并、转”，减少生产任务，使有限的资源用于高收益的企业。1981 年，全国地县小铁厂由原有的 466 个，减少到 190 个，并对保留的铁厂进行管理改进与加强，炼铁焦比由原来的 950 千克降到 705 千克，生铁成本由 303 元降到 243 元，亏损由 6 亿 3000 万元减少到 1 亿元。

②中国共产党第十二次全国代表大会后（1982—1987 年）。1982 年，是改革继续向前推进的重要一年，在当时国营企业中，一元钱的固定资产，只能实现产值 9 角 6 分，且国营企业占用的流动资金，已相当于固定资产的四分之一以上，提高国营企业固定资产投资的经济效益势在必行，因此，中央提出了经济振兴必须依靠科学进步的理论，国营企业开始认识到技术升级改革的重要性并付诸实践。当年，30% 独立核算的国营工业企业亏损，亏损额达到 40 多亿元，这些企

业存在组织结构不合理和经营管理落后问题，严重阻滞了一批优良企业的发展，整顿国营企业刻不容缓。国务院决定，成立按照产品分工由归口部门协同地方组成强有力的领导小组，制定行业规划，提出企业调整方案，整顿的对象主要有三类，第一类是资源消耗量大，产品质量差的企业；第二类是产品严重供过于求，产成品已经严重过剩导致大量积压的企业，第三类是技术落后但与先进企业争夺生产资源和市场资源的落后企业。改革的关键在于，第一，建立好的领导班子；第二，建立或健全各种管理规章和责任制度；第三，制定出以节约能源、原材料为重点的技术改造规划，最终整顿好的标志是，在企业中实现责任制管理，企业的劳动纪律与员工生产态度改善，企业生产的产品适销对路，能够在市场流通，经济指标与经济收益都表现出显著提高，最后由上级主管部门组织联合工作组按照中央规定的标准进行验收。

1984 年 3 月，福建省 55 名厂长、经理向省委书记“联名上书”，要求为国营企业“松绑”。《福建日报》在头版头条的位置发表了这封主题为《请给我们“松绑”》的信。《人民日报》随后转发，一石激起千层浪，厂长经理们“放权不能只限于上层部门之间的权力转移，更重要的是要把权力落实到基层企业”的诉求，在全国范围内引起了人们的广泛讨论。1984 年 5 月《国务院关于进一步扩大国营工业企业自主权的暂行规定》颁布，从五个方面深化国营企业的改革，在生产经营计划方面，企业在完成国家计划和国家供货合同的前提下，可以自行安排增产国家建设和市场需要的产品；在产品销售方面，除国家规定不准自销的产品外，国家统购计划外超产的产品可以进行自销；在产品价格方面，由企业负责自销和计划后超产部分的产品，企业可以根据市场自行定价；在国有资产处置上，企业有权将多余、闲置的固定资产出租和有偿转让，但是所得收益必须用于技术改造和设备更新，最后是人事任命方面，厂长、党委书记需要由上级主管部门任命。1984 年 10 月，中共十二届三中全会通过的《中共中央关于经济体制改革的决定》指出：企业要服从国家计划和管理，同时给予企业自主选择经营模式、安排生产、选择供应商、确定产品售价的权力，可以将留存资金用于科技研发、设备更新等用途，在人事管理上，企业还可以根据自身需要，依照规定聘用、开除、选举本企业的人员，有权自行决定用工办法和工资奖励方式。1985 年《关于增强大中型国营工业企业活力若干问题的暂行规定》颁布，鼓励企业实行一业为主，多种经营的组织形式，在确保国家计划的前提下，根据市场的需要和自己的优势，发展多种产品，进行多种经营，企业的工具、机修车间以及车队、仓库、俱乐部、医院、食堂、幼儿园等部门，都可以向社会开放。此外，将企业划分小的核算单位，实行分级分权管理，在对外开放方面给部分大型企业直接对外经营权，先选择少数企业作为试点，给予与外商谈判、签约的权力，直接对外进行技术引进、技术合作、合资经营、合作生产、合作开发、补偿贸易。

在这一时期，股份制的想法被提出，从“部分小型国有企业，可通过发行股票方式，转为集体所有”，到“选择少数大中型企业，进行股份制试点”，1984 年，上海电声总厂发起成立上海飞乐音响公司，向社会公开发行股票，成为新中国成立后第一家较规范的股份制有限公司。1986 年中国工商银行上海信托投资公司静安证券部挂牌进行股票的柜台交易，成为新中国首次股票市场交易。同时期还提出了全民所有制小型企业积极试行租赁、承包经营的政策，并且选取一部分亏损或微利的中型企业，进行租赁、承包经营试点，同时推动企业横向经济联合，鼓励建立企业群体与企业集团。

在法律层面，改革也在不断深化，1982 年 11 月《关于中华人民共和国宪法修改草案的报告》发布，宪法草案中明确“国营经济是社会主义全民所有制经济，是国民经济中的主导力量”，“国营企业在服从国家的统一引导和全面完成国家计划的前提下，在法律规定的范围内，有经营管理的自主权”，在国家根本大法的高度，确定了国营企业改革的方向与目标。1986 年 8 月 3 日，沈阳防爆器械厂在经历了连续 10 年亏损后，外债累累，终于被宣告破产倒闭。这是新中国成立后，第一家正式宣告破产的国有企业，直接推动了《企业破产法》正式面世。《全民所有制工业企业厂长工作条例》指导企业的经营管理决策和生产指挥，规定厂长的条件和任免，厂长的职责、权限与奖惩。《中国共产党全民所有制工业企业基层组织工作条例》则提出党委的任务是：保证党和国家的方针得到彻底的落实与因地制宜的实施。《全民所有制工业企业承包经营责任制暂行条例》《中华人民共和国全民所有制工业企业法》先后颁布，前者明确承包经营责任制地位，明确承包经营责任制的内容（双包）与形式，以及为其他全民所有制企业实行承包经营责任制提供了标准参照样本，后者确立厂长、基层企业党组织、职工代表大会地位，规范企业的设立、变更和终止，明确企业的权利与义务。1987 年 6 月起，承包经营责任制开始在全国范围普遍推行，刺激了企业的生产积极性，在普及率低于 70% 的情况下，通过两个月证实了其巨大作用，扭转了全国工业企业实现利润连续 22 个月下滑的局面，承包责任制的巨大能量令人振奋，该文件最后提出，实现实行承包制全民所有制企业达到 90% 以上的目标。

其他领域的改革也在持续进行。在国营商业领域，国家提出了以国营商业为主，多种商业经济形势并存的政策，要求国营商业积极开展议购议销的工作，并且积极参与市场的调节工作，首先是调整农副产品购销政策，对重要农副产品实行统购派购，其次能确定收购基数的农副产品，定出收购基数，给生产者留有一定产品处理权，并且推行购销合同制，后来不再实行统购派购办法，改为自由购销，国营部门积极开展代购代销工作。1983 年《中共中央、国务院关于发展零售商业、服务业的指示》出台，推行责、权、利相结合的经营承包责任制，对于大中型店，实行征税和利润递增包干上缴相结合的办法，也可以参照有关办法，实施利改税，对于小型店，实行“国家所有、集体经营、国家征税、盈亏自负”，企业内部实行承包责任制并实施对个人的全面考核制度，配套经济效益分配制，服务质量奖惩制。1987 年《深化国营商业体制和供销合作社体制改革意见》颁布，进一步推动国有商业企业改革，要求落实国营商业小型企业“改、转、租”的布局，推动大中型商业的承包责任制，实行经理负责制，中小型零售商业企业试办租赁制。国营农林牧渔场实行经济责任制，农工商综合经营，国营农场实行联产承包责任制，国营林场，也可以实行职工家庭承包或者同附近农民联营。

③中国共产党第十三次全国代表大会后（1987—1992 年）。这一时期的关键词是“深化改革”，每一次的会议公报都会包括这个关键词，大型工业企业继续深入推进承包责任制和厂长负责制，小型工业企业实施租赁制和承包制，同时进一步促进企业技术进步和结构调整，对不同行业、不同企业采取不同的承包形式。对于符合技术改造要求、亟须技术改造的国营企业，采用“双包”（包上缴所得税和调节税、包完成技术改造、生产经营能力增长和国有资产增值）形式，并且鼓励企业承包企业。在国营企业分配管理方面，实行税利分流，税后还贷，所得税后承包经营责任制。并且开始探索建立新的国有资产管理体系，理顺国有资产关系，提出了建立国有资产管理体制的需求，1988 年，国务院根据国家体改委以及世界银行的建议，决定组建统一归口管理国有资产所有权的管理机构——国有资产管理局，国家国有资产管理局上级单位是财政部，主要拥有国有资产所有者的代表权、国有资产监督管理权、国有资产处置权。

1989 年，国家体改委提出《一九八九年经济改革要点》，提出做好出售部分国有大企业资产、实行债务股票化的准备，促进改革的深化，并且有计划、有步骤地拍卖小企业，稳步试行以公有制为主的股份制，由企业内部职工购买股票和企业之间互相参股的股份制。1992 年，山东干部陈光先后在所主政的诸城、菏泽进行了这一政策的实践，即将亏损的国有中小企业卖掉，诸城市 282 家国有和集体企业全部改制，其中 90% 以上的企业改成股份合作制，即将企业净资产卖给内部职工。

1991 年，政府发布了《关于当前经济形势和进一步搞活国营大中型企业的问题》，提出改善外部条件，挖掘企业内部潜力，主要是外部环境与内部机制两个方面，在外部环境上，提出了增加企业技术改造投入；缩小指令性计划；适当提高企业折旧；增加新产品开发基金；继续从企业自有资金中补充企业流动资金；对利率进行适度调整；加快落实外贸自主权；继续对大中型企业实施双保（保证资金供应和国家分配的物资）但开始逐渐减少；清理三角债，由银行、财政、企业共同投入资金；进一步做好组建大型企业集团的试点工作；坚决治理三乱“乱摊派、乱收费、乱罚款”；降低国营企业所得税率等共 12 条国有企业管理改革措施。而在内部机制上，积极推进劳动工资改革，解决平均主义与缓解国民收入向个人倾斜的现象，并成立分配制度改革委员会研究分配制度的深化改革，把部分指令性计划变为国家合同订货形式，从而引导企业形成销售决定生产的体系，并改变价格形成机制。随后，江泽民总书记《在中央工作会议上的讲话》中再次强调了前述文件中的措施落实，并提出进一步搞好国营大中型企业不仅是经济问题，而且是政治问题，要加强国有企业干部与职工的格局教育，教育干部与职工国家利益为重，眼前利益服从长远利益，局部利益服从整体利益。

为进一步推进股份制改革，体改委颁布《关于一九九一年经济体制改革要点》，推进法人持股股份制，有计划、有步骤地扩大企业内部职工持股的股份制试点地范围，在特大型联合企业和有国有股的股份制企业的管委会、董事会中，可试行由国有资产经营或管理机构委派代表参加的办法。并于次年，在广东、福建、海南三地安排向社会公开发行股票的股份制试点，发行办法和规模经中国人民银行和国家体改委联合审批。

当年产业结构存在“有长有短”现象：一般加工业长，基础工业短；产品结构“又多又少”。一般性产品积压，投资类产品短缺；企业组织结构“一散二肿”；地区产业结构“走势趋同”。针对这些问题，朱镕基在《关于搞好国营大中型企业的几个问题》提出，要把计划经济和市场调节两方面的优点最好地结合起来，有关部门要认真研究制定具体的产业政策，包括技术政策和技术装备政策，行业管理部门要把产业政策落实到项目规划，发挥地区优势，防止地区产业结构趋同。要实现存量调整和增量调整结合起来，用不同的方法，使两者有机结合，存量调整是对那些生产能力过剩、产成品严重挤压、长期亏损的国有企业，实行“关停并转”策略，而对增量的调整，主要针对新项目投资建设方面，实行项目投资和银行贷款两个集中，防止重复建设、重复引进，合理划分资金，改进项目审批改革机制，限额以上的技术改进项目，需要行业主管部门进行审查，国务院生产办审批，最后国家计委会签。

1992 年《全民所有制工业企业转换经营机制条例》颁布，规范企业所拥有的权利与责任，企业拥有的权利有：生产经营决策权；所提供、生产的产品和劳务的定价权；物资采购权；进出口权；产品销售权；留用资金支配权；联营、兼并权；劳动用工权；人事管理权；工资奖金分配权；内部机构设置权；投资决策权；拒绝摊派权，同时负有自负盈亏的责任。该条例要求企业建立分配约束机制与监督机制，规定企业若连续两年经营亏损，亏损额继续增加的，应当核减企业的工资总额，降低厂长、其他厂级领导的工资，对领导班子调整，免职、降职。

（3）探索建立现代企业制度时期（1992—2002 年）

这一阶段的关键词是“建立现代企业制度”，即为“产权清晰、权责明确、政企分开、管理科学”的企业产权制度，改革的目的是使企业成为自主经营、自负盈亏、自我发展、自我约束的法人，这标志着，改革开始进一步深化，并进入了产权改革阶段。与此同时，初步形成了以国家统一所有、政府分级监管以及企业自主经营为特点的较为科学的国有资产管理体制，推进了政企分开和明确了出资人权责，使国有资产的授权经营强化，提出了“政资分开”，明确国有企业的所有权和经营权关系，并进一步发挥市场在资源配置中的作用，积极运用资本市场推进改革。

①中国共产党第十四次全国代表大会后（1992—1997 年）。1993 年 3 月，《中华人民共和国宪法修正案》公布，将从前的“国营”统一修改成“国有”，从宪法高度明确了政企分离，企业自主经营的原则，随后，中央提出在国有企业实行公司制，具备条件的大中型企业，单一投资主体的可依法改组为独资公司，多个投资主体的可依法改组为有限责任公司或股份有限公司，探索建立现代企业制度的有效途径，现代企业制度建设开始进入国有资产管理改革的进程中，对国有资产实行国家统一所有、政府分级监管、企业自主经营的体制，在税收管理上，降低国有企业所得税税率，建立国有资产经营预算。在指导社会主义市场经济过程中，江泽民总书记提出，要改革进出口管理制度，取消指令性计划，减少行政干预。同年，李鹏总理在全国经济会议工作会议提出要改革国有企业利润分配制度，从 1994 年开始，国有企业所得税税率统一为国家规定的 33%，同时，国有企业不再需要缴纳能源交通重点建设基金和预算调节基金，逐步建立国有资产投资收益按股分红、按资分利或税后利润上交的分配制度。

在党的十四届三中全会上，通过了《关于建立社会主义市场经济体制若干问题的决定》，《决定》指出，经营性国有资产管理改革的下一步是建立现代企业制度，其明确现代企业制度的基本特征，首先是产权关系明晰，国有资产所有权属于国家，企业拥有的法人财产权包括国家、集体、个人的投资所形成部分。企业以其全部法人财产，在国家法律法规的规范下，开展自主经营活动并照章纳税，经营过程中的盈利和亏损由企业自行承担，对出资者承担资产保值增值的责任。最重要的是完善企业法人制度，实行有限责任制度和建立科学的企业领导体制与组织制度。随后《现代企业制度改革试点的几个问题》明确全国建立现代企业制度的试点工作，由国家经贸委牵头，国家体改委、经贸委和有关部门共同制定。同年，国务院法颁布了《国有企业财产监督管理条例》，明确规定了国有资产的所有权属于国家，提出了国有企业资产管理监管工作包括“政企分开”、政府的社会经济管理职能、国有资产所有者职能分离以及所有权与经营权分开等的六大原则，并且明确了企业分级管理和分工监管的产权管理体制。次年发布《国家经济体制改革委员会关于一九九五年经济体制改革实施要点》划定了一百户国有大中型企业建立现代企业制度，三户国家控股公司、一户综合商社、五十六家企业集团以及《国务院关于在若干城市试行国有企业破产有关问题的通知》提到的上海等十八个城市的“企业优化资本结构”等试点工作。

1995 年，江泽民发表题为《坚定信心，明确任务，积极推进国有企业改革》讲话，提出目前企业的资本金比例低、债务负担重的问题，并勉励国有企业管理者培养“自我补充、自我造血”的能力，使企业增加资本金，实现增资减债，并切实解决企业三角债问题。同年发布的《总结经验，进一步加大国有企业改革的力度》中明确国有企业改革突出三个重点，首先是老工业基地的调整，其次是搞好优势企业，最后是加快小企业改革的力度。并给出了改革排头兵邯郸钢铁总厂的改革实例，其采用“模拟市场核算法”，确定目标成本，确定目标利润，严格执行刚性目标“实行成本否决”，将产品目标成本中的各项指标层层分解到分厂、车间、班组、岗位和个人，并且层层签订承包协议，联利计酬，个人的全部奖金与目标成本指标完成情况直接挂钩，极大地降低了成本，激发了员工的生产积极性。

②中国共产党第十五次全国代表大会后（1997—2002 年）。这一时期，对国有资产管理的改革开始深入到金融市场领域，朱镕基在全国金融工作会议上提出了国有银行管理体制改革方案，首先是改变中国人民银行和国有商业银行分支机构按行政区划设置的状况，并且成立中共中央金融工作委员会、中央金融纪律检查工作委员会两大委员会和金融机构系统党委，完善金融系统党的领导体制；加快国有商业银行和中国人民保险（集团）公司商业化改革步伐，完善政策性金融体制。国有商业银行总行和中国人民保险公司必须实行集中统一管理，对其分支机构实行全公司统一核算、统一调度资金、分级管理的财务制度，进一步扩大和规范企业债券发行，推进国有大中型企业可转换债券试点工作，建立标准化、规范化的信贷资产质量风险管理体系，努力降低不良资产比例。提高国有银行资本充足率到 8% 以上，建立健全信贷资产质量管理责任制，抓紧落实降低不良资产比例的任务。此外，要求进一步完善财经纪律，严禁国有企业从事期货投机交易，同时提出选择质量好的国有大中型企业到国际证券市场上市。

对于国有粮食企业，要求国有粮食企业都要面向市场，实行独立核算，成为自主经营、自负盈亏、自我约束、自我发展的经济实体，且遵循政企分离的原则，不承担粮食行政管理职能，其次是农村粮食收购主要由国有粮食企业承担，禁止私商和其他企业直接到农村收购粮食，要按照保护价敞开收购农民余粮，实行顺价销售（以粮食收购价格为基础，加上当期合理费用和最低利润形成的价格销售粮食）、粮食收购资金封闭运行。在粮食出口换汇方面，在南方稻谷主要产区选择一到两个具备条件的省级国有粮食企业，赋予大米出口经营权。

进一步推进现代企业制度建设，逐步建立与现代企业制度相适应的企业人事管理体制。对国有企业，县市直属部门和事业单位，乡镇党委、政府的主要领导干部，要实行离任审计制度，未经审计的不得离任；在国有企业、国有控股企业进行会计委派制度试点，试行国有企业稽查特派员制度。稽查特派员由副部级以上干部担任，不得干预企业经营，只查企业的盈亏、查资产负债，同时对企业财务状况进行分析评估，对企业主要领导成员的工作业绩进行评价并提出奖惩、任免建议，一年进行两次稽查。成立中央大型企业工委，企业工委是党中央的派出机关，其管理的干部主要是大型国企与国有控股企业中的党政领导职务，大体上负责管主要领导职务，企业法人代表、总会计师、党委书记以及管审核备案。

1999 年发布的《中共中央关于地方政府机构改革的意见》，为了转变政府职能，实现政企分离，要求政府机关从此以后不再办经济实体，已经办了的要限期脱钩，解除政府主管部门与国有企业的行政隶属关系，主管部门不再直接管理国有企业。同年，《中共中央关于国有企业改革和发展若干重大问题的决定》发布，第一，战略性调整国有经济布局，将产业结构的优化升级与所有制结构的完善结合与其充分结合起来，在某些领域要坚定不移地扩大国有企业的影响力，而在某些市场则要坚决退出，利用资产重组和结构调整的方法，集中改革力量放在改革重点上，对于小型国有企业进一步松绑，积极扶持中小特别是科技型企业，使其朝着专业化、精细化、特色化、新型化的方向发展。第二，未来将在中央与地方分级管理的大框架下，由国务院代表国家统一行使国有资产所有权，并将经营权授予大型企业、企业集团和控股公司，第三，改善国有资产负债结构和减轻企业社会负担，提高直接融资比重，符合条件的公司在境外上市，通过资本市场变现部分国有资产，适当减持部分国有股，分离企业办社会的职能，减轻企业社会负担，把所办学校、医院和其他社会服务机构移交地方政府统筹管理。

国有企业人事制度方面的深化改革也在向前推进。2000 年，《深化干部人事制度改革纲要》颁布，提出取消国有企业和企业领导人员的行政级别，研究制定国有企业领导人员享有有关待遇的办法。实行产权代表委任制和公司经理聘任制。通过组织推荐、公开招聘、民主选举、竞争上岗等多种方式产生国有企业领导人员人选，探索年薪制、持有股权等分配方式，建立国有企业重大决策失误追究制度，实行国有资产经营责任制和国有企业领导人员任期经济责任审计。对于国有企业经营管理者培训方面，提出在国有企业推行工商管理职业资格证书制度，搞好多种形式的适应性短期培训，积极进行企业自主培训。在反腐倡廉工作上，要求国有企业要从效能监察入手，运用审计监督、会计监督、质量监督、经营核算等手段，对企业生产经营活动进行监督检查。

（4）深化体制改革时期（2002—2012 年）

这一阶段的关键词是“国有出资人制度”以及“国有资产监管制度”。2003 年国务院机构改革方案中提出，设立国务院国有资产监督管理委员会，进一步推进了国有出资人制度的完善，强调坚持政府公共管理职能和国有资本出资人职能的有效分离，随后《企业国有资产监督管理暂行条例》与《中华人民共和国企业国有资产法》颁布，进一步完善国有资产监管制度，使国有资产监管规范化与法制化。

①中国共产党第十六次全国代表大会后（2002—2007 年）。2002 年，江泽民在十六大上的报告《全面建设小康社会，开创中国特色社会主义事业新局面》对国有资产管理提出了新要求，建立中央政府和地方政府分别代表国家履行出资人职责，享有所有者权益，权利、义务和责任相统一，管资产和管人、管事相结合的国有资产管理体制。正确处理中央垂直管理部门和地方的关系，研究制定干部双重管理制度，切实解决分类管理体制不健全，干部双重管理工作中职责不清、关系不顺等问题。2003 年国务院机构改革方案中提出，设立国务院国有资产监督管理委员会，专门负责统筹国有资产管理事务，并且为了进一步推动国有资产管理法制化进程，完善国有资产管理法律体系，决定加快研究国有资产管理法规，探索国有资产管理的有效办法。同年《中共中央关于完善社会主义市场经济体制若干问题的决定》于十六届三中全会通过，强调坚持政府公共管理职能和国有资本出资人职能分开。将分离的国有资本出资人职能赋予国有资产管理机构，并要求其认真履行职责，对国有资产监督、管理和经营的有效方式进行积极探索，进一步完善授权经营制度。建立国有资本经营预算制度和企业经营业绩考核体系。大力发展混合所有制经济。鼓励非公有制企业通过股票市场，利用并购、控股和参股等多种形式，参与国有企业的重组、改制和转型。并提出加快其他领域的改革，推动邮政、铁路行业和城市公用事业改革，放宽市场准入，引入竞争机制。

在人力资源管理方面，中央于 2003 年发布了《中共中央、国务院关于进一步加强人才工作的决定》，提出改进国有资产出资人对国有企业经营管理者考核评价工作，围绕任期制和任期目标责任制，突出对经营业绩和综合素质的考核。对国有资产出资人代表依法实行派出制或选举制。对经理人推行聘任制，实行契约化管理。建立市场机制调节、企业自主分配、职工民主参与、政府监控指导的企业薪酬制度。同年，《企业国有资产监督管理暂行条例》颁布实施，确定了国有资产监督管理机构，明确了企业重大事项管理、企业负责人管理、企业国有资产管理、企业国有资产监督的原则。

为了进一步加强对国有资产监督与管理，中央于 2004 年《统一认识，明确责任，扎实推进国有资产管理体制改革》发布，强调通过对监管机构、法规规章进行改革，深化国有资产管理体制改革，并要求相关管理机构明确国有资产保值增值责任，严格依法履行出资人职责，加强监管。并提出了国有企业改革的关键工作，首先是加快推进国有经济布局和结构调整，以培养与发展大型公司、企业集团为目标，其产品和服务品质好，在国际市场上具有竞争力；其次是推进国有企业股份制改革，加快企业管理制度现代化建设进程，完善公司股东大会、董事会、监事会、经理四部分组成的决策管理结构；再次是深化企业的内部管理改革，进一步做好主辅分离、辅业改制和关停符合相应条件的国有企业；最后是规范企业改制和产权交易，在各环节进行严格监管，防止国有资产流失。

在这一时期，其他领域的改革也在不断深化，2003 年，国有粮食购销企业改革，因地制宜进行企业重组和组织结构创新，以现有仓储设施为依托，作为政府实行粮食宏观调控的主要载体，在全国形成若干个具有竞争力的国有大型粮食企业集团。对职工全面实行劳动合同制。2005 年，胡锦涛在十六届五中全会做的报告中，提出推动经营性国有文化事业单位转换为企业，组建一批国有或国有控股的大型文化企业和企业集团，并以国有独资和国有绝对控股作为国有文化单位转变为企业的过程中的原则，实行特许经营或许可证管理，国有资产管理改革推进到文化领域。同年，《中共中央、国务院关于深化文化体制改革的若干意见》发布，提出深化国有发行企业改革，打破旧局面、旧体制，发展现代流通组织形式，促进连锁经营、物流配送、电子商务的改革，并加快建设文化产品物流园区，实施新的代理配送制度。次年，文化领域国有企业进一步改革，国有经营性文化单位进行股份制改造和兼并重组，并推介部分有实力的国有文化企业上市。同年国务院提出国有林区林权改革试点，要求明晰林地使用权和林木所有权，放活经营权，落实处置权。2006 年，国资委开始在国有企业中开展董事会试点工作。2007 年，《关于试行国有资本经营预算的意见》颁布，规范国有资本经营预算的收支范围、经营预算的编制和审批、经营预算的执行、经营预算的职责分工。

②中国共产党第十七次全国代表大会后（2007—2012 年）。2008 年 10 月 28 日《中华人民共和国企业国有资产法》由中华人民共和国第十一届全国人民代表大会常务委员会第五次会议审议通过，确定了国有资产出资人制度的基本原则，规定了包括企业改制、企业国有资产评估与转让在内的，一系列关系到国家

权益的重大事项的基本管理规则和程序，要求对容易造成国有资产流失的环节进行特别监控，确保国有资产安全。国有资产出资人权责包括：收益权、重大决策权和顶层人事管理权等；对于经营性国有资产，在不干预企业经营活动的前提下，其拥有制定或者参与制定国家出资企业的章程，规范国有企业或混合所有制企业的组织规程和办事规则的权利；同时可以委派股东代表参加所管理企业的股东会会议、股东大会会议，并行使相应股东权利。

同时，具体的改革也在持续推进，陆续公布了推进国有旅游企业改组改制，开展国有林区管理体制和国有森林资源统一管理改革试点，完善“管人、管事、管资产、管导向”相结合的国有文化资产管理体系等一系列政策。

（5）国资改革新时期（2012年至今）

进入新时代以来，国有资产管理改革一举打破基层先行先试的模式，进入了“顶层设计+基层探索”的全新阶段，既确保了改革有明确的方向和指引，又能有效激发基层深化改革的动力，使国有资产管理改革步入快车道。顶层设计层面，形成了“1+N”政策体系以及四梁八柱的大的框架。基层探索方面，国资委不断推进改革，研究试点政策、扩展试点范围与增加试点企业。在改革内容上，除了继续推进国有企业混合所有制改革外，还要求其“做强做优做大”；除了完善现代企业制度外，还要求全面加强国企党建工作，国有企业尤其是央企深入推行董事长、党委书记一肩挑，明确和落实党组织在公司法人治理结构中的法定地位，把党的领导融入公司治理各环节；除了强化监督检查工作防止国有资产流失外，还要求国资监管以管资本为主。

①中国共产党第十八次全国代表大会后（2012—2017年）。党的十八大以来，国企国资改革进入了新时代。在从前30多年的国有企业改革历程中，大多是基层先行先试，自主实验改革，中央观察一段时间后调整大政方针政策，缺乏顶层设计与规划。国企改革进入了顶层设计与基层探索相结合的全新阶段。

中央在《坚定不移沿着中国特色社会主义道路前进，为全面建成小康社会而奋斗》提出，国有企业要加快完善文化管理体制和文化生产经营机制，基本建立现代文化市场体系，健全国有文化资产管理体制。深化国有企业改革，完善各类国有资产管理体制，推动国有资本更多投向关系国家安全和国民经济命脉的重要行业和关键领域，不断增强国有经济活力、控制力、影响力。

这一时期，国有企业收入分配制度进行改革，中央于2013颁布了《关于深化收入分配制度改革的若干意见》，在人事管理方面，要求在国有企业全面推行分级分类的公开招聘制度，切实做到信息公开、过程公开、结果公开。分配管理方面，要加强国有企业高管薪酬管理，严格实行企业工资总额和工资水平双重调控政策，逐步缩小行业工资收入差距。对行政任命的国有企业高管人员的薪酬水平实行限高，推广薪酬延期支付和追索扣回制度。且为了进一步促进公平，防止收入差距过大，规定高管人员薪酬增幅应低于企业职工平均工资增幅。建立健全国有资本收益分享机制。合理分配，扩大国有资本收益上缴范围。适当提高央企国有资本收益上缴比例。

同年《中共中央关于全面深化改革若干重大问题的决定》颁布，提出国有资本加大对公益性企业的投入，国有资本继续控股经营的自然垄断行业，实行以政企分开、政资分开、特许经营、政府监管为主要内容的改革，根据不同行业特点实行网运分开、放开竞争性业务，在内部管理方面，建立职业经理人制度，更好发挥企业家作用，国有企业要合理增加市场化选聘比例，合理确定并严格规范国有企业管理人员的薪酬水平、职务待遇、职务消费、业务消费。之后的 2015 年，时任新兴际华集团董事长的刘明忠与杨彬签订合同，杨彬成为了首位由董事会聘任的央企总经理。

2015 年《关于国有企业功能界定与分类的指导意见》《中共中央、国务院关于深化体制机制改革加快实施创新驱动发展战略的若干意见》与《中共中央、国务院关于深化国有企业改革的指导意见》三份重要的指导意见发布。

第一份文件将国有企业分为商业类和公益类两大类，并实施分类改革、分类发展、分类监管、分类定责、分类考核，要求商业类国有企业要优化资源配置，加大重组整合力度和研发投入，加快科技和管理创新步伐，持续推动转型升级，培育一批具有创新能力和国际竞争力的国有骨干企业；而公益类国有企业要根据承担的任务和社会发展要求，加大国有资本投入，提高公共服务的质量和效率。严格限定主业范围，加强主业管理，重点在提供公共产品和服务方做出更大贡献。

第二份文件针对运用国有资产支持创新驱动战略提出了要求，结合国有企业改革的背景，设立国有资本创业投资基金，完善国有创投机构激励约束机制，在激励设计方面，建立促进国有企业创新的激励制度，对在创新中做出重要贡献的技术人员实施股权和分红权激励；在成果考核上，健全国有企业技术创新经营业绩考核制度，加大技术创新在国有企业经营业绩考核的比重，对国有企业研发投入和产出进行分类考核，形成鼓励创新、宽容失败的考核机制。随后，国家对双创越发重视，2016 年又发布了《国务院关于促进创业投资持续健康发展的若干意见》，强调落实和完善国有创业投资管理制度，并鼓励国有企业集众志开拓市场空间，增强国有竞争力。支持有需求、有条件的国有企业依法依规、按照市场化方式设立或参股创业投资企业和创业投资母基金。对于新设立的国有创业投资企业，要求强化其对种子期、初创期等创业企业的支持，完善自身监督考核、激励约束机制和股权转让方式，同时紧跟国企改革步伐，开展混合所有制改革试点，探索国有创业投资管理企业核心团队持股和跟投。

第三份文件则是“1 + N”政策体系中的“1”，“四梁八柱”大框架中的第一根立柱。其形成了推进国有企业改革的顶层设计，贯彻分类改革、分类发展的思想，主业处于竞争行业和领域的商业类国有企业，原则上都要实行公司制股份制改革，对于这些企业，重点考核经营业绩指标、国有资产保值增值和市场竞争能力。而主业处于关系国家安全、国民经济命脉的重要行业和关键领域、主要承担重大专项任务的商业类国有企业，要保持国有资本控股地位，支持非国有资本参股。对需要国有全资的企业，也要积极引入其他国有资本实行股权多元化。对特殊业务和竞争性业务实行业务板块有效分离，独立运作、独立核算。对这些国有企业，在考核经营业绩指标和国有资产保值增值的同时，加强对服务国家战略、保障国家安全和国民经济运行、发展前沿性战略性产业以及完成特殊任务的考核。在完善国有资产管理体制方面，坚持以管资本为主，提出推进国有资产监管机构职能转变、改革国有资本授权经营体制以及推动过去国有资本合理流动、优化配置等改革，具体措施是建立监管责任清单与责任清单，优化国有资本布局结构、促进国有资本合理流动、开展政府直接授权国有资本投资、运营公司履行出资人职责的试点等。文件再度强调发展混合所有制经济，探索实行混合所有制企业员工持股。员工持股主要采取增资扩股、出资新设等方式。健全审核程序，规范操作流程，严格资产评估，建立健全股权流转和退出机制，同时要强化监督防止国有资产流失，具体的监管措施是实行分事行权、分岗设权、分级授权、定期轮岗，建立审计部门向董事会负责的工作机制，建立健全监督意见反馈整改机制，形成监督工作的闭环。次年，在电力行业中，31 个省市电改方案获得批复，公布了首批 105 个增量配电业务改革试点项目。盐业体制改革方案出台，全面放开食盐出厂、批发和零售价格。

②中国共产党第十九次全国代表大会后（2017 年至今）。习近平总书记所作的党的十九大报告强调，国有资产管理改革进一步推进需要进一步完善国有资产管理体制，改革国有资本授权经营体制，加快国有经济布局优化、结构调整、战略性重组，促进国有资产保值增值，推动国有资本做强做优做大（建立健全优胜劣汰市场退出机制，加快处理处置低效无效国有资产。以市场化手段实现国有资本形态转换），有效防止国有资产流失。国有企业党委发挥领导作用，把方向、管大局、保落实，依照规定讨论和决定企业重大事项。

国有资产监督管理也进入了人大监管新阶段，2018 年《中共中央关于建立国务院向全国人大常委会报告国有资产管理情况制度的意见》发布，要求国务院每年向全国人大常委会报告国有资产管理情况，同时人大常委会要将听取和审议国务院报告与国有资产预算决算审查监督衔接在一起，特别要与对国有资本经营预算决算、部门预算决算审查监督相结合。国务院报告将采取综合报告和专项报告相结合的方式，专项报告以央企为重点，分别反映企业国有资产、金融业国有资产等国有资产管理情况。不同类别的国有资产在报告内容上也有所不同，对于经营类的国有资产，重点报告其总体资产负债、国有资本投向、布局和风险控制等。人大审议重点在于，贯彻落实中央有关国有资产部署；完善国有资产管理体制，将改革方案落到实处；推进国有资产保值增值等。

党的十九届三中全会中，为了保证国有企业改革的有序性与按照中央已经明确方向与顶层设计进行，再度强调机构改革的方案需要报党中央批准后才可实施，不能擅自行动。这次会议也对国务院国资委职责进行了调整，国有企业领导干部经济责任审计和国有重点大型企业监事会的职责不再归其负责而归入审计署，同时取消国有大型企业监事会。

由于国有金融资本存在职责分散、权责不明、授权不清、布局不优，以及配置效率有待提高的状况，进一步推进国有金融资本改革势在必行，2018 年《中共中央关于完善国有金融资本管理的指导意见》颁布，其目标是建立健全国有金融资本管理的“四梁八栋”，优化战略布局，更好地实现国有金融资本服务实体经济、防控金融风险、深化改革三大基本任务。文件提出优化国有金融资本配置布局，要求提高资本配置的效率，既要减少对国有金融资本的过度占用，又要确保其在金融领域必要的控制力；明确国有金融资本出资人职责，国务院拥有所有权，授权财政部履行国有金融资本出资人职责，地方政府则授权地方财政部门履行；加强国有金融资本统一管理，国有金融资本管理应与实体资本管理相隔离、明晰国有金融机构权利与责任等。在制度设计上，要健全国有金融资本基础管理制度，完善产权登记、产权评估、产权转让等管理制度，做好国有金融资本清产核资、资本金权属界定、统计分析等工作。落实国有金融资本经营预算管理制度，依法受人大及其常委会的审查监督。严格国有金融资本经营绩效考核制度。并且健全国有金融机构薪酬管理制度，对于中央及政府任命的领导人员，建立正向激励机制，合理确定其基本年薪、绩效年薪和任期激励收入；对于市场化选聘的职业经理人，实行市场化薪酬分配机制；探索责任追究和薪酬追回制度与探索员工持股计划。建立国有金融机构领导人员分类分层管理制度。建立健全国有金融机构重大决策失误和失职、渎职责任追究调查机制。建立健全国有金融资本管理的监督问责机制。加强信息披露，建立统一的国有金融资本统计监测和报告制度。

（6）国有资产管理改革小结

表 9 - 1 列示了国有资产管理制度变革的情况。

表 9－1　　　国有资产管理制度变革

阶段	时间	内　容
计划经济时期（1949—1978 年）	1949 年	第一届政协会议胜利召开，会议讨论并公布了起临时宪法作用的《中国人民政治协商会议共同纲领》，奠定了我国经济政策的基础。《当前财经形势和新中国经济的几种关系》指出国家方面主要经营重工业，国营商业服务于工农业品的流通。
	1950 年	政务院颁布《关于统一国家财政经济工作的决定》。 国家开始从几个方面对全国财政的经济实行统一化管理，其中包括财政收支、国家物资分配等。高度集中的国有资产管理体制开始显露。
	1952 年	国家逐步建立起了计划管理机构，开始对我国的经济进行管理；建立起了统一外贸体制，即采取一些手段使得财政经济得到了统一；行业经济得到了调整。
	1953 年	我国开始了全面的社会主义改造。
	1955 年	中华人民共和国发展国民经济的第一个五年计划发布。
	1956 年	我国基本上完成了社会主义改造，将资本主义工商业转变为国营，成为国有资产的重要组成部分。
	1961 年	对国有企业再次实施中央集中统一管理，中央直属国有企业在 1965 年达到一万多家，除了国营企业外的国有资产管理权也有所集中，缓解了国有资产管理混乱的局面。 “文革时期”，国有企业的管理权再次被大幅度下放，并将国有资产的投资和运营权限下放给地方政府。
改革开放初期（1978—1992 年）	1978 年	党的十一届三中全会提出，“应该有领导地大胆下放，让地方和工农企业在国家统一指挥下有更多的经营自主权”。
	1979 年	首都钢铁公司、天津自行车厂、上海柴油机厂等八家大型国企被列入国务院扩大企业自主权的试点。 国务院发布《关于扩大国营企业经营管理自主权的若干规定》《关于国营企业实行利润留成规定》《关于开征国营工业企业固定资产税的暂行规定》《关于提高国营工业企业固定资产折旧率和改进折旧费使用办法的暂行规定》《关于国营工业企业实行流动资金全额信贷的暂行规定》。
	1982 年	中央提出了经济振兴必须依靠科学进步的理论，成立按照产品分工由归口部门协同地方组成强有力的领导小组，制定行业规划，提出企业调整方案，发布《关于中华人民共和国宪法修改草案的报告》，明确“国营经济是社会主义全民所有制经济，是国民经济中的主导力量”，“国营企业在服从国家的统一引导和全面完成国家计划的前提下，在法律规定的范围内，有经营管理的自主权”。

续表

阶段	时间	内容
改革开放初期（1978—1992 年）	1983 年	出台《中共中央、国务院关于发展零售商业、服务业的指示》。
	1984 年	发布《国务院关于进一步扩大国营工业企业自主权的暂行规定》，从五个方面深化国营企业的改革。 中共十二届三中全会通过《中共中央关于经济体制改革的决定》。 股份制思想被提出，上海电声总厂发起成立上海飞乐音响公司，向社会公开发行股票，成为新中国成立后第一家较规范的股份制有限公司。
	1985 年	发布《关于增强大中型国营工业企业活力若干问题的暂行规定》。
	1986 年	中国工商银行上海信托投资公司静安证券部挂牌进行股票的柜台交易，成为新中国首次股票市场交易。 沈阳防爆器械厂在经历了连续 10 年亏损后，外债累累，终于被宣告破产倒闭。这是新中国成立后，第一家正式宣告破产的国有企业，直接推动了《企业破产法》正式面世。
	1987 年	承包经营责任制开始在全国范围普遍推行。 《深化国营商业体制和供销合作社体制改革意见》颁布，进一步推动国有商业企业改革。
	1988 年	国家成立了国有资产管理局。改革方向从简单的放权让利的权利均衡，发展为开始完善配套的制度，对经营机制进行改良。 国有企业从真正意义上开始和政府机构分离，政府部门不再通过行政手段来决定企业的经营内容。 我国开始实行国有资产的授权经营，政府将国有资产，企业的产权或股权授权给核心企业统一持有，责任也一并递交。
	1989 年	国家体改委提出《一九八九年经济改革要点》。
	1991 年	政府发布了《关于当前经济形势和进一步搞活国营大中型企业的问题》。
	1992 年	《全民所有制工业企业转换经营机制条例》颁布。
探索建立现代企业制度时期（1992—2002 年）	1993 年	十四届三中全会上，通过了《关于建立社会主义市场经济体制若干问题的决定》。
	1994 年	发布《国家经济体制改革委员会关于一九九五年经济体制改革实施要点》。
	1995 年	发布《总结经验，进一步加大国有企业改革的力度》。
	1999 年	发布《中共中央关于地方政府机构改革的意见》 《中共中央关于国有企业改革和发展若干重大问题的决定》。
	2000 年	发布《深化干部人事制度改革纲要》。
	2002 年	党的十六大报告《全面建设小康社会，开创中国特色社会主义事业新局面》。

续表

阶段	时间	内　　容
深化体制改革时期（2002—2012 年）	2003 年	十六届三中全会开展，通过了《中共中央关于完善社会主义市场经济体制若干问题的决定》。 设立国务院国有资产监督管理委员会，专门负责统筹国有资产管理事务。 发布了《企业国有资产监督管理暂行条例》《中共中央、国务院关于进一步加强人才工作的决定》。
	2004 年	黄菊强调“统一认识，明确责任，扎实推进国有资产管理体制改革”。
	2005 年	中共中央、国务院发出《关于深化文化体制改革的若干意见》。
	2006 年	国资委开始在国有企业中开展董事会试点工作。文化领域国有企业进一步改革，国有经营性文化单位进行股份制改造和兼并重组，并推介部分有实力的国有文化企业上市。
	2007 年	《关于试行国有资本经营预算的意见》颁布，规范国有资本经营预算的收支范围、经营预算的编制和审批、经营预算的执行、经营预算的职责分工。
	2008 年	第十一届全国人民代表大会常务委员会第五次会议审议通过《中华人民共和国有企业业国有资产法》。
国资改革新时期（2012 年至今）	2013 年	颁布《关于深化收入分配制度改革的若干意见》。
	2015 年	发布《关于国有企业功能界定与分类的指导意见》《中共中央、国务院关于深化体制机制改革加快实施创新驱动发展战略的若干意见》《中共中央、国务院关于深化国有企业改革的指导意见》。
	2016 年	发布《国务院关于促进创业投资持续健康发展的若干意见》。
	2018 年	发布《中共中央关于建立国务院向全国人大常委会报告国有资产管理情况制度的意见》。

从 1949 年到 2019 年，新中国走过了壮丽辉煌的 70 年，我国的经济体制也由计划经济体制走向社会主义市场经济体制，自 1949 年新中国成立至 1978 年的 29 年间，我国处于高度集中的计划经济体制下，国有资产的所有权、支配权、使用权集中于国家，国有资产存在于社会生活的方方面面，企业、社会机构之间的界限较为模糊，这一时期的改革主要内容是中央与地方对于国有企业管理权限的划分，经历了“一五”计划至“大跃进”前的集权，到“大跃进”时期的分权，再到 1961 年到“文化大革命”前的集权，最后到“文革”时期的分权。

改革开放以来，国有资产管理的改革不断向前推进，十一届三中全会后至十二大前，改革的主要方面是初步扩大企业经营自主权，试点“以税代利、独立核算、自负盈亏”政策，同时对落后企业实行“关、停、并、转”；十二大至十三大前，主要改革是提高国有资本效益，进一步提高企业经营自主权，推进法制化进程，开始实施归口管理，并且将改革推进到商业与服务业；十三大至十四大前，开始深化改革，建立国有资产管理局作为统一归口管理部门，推进承包责任制，推进股份制改革，缩小指令性计划；十四大至十五大前，开始实施公司制改革，建立现代企业制度，明确产权关系；十五大至十六大前，改革推进到金融领域，对实体领域企业进一步推进现代企业制度建设，执行完全实现政企分离政策；十六大至十七大前，主要改革方向是建立国有出资人制度与国有资产监管制度，设立国有资产监督管理委员会；十七大至十八大前，通过立法形式确定国有出资人制度与国有资产管理的规则；十八大至十九大前，国资改革进入新时代，进入顶层设计与基层探索相结合的全新阶段，促进混合所有制改革；十九大以来，国有资产监管进入人大监管新阶段，做优做大做强国有企业成为主旋律。

纵观国有资产管理 70 年的改革历程不难发现，计划经济时期，国有资产的改革就如周恩来总理所形容的“团团转”的状态，国有企业一集权管理就无法经营，随后实行分权管理，一分权管理就乱，随后中央又要实行集中管理，在这个圈子中循环，没有解决什么实际问题；改革开放以来，国有资产改革表现出几个特征，其一是改革目标的明确化，从各个地方上企业的自行实验，到地方管理机构的先试先行，最后到“顶层设计 + 基层探索”综合模式；其二是国资管理的法制化，由各主体的实验性改革到以条例、法律形式规范管理；其三企业经营自主权的逐步扩大化，从研发与技术提升自主权，到人事管理权，从部分生产销售自主权到完全生产销售决策权，最后实现外贸自主权，资金支配自主权；其四是管理机构的专门化与精简化，从混乱管理到多部门分口管理，再到国资局管理，最后到国资委管理；其五是领域的扩展化，从工业到商业，从实体产业到金融行业，领域逐步扩大。

9.2.2 资产评估改革实践

（1）行业起步阶段

我国的资产评估行业起步较晚，直至 20 世纪 80 年代，改革开放给我国社会经济发展带来了巨大变化，国有企业体制改革为当代中国的特色社会主义市场化经济注入了新的发展动力，资产评估行业及相关的业务才开始在国内出现。由于现代国有企业改制，国有资产的整体产权结构变化与中外合资经营业务的增长，对国有资产进行标准化的价值评估成为国家、国有企业的必然发展需求。1988年3月，大连会计师事务所在大连炼铁厂和香港企荣贸易有限公司的联合的合资项目中，对相关的建筑、机电设备等进行了资产评估，也即我国第一项资产评估业务，并且大连会计师事务所通过合理的评估价格，有效地防止了国有资产的损失。中国的资产评估行业由此诞生。同年4月，大连市资产评估中心经批准成立，这是第一家成立于中国的资产评估机构。

此后，国家开始初步重视资产评估行业，出台一系列有关国有资产评估的暂行方法。1989年1月19日，国家计委、国家财政部、国家体改委、国家国有资产管理局发布了《关于出售国有小型企业产权的暂行办法》，并在该项文件中，提出了进行资产评估的三种基础方法。1989年2月19日，国家计委、国家财政部、国家体改委、国家国有资产管理局发布了《关于企业兼并的暂行办法》。1989年11月27日，国家国有资产管理局印发《关于全民所有制小型企业租赁经营国有资产产权管理规定》。国有资产评估以及相关服务机构也因此开始逐渐出现。同年10月26日，国家国有资产管理局资产评估管理中心经国务院人事部门批准成立，从组织、机构等方面为资产评估业未来的长期发展提供了更多可能性。

为了切实加强对国有资产的检查监督与日常管理，国务院于1990年7月2日发布了《国务院关于加强国有资产管理工作的通知》，对国有资产活动的批准、评估等各项相关手续提出了基础要求。1990年10月19日，国家国有资产管理局印发《关于加强承包经营责任制企业国有资产管理的试行办法》，明确要求了当企业国有资产发生产权变动的情况时，应当对其进行资产评估。

国家开始重视对资产评估资格的要求。1991年8月，经国家有关部门组成的资产评估机构资格评审小组第一次会议审议通过，中华会计师事务所等12家机构被批准获得资产评估资格。1991年11月16日，《国有资产评估管理办法》正式发布，在协调推进我国资产评估实践过程中，发挥了关键性的指导作用。同年11月，有关部门研究决定，委托中国国际经济与法律咨询公司对我国历史最长的大型发电厂——丰满发电厂的固定资产，进行重新评估。丰满发电厂固定资产账面原净值仅为1.045亿元，评估后真实价值为7.720亿元。1993年1月，中国国际经济与法律咨询公司受委托对我国境外上市的大型国有企业——上海石化有限股份公司的资产进行评估。评估值为143.708亿元。1993年3月，青岛啤酒股份有限公司为境外上市进行资产评估，其商标价值评估为2.9亿元。这些早期的资产评估活动深刻反映了资产评估在实践中的重大作用。

之后，一系列相关的法律、规章陆续颁布。1992年2月，国家国有资产管理局正式印发《关于加强国营关停企业国有资产管理的若干规定》。同年 12 月，国家国有资产管理局、国家物价局联合发布《资产评估收费管理暂行办法》。1993 年，《关于用国有资产实物向境外投入开办企业的有关规定》《关于从事证券业务的资产评估机构资格确认的规定》《资产评估机构管理暂行办法》《公司法》等陆续颁布。同年 12 月，中国资产评估协会的第一届全国会员代表大会成功举办，中国资产评估协会也正式注册成立。这充分顺应了行业健康发展的实际要求，对资产评估行业进行了初步规范，也标志着中国资产评估行业首次拥有了自己的行业自律组织，资产评估行业也由起步阶段正式进入发展阶段。

（2）行业发展阶段

在资产评估协会成立之后，中国的资产评估行业终于踏上了发展的正确轨道。1994 年 4 月发布《关于加强国有企业产权交易管理的通知》。同年 10 月，国务院印发《关于在若干城市试行国有企业矿产有关问题的通知》。1995 年 6 月，国家国有资产管理局正式印发了《关于加强国有资产资源性资产评估管理有关问题的通知》，愈发明确了针对国有资产评估的各个细节管理问题。

与此同时，标准化的资产评估考试注册制度已经开始初步建立。1995 年 4 月 12 日，中国资产评估协会发布《资产评估执业人员自律守则》。1995 年 5 月 10 日，人事部和国家国有资产管理局联合颁发《注册资产评估师执业资格制度暂行规定》及《注册资产评估师执业资格考试实施办法》。1996 年 7 月，国家国有资产管理局发布《注册资产评估师执业资格注册管理暂行办法》。1996 年 5 月 18 日至 19 日，第一次国家注册资产评估师执业资格考试举行。它们体现了对资产评估行业的执业人员的高要求、高标准，坚持独立、客观、公正的执业原则。

资产评估行业逐渐从国有资产评估转向更广阔的范围，涉及森林、地质、专利、外资、化工、冶金、煤炭等众多方面。1995 年 11 月 10 日，林业部和国家国有资产管理局发布了《关于森林资源资产产权变动有关问题的规范意见（试行）》。1995 年 6 月，地质矿产部财务司与资产评估管理中心联合颁布《地质勘查成果资产评估若干规定（试行）》。1996 年 12 月，林业部和国家国有资产管理局发布了《森林资源资产评估技术规范（试行）》。1996 年 10 月 18 日，国家国有资产管理局与中国专利局发布《关于加强专利资产评估管理工作若干问题的通知》。1997 年 1 月，国家国有资产管理局联合相关部门发布了《关于有色金属矿产资源资产评估问题的通知》《关于有色金属矿产资源资产评估问题的通知》《关于煤炭资源资产评估问题的通知》《关于冶金矿产资源资产评估问题的通知》《关于加强森林资源资产评估管理工作若干问题的通知》《关于化工资源资产评估有关问题的通知》。截至年底，全国在 1997 年一年不涉及国有资产的资产评估项目已达 19367 项，全年不涉及国有资产的资产评估项目评估价值总计达

3755.20亿元。2001年9月4日，财政部发布《资产评估准则——无形资产》，加强了对无形资产评估行为的规范程度。这项准则也是中国资产评估行业中诞生的第一项评估准则。2003年1月28日，中国资产评估协会颁布《珠宝首饰评估指导意见》，进一步加强规范珠宝鉴定、评估行业。这些实践初步标明，资产评估行业不仅限于改革开放后的国有企业评估，随着时代的发展以及行业的丰富，资产评估的涉及领域必然扩大。

资产评估与的管理、评审、教育制度也愈发完善。1999年6月25日，中国资产评估协会颁布《资产评估业务约定书指南》《资产评估业务计划指南》《资产评估工作底稿指南》与《资产评估档案管理指南》等四项资产评估操作指南。1999年7月25日，财政部正式发布了《中国注册资产评估师职业道德规范》与《中国资产评估师后续教育规范》，进一步规范了我国资产评估从业者的操作能力，提升资产评估行业的整体道德水平。

1999年3月，财政部发布《资产评估机构管理暂行办法》，这是第一份更涉及管理资产评估机构的规范性文件。同月，财政部颁布《关于资产评估机构脱钩改制的通知》，全国资产评估机构脱钩改制全面展开，从体制上入手，彻彻底底地解决行业目前存在的缺陷，保证资产评估机构独立、客观、公正的第三方身份，从而保证其服务的准确度和专业性。2003年12月，国务院转发财政部《关于加强和规范评估行业管理意见的通知》，从国家层面细化了对于资产评估行业的管理要求并正式提出了规范评估行业管理的具体措施以及基本原则。我国的资产评估行业也从行业发展阶段进入到行业整顿阶段。

（3）行业整顿阶段

2003年后，国家开始规范资产评估执业。2004年2月，财政部发布《资产评估准则——基本准则》和《资产评估职业道德准则——基本准则》。2004年12月30日，中国资产评估协会正式颁布了《企业价值评估指导意见（试行）》。2004年7月16日，《国务院关于投资体制改革的决定》发布。其中，《决定》明确要求："各类投资中介服务机构均须与政府脱钩，坚持诚信原则，加强自我约束，为投资者提供高质量、多样化的中介服务"，深刻强调了资产评估行业自律的高度规范与重要程度。

依照行业要求，资产评估行业相关部门开始进行全面审查。2004年2月16日，《财政部关于中国资产评估协会单独设立的通知》下发。通知宣布："经部党组研究决定并报国务院批准，中国资产评估协会单独设立。"2004年2月5日，《财政部证监会关于对从事证券业务的资产评估机构进行综合检查的通知》正式下发。103家专门从事国有资产评估管理机构的人员综合素质检查考核工作正式启动。2004年1月20日，《财政部关于对资产评估行业进行全面检查的通知》

下发。资产评估行业全面检查工作在全国范围内陆续展开。

具体化的管理办法继续发布，行业规定走向完善。2005 年 5 月 11 日，财政部发布了《资产评估机构审批管理办法》。2006 年 2 月 6 日，中国资产评估协会发布了《中国资产评估协会会员管理办法》，标志着协会已经建立起与市场经济和行业发展所需要相适应的会员管理体系以及以分级分类会员管理为核心的资产评估协会会员管理模式。同年 4 月 19 日，财政部与国家知识产权局联合下发了《关于加强知识产权资产评估管理工作若干问题的通知》，审议通过了《资产评估行业执业质量自律检查办法》《中国资产评估协会会员诚信档案管理暂行办法》，审议通过并成立了税基、金融、企业价值、无形资产、文化艺术品等专业评估委员会，资产评估行业相关协会基本建立。2007 年 7 月，中国资产评估协会发布实施《资产评估报告报备管理办法》，资产评估报告报备制度正式建立；发布实施《资产评估机构综合评价办法（试行）》，构建了一套以质量评价为主线的资产评估机构综合评价体系，准备向社会公开披露有关信息。2011 年 8 月 11 日，财政部令第 64 号发布《资产评估机构审批和监督管理办法》。该《办法》包括总则、资产评估机构的设立、资产评估机构分支机构的设立、资产评估机构及分支机构的变更和终止，明确了有关机构的监督管理及法律责任。2012 年 4 月 11 日，中国资产评估协会印发了《中国资产评估协会会员管理办法》，修订后的《办法》，对于进一步建立完善会员自律管理体制，促进我国资产评估行业未来健康发展，具有十分重要的指导意义。2014 年 3 月 5 日，中评协发布《中国资产评估协会非执业会员管理办法》对非执业会员的管理和服务进行了规范。该办法的发布实施，对于进一步完善会员管理体制、健全会员管理模式、加强非执业会员的服务和管理、提升非执业会员的整体地位、增强资产评估行业影响力起到重要作用。

同时，资产评估行业规定涵盖方面越发完善。2007 年 7 月 18 日，财政部发布实施《财政部关于规范珠宝首饰艺术品评估管理有关问题的通知》，严格规范资产评估机构从事珠宝首饰等等艺术品评估行业的条件。2007 年 11 月 28 日，中国资产评估协会发布《资产评估准则——评估报告》《资产评估准则——评估程序》《资产评估准则——业务约定书》《资产评估准则——工作底稿》《资产评估准则——机器设备》《资产评估准则——不动产》和《资产评估价值类型指导意见》等 7 项资产评估准则。2008 年 11 月 28 日，中国资产评估协会在京召开资产评估准则发布会，正式发布《资产评估准则——无形资产》《企业国有资产评估报告指南》和《专利资产评估指导意见》三项资产评估准则。2010 年 12 月 18 日，中国资产评估协会印发《金融企业国有资产评估报告指南》《评估机构业务质量控制指南》《著作权资产评估指导意见》。2015 年 12 月 31 日，中评协发布

《知识产权资产评估指南》。该指南的发布有利于指导和规范知识产权资产评估行为，提高知识产权资产评估业务质量，促进知识产权战略的贯彻落实。2016年3月30日，中评协发布《文化企业无形资产评估指导意见》，对文化企业内部的无形资产评估作出规定，突出强调了社会效益对文化企业无形资产价值的影响，较好地解决了文化企业无形资产识别难、评估难的问题，有利于推动文化企业改革和文化市场建设。这些规定进一步完善了我国资产评估准则体系。

随着时代发展与经济增长，金融行业发展迅速，除了对传统领域发布相关准则，更多的规定对金融领域资产评估方面提出了明确管理制度。2005年3月21日，中国资产评估协会发布《金融不良资产评估指导意见（试行）》，规范金融不良资产评估业务。2009年2月24日，财政部发布了《资产评估机构职业风险基金管理办法》，进一步明确了资产评估机构风险基金的性质、用途、提取和分配，规范了资产评估机构风险基金的管理。同年3月30日，财政部、国家工商总局联合下发了《关于加强以非货币财产出资的评估管理若干问题的通知》。同年11月6日，财政部、证监会联合下发《关于加强证券评估机构后续管理有关问题的通知》。2011年6月16日，财政部印发《关于金融企业国有资产评估监督管理有关问题的通知》。

2016年7月2日，自该项立法程序施行起至今已经历十一年，《中华人民共和国资产评估法》在十二届全国人大常委会第二十一次会议审议通过，国家主席习近平同日签署第46号主席令予以公布，2016年12月1日起施行。这部法律是我国社会主义市场经济法律体系建设的一项重要成果，是资产评估行业发展历史上的一个重要里程碑，标志着我国的资产评估行业已经进入了依法治理的新时代。资产评估行业也正式从行业整顿阶段进入到行业完善阶段。

（4）行业完善阶段

自《资产评估法》发布后，一系列法规释义、实施通知等陆续发布，资产评估相关执业准则重新进行修订。2017年4月21日，财政部发布《资产评估行业财政监督管理办法》（财政部令第86号），自2017年6月1日起施行。这是《资产评估法》出台后，评估行业出台的首个部门规章，是财政部门贯彻落实《资产评估法》的重要成果，表明了资产评估行业不断加速完善，对加快构建全面完整的资产评估行业的监督管理体系起到重大推进作用。2017年8月23日，财政部发布《资产评估基本准则》，它是资产评估行业执业、监管和准则体系建设的重要理论基础，对于规范资产评估师的执业行为，保证其执业质量，明确其执业责任，维护社会公共利益以及资产评估各方当事人合法权益，具有非凡意义。2017年9月8日，中评协发布《资产评估执业准则——资产评估程序》等25项新修订的资产评估执业准则和《资产评估职业道德准则》。准则的发布，标志着首次资产评估准则的全面修订工作已顺利完成，基本实现了从体系、内容到文字和格式的全面优化。修订后的准则保证了准则合法性，提高了该项准则操作性和准则专业度，对于有效规范资产评估行业的执业行为、促进资产评估行业健康发展具有重要意义。2018 年 10 月 29 日，中评协对《资产评估执业准则——资产评估报告》《资产评估执业准则——资产评估程序》《资产评估执业准则——资产评估档案》《资产评估执业准则——企业价值》进行了修订并重新发布，及时有效地满足了我国资产评估的行业监管和执业需求。

相关委员会接连成立。2016 年 8 月，财政部资产评估师职业资格考试工作委员会、资产评估师职业资格考试专家委员会成立。2017 年 12 月 23 日，中国共产党中国资产评估行业委员会成立。资产评估行业管理制度不断走向完善。

同时，我国的资产评估行业积极学习国外制度的优秀方面。2017 年 10 月 23 日，经国际评估准则理事会（IVSC）同意，中评协完成了《国际评估准则 2017》（中文版）的翻译和出版工作。该书对于促进我国评估准则建设及国际评估准则趋同，方便国内评估业了解国外相关行业近况、研究《国际评估准则》，以及为评估机构境外执业提供参考具有重大意义。

截止到 2018 年年底，资产评估行业已有资产评估机构 4100 多家，资产评估师 37000 多人，从业人员 10 万余名。资产评估行业的业务收入也迎来大幅度增长，从 2010 年的 50 多亿元，增长到 2017 年的 137 亿元，年均增长幅度超过 15%，发展形势良好，多家资产评估机构的年业务收入过亿元。

（5）资产评估制度改革小结

表 9 -2 列示了资产评估制度变革的情况。

表 9 -2　　资产评估制度变革

阶段	时间	内　容
行业起步阶段	1988 年	大连会计师事务所在大连炼铁厂和香港企荣贸易有限公司的联合的合资项目中，对相关的建筑、机电设备等进行了资产评估，也即我国第一项资产评估业务；大连市资产评估中心经批准成立，这是第一家成立于中国的资产评估机构。
	1989 年	发布《关于出售国有小型企业产权的暂行办法》《关于企业兼并的暂行办法》《关于全民所有制小型企业租赁经营国有资产产权管理规定》发布；国家国有资产管理局资产评估管理中心经国务院人事部门批准成立。
	1990 年	发布《国务院关于加强国有资产管理工作的通知》《关于加强承包经营责任制企业国有资产管理的试行办法》。

续表

阶段	时间	内　容
行业起步阶段	1991 年	发布《国有资产评估管理办法》。
	1992 年	发布《关于加强国营关停企业国有资产管理的若干规定》《资产评估收费管理暂行办法》。
	1993 年	中国资产评估协会正式注册成立；发布《关于用国有资产实物向境外投入开办企业的有关规定》《关于从事证券业务的资产评估机构资格确认的规定》《资产评估机构管理暂行办法》《公司法》。
行业发展阶段	1994 年	发布《关于加强国有企业产权交易管理的通知》《关于在若干城市试行国有企业矿产有关问题的通知》。
	1995 年	发布《关于森林资源资产产权变动有关问题的规范意见（试行）》《地质勘查成果资产评估若干规定（试行）》。
	1996 年	发布《森林资源资产评估技术规范（试行）》《关于加强专利资产评估管理工作若干问题的通知》发布；第一次国家注册资产评估师执业资格考试举行。
	1997 年	发布《关于有色金属矿产资源资产评估问题的通知》《关于有色金属矿产资源资产评估问题的通知》《关于煤炭资源资产评估问题的通知》《关于冶金矿产资源资产评估问题的通知》《关于加强森林资源资产评估管理工作若干问题的通知》《关于化工资源资产评估有关问题的通知》。
	1999 年	发布《资产评估业务约定书指南》《资产评估业务计划指南》《资产评估工作底稿指南》《资产评估档案管理指南》等四项资产评估操作指南； 发布《中国注册资产评估师职业道德规范》《中国资产评估师后续教育规范》《资产评估机构管理暂行办法》《关于资产评估机构脱钩改制的通知》发布。
	2001 年	发布《资产评估准则——无形资产》。
	2003 年	发布《关于加强和规范评估行业管理意见的通知》《珠宝首饰评估指导意见》。
行业整顿阶段	2004 年	发布《资产评估准则——基本准则》《资产评估职业道德准则——基本准则》《企业价值评估指导意见（试行）》《国务院关于投资体制改革的决定》《财政部关于中国资产评估协会单独设立的通知》《财政部证监会关于对从事证券业务的资产评估机构进行综合检查的通知》《财政部关于对资产评估行业进行全面检查的通知》。
	2005 年	发布《资产评估机构审批管理办法》《金融不良资产评估指导意见（试行）》。

续表

阶段	时间	内　　容
行业整顿阶段	2006 年	发布《中国资产评估协会会员管理办法》《关于加强知识产权资产评估管理工作若干问题的通知》《资产评估行业执业质量自律检查办法》《中国资产评估协会会员诚信档案管理暂行办法》；税基、金融、企业价值、无形资产、文化艺术品等专业评估委员会正式成立。
	2007 年	发布《资产评估报告报备管理办法》《资产评估机构综合评价办法（试行)》《财政部关于规范珠宝首饰艺术品评估管理有关问题的通知》； 发布《资产评估准则——评估报告》《资产评估准则——评估程序》《资产评估准则——业务约定书》《资产评估准则——工作底稿》《资产评估准则——机器设备》《资产评估准则——不动产》和《资产评估价值类型指导意见》7 项资产评估准则。
	2008 年	发布《资产评估准则——无形资产》《企业国有资产评估报告指南》《专利资产评估指导意见》。
	2009 年	发布《资产评估机构职业风险基金管理办法》《关于加强以非货币财产出资的评估管理若干问题的通知》《关于加强证券评估机构后续管理有关问题的通知》。
	2010 年	发布《金融企业国有资产评估报告指南》《评估机构业务质量控制指南》《著作权资产评估指导意见》。
	2011 年	发布《资产评估机构审批和监督管理办法》《关于金融企业国有资产评估监督管理有关问题的通知》。
	2012 年	发布《中国资产评估协会会员管理办法》。
	2014 年	发布《中国资产评估协会非执业会员管理办法》。
	2015 年	发布《知识产权资产评估指南》。
	2016 年	发布《文化企业无形资产评估指导意见》； 《中华人民共和国资产评估法》审议通过并施行； 财政部资产评估师职业资格考试工作委员会、资产评估师职业资格考试专家委员会成立。
行业完善阶段	2017 年	发布《资产评估行业财政监督管理办法》《资产评估基本准则》《资产评估职业道德准则》；发布《资产评估执业准则——资产评估程序》等 25 项新修订的资产评估执业准则；《国际评估准则 2017》（中文版）的翻译出版工作完成；中国共产党中国资产评估行业委员会成立。
	2018 年	发布《资产评估执业准则——资产评估报告》《资产评估执业准则——资产评估程序》《资产评估执业准则——资产评估档案》《资产评估执业准则——企业价值》进行修订。

70 年来我国资产评估改革表现出两个鲜明特性，首先是起步较晚，发展较快。我国的资产评估行业起步较晚。直至 20 世纪 80 年代，改革开放给我国社会经济发展带来了巨大变化，国有企业体制改革为当代中国的特色社会主义市场化经济注入了新的发展动力，资产评估行业及相关的业务才开始在国内出现。但是在这三十年间，资产评估的从业者努力开拓探索，不断创新，加速建设发展出独具特色的当代中国资产评估科学理论体系，开辟了一条属于中国的独具特色的社会主义的资产评估的科学发展之路。虽然现在的资产评估行业与国际水平仍有一定差距，但行业的发展速度与质量还是相当可观的。

其次是实践在先，理论在后。总体而言，我国资产评估行业的具体实践先于理论研究，理论思想滞后于评估实践。1989 年左右资产评估活动基于明确产权以及防止国内资产流失的需要开始出现，而直到 1991 年，《国有资产评估管理办法》才开始实施，我国的资产评估活动有了指导方向。之后资产评估活动不再局限于国有资产方面，转而走向各个领域，在 2001 年才出现了我国资产评估行业的第一项评估准则，现在仍在逐步完善不同方面的准则。但是，重大的资产评估改革实践也促进了思想理论的成熟。在实践中总结经验教训进而完善行业规范，促进了资产评估从业者对理论思想的思考，进而加速了体系的成熟完备。

第10章

财政政策发展改革回顾

10.1　财政政策的理论与思想演进

新中国成立 70 年来，社会各界就财政政策如何使用进行了长期的讨论。这些思想的碰撞使财政政策在经济活动中的作用得到了进一步发挥。

在社会主义市场经济制度确立以前，指导性的、重大的财政政策理论呈现出两个特征：第一，它们主要应对的是经济过热的情况；第二，它们主要强调财政政策本身的运用。

在计划经济时期，虽然没有“宏观调控”这个词，但国家对宏观经济活动施加干预却较为常见。在国家干预经济的过程中，一个重要思想就是“综合平衡”。“综合平衡”强调，财政预算安排要留有余地，尽量避免出现赤字。在计划经济时期，财政赤字集中出现于“大跃进”时期，对“大跃进”的反思也使各界人士意识到，只有保证财政和信贷的综合平衡，才能使国民经济协调稳定发展。转轨时期，中央提出的“两平一稳”方针更是对“综合平衡”思想的延续。

此外，在计划经济时期，由于金融体系相对单一，因此，国家在政策类型上以财政政策为主，辅以信贷措施，这就是所谓的“大财政，小银行”局面。

而在社会主义市场经济制度建立以后，我国财政开始进入构建具有公共财政特征的财政运行模式，形成了现代意义上的宏观调控模式。这种宏观调控模式具备两个特征：第一，财政政策与货币政策协调搭配；第二，财政政策具有相机抉择特征，不再一味规避赤字。实际上，以改革开放为分界线，中国财政运行从平衡财政到相机抉择，标志着中国的财政政策由基于行政命令的直接干预转变为基于经济形势的间接调控。

新中国成立以来，我国财政政策理论与思想的基本演进过程如图 10－1 所示。

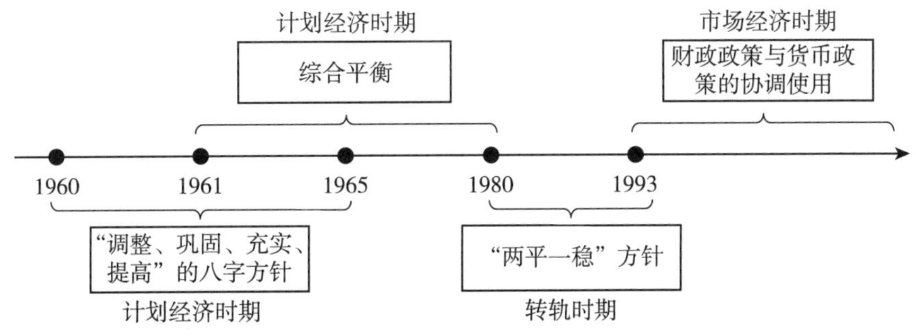

图 10－1　新中国成立以来我国财政政策思想的基本发展脉络

注：1960 年以前，我国并没有形成明确的财政政策概念。

10.1.1 综合平衡的理财思想

在计划经济时期，特别是在实施“赶超”战略的背景之下，我国各地发展重工业的热情空前高涨，国家更是通过财政、信贷等政策筹集资金，对地方的重工业建设予以支持。

表 10－1 列出了计划经济时期各主要年份的基本财政收支情况。由表 10－1 可知，在计划经济时期，我国经济过热的阶段主要有两个，一个是 20 世纪 50 年代，特别是 1955 年之后，财政赤字长期攀升，且有失控的倾向；另一个是 20 世纪 70 年代中期，财政赤字有短期的增长。

财政赤字的激增，导致物价上涨，人民生活水平明显下降。1960 年，面对严峻的经济形势，中央提出“调整、巩固、充实、提高”的八字方针，对国民经济进行全面调整。在八字方针的指导下，中央实施了如下财政政策：第一，缩短基本建设战线，削减投资规模，例如，中大型建设项目投产率从 1957 年的 26.4% 降至 1960 年的 9.8%；第二，按照农、轻、重的顺序安排和分配有关资金，使农轻重比例趋于合理。

通过吸取“大跃进”时期（1958—1960 年）的教训，以及为了更好地贯彻八字方针，中央开始调整财政、信贷和物资的相互关系，并确立了综合平衡的基本原则。综合平衡理论指，在特定时期内，物资供应量基本保持不变，然而，一旦财政支出或信贷投放过多，物资供应便会紧缺，社会购买力随之下降，因此，要坚持财政、信贷、物资的综合平衡。综合平衡理论的基础是物资供应平衡，但核心是财政平衡和信贷平衡。综合平衡理论最初由陈云同志于 1957 年系统阐述，并在 20 世纪 60 年代初作为一种指导思想贯彻于中央的财政政策中。综合平衡理论中的财政平衡具体指财政收支平衡，即国家财政所集中的那一部分国民收入同分配使用这部分国民收入之间的平衡①。

综合平衡理论最初是指财政、信贷和物资的三大平衡，后来逐渐发展成为财政、信贷、物资和外汇的四大平衡。其实陈云同志早在 1954 年《关于第一个五年计划的几点说明》中就指出：“我们必须力求不借外债。为了保持外汇的收支平衡，应压缩不必要的进口。”② 在计划经济体制下，我国政府既要做到无内债，也要实现无外债，因为综合平衡不仅是社会主义制度区别于资本主义制度的显著

---

① 王丙乾．中国财政 60 年回顾与思考［M］．北京：中国财政经济出版社，2009：134.

② http：//www.china.com.cn/chinese/zhuanti/chenyun/879432.htm。

特点，更体现了社会主义制度的优越性。杨志勇认为，在综合平衡理论的指导下，国民经济实现了有计划、有比例的发展，财政政策实施中的一些经验比例数据也逐渐形成，比如，国民收入中积累部分占比约20%，财政收入占国民收入比例约30%，基本建设支出占财政支出约40%等①。

综合平衡理论的核心是财政平衡和信贷平衡，尤其在计划经济体制下，财政收支能否平衡直接关系到宏观经济稳定与否。一旦财政赤字过高，政府就要向中央银行透支，从而造成信贷领域的失衡。因此，财政平衡也是信贷平衡的基础和前提。财政平衡的理想状态是略有盈余，正是在财政平衡思想的引导下，我国在国民经济调整时期（1961—1965 年）始终坚持增收减支的财政政策，并取得了显著成效。如表 10－1 所示，1965 年，我国财政结余达到 13.35 亿元。

表 10－1　计划经济时期各主要年份的财政收支情况　单位：亿元

年份	财政收入	财政支出	收支差额
1950	62.17	68.05	－5.88
1955	249.27	262.73	－13.46
1959	487.12	543.17	－56.05
1960	572.29	643.68	－71.39
1965	473.32	459.97	13.35
1970	662.9	649.41	13.49
1975	815.61	820.88	－5.27
1976	776.58	806.2	－29.62
1977	874.46	843.53	30.93
1978	1132.26	1122.09	10.17

资料来源：《中国统计年鉴》。

1984 年，黄达教授的《财政信贷综合平衡导论》出版，他在回顾历年的宏观经济政策后指出，财政平衡能否实现的关键在于建设资金如何安排。长期来看，社会主义经济建设虽然面临建设资金不足的问题，但建设资金不能随意安排，要量力而行，要“有多少钱办多少事”。国家要真正实现综合平衡的目标，就要做好基本建设的规划，把控基本建设的资金。

① 杨志勇．新中国财政政策 70 年回顾与展望［J］．财贸经济，2019（09）：23.

10.1.2 “两平一稳”方针

1978 年，十一届三中全会正式确立了“对内改革、对外开放”的基本国策。为了贯彻十一届三中全会的精神与指示，财政部专门召开了党组扩大会议，要把财政工作的重心转移到社会主义现代化建设上来[①]。在计划经济时期，我国推行以重工业优先的赶超战略[②]，而相应的财政政策也是为这种工业化战略服务的。随着改革开放进程的深入，财政工作的重心也发生了转移，首要任务变成了实现合理的财政分配，促进经济建设，推动国民经济健康发展。

改革开放初期，中央实行了“分灶吃饭”等一系列放权让利的改革措施，地方自主权利的扩张，带动了经济建设的热情，但也使宏观经济出现了明显的过热现象。1979 年和 1980 年我国经历了巨额的财政赤字，赤字额分别为 170.6 亿元和 127.5 亿元。而当时我国财政赤字的化解，主要通过两种途径，一种是历年的财政结余，另一种是财政向中央银行透支。后一种方式继而引发了较为严重的通货膨胀。

正如王丙乾所说：“财政巨额赤字是向国家决策者发出的一个信号，它说明国民经济潜伏着危险。”[③] 在这种背景下，1980 年的中央工作会议进一步调整了财政政策的使用方向，明确肯定了“平衡财政、平衡信贷、稳定物价”的“两平一稳”方针。这一方针的基本要求是降低财政开支，不仅要大力抑制固定资产投资过快增长的势头，也要减少国防费和行政管理费的支出。具体而言，“平衡财政”指，财政收支要保持基本平衡，少出甚至不出赤字；“平衡信贷”指，实现信贷收支平衡，减少财政性信贷支出；“稳定物价”指，把物价稳定下来，特别是把基本生活必需品的价格保持住。为了实现“稳定物价”这一既定目标，我国还在 1981 年发行了在当时具有明显创新意义的国库券。在“两平一稳”方针的指导下，1981 年我国财政赤字显著下降，由 1980 年的 127.5 亿元降至 25.5 亿元。“两平一稳”方针是综合平衡理论的延续和深化，这一方针表明，财政政策和信贷政策是维持物价稳定的关键手段，但在实践中，这两种政策手段仍是分开使用的，未能如社会主义市场经济时期一样协调搭配。

1982 年，党的十二大提出：“（到 20 世纪末）在不断提高经济效益的前提下，力争使全国工农业的年总产值翻两番。”在这一目标下，各地经济建设热情

① 王丙乾. 中国财政 60 年回顾与思考［M］. 北京：中国财政经济出版社，2009：214.

② 林毅夫，李志赟. 政策性负担、道德风险与预算软约束［J］. 经济研究，2004（02）：19.

③ 王丙乾. 中国财政 60 年回顾与思考［M］. 北京：中国财政经济出版社，2009：218.

高涨，经济过热情况再次出现。于是，1984 年 11 月国务院相继发出《关于严格控制财政支出和大力组织货币回笼的紧急通知》《关于严格控制社会集团购买力的通知》等文件，力图严控政府财政支出，特别是“年底突击花钱”的现象。这些举措收到了很好的效果，抑制了财政支出过快增长的趋势，再次使社会经济恢复到“两平一稳”的状态。

在改革开放初期，在“两平一稳”方针得以贯彻实施的背景下，也有学者提出，要进一步组织“财政、信贷、物资、外汇”的综合平衡。随着经济体制改革的深化以及对外开放程度的加深，“四大平衡”理论也应“看到情况和条件的变化”①。戴园晨指出，综合平衡理论一个主要的新变化是由财政支持信贷转为信贷支持财政，“在财政尚有赤字，而信贷资金来源扩大的新情况下，控制信贷投放，乃是信贷对财政的有力支持”②。改革开放后，我国突破了统收统支的计划经济体制，开始施行利润留成、财政包干等经济责任制，于是，企业获得了大量预算外资金，与此同时，农民和城市职工的工资也随着经济发展水平的提高而有所增长，这些变化显著扩大了银行的储蓄存款，使银行掌握了充裕的信贷资金。但信贷支持财政并不意味着要实行赤字财政，而是要通盘考虑，要“注意年度之间的相互衔接”，例如，基建规模“不能光看第一年，要作多年的计算和平衡”③。

由此可见，在转轨时期，我国财政政策的理论仍然借鉴了计划经济时期的一些经验和教训，但随着改革开放的深入，这些思想开始具有了市场经济的影子。

10.1.3　财政政策与货币政策的协调使用

1992 年 10 月，党的十四大明确提出，我国经济体制改革的目标是建立社会主义市场经济体制。1994 年分税制改革的成功实施，则标志着市场经济条件下的财政管理体制正式建立。以上制度安排意味着，我国财政政策将由过去计划经济体制下的财政政策转向现代市场经济条件下的财政政策。金人庆（2005）指出：“在中国市场经济的改革过程中，财政始终扮演着十分重要的角色。财政在不断的放权让利的过程中，不但从原有的机制中主动退出来，而且提供了大量的税收优惠和财政补贴，承担了巨大的改革成本，为改革开放的顺利进行做出了不可替代的贡献。同时，财政自身也根据市场经济发展的要求，逐渐改革计划经济

① 戴园晨．试论财政、信贷、物资、外汇的综合平衡［J］．经济研究，1983（10）：33.
② 戴园晨．试论财政、信贷、物资、外汇的综合平衡［J］．经济研究，1983（10）：35.
③ 戴园晨．试论财政、信贷、物资、外汇的综合平衡［J］．经济研究，1983（10）：38.

体制下的生产建设型财政模式，初步建立了公共财政框架。”①

在计划经济时期，财政政策是维持我国宏观经济稳定和发展的重要基石。当时，我国财政与金融的关系呈现出“大财政、小银行”或“强财政、弱金融”的格局②。财政政策的“大包大揽”以及过于单一的金融体系，导致我国在计划经济时期不存在真正意义上的财政政策和货币政策。在计划经济时期，无论是应对经济过热的情况，还是支援国家的经济建设，财政政策都是信贷政策的基础和前提，二者并没有现代意义上的搭配协调。王丙乾就指出：“在计划经济时期，没有财政—货币政策协调配合的体制基础，也没有财政—货币政策协调配合的说法。我国财政是在综合平衡的理论和经济管理框架下，主要通过财政、信贷、物资、出口等几个方面而做到综合平衡的。”③

在转轨时期，我国对经济的干预方式逐步由宏观管理转向宏观调节。1985 年，中央在制定“七五”计划时更明确指出，宏观调节的方式，要从过去以行政手段为主，改变为以经济手段和法律手段为主，以行政手段为辅。而 1985 年和 1986 年一系列政策的出台，更预示着，国家开始有条件地放弃基于行政和计划指令的直接调控，而采取间接的调控模式。1985 年和 1986 年，为了抑制经济过热的现状，国家同时使用了财政政策和货币政策，不仅严格控制财政支出，压缩社会集团购买力，更两次上调存贷款利率，降低投资需求。不过，“由于当时经济的商品化和市场化程度较低，财政、货币等经济手段不完善，对于经济的调节效果不够理想”④。

我国在转轨时期对财政政策和货币政策的使用，类似于“摸着石头过河”，虽然开始利用税率、汇率、利率等手段对宏观经济进行间接调节，但受限于经济体制等因素，这些调节方式未能相互配合，达到预期效果。与此同时，1985 年基本建设拨款改贷款的全面实施，弱化了财政在企业生产建设中的作用，于是，转轨时期，财政和金融的关系一度有“大银行、小财政”的说法。

无论是计划经济时期“大财政、小银行”的格局，还是经济转轨时期，“小财政、大银行”的说法，其实都表明，财政政策和货币政策未能真正协调发挥作用。

1992 年，党的十四届三中全会明确指出，我国要以建立社会主义市场经济体制作为经济体制改革的目标。随着社会主义市场经济体制的逐步完善，财政政策和货币政策各自的比较优势开始凸显，二者的相互协调、相互配合逐渐成为宏观调控的重要方式。从 1993 年至今，我国进行了四次规模较大的宏观调控，并根据国内外经济形势的差异，选择了不同的财政—货币政策搭配使用，取得了良好的效

---

① 金人庆．中国财政政策：理论与实践［M］．北京：中国财政经济出版社，2005：110.

② 吕冰洋．中国财政政策的需求与供给管理：历史比较分析［J］．财政研究，2017（04）：39.

③ 王丙乾．中国财政 60 年回顾与思考［M］．北京：中国财政经济出版社，2009：738.

④ 王丙乾．中国财政 60 年回顾与思考［M］．北京：中国财政经济出版社，2009：739.

果。而且，从 20 世纪 90 年代初中期的适度从紧的财政政策，到 1998 年前后的积极财政政策，再到 2004 年前后的稳健财政政策，以及 2008 年年底开始的积极财政政策，中国的财政政策基本符合现代宏观经济政策理论中的相机抉择特征。

邓子基教授总结了我国宏观调控政策的演变进程，他认为，财政政策和货币政策的配合必须有明确的分工，“财政部和中国人民银行要健全和完善财政政策、货币政策相互配合的宏观调控体系，应通过国民经济和社会发展中长期规划对财政政策和货币政策进行统筹安排和政策协调”①。如今，在经济“新常态”下，审时度势，灵活运用财政—货币政策的搭配组合，将对国民经济的平稳、健康发展起到关键作用。

10.2　重大财政政策发展改革实践

新中国成立以来，在财政政策思想演进的同时，我国也进行了很多财政政策的改革实践。从 1949 年至今，我国经济实现了从计划经济向社会主义市场经济的转变，财政政策在这种转变的过程中也呈现出不同的特征。在计划经济时期，财政政策按照国家指令直接进行资金筹集和分配（如直接压缩固定资产投资规模）；在转轨时期，我国财政政策既存在计划体制下的特征，也探索运用了现代意义上的调节手段（发行国库券、为吸引外资而采取的税收优惠政策）；在社会主义市场经济时期，我国形成了现代意义上的宏观调控模式，财政政策开始与货币政策协同发挥作用。

新中国成立以来，我国财政政策的主要发展改革实践参见图 10－2。

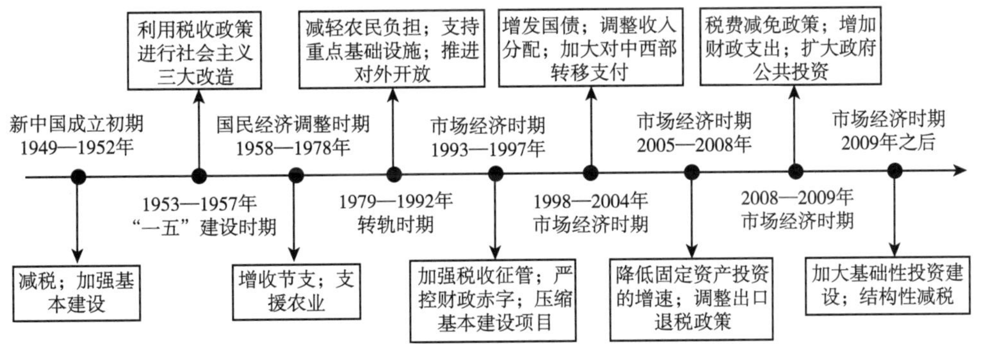

图 10－2　新中国成立以来我国重要的财政政策改革实践

① 邓子基．财政政策与货币政策的配合同社会经济发展的关系［J］．当代财经，2006（1）：37.

10.2.1 计划经济时期（1949—1978 年）财政政策的发展改革实践

在计划经济时期，财政政策是我国全面干预经济活动的主要工具，因此，财政政策的使用始终围绕着党和国家的中心工作进行。在新中国成立初期，财政政策主要用于恢复国民经济、支持抗美援朝事业等；在“一五”计划期间，财政政策不仅为实现农业、手工业、资本主义工商业的社会主义改造贡献了重要力量，更主导了重工业投资和建设；在国民经济调整时期，财政政策有力推动了工农业的协调发展。计划经济时期下的财政政策，采取的是行政命令下的直接调控，它是国家实现政治职能和经济职能的重要手段。

（1）新中国成立初期我国财政政策的改革实践

新中国成立初期是指新中国成立后的第一个历史时期（1949—1952 年）。这一时期，我国实行财政政策的首要目的是稳定国内外局势。对内而言，我国利用相应的财政措施取得了如下成效：（1）缓解了农民的农业税负担；（2）减轻了资本主义工商业的税负，为其随后的社会主义改造奠定了基础；（3）进行了一些基本的经济建设，经济建设费占财政支出的比重也从 1950 年的 25.5% 上升到 1952 年的 41.6%。对外而言，为了支持抗美援朝事业，中央财政增加了军费支出，据统计，1950 年和 1951 年的军费开支占比分别达到了 41.1% 和 43.1%。

（2）“一五”建设时期我国财政政策的改革实践

随着国民经济的进一步复苏，我国开启了大规模的社会主义经济建设。1952 年年底，我国提出了过渡时期的总路线——“一化三改”。相应地，“一五”计划时期我国的财政政策也是围绕农业、工业和手工业的社会主义改造进行的。这些财政措施不仅为“一五”计划募集了所需的资金，更合理安排了这些资金的投向，从而有力保证了“一五”计划的胜利实施，奠定了我国工业化的初步基础。

“一五”时期的财政政策主要有以下几个方面：（1）利用税收政策促使农业走上合作化道路；（2）利用税收政策和财政拨款对手工业进行社会主义改造；（3）利用税收政策对资本主义工商业进行社会主义改造。具体政策类型参见表 10－2：

①在农业方面，实施农业税减免政策和稳定负担政策，将对农业施行的累进税制改为比例税制；对农村地区实行了工商税税收减免和轻税政策；对农村信用社免征工商业税；对农村供销合作社采取了低税率政策，其营业税税率为 2.5%，低于国营和私营商业 3%—3.5% 的税率。

②在手工业方面，给予其税收方面的优惠，1951 年 10 月公布的《合作社交

纳工商税暂行办法》中规定对由贫苦艺匠和原不纳税的个人小生产者组成的手工业合作社免缴 3 年的工商税；给予其资金上的支持，据统计，在手工业合作化的工程中，我国财政共拨付各项资金 1.3 亿元。

③在资本主义工商业方面，对不同的行业、不同产品征收不同的税率，私营经济承担的税负要大大高于国营经济和集体经济；在征收手续和征收方法方面，对公私企业采取了繁简不同的策略，给予国营经济最大限度的方便，以此来抑制资本主义工商业的发展。

表 10－2　　　　　　　　“一五”时期的财政政策

改革方向	财政政策
促使农业走上合作化道路	农业税减免政策和稳定负担政策。
	对农村地区实行了工商税税收减免和轻税政策。
	对农村信用社免征工商业税。
	对农村供销合作社采取了低税率政策。
	增加对农业的投资。
	低息的农业贷款。
手工业的社会改造	给予其税收方面的优惠。
	给予其资金上的支持。
对资本主义工商业的改造	对不同的行业、不同产品征收不同的税率。
	在对待公私企业的税收政策上采取了“区别对待，繁简不同”策略。
	“四马分肥”：将企业利润分为国家所得税、企业公积金、工人福利费、资方红利四个方面进行分配。

（3）国民经济调整时期我国财政政策的改革实践

社会主义三大改造的完成以及“一五”计划的顺利实施，使国内各界对社会主义经济的发展前景普遍看好。为了更快、更好地建设社会主义，改变我国落后的经济面貌，中央掀起了“大跃进”和人民公社化运动。

“大跃进”和人民公社化运动是我国探索建设社会主义道路中的一次严重失误。它忽视了客观的经济发展规律，过分夸大了主观意志的作用。在这次运动中，工农业生产遭到破坏，国民经济比例严重失调，人民生活出现困难。为了摆脱困境，中共中央提出了“调整、巩固、充实、提高”的八字方针，拟对国民经济进行全面调整。

从 1958 年“大跃进”开始至 1961 年，我国财政经历了连续赤字，因此，在国民经济调整初期，我国财政政策的施行面临的主要困难是，高额的财政赤字与恢复农业所需的财政支持间的严重对立。

为了改善财政状况，渡过经济难关，我国财政政策的实践可分为两类：

第一，增收节支，使财政收入迅速增加。增收主要针对的是生产力落后的企业，节约开支主要针对的是社会集团。具体措施如表 10－3 所示：

表 10－3　增收节支的具体内容

	政策内容	政策效果
整顿企业，实现财政增收	1962 年 10 月，国务院发出《关于坚决扭转亏损，增加盈利的通知》，要求工商业企业在 1963 年减少亏损 30 亿元至 40 亿元。	1963 年，全国亏损企业总额减少 30.8%；1965 年，全国工业企业基本消除经营性亏损，企业扭亏增盈无疑增加了中央财政收入。
压缩社会集团购买力	1960 年 8 月，中央发出了《关于大力缩减社会集团购买力的指示》，规定各社会集团要将公用经费中的商品性支出压缩 20%左右。	1962 年，社会集团支出较 1960 年降低约一半，这些举措减轻了中央财政支出的压力，稳定了市场物价。

第二，严控基本建设支出，增加农业支出。过快的基本建设带来了经济过热的事实，因此中央决定停建、缓建一批工程。于是，一方面，中央压缩预算内基本建设支出占比，另一方面，中央严格禁止地方利用预算外支出“搞建设”。例如，1960 年，中央预算内基本建设资金达到 354 亿元，而 1962 年，这一数字骤降至 56 亿元。

当中央将重心从重工业、从基本建设支出上转移之后，农业得到了长足进步。因为国家从社会集团支出和基本建设支出上节约的资金，除了要弥补财政赤字外，还要用于支援农业。农业方面的主要措施如表 10－4 所示：

表 10－4　国民经济调整时期的支农政策

具体财政政策	具体效果
提高国家预算中的支农资金。	1961 年和 1962 年，财政用于农林水利的支出达到国家支出的 15.8%。
1963 年 3 月，农业部等联合发布《关于发放农业贷款暂行办法》。	长期农业贷款的发放以及农民税收负担的减轻，显著提升了农民的生产积极性，促进了农业生产的迅速恢复。
1961 年 6 月，财政部发布《调整农业税负担的报告》，减少粮食征购。	

通过国民经济调整时期财政政策的有效利用，我国长期的财政赤字得以消除，到 1965 年，财政结余达 7 万元，这符合综合平衡思想下财政略有结余的状态。更进一步，在财政政策的调节作用下，我国的经济结构显著改善，农业占比

从 1960 年的 21.8% 上升至 1965 年的 37.3%。

(4)“文化大革命”时期我国财政政策的改革实践

在“文革”期间，我国财政支出剧烈波动，这 10 年间，财政赤字最高达 29.62 亿元，财政盈余最高也可达 17.15 亿元。与此同时，财政投资也呈现出畸形发展的态势，“大跃进”时期农、轻、重比例严重失调的情况再次出现。

为了努力维持财政收支平衡，我国出台了一系列的财政政策，如《关于进一步“抓革命、促生产”，增加收入，节约支出的通知》(1967)、《关于进一步实行节约闹革命，控制“集团购买力”，加强资金、物资管理的若干规定》(1967)、《关于进一步打击反革命经济主义和投机倒把的通知》(1967)、《关于进一步实行节约闹革命，坚决节约开支的紧急通知》(1968)，主要的目的就是政府节约开支，促进企业生产，敦促企业严格纳税用以增加财政的税收收入。

由此可见，在“文化大革命”时期，虽然中央也在根据经济形势出台财政政策，但这些政策的推行是借助于中央各项通知实现的。所以，财政政策虽然短期起到了平衡收支的效果，但长期来看，它仍是行政手段延续的表现①。

10.2.2　转轨时期（1979—1992 年）财政政策的发展改革实践

转轨时期的财政政策具有承前启后的效果。在计划经济时期，财政政策主要担负起为生产建设筹集和分配资金的任务；而在社会主义市场经济时期，财政政策开始与货币政策相互配合，通过影响宏观经济变量，达到政府调控的效果。转轨时期的财政政策介于二者之间：虽然此时的财政政策仍是为生产建设目标服务的，但其运用的手段开始向现代意义上的财政政策靠拢，如税收优惠、债券等等。具体而言，转轨时期重大财政政策的改革实践集中在三个方面：(1) 农业；(2) 重点基础设施建设；(3) 对外开放。

(1) 利用财政政策大力扶持农业

1978 年改革开放后，我国逐步在财政政策领域确立了“两平一稳”的指导方针。在“两平一稳”方针，财政政策体现出“开源节流”的特征：一方面，通过压缩固定资产投资节省财政开支，实现“节流”；另一方面，大力支持农业和轻工业的发展，开辟新的财源。

其实在计划经济时期，我国也一直对农业实行轻税政策，这些举措极大地缓解了农民的负担。但由于工农业长期发展失衡，农民收入仍然在较低水平徘徊。

① 樊丽明等．财政政策学［M］．济南：山东大学出版社，1993：135－139.

改革开放后，国家把增加农业收入、提高农民生活水平摆在了重要位置。财政政策在予以农业扶持时，不仅采取了短期内减轻农民负担的措施，更试图通过改善农业生产条件赋予农业长期的发展动力。

转轨时期的财政政策在减轻农民负担方面主要有两种措施，一是给农民减税，二是提高农副产品的收购价格（见表 10－5）。

表 10－5　　减轻农民负担的财政政策

	政策出台时间	主要内容	实际效果
为农民减税	1979—1980 年	国家对低产缺粮地区规定了农业税的起征点，起征点以下的免税。	1979 年减征农业税 47 亿斤，1979—1983 年中央财政对贫困生产队免征农业税合计超过 28 亿元。
提高农副产品收购价格	1979 年	提高了粮、棉、油、麻、甘蔗等 18 种主要农副产品的收购价格，并对粮、棉、油等实行超购加价。	农副产品收购价格，平均增长 24.8%，其中粮食、油料和生猪统购价格分别提高约 20%、25% 和 26%。

从改革开放之初，我国就开始利用财政政策短期内减轻农民负担，并且效果显著。这其中，最具有代表性的就是增加了农业税的起征点，对水稻地区人均口粮在 400 斤以下的生产队以及杂粮地区人均口粮在 300 斤以下的生产队，免征农业税。立足于支农、惠农的财政政策在整个经济转轨时期得以延续，它们显著增加了农民收入，有效调整了计划经济时期一直失调的工农关系，为国民经济的健康发展奠定了基础。

除了注重短期内维护农民切身利益外，中央政府也着眼从长远改善农业生产条件、提高农业的生产效率。对农业生产的支持虽然反映出转轨时期我国财政政策仍延续“重生产建设”的思路，但其中的一些具体举措也体现了市场经济下财政政策的特征。具体参见表 10－6。

表 10－6　　农业扶持的财政政策

	政策出台时间	主要内容	实际效果
农业发展专项基金	“七五”期间（1986—1990 年）	中央财政建立了多项发展基金，如“三西农业建设专项基金”“京津冀绿化工程专项基金”“农业发展基金”等。	农业发展专项基金对于农业的长期发展效果显著。财政建立的这些专项基金起到了引导和示范作用，带动了农业生产条件的改善。

续表

	政策出台时间	主要内容	实际效果
财政支农周转金	1988 年《财政支农周转金占用费管理试行办法》、1991 年《财政支农周转金使用管理办法》、1992 年《财政支农周转金借款合同管理办法》。	建立完善的财政支农周转金制度，明确财政支农周转金的适用对象、主要来源、使用范围等，并对财政支农周转金的监督、仲裁提供了依据。	财政支农周转金探索出一条财政资金有偿使用的路子，使有限的财政资金可以更为长期地发挥作用，促进农业生产的可持续发展。

财政无偿拨款成立了农业发展专项基金，旨在缩小地区间农业生产差距，推动农业生产效率的持续提高。这些专项基金反映了国家对于农村基础设施、农村环境、农民贫困等民生问题的切实关注。为了进一步加强各级政府对农业生产的重视，一些专项基金还对地方配套资金提出了要求。在农业发展专项基金的示范作用下，转轨时期我国在农田水利、水电站建设、水土保持、农业机械化等方面效果卓著。不过，农业发展专项基金虽然有所成效，但其本质上仍是一种生产建设型的财政政策。

与农业发展专项基金这种财政政策不同，财政支农周转金已经具有了现代意义上财政政策的特征。财政支农周转金的一个重要改革就是变财政资金的“无偿拨款”为“有偿使用”。党的十一届三中全会之后，各地就开始摸索财政支农周转金有偿使用的方法。王丙乾（2009）把财政支农周转金制度的建立分为了三个阶段：第一，将较小的支农资金改为有偿；第二，将优质农产品基地建设补助等大型专项资金也纳入有偿使用的范畴；第三，财政部农财司将预算司安排的年度机动财力也用有偿使用的方式进行分配。财政支农周转金有偿使用的实践意义重大，它意味着，很多单位无法“随意”使用财政资金，而必须把这些资金真正用到亟须解决的问题上。

作为一种财政政策，财政支农周转金对农村生产的实际帮扶作用可能并不比农业发展专项基金更出色，但这种政策类似于“农业借款”，它是一种间接调控方式，通过影响农村企业的相关行为来实现宏观目标。财政支农周转金的使用表明，我国在农业方面的财政支出逐步向现代公共财政转型和靠拢。

（2）利用财政政策支持重点基础设施的建设

改革开放伊始，计划经济时代国家主导投资的体制仍未改变，因此，各地对重点基础设施的建设仍然严重依赖财政投入。在计划经济时代，虽然重工业得到了长足发展，但是能源、交通等基础设施却因为投资不足而停滞不前。改革开放后，能源、交通设施的不足逐步成为制约各地经济前景的重要因素。于是，党的十二大和全国人大都不断强调，要集中力量重点建设能源、交通等基础设施。

虽然在转轨时期，国家财政主导投资的行为仍然留有计划经济的痕迹，但在这些行为中，也孕育出现代意义上财政学的影子。随着国家对企业的放权让利，财政收入占 GDP 的比重不断降低，从 1978 年的 31.1% 降至 1992 年的 12.9%。财政收入的缩水，使政府在投资重点基础设施时寻找到了新的融资渠道——国库债。于是，就如同农业领域财政政策的改革实践一样，重点基础设施建设领域的财政政策也存在继承与创新两重维度。具体政策参见表 10－7：

表 10－7　　支持重点基础设施建设的具体财政政策

	政策出台时间	主要内容	实际效果
重点建设基金制度	1982 年《关于征集国家能源交通重点建设基金的通知》和《国家能源交通重点建设基金征集办法》。	从地方财政的预算外资金、行政事业单位的预算外资金等部分征收重点建设基金，投入电力、交通运输等领域。	重点建设基金改善了能源、交通这些制约国民经济发展的“瓶颈”领域。
国库券与重点建设债券	1981 年《中华人民共和国国库券条例》和 1984 年《中华人民共和国 1985 年国库券条例》。	从 1981 年起，发行中华人民共和国国库券，个人自愿认购。	1981 年国库券的发行有效缓解了 1979 年和 1980 年居高不下的赤字率，1987 年后，国库券开始用于重点建设投资。

通过表 10－7 可以看出，重点建设基金制度仍是延续了计划经济时代的特征，它集中了一部分预算外资金，服务于国家亟须的投资项目。从 1983 年能源交通重点建设基金制度开始实行，到 1993 年这一制度正式退出历史舞台，10 年间，我国的能源产量实现了飞跃式的发展，原煤、原油、天然气的产量均增长超过 30%；交通状况更是得到极大改善，民航航线长度增长甚至超过 300%。

国库券的出现则是转轨时期一个重要的财政政策实践。最初，国库券的出现旨在减少财政赤字。基于此，1981 年的国库券不得自由买卖，不得向银行贴现和质押。但随着这一政策工具的不断深化，国库券成为了国家重点项目建设的资金保障。1981—1992 年间，我国在国内共发行国债约 1199 亿元，而在 1981 年后，这些国债主要用于能源、交通等领域的重点建设投资①。此外，1981—1992 年间，国库券的发行和操作越来越市场化，比如 1988 年，61 个城市率先试点国库券流通转让；1991 年，国家开始试点国库券承购包销。这些探索和试点为市场经济条件下我国进一步发挥国债这一政策工具的资源配置作用奠定了坚实的基础。

---

① 谢旭人. 中国财政 60 年［M］. 北京：经济科学出版社，2009：305－306.

（3）利用财政政策推进对外开放

1979 年，我国明确了改革开放的基本国策。在开放政策的指引下，我国实施了一系列促进对外经济合作的举措，而财政政策是其中的重要手段。扩大开放并不是单向的，这意味着，我国既要“引进来”，也要“走出去”。相应地，在支持开放的财政政策中，一些政策的目的在于加快引进外资，另一些政策则旨在鼓励出口。

在具体的政策实践中，税收政策是最为重要的一环。这一时期支持开放的重大财政政策改革实践详见表 10－8。

表 10－8　　支持重点基础设施建设的具体财政政策

	政策出台时间	主要内容	实际效果
促进外商投资	1984 年《关于经济特区和沿海 14 个港口城市减征、免征企业所得税和工商统一税的暂行规定》	在特区内开办的中外合资经营、中外合作经营、外商独立经营企业从事生产、经营所得和其他所得，减按百分之十五的税率征收企业所得税。	利用外商直接投资从 1983 年的 17 亿美元增长至 1992 年的 581 亿美元。外商投资显著地促进了我国的经济增长。
	1986 年《鼓励外商投资的规定》	对符合要求的外资产品出口企业和外资先进技术企业实行所得税、工商统一税以及投资再退税等方面的优惠。	
促进出口贸易发展	1983 年、1985 年以及 1987 年财政部文件	1983 年财政部对 17 种出口机电产品退还生产环节的增值税和最后环节的工商税；1985 年退税范围扩展到原油、成品油以外的其他出口产品；1988 年对出口商品实行“征多少、退多少、未征不退”的原则。	建立了完善的出口退税制度，我国外贸出口迅速扩张，1992 年相比 1979 年外贸出口额增长了 20.1 倍，同时外贸出口结构也不断优化。

在计划经济时期，我国并没有专门针对对外开放的财政政策，因此，改革开放之后，社会各界就如何使用财政工具支持和扩大开放产生了一些争论，相应的政策实践也处在不断探索和修正的过程中。虽然中央政府也曾像农业领域一样，设立了一些财政基金来推动企业“走出去”（如出口工业品生产专项贷款基金、出口奖励基金等），但为了更好地吸引外资和鼓励出口，最终形成的财政政策是以税收优惠为核心的。

综上，我国转轨时期的财政政策既具有计划经济时代的特征，但也向市场经济下的公共财政迈出了关键的一步。转轨时期我国财政政策的主要目标与计划经济时代差异明显，在计划经济时期，财政政策重在推动重工业发展，而在转轨时期，财政政策更多地向农业和对外开放倾斜。虽然在转轨时期，农业发展建设基金、重点建设基金等财政政策的使用效果明显，但这些财政政策的内涵仍是依附于国家计划的资金分配，仍是生产建设型的。但与此同时，国库券、出口退税等财政政策的使用也说明，我国政府已经开始对市场经济下的财政政策进行了初步探索和运用。

10.2.3 市场经济下财政政策的改革实践

1992 年 10 月，党的十四大提出，“经济体制改革的目标，是在坚持公有制和按劳分配为主体、其他经济成分和分配方式为补充的基础上，建立和完善社会主义市场经济体制”。这意味着，我国进入了社会主义市场经济建设的新时期。

在社会主义市场经济制度下，我国的财政政策摆脱了计划经济时期的影子，具有了现代公共财政的特征：(1) 以间接调控为主；(2) 开始与货币政策协调搭配。

从 1992 年至今，我国主要经历了四次比较大的宏观调控，其中，财政政策对维持经济稳定，保持经济增长的动力。在 1993—1997 年间，因经济严重过热和通货膨胀，我国采用适度从紧的财政政策。在 1998—2004 年间，受亚洲金融危机的影响，我国采用积极的财政政策。2005—2008 年间，由于经济粗放式增长、部分行业投资增长过快等问题，我国再次选择实施稳健的财政政策。2008 年、2009 年，全球金融危机促使我国再次实施积极的财政政策。2009 年至今，中国经济逐渐展露出“新常态”的特征，在这样的背景下，中央为财政政策指出了大方向，即“实行更加有力的积极财政政策”。接下来，笔者将从以下五个阶段具体介绍市场经济下财政政策的改革实践。

(1) 1993—1997 年：适度从紧的财政政策

20 世纪 90 年代初，随着改革开放的进一步深化，我国的经济发展进入了快速增长的新阶段。改革开放的深化刺激了社会生产和投资的积极性，使得投资过度扩张，价格持续上涨。仅 1993 年上半年，全社会固定资产投资同比增长率达到 61.8%，工业增加值增长率达到 30.2%，5 个大中城市居民消费价格涨幅一度高达 21.6%[①]。鉴于经济严重过热的态势以及通货膨胀，我国政府在 1993 年至 1997 年出台了一系列适度从紧的财政政策，其目标是遏制通货膨胀和保持国民

---

① 肖炎舜．中国财政政策调控的阶段性变化研究 [D]．中国社会科学院研究生院，2017：102.

经济适度增长。其具体内容如表 10－9 所示。

表 10－9　　1993—1997 年适度从紧的财政政策

政策文本	发文号	出台时间	政策内容
中国共产党第十四次全国代表大会	—	1992 年 10 月	中央提出“坚持从实际出发，注意量力而行，搞好综合平衡”，不要“走到过去那种忽视效益，片面追求产值，争相攀比，盲目上新项目，一味扩大基建规模的老路上去”。
《国务院关于坚决制止乱集资和加强债券发行管的通知》	国发〔1993〕24 号	1993 年 4 月 11 日	1. 坚决制止各种违反国家有关规定的集资。 2. 加强债券发行管理，严格控制各项债券的年度发行规模。 3. 严格执行国家规定的有关利率政策。
《国务院关于严格审批和认真清理各类开发区的通知》	国发〔1993〕33 号	1993 年 4 月 28 日	1. 审批设立开发区，要加强统筹规划，合理布局，注重经济效益和社会效益。 2. 要严格控制开发面积，并注意以项目带开发。 3. 要坚持量力而行，开发一片，建成一片，收益一片。 4. 要严格依法审批土地，节约用地，严格控制占用耕地，原则上不得占用基本农田保护区内的耕地。
《关于当前经济情况和加强宏观调控的意见》	中发〔1993〕6 号	1993 年 6 月 24 日	1. 限期完成国库券发行任务。 2. 强化税收征管，堵住减免税的漏洞。 3. 对在建项目进行审核排队，严格控制新开工项目。 4. 积极稳定地推进物价改革，抑制物价总水平过快上涨。 5. 严格控制社会集团购买力过快增长。
第八届全国人民代表大会第二次会议通过的《政府工作报告》	—	1994 年 3 月	财政支出要坚持从紧原则，加强预算约束。
《中华人民共和国预算法》	—	1994 年 3 月	1. 中央政府经常性预算不列赤字，地方各级预算不列赤字。 2. 中央财政赤字主要通过发行国债的办法来弥补，不再向中国人民银行透支或借款。

续表

政策文本	发文号	出台时间	政策内容
《关于 1993 年国家预算执行情况和 1994 年国家预算草案的报告》	—	1994 年 3 月 25 日	1. 继续加强和改善宏观调控。 2. 财政支出安排要坚持量力而行。
第八届全国人民代表大会第三次会议通过的《政府工作报告》	—	1995 年 3 月	1. 提出实行适度从紧和量入为出的财政方针。 2. 坚决控制物价上涨幅度。 3. 中央财政赤字不能比上年扩大，地方财政要坚持收支平衡。
《国务院关于开展 1996 年税收财务物价大检查的通知》	国发〔1996〕41 号	1996 年 10 月 5 日	在全面检查企业单位执行国家财税、价格法规的基础上，重点检查以下几方面的内容： 1. 擅自越权减税、免税、退税，自行改变税率或税种等违法违纪行为。 2. 擅自把应交中央财政的税款和其他收入缴入地方财政的混库行为。

通过以上对 1993 年至 1997 年适度从紧的财政政策的梳理，可以发现，这些财政政策集中在以下几个方面：加强税收的征管，清理税收优惠政策；严格控制财政赤字；压缩社会集团购买力，清理压缩基本建设项目。

1993 年至 1997 年适度从紧的财政政策对我国经济的调控效果显著。1996 年中央确定经济增长目标是 8%，价格目标是零售物价涨幅降到 10% 左右，实际结果是，当年 GDP 增长 9.9%，零售物价涨幅回落到 6.1%；1997 年中央确定经济增长目标是 8%、全国商品零售价格涨幅目标是 6%，实际结果是，当年 GDP 增长 8.8%，全国商品零售价格仅比上年上涨 0.8%①。1996 年、1997 年的经济情况表明，我国经济从周期顶峰平稳回落，进入“高增长、低通胀”状态，成功实现了“软着陆”。

（2）1998—2004 年：积极的财政政策

1998 年爆发了亚洲金融危机，受金融危机的影响，1998 年上半年，我国通货紧缩加剧，经济增速低于计划目标，经济形势相当严峻。具体表现如下：经济增速持续下降，物价持续下跌，国内需求放缓。更进一步，这次金融危机暴露了我国经济发展中的一些深层次问题，例如，产业结构不合理、城乡发展失衡、各地区之间经济差距过大等。

---

① 肖炎舜. 中国财政政策调控的阶段性变化研究［D］. 中国社会科学院研究生院，2017：105.

为了应对需求不足的情况，中央政府已经在货币政策上下足了功夫。谢旭人写道："1996 年 5 月到 1998 年的两年多时间里，中央银行先后七次降低存贷款利率，并在 1998 年初取消国有商业银行的贷款限额限制（改行资产负债比例管理和风险管理），降低存款准备金率，颁布积极实行贷款支持的指导意见等，以求扩大企业贷款需求，刺激投资。"①

但货币政策连续、密集使用后，其可以发挥的空间也在不断缩小，于是，1998 年我国经济经历了一个明显的低谷，GDP 增长率仅有 7%。这就直接促使了我国在 1998—2004 年实施了积极的财政政策，如表 10 - 10 所示。

表 10 - 10　　1998—2004 年积极的财政政策

政策文本	发文号	出台时间	政策内容
《中央财政预算调整方案》	—	1998 年 8 月 29 日	将财政赤字调整为 960 亿元，并增发 1000 亿元长期建设国债，同时配套增加了 1000 亿元的银行贷款，全部用于基础设施建设。
第九届全国人民代表大会第二次会议通过的《政府工作报告》	—	1999 年 3 月	1. 把经济增长预期目标定为 7% 左右，提出继续扩大内需和实施积极的财政政策。 2. 继续由财政向商业银行发行长期国债，主要用于加强基础设施建设。
《关于提请审议增发国债用于增加固定资产投入和今年中央财政预算调整方案（草案）议案的说明》	—	1999 年 8 月 28 日	增加固定资产投资，并决定增发 600 亿元长期国债用于固定资产投资。
《国务院办公厅转发人事部财政部关于调整机关事业单位工作人员工资标准和增加离退休人员离退休费三个实施方案的通知》	国办发〔1999〕78 号	1999 年 8 月 31 日	1. 调整收入分配政策，提高国有企业下岗职工基本生活费、失业救济和城镇居民最低生活保障"三条保障线"标准。 2. 增加机关事业单位职工收入，提高企业离退休人员待遇。

① 谢旭人．中国财政 60 年［M］．北京：经济科学出版社，2009：514.

续表

政策文本	发文号	出台时间	政策内容
国家税务总局关于印发《外商投资企业采购国产设备退税管理试行办法》的通知	国税发〔1999〕171 号	1999 年 9 月 20 日	提高部分产品出口退税率，对固定资产投资方向调节税实行减半征收，对用于国家鼓励的技术改造项目的国产设备投资实行按 40% 的比例抵免所得税。
《关于 1999 年中央和地方预算执行情况及 2000 年中央和地方预算草案的报告》	—	2000 年 3 月 6 日	1. 继续加强基础设施建设。 2. 大力支持国有企业的改革与发展。 3. 加大社会保障投入，全面落实 1999 年出台的调整收入分配政策。 4. 大力增加教育、科技、农业投入，确保按高于经常性收入增长比例增长。 5. 适当增加国家安全方面的经费支出。
《国务院办公厅关于做好 2003 年西部开发工作的通知》	国办发〔2002〕66 号	2002 年 12 月 23 日	1. 进一步加强生态环境保护和建设。 2. 继续加快基础设施建设。 3. 大力发展科技教育和社会事业。
《国务院关于进一步推进西部大开发的若干意见》	国发〔2004〕6 号	2004 年 3 月 11 日	1. 扎实推进生态建设和环境保护，实现生态改善和农民增收。 2. 继续加快基础设施重点工程建设，为西部地区加快发展打好基础。 3. 进一步加强农业和农村基础设施建设，加快改善农民生产生活条件。 4. 拓宽资金渠道，为西部大开发提供资金保障。

通过以上对 1998 年至 2004 年积极财政政策的梳理，可以发现，这些财政政策集中在以下几个方面：增发长期建设国债，加强基础设施建设；调整税收政策；调整收入分配政策，完善非税收入政策；支持经济结构调整，加大对中西部地区的转移支付。

从 1998 年到 2004 年，中央财政赤字持续增加，但是赤字率大体经历了一个先升后降的过程（见图 10－3）。1998 年、1999 年和 2000 年，我国赤字率比上年分别提高 0.46%、0.98% 和 0.72%；2002 年，财政赤字率达到 7 年间的高点 3.03%；2003 年、2004 年，财政赤字率持续下降。上述趋势比较准确地反映了这一轮积极的财政政策由强转弱的实际情况。

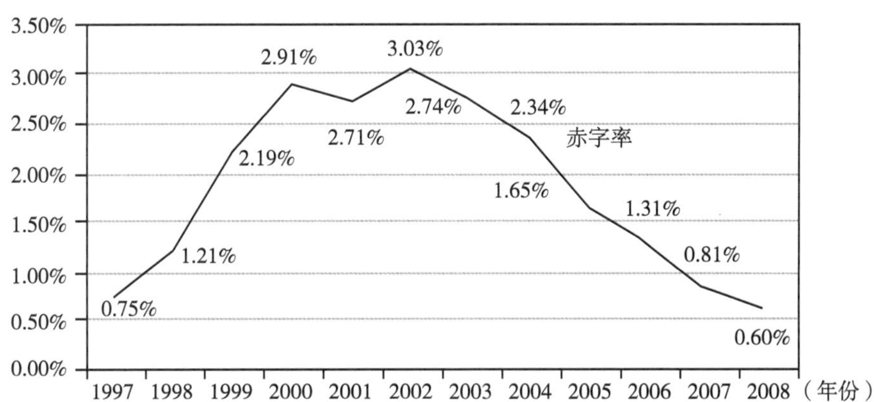

图 10－3　1997—2008 年赤字率（中央财政赤字占 GDP 比重）

（3）2005—2008 年：稳健的财政政策

在实施多年积极的财政政策后，我国的经济发展开始进入“快车道”。2003 年和 2004 年，我国的通货紧缩情况得到缓解，经济增速在这两年保持在百分之十以上。但我国经济在较快发展的同时也产生出一些问题，比如经济粗放式增长、部分行业投资增长过快、社会事业发展缓慢等。更关键的是，实施积极财政政策的边际成本开始显著提高，原因主要有三个：第一，积极的财政政策强调公共投资的重要性，然而，这些投资引致的财政赤字和地方债务始终困扰着中央政府；第二，积极的财政政策存在明显的“挤出效应”，“挤出”了民间消费和投资；第三，长期国债的效用呈递减趋势，过度依赖国债也会给经济发展带来负面作用。这些问题促使我国对财政政策做出适当的调整。于是，2004 年 12 月召开的中央经济工作会议做出决定，从 2005 年起，施行稳健的财政政策。稳健的财政政策的具体内容见表 10－11。

表 10－11　　　　2005—2008 年稳健的财政政策

政策文本	发文号	出台时间	政策内容
《国务院办公厅转发商务部等部门关于促进国家级经济技术开发区进一步提高发展水平若干意见的通知》	国办发〔2005〕15 号	2005 年 3 月 21 日	1. 严格依据土地利用总体规划和城市总体规划进行开发建设。 2. 坚持十分珍惜和合理利用土地、切实保护耕地的基本国策，集约、高效开发利用土地。
《国务院关于完善中央与地方出口退税负担机制的通知》	国发〔2005〕5 号	2005 年 8 月 1 日	1. 调整中央与地方出口退税分担比例。 2. 规范地方出口退税分担办法。 3. 改进出口退税退库方式。

续表

政策文本	发文号	出台时间	政策内容
《国务院关于加快推进产能过剩行业结构调整的通知》	国发〔2006〕11 号	2006 年 3 月 12 日	1. 切实防止固定资产投资反弹。 2. 严格控制新上项目。 3. 淘汰落后生产能力。 4. 推进技术改造。
《国务院办公厅转发建设部等部门关于调整住房供应结构稳定住房价格意见的通知》	国办发〔2006〕37 号	2006 年 5 月 24 日	1. 切实调整住房供应结构。 2. 进一步发挥税收、土地政策的调节作用。
《国务院办公厅转发发展改革委等部门关于加强固定资产投资调控从严控制新开工项目意见的通知》	国办发〔2006〕44 号	2006 年 6 月 13 日	1. 全面清理新开工项目。 2. 严格审查各类拟建项目。 3. 严格限制产能过剩行业新上项目。 4. 切实规范各类招商引资活动。

通过以上对 2005 年至 2008 年稳健的财政政策的梳理，可以发现，这些财政政策集中在以下三个大方面：（1）降低固定资产投资的增速，缓解部分行业投资过快的现象，对产能过剩行业的结构进行调整；（2）控制土地供给，压缩相关投资，从而抑制总需求；（3）通过综合运用出口退税政策、进出口税收优惠政策，扩大进口规模，缓解贸易顺差过大等问题。

2005 年预算安排中央财政赤字 3000 亿元，比上年预算安排的 3198 亿元减少 198 亿元，这是 1998 年以来首次在预算安排中压缩中央财政赤字，实际执行结果与预算安排基本一致①。财政赤字占 GDP 比重也从 2004 年的 2.34% 逐步下降为 2008 年的 0.6%。由此可以看出，2005 年至 2008 年，稳健的财政政策成果显著。

（4）2008 年、2009 年：积极的财政政策

2006 年至 2008 年，稳健的财政政策取得了显著效果，我国的经济结构不仅得到了进一步的改善，人民的生活水平也显著提高。但 2008 年，国内外经济环境发生了巨大变化。2008 年上半年，我国经济仍然延续良好态势，但 2008 年下半年，席卷全球的金融危机开始波及我国，并对我国的经济造成了一定的冲击。这场金融危机使得我国外部需求明显减弱，国内部分行业产能过剩，企业经营困难，房地产市场销售量下降等现象相继出现。

在这样的经济形势下，2008 年年底召开的中央经济工作会议提出实施积极

---

① 肖炎舜．中国财政政策调控的阶段性变化研究［D］．中国社会科学院研究生院，2017：112.

的财政政策。积极的财政政策的目标是进一步扩大内需，促进经济平稳较快增长。2008年11月5日，国务院常务会议召开，研究部署进一步扩大内需、促进经济平稳较快增长的措施。会议确定了当前进一步扩大内需、促进经济增长的十项措施。据估算，至2010年年底，上述措施的实施需要投资4万亿元。为了进一步确保2009年经济平稳较快发展，中央进一步制定了十大重点产业振兴计划。无论是“4万亿”计划还是重点产业振兴计划，都要通过积极的财政政策来实现，保增长、扩内需、调结构、促改革、惠民生的基本要求也需要积极的财政政策来践行。2008、2009年积极财政政策的具体内容如表10－12所示。

表10－12　　2008年、2009年积极的财政政策

政策文本	发文号	出台时间	政策内容
《国务院关于促进房地产市场健康发展的若干意见》	国办发〔2008〕131号	2008年12月20日	1. 加大保障性住房建设力度。 2. 进一步鼓励普通商品住房消费。 3. 强化地方人民政府稳定房地产市场的职责。
《国务院关于搞活流通扩大消费的意见》	国办发〔2008〕134号	2008年12月30日	1. 发展新型消费模式，促进消费升级。 2. 加大财政资金投入，支持流通业发展。
《财政部　商务部关于做好支持搞活流通扩大消费有关资金管理的通知》	财建〔2009〕16号	2009年2月5日	1. 2009年中央财政增加农村物流服务体系发展专项资金和促进服务业发展专项资金，以后年度要继续加大投入。 2. 中央财政设立中小商贸企业发展专项资金，支持符合条件的中小商贸企业发展。 3. 加大对汽车报废更新的资金扶持，提高补贴标准，增加补贴范围，促进汽车更新换代。具体办法另行制定。
《国务院关于做好当前经济形势下就业工作的通知》	国发〔2009〕4号	2009年2月10日	1. 密切结合实施扩大内需促进经济增长的措施，千方百计扩大就业。 2. 采取积极措施减轻企业负担，鼓励企业稳定就业岗位。 3. 进一步加大政策扶持力度，鼓励劳动者多渠道就业。 4. 切实做好重点人群的就业工作，强化公共就业服务。 5. 强化政府促进就业责任，广泛动员全社会共同做好就业工作。

续表

政策文本	发文号	出台时间	政策内容
《国务院关于当前稳定农业发展促进农业增收的意见》	国发〔2009〕25 号	2009 年 5 月 11 日	1. 抓好粮食等大宗农产品生产。 2. 促进畜牧业稳定发展。 3. 做好大宗农产品收储。 4. 支持农产品加工和龙头企业发展。 5. 促进农产品流通发展。 6. 加强农产品进出口调控。 7. 采取有力措施促进农民工就业。 8. 搞好农村民生工程和基础设施建设。
《关于抑制部分行业产能过剩和重复建设引导产业健康发展若干意见的通知》	国发〔2009〕38 号	2009 年 9 月 29 日	1. 部分行业产能过剩和重复建设问题需引起高度重视。 2. 正确把握抑制产能过剩和重复建设的政策导向。 3. 坚决抑制产能过剩和重复建设的对策措施。

通过以上对 2008 年年末和 2009 年积极的财政政策的梳理，可以发现，这些财政政策集中在以下几个方面：税费减免政策；增加了财政支出总规模；扩大政府公共投资，加强重点建设；加大对农村、农业的支持力度。

2008 年年末和 2009 年，为了抵御全球金融危机而实施的积极的财政政策取得了有效的“保增长”效果。2008 年第四季度，我国经济增速只有 7.6%，比前三季度下降 3 个百分点；2009 年第一季度，这一指标进一步下降到 6.6%①。通过实施“一揽子”的积极的财政政策，2009 年，我国经济增长率达到 9.4%。积极的财政政策较好地遏制了经济下滑的趋势，稳定了社会各界的信心。

（5）2009 年之后的积极财政政策

2014 年 12 月 5 日，中央政治局会议的公报中，有三处提到“新常态”，这是“新常态”概念第一次进入公众视野。中国经济“新常态”并非是从 2014 年开始的，2014 年“新常态”的提出是经过了数年的验证的。中国经济“新”“旧”常态的分割时间点是 2008 年。

2008 年以前的“旧常态”有两个重要特征：一是经济增长的速度超快，2003—2007 年中国 GDP 增长率均超过 10%；二是通货膨胀率较低，2000 年到 2007 年，除个别年份通货膨胀率超过 3% 外，其余年份通货膨胀率都在 1.5% 以下②。

① 肖炎舜．中国财政政策调控的阶段性变化研究［D］．中国社会科学院研究生院，2017：114.

② 史册．新常态下中国经济增长的财政政策支持研究［D］．吉林大学，2016：24.

2008 年之后，“新常态”的一个重要特征便是经济增长放缓。2005 年到 2018 年 GDP 增长率如图 10 - 4 所示。

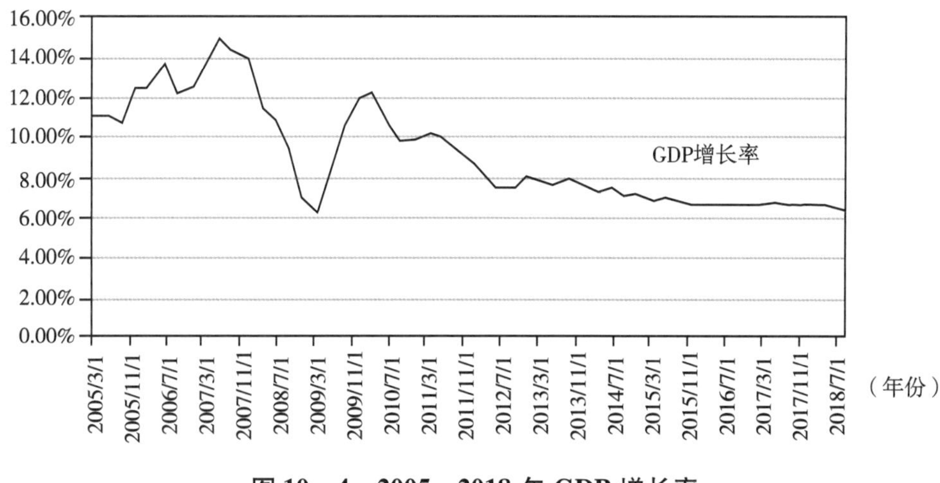

图 10 - 4 2005—2018 年 GDP 增长率

由图 10 - 4 可知，2008 年后，我国就已经出现了 GDP 增速放缓的迹象。2008 年为应对全球金融危机实行的积极财政政策，一度使 GDP 增长率在 2009 年下半年有所反弹。但 2009 年以后，GDP 增长率持续下降。2018 年，GDP 增长率降至 6.6%。经济增长放缓是新常态下面临的最大现实和挑战。在这样的背景下，中央为财政政策指出了大方向，即“实行更加有力的积极财政政策”。2009 年以后的积极财政政策如表 10 - 13 所示。

表 10 - 13 2009 年之后的积极财政政策

政策文本	发文号	出台时间	政策内容
《国务院关于鼓励和引导民间投资健康发展的若干意见》	国发〔2010〕13 号	2010 年 5 月 7 日	1. 进一步拓宽民间投资的领域和范围。 2. 鼓励和引导民间资本进入基础产业和基础设施领域。 3. 鼓励和引导民间资本进入市政公用事业和政策性住房建设领域。 4. 为民间投资创造良好环境。
《铁道部关于鼓励和引导民间资本投资铁路的实施意见》	铁政法〔2012〕97 号	2012 年 5 月 16 日	1. 鼓励和引导民间资本依法合规进入铁路领域。 2. 鼓励民间资本投资参与铁路客货运输服务业务。 3. 鼓励民间资本投资参与铁路“走出去”项目。

续表

政策文本	发文号	出台时间	政策内容
《国务院关于创新重点领域投融资机制鼓励社会投资的指导意见》	国发〔2014〕60 号	2014 年 11 月 16 日	1. 鼓励社会资本投资运营农业和水利工程。 2. 推进信息和民用空间基础设施投资主体多元化。 3. 充分发挥政府投资的引导带动作用。
《国务院关于积极发挥新消费引领作用加快培育形成新供给新动力的指导意见》	国发〔2015〕66 号	2015 年 11 月 19 日	1. 加快建设全国统一大市场。 2. 加大服务业对内对外开放力度。 3. 加强助推新兴领域发展的制度保障。 4. 加快推进人口城镇化相关领域改革。
《国务院关于促进创业投资持续健康发展的若干意见》	国发〔2016〕53 号	2016 年 9 月 16 日	1. 培育多元创业投资主体。 2. 多渠道拓宽创业投资资金来源。 3. 加强政府引导和政策扶持。 4. 优化创业投资市场环境。
《国务院关于废止〈中华人民共和国营业税暂行条例〉和修改〈中华人民共和国增值税暂行条例〉的决定》	国令第 691 号	2017 年 11 月 19 日	营业税改增值税指，以前缴纳营业税的应税项目改成缴纳增值税。营改增可以减少重复征税，可以促使社会形成更好的良性循环，有利于企业降低税负。
《中华人民共和国个人所得税法实施条例》	国令第 707 号	2018 年 12 月 18 日	1. 首次增加子女教育支出、继续教育支出、大病医疗支出、住房贷款利息和住房资金等转向附加扣除。 2. 四项劳动性所得首次综合征税提高至每月 5000 元。
《国务院关于促进乡村产业振兴的指导意见》	国发〔2019〕12 号	2019 年 6 月 17 日	1. 突出优势特色，培育壮大乡村产业。 2. 科学合理布局，优化乡村产业空间结构。 3. 促进产业融合发展，增强乡村产业聚合力。 4. 推进质量兴农绿色兴农，增强乡村产业持续增长力。

从 2009 年至今积极的财政政策的梳理中，可以看出，积极的财政政策主要集中在以下两个方面：（1）加大基础性投资建设；（2）结构性减税。我国在

2009 年至 2016 年倾向于增加财政支出，通过加大对基础建设的投资来稳定经济形势。而在 2017 年至今，我国倾向于使用结构性减税等税收政策来推进供给侧改革。

2008 年年底开始的积极财政政策一直延续至今，不过在政策类型和内容上，现今的财政政策与 2008 年已经有很多不同。2008 年的财政政策注重需求管理，但中国宏观经济运行的矛盾不仅仅是有效需求不足问题，而是一种深层侧的结构性失衡。如何利用财政政策进一步“调结构、促发展”将是社会各界共同努力的方向。

10.3　财政政策转型一般性规律的总结与归纳

自 1949 年 10 月 1 日新中国成立以来，我国已经走过了 70 年的历程，我国的经济体制也相继经历了计划经济体制，转轨时期计划经济与市场经济并存的经济体制以及后来的市场经济体制。与经济体制转变相适应，我国的财政政策也表现出各不相同的特征。纵观我国财政 70 年的历史轨迹，我们可以得出以下几点关于我国财政政策演变的规律性认识。

10.3.1　由“生产建设型财政”向“现代公共财政”转变

计划经济体制下的我国财政，属于“生产建设型财政”，主要体现为国家财政资金大部分集中用于满足社会的生产建设方面，对于社会的非生产部门则分配较少的资金。采取“生产建设型财政”的内在原因是我国难以获取外部资金（仅由苏联提供过一些优惠贷款），只能采取自我积累的方式发展和实现社会主义初步的工业化基础，资金积累的主要方式就是工农业产品价格剪刀差和低工资制，资金集中发挥作用则依靠财政政策的枢纽作用。具体而言，在财政的支出方面，国家包揽了社会建设的方方面面，不仅要满足像国防、公安、司法等公共需要，还要承担为国有企业供应经营性资金、扩大再生产资金等等非公共事务。财政的职能范围带有事无巨细、包揽一切的特征。

改革开放后，我国的计划经济体制逐步解体，市场经济开始形成。市场经济作为资源配置的一种方式，要求微观主体独立自主决策。依照市场经济的要求，我国开始对各地方、企业进行了放权让利。由于存在微观个体决策目标的多样性，利用财政政策大包大揽已经变得不合时宜，甚至会扭曲市场机制。因此，我国的财政政策由偏好生产建设和工业化逐步转向偏好社会发展和现代化。正如杨志勇所说："财政政策支持了社会发展，在国家治理中的基础和重要支柱作用得到体现。工业反哺农业，城市反哺农村，让公共财政的阳光照耀到农村大地，财政政策的支持，促进了农村公共产品和公共服务的改善。城乡统筹乃至一体化的政策体系中，财政政策在其中有举足轻重的作用。在现代化进程中，财政政策的作用更得到充分的发挥。"① 随着改革开放的继续深入，市场化程度不断加深，这就要求我国继续按照市场客观规律的要求，解决政府"越位"和"缺位"的问题，为满足社会共同需要而构建政府收支活动模式——就是新时期我国构建的"公共财政"。

10.3.2 从追求年度预算平衡到追求经济总量平衡

计划经济时期，国家几乎控制了全部的社会资源，财政的平衡在相当程度上意味着全社会经济总量的平衡②，财政的平衡与否将会直接决定宏观经济是否稳定。所以，计划经济时期，我国财政一直都在努力追求财政的平衡，例如在计划经济时期，我国财政经常在下放权力和集中权力之间反复选择；时常开展增产节约运动。

进入改革开放时期，我国财政重点调整了政府与企业的分配关系，由于对各地方、企业进行了放权让利，我国财政收入严重下降，因而赤字年年都有。为了弥补财政赤字，财政又向中央银行透支借款，使得社会货币量供应增加，造成通货膨胀；又如我国经常开展的全国性财务大检查和严控社会集团购买力，均是弥补财政赤字，追求财政平衡的手段。改革开放之前的 29 年中，我国政府秉承"无债一身轻"的理念，多达 18 年的年度预算未设有赤字，而改革开放后的 41 年间，没有出现财政赤字的年份仅有 1985 年和 2007 年。1998 年开始的积极财政政策更是一个重要的转折点，它标志着财政政策从以前寻求"年度预算平衡"正式转向寻求"经济总量平衡"。与以前的"事后赤字"不同，1998 年以后的财政赤字被归类为"事前赤字"，即由政府主动规划的赤字。一切都表明，虽然政府依旧坚持"收支平衡，略有结余"的原则，但在实践中却不再严格遵守这一

① 杨志勇．新中国财政政策 70 年回顾与展望［J］．财贸经济，2019（09）：28.

② 冯海波．关于中国财政政策演变的规律性认识［J］．当代经济研究，2003（04）：26.

原则，财政政策的重点也转向了经济总量平衡①。

10.3.3　财政政策与货币政策的协调日益密切

在计划经济时期，国家的资金分配呈“大财政，小银行”特征。具体而言，我国并没有明确的、具有针对性的货币政策，国家在工业建设和经济发展中使用的调控手段主要是财政政策。及至改革开放初期，地方和企业获得了大量的资源，民间资金规模激增。国家资金格局不仅转变为“小财政、大银行”，货币政策的概念也应运而生。1986 年前后，我国曾同时使用了财政政策和货币政策，财政政策以控制支出为主，货币政策以上调存贷款利率为主，但由于两者的使用并未形成互补效应，实际效果有限。

随着深化改革和扩大开放，我国财政政策和货币政策之间的协调机制已日益改善，这样有助于增加宏观调控的有效性以及减少经济增长的波动范围。1998 年，我国在实施积极的财政政策的同时，也在实施稳健的货币政策，将赤字转化为国债，从而防止经济增长与严重的通货膨胀同时发生。2005 年启动的“双稳健”政策，其实是松中有紧的财政政策和紧中有松的货币政策相协调的政策。奉行稳健的财政政策以确保经济增长，实行稳健的货币政策以确保适度的货币供应。2008 年紧缩的货币政策和积极的财政政策相结合，有助于遏制通货膨胀趋势，保持国民经济持续稳定增长。财政政策和货币政策之间的密切协调为国家宏观调控的有效运作奠定了基础。

---

① 冯海波．关于中国财政政策演变的规律性认识［J］．当代经济研究，2003（04）：26－27.

第11章

财政理论发展改革回顾

11.1　国家分配理论

11.1.1　国家分配论的产生

“国家分配论”是在批判“货币关系论”的基础上形成的。“货币关系论”产生和存在于苏联，在 20 世纪 50 年代传入我国并在我国的财政理论界占据了主要地位。然而，这一理论没有认识到财政与国家之间的本质联系，也没有正确地把握财政的本质，难以有效指导我国社会主义财政实践。20 世纪 50 年代末期，国内学者对“货币关系论”提出了不同见解，随着分配关系观的提出，“国家分配论”逐渐得到学术界的青睐与推崇。

1957 年，许廷星教授在批判苏联学者货币关系论的基础上，出版了专著《关于财政学的对象问题》，第一次比较系统地提出并论述了“国家分配论”的基本内容。该书指出：“财政学的对象是国家关于社会产品或国民收入分配与再分配过程中的分配关系，也就是人类社会各个发展阶段中国家对社会的物质资料的分配关系……自从人类社会出现了阶级和国家，也就出现了财政。阶级和国家不存在，财政也就随而不存在。”[①] 许廷星教授从国家实现其职能参与社会产品分配形成的分配关系入手，以参与分配的主体为标准，把社会再生产中的分配区分为经济属性分配和财政属性分配两大类型。他明确地使用了“国家”和“分配关系”界定财政的概念，提出“财政是国家对社会的物质资料的分配……这种分配在不同条件下，或表现为实物形态，或表现为货币形态，但在各种表现形态背后，实际上都是属于社会的物质资料的一种分配”。许廷星教授同时就财政与国家职能的关系、财政作为分配关系的特殊性与一般性等问题，对“国家分配论”作了较为深刻的阐述。这一研究成果，对其后“国家分配论”的最终形成和发展都具有根本性的影响，因此在“国家分配论”发展史上具有里程碑的意义。

此后，财政学理论界的其他学者，如王传纶[②]、赵春新[③]、胡鉴美[④]，都为“国家分配论”的进一步扩展与深入做出了不同贡献。20 世纪 60 年代初，邓子

① 许延星．关于财政学的对象问题［J］．财经科学，1957（02）：61－77.

② 王传纶．对“财政学”对象问题的探讨［J］．教学与研究，1958（07）：43－48.

③ 赵春新．关于国家财政性质等问题初探［N］．光明日报，1961－08－21.

④ 胡鉴美．试论财政的本质与范围问题［J］．学术月刊，1962（02）：8－12.

基教授等财政理论探索者集中批判了财政分配对象只是价值形式的观点，集中肯定了财政的国家主体和分配关系，全面、系统、完整地论证了“财政本质是以国家为主体的分配关系”这一命题。① 1964 年，财政部在辽宁大连召开财政学讨论会，这是我国财政学界关于财政本质及其相关理论的第一次大讨论，也是我国财政学界最终摆脱苏联财政理论的束缚，开始独立地构建自己财政学的标志。在这次讨论会上，“国家分配论”得到了大多数与会学者的赞同，其主流地位由此确定下来。

11.1.2 国家分配论在曲折中发展

1980 年 7 月，全国财政学基础理论讨论会在北戴河召开，陈宝森、叶振鹏、姜维壮、邓子基、许廷星等 20 多名学者共同探讨了“国家分配论”在新时期的发展方向。会后，许毅教授和著名财政学者陈宝森在各有关高校同志的协助下编写了《财政学》蓝皮书，对“国家分配论”进行了详细的论述。邓子基教授在对诸多不同观点进行深沉思考之后，发表了《为“国家分配论”答疑》一文，进一步阐述了财政本质问题，提出了“国家分配论”关于财政本质的逻辑分析。邓子基教授认为：“财政是阶级社会的产物，是人类社会发展到一定阶级的产物，有了国家就有了财政。”这一理论并没有否定国家是生产力和生产关系的产物，“国家分配论”强调财政与国家的关系，但也并不是空中楼阁，只从“国家”讲起，同样注重生产力发展与阶级产生，并非“唯心论”与“倒立哲学”。②

20 世纪 90 年代，“国家分配论”出现了狭窄化的倾向，许毅教授于 1992 年发表《广义财政学体系初探》一文，提出研究广义财政理论体系命题的目的是从生产方式与分配方式、经济运行与财政政策、经济基础与国家职能的辩证关系入手，以生产力结构优化为中心，以生产力要素配置和物质利益分配之间相互协调为基点，完善与发展国家分配论的财政体系拓展财政科学研究视野，在更广阔的范围内重新研究财政理论和政策。③ 同时，随着改革开放深化，党的十七大提出要完善公共财政体系，“公共财政论”成为“国家分配论”所要面临的新一轮挑战。坚持“公共财政论”的学者质疑，以计划经济为背景的“国家分配论”在新形势下是否还有用武之地？是否能够符合社会主义市场经济的要求？许毅教

---

① 邓子基．试论财政学对象与范围［J］．中国经济问题，1962（04）：13－21.

② 邓子基．为《国家分配论》答疑［J］．厦门大学学报（哲学社会科学版），1983（04）：50－53，62.

③ 许毅，杨照南．广义财政学体系初探［J］．财政研究，1996（03）：2－14.

授认为社会主义财政分配不是在某一个特权阶级支配下为这一阶级狭隘利益服务的，而是为整个国民经济服务。这与“公共财政论”强调的政府为满足社会需要而提供公共产品服务是不谋而合的，而两者的根本区别在于对公共财政范围的界定。[①]“公共财政论”认为财政于公共产品的供给与配置中发挥作用，而社会主义财政的服务范围应该是“大服务”，主要体现在方针、路线、策略、战略任务的制定和引导方面，表现为宏观意义上的服务。在对财政本质的认识上，“国家分配论”认为财政是为国家职能服务，侧重点在于财政是做什么的；而“公共财政论”强调财政应以市场为核心，做好市场以外的事情，其侧重点在于财政应如何做。两种理论的激烈争论提炼出了不同社会类型中财政的共性，也归纳了市场经济条件下财政的一般特征，实现了财政理论探讨与财政现象分析的大融合。

11.1.3　国家分配论的理论基础及主要观点

“国家分配论”是在与“货币关系论”的论战中产生，经过20世纪60年代、80年代以及90年代的三次理论探讨，得到了不断的充实与完善，确立并巩固了其在财政学界的主流学派地位。“国家分配论”采用层层“剥笋式”的方法，对财政本质问题进行了全方位、广角度、深层次的分析，对社会主义财政的范畴、职能、作用、属性等财政基本理论进行了科学的分析，构建起一套完整的财政理论与政策体系。

整体来说，“国家分配论”以马克思主义的国家学说为理论基础，运用阶级分析方法，提出国家是阶级矛盾不可调和的产物，而财政则是实现国家职能的基本物质手段，因此任何财政都是国家财政。“国家分配论”的主要内容归纳起来主要有：（1）分配关系论，认为财政本质上是一种分配关系。具体来说，财政是特定阶级统治的国家为了维护加强其上层建筑，巩固发展其特定的生产方式而参与社会产品的分配和再分配关系。财政所表现的分配关系其所以与一般经济所表现的分配关系不完全相同，因为经济的分配关系是从生产资料所有制发生的分配关系，而财政的分配关系则是从国家职能所发生的分配关系。前者表现在经济的领域，后者既表现在经济的领域同时也表现在非经济的领域，但二者相同的地方是在同社会生产关系决定下都是属于社会产品或国民收入的分配或再分配。（2）国家主体论，认为财政的主体是国家而非其他经济及非经济主体，是依靠国

① 张阳，常嘉．“国家分配论”的昨天、今天和明天——我国著名财政学家许毅访谈［J］．中国财政，2008（17）：34－35．

家权力，由国家组织进行的分配活动，具有强制性和无偿性。一般经济的分配关系是以生产资料所有者为主体，而财政的分关系是以国家为主体。（3）国家职能论，认为财政是实现国家职能的物质基础。作为分配关系的财政，无疑是一个经济范畴，经济是基础，政治是经济的集中表现，财政通过在物质生产领域和非物质生产领域有计划地分配社会产品，并为国家积累一定的物质财富。财政之所以必须同国家职能联系起来理解，因为随社会生产关系的转移，随生产资料所有制的不同，随国家的性质不同及其职能的不同，财政的内容也有所不同，财政的分配关系也有广狭的不同。（4）阶级关系论，认为财政具有严格的阶级属性，不同社会的财政其阶级性质是不同的。财政关系同时也表现为社会主义国家内部各阶级、各阶层、各民族之间的阶级关系和政治关系。

11.1.4 国家分配论的发展前景

作为一种经济范畴，财政在分配关系中的功能应当首先与全社会的生产力相适应，因而在不同所有制国家中，财政在分配活动中的表现形式和强度会有所差异。但无论是在短缺经济中形成的计划经济体制，还是在商品经济发展后推行的市场经济体制，国家财政的基本属性不会改变也不可能改变。

财政的出现，从一开始便无法褪去国家财政性质，不论是市场经济还是计划经济，社会主义制度还是资本主义制度，实现财政功能、控制财政分配的主体依然是国家。“国家分配论”创立于计划经济时期，具有不可磨灭的时代痕迹，经过各个学派的相互论战，已逐渐趋于成熟，形成了较为完整和严密的理论体系。“国家分配论”以极大的包容性，初步实现了对以“公共财政论”为代表的“五论”的新综合，实现了财政基础理论发展的又一次飞跃。党的十八届三中全会指出：“财政是国家治理的基础和重要支柱”，财政再次与国家相联系，而且是国家治理的基础，“新国家分配论”应时代发展的要求而提出。这一对财政的精确定位不仅没有违背传统国家分配论的核心观点，而且恰好是新形势下对财政作为承担贯彻国家全局意识和战略性职能的分配主体的最新发展和深化，是新常态下对“传统国家分配论”的拓展与创新。即使“新国家分配论”较之“传统国家分配论”更为全面和完整，理论上也更符合现阶段的基本国情与经济现实，但在新时代背景下，“国家分配论”的理论体系仍需要进一步完善和发展。“国家分配论”不仅是财政本质论，也体现在财政运行之中，因此，有必要以财政实践为基础，以发展中的“国家分配论”为指导，构建符合社会主义市场经济条件的财政框架，反过来也必定会推动“国家分配论”的深化和发展。

11.2　公共财政理论

11.2.1　社会共同需要论：公共财政论的萌芽

随着改革开放的深入，新中国成立前曾出现的“公共财政”一词，又重新出现于我国，该词及其相关的“公共财政论”“公共产品论”“双元财政论”等，对我国财政理论和实践产生着日益广泛的影响。我国财政理论界对于财政“公共性”的第一次批判高潮，出现于 20 世纪 70 年代末 80 年代初，它集中在对“社会公共需要论”的批判上。

社会共同需要论，也可称之为公共分配论。这一观点的创立者为何振一教授。从 1956 年即计划经济时代进入中国科学院经济研究所开始，何振一教授在实践中愈发认为主流观点“国家分配论”与马克思唯物史观有矛盾，逐渐从财政学国家分配论的支持者转向提出“社会共同需要论”。

何振一教授于 1980 年的全国财政基础理论高层研讨会上首次提出：“财政不是国家行为产生的，而是人类社会生产力的发展导致社会再生产组织结构从单一层次发展成有层次后产生了社会共同需要而形成的。”并逐渐创立了这一理论财政学的新体系。

关于“社会共同需要论”，何振一教授指出，财政范畴的一般本质或内涵就是“社会再生产过程中为满足社会共同需要而形成的社会集中化的分配关系。”而社会共同需要，“并不是人人都需要，更不是全社会个体的主观欲望和主观要求的总和。而是就社会总体或社会自身而言，是维持一定社会存在，一定社会再生产的正常运行，必须由社会集中组织的事务的需要，是一般社会需要”。“社会共同需要论”以马克思主义的社会再生产理论为理论基础，分析社会共同需要的本质。但是该理论认为对财政学的研究应该摆脱“国家”的框框，“回到社会再生产过程中”，将财政作为社会再生产的一个有机组成部分、一个经济范畴，是“社会集中化的分配”。同时，“社会共同需要论”还按照马克思主义哲学的对立统一规律，分析了财政的一般和特殊，认为“人类社会从产生财政起，到现在已经经历了原始氏族社会财政（后期是农村公社财政）、阶级社会财政和社会主义财政等三个历史阶段，其中，阶级社会财政和社会主义财政都是国家占据分配关系中的支配地位。

社会共同需要是一个理论抽象，是就社会总体和社会自身而言可维持其正常运行的一般性的需要，其在不同的外部社会条件下所表现出来的性质也不同。而社会共同需要论即为：财政是社会为了满足公共需要而进行的分配活动。因此，其基本主张是："（1）政府要做的只能是社会共同事物，从而财政所要满足的只能是社会共同需要，并以此为依据，转换政府和财政的职能范围，以保证市场配置的基础性作用。（2）市场的公平竞争创造最基本的条件。（3）主张统一财政收支，各级政府和政府部门的一切收支原则上均应纳入预算，实行多元预算制度。（4）主张建立监督财政制度，建立对财政的民主决策、监督、约束机制并实现财政的法治化、规范化、公开化和透明化。（5）在财政体制上，主张地方财政应有更大的独立性和自主权。（6）主张对由财政支出形成的、由政府和部门单位占有的公共财产实行严格管理，纳入财政管理范围，以发挥其最大效用。"

"社会共同需要论"的提出对于当时财政理论的发展具有重要意义。首先，"社会共同需要论"将以人为本的人文精神注入到了基本财政理论中：在社会共同需要的语境下，政府以集体名义强制、无偿地拿走公民钱财和开支公款的财政行为，只有被放置于满足社会共同需要的理念和制度背景下，才得以合理化和合法化。其次，"社会共同需要论"将契约精神注入基本财政理论中：契约精神的关键在于权力阶层与平民阶层的平等，那么掌权者的权力既然来自人民的授予，则掌权者唯一要做的就是使用这些权力满足社会的共同需要。应用于财政学中，契约精神便体现在共同体内部，掌权者在基本公共物品、公共服务、公共设施和公共福利上享有的一切，应当无差别的给予共同体的其他所有成员。

"社会共同需要论"有着西方公共财政论的影子，隐晦曲折地反映了市场经济下财政的公共性问题，在当时的社会环境下，该理论的提出对于我国财政理论无疑是一种进步。但必须正视的是，该理论无法鲜明地提出财政在市场经济下所具有的适用于所有社会阶级和阶层的公共性问题。在没有提出"市场经济"，没能解决市场经济不"姓资"也不"姓社"等命题的背景下，很难解释清楚"公共性"与"阶级性"的同一性关系，这是当时提出"社会共同需要论"的历史局限性所在。

关于"社会公共需要论"的争论，在 20 世纪 80 年代初期达到高潮之后，很快就冷却下来了，没能从社会所有阶级共同的"公共需要"角度来建立自己的理论，决定了"社会共同需要论"还不是"公共财政论"，但它却是以"公共性"作为核心问题来考察财政概念的，成为了"公共财政论"的萌芽。

11.2.2　公共财政论的发展沿革及体系框架

“公共财政论”起源于西方资本主义经济发展初期，以社会契约的国家学说为理论基础，后经过不断发展和完善最终形成了比较成熟的理论体系。

20 世纪 80 年代，西方财政理论逐渐传入我国。张愚山（1983）将美国经济学家 Otto Eckstein 所著的 Public Finance 翻译为《公共财政学》，但这一变化在早期并未引起学术界的高度重视。进入 1990 年后，迫于当时经济体制转轨过程中面临的财政困境，财政学界和政府实践更加倾向于利用公共财政压缩政府支出规模，通过这种方式应对财政收支困难的局面。在这之后，我国财政学界一度对“国家分配论”和“公共财政理论”进行了激烈的理论争论。1997 年，张馨教授发表《论公共财政》一文，认为“公共财政”是国家或政府为市场提供公共服务的分配活动或经济活动，它是与市场经济相适应的一种财政类型或模式。由此，“公共财政论”在中国作为一种财政理论正式走入历史舞台。

“公共财政论”产生于经济、社会转轨背景下的财政转型。1998 年，财政部部长项怀诚同志重提（1994 年第一次提及）“公共财政”之表述，同年 12 月，李岚清副总理在全国财政工作会议上明确提出要建立公共财政框架，并提出建设框架的四项原则与要求。中国财政学界对“公共财政论”的争议已从完全否定转变为在认同“公共财政”的基础上的争论，并针对“明晰公共财政和公共经济的关系和相互影响”“如何构建我国特有的公共财政框架并体现中国特色”等命题展开了具体的讨论。

进入 21 世纪，我国向公共财政转型，公共财政框架逐渐建立，呈现出以公共性为核心的四个基本特征：（1）公共财政是以满足社会公共需要作为财政分配主要目标和工作重心；（2）公共财政应以提供公共产品和服务作为“以财行政”的基本方式，即财政系统、财政分配满足社会公共需要的基本方式是提供公共产品和公共服务；（3）公共财政要以公民权利平等、政治权力制衡为前提的规范的公共选择作为决策机制，即要实现理财的民主化、决策的科学化、社会生活的法制化；（4）公共财政在管理运行上要以现代意义的具有公开性、透明度、完整性、事前确定、严格执行的预算作为基本管理制度。根据以上特征，在构建和发展公共财政框架过程中应形成以下主导因素：（1）按照公共财政发展的要求在政府和财政的基本职能中收缩生产建设职能。总体上国有经济要实现战略性重组，抓大放小，收缩其总体覆盖面，强调质量。（2）合理掌握财政分配顺序，保证国家机器在效能前提下的正常运转基础上满足公共需要。(3) 形成规范的公共选择机制，把握财力分配和政策安排的轻重缓急，做出合理决策。财力分配和政策安排如何把握轻重缓急做出合理决策不能由少数政府官员决定，必须越来越多地依靠法治化的程序和规范的公共选择机制来形成决策方案。(4) 政府部门、财政部门、税收部门等理财系统要形成为公众服务的意识和规范。在财政管理改革之中观点转变与制度创新需要互动，还要积极依托现已启动的金财工程，靠现代信息技术的支撑配合预算管理改革推进，还应以这个系统在相关各部门形成公共财政的制度约束监督体系。(5) 理财方式应借鉴国际经验，适时转变，以参股、贴息、信用担保、BOT、TOT 等形式，调动社会资金贯彻产业政策。(6) 在公共财政框架下，政府理财需形成一个协调配套的运作体系。即必须以系统工程的形式，形成一个将公共收支社会保障与社会成员的收入再分配、国有资产管理区域协调和经济杠杆的调节运用等在复式预算中合理安排、相互配合的运作体系。

11.2.3 公共财政论未来改革的重点

我国的“公共财政论”受到西方国家理论渊源约束的影响，并不能完全适应我国市场经济和政治体制的发展。王庆在论证现代财政与公共财政时提出了目前中国“公共财政论”研究面临的困境：一是西方国家的公共财政理论并未将“公共性”贯彻到财政活动的具体运行中，导致了公私失衡现象频发，而我国学术界在引入公共财政理论的过程中也未能较好解决“公共性”的本源问题，反而在计量经济分析方法的趋势下抛弃了我国的传统优势，理论性分析不够深刻；二是公共财政理论在我国的运用未能结合实际国情本土化发展，西方国家特有的经济体制要求其推崇个人利益最大化的经济思想，但我国的文化背景和经济政治需求与之存在很大差别，必须将公共财政理论本土化，使其符合我国特殊国情和传统的思想文化，才能成为构建现代财政制度的理论基础；三是财政学科具有跨学科特性，政府作为财政学的研究对象具有特殊性，不能仅仅用单一的经济学方法进行研究，政府活动的复杂性也要求财政学必须跨学科发展，这也增加了财政学进行理论创新的难度，导致我国财政学科的发展一直被边缘化。因此，在“公共财政论”提出多年后仍未能进行制度创新，建立起适应经济发展的公共财政制度。

西方公共财政理论并不存在整齐划一的财政制度与理论模式，因此在具体的应用实践中，应根据我国财政制度的演进来发展中国特色的“公共财政论”以适应整个经济体制背景。管永昊提出应从转变研究范式、构建严密的逻辑体系、发展研究方法三个方面来丰富和完善我国的公共财政理论。中国的改革始终存在巨大的风险和不确定性，我国的改革甚至在很多时候是一种“头痛医头脚痛医脚”的状态。但这也是我们在改革实践的探索中必须要面对的一个理性回归的过程。贾康提出了对我国公共财政制度进行创新改革的几点意见，认为要进一步细化明晰各级政府的事权和职责；精简财政机构以落实部门的“扁平化”；构建各级政府间权责利相匹配的财税制度，并完善转移支付制度；在公共管理方面，要创新机制，提高绩效，完善公共管理框架。

11.2.4　民生财政论：公共财政论的深化和本土化

随着社会急剧转型和经济高速发展，政府工作的基本思路和政策方针有了重大转变，对民生问题的关注逐渐深入。2007 年的党的十七大政治报告中，民生包含教育、就业、收入分配、社会保障、基本医疗卫生、社会管理等；2008 年的政府工作报告中，民生包含教育、卫生、就业、社会保障、居民收入和消费、社会管理、住房保障以及人口和计划生育等；2008 年的政府预算报告中，民生支出包含教育、医疗卫生、社会保障、就业、廉租住房、文化、环境保护和生态建设以及公共服务和公共安全等。民生问题成为政府工作的重点，强调关注民生，服务民生。在“为民执政”的理念下，也同样要求财政将工作重心转到服务民生上来，将财政理论建设的方向转为财政如何能够满足民生需求，“民生财政论”就是在这样的背景下提出来的。

民生的理念是人类文明发展成果的一种中国式表达，是在融合了本土的“温饱观”和西方的“福利观”基础上形成的一种新价值观。尽管，民生的内涵一定程度上包含在自由、平等、博爱这些公认的基本价值之中，但民生作为一种基本价值的独立表达，对发展中国家来说具有特别的意义，是保障基本人权——生存权和发展权的社会价值基础。所谓民生财政，就是指在整个财政支出中，用于教育、医疗卫生、社保和就业、环保、公共安全等民生方面的支出占到相当高的比例，甚至处于主导地位。这一概念从直观和表层阐述了民生财政的基本内涵。

相较于“公共财政论”，“民生财政论”更加强调以人本主义论为理论基础，强调满足民生需求是政府满足公共需求的重要内容。“民生财政论”以公共财政为制度基础，是公共财政理论的继承和发展，是公共财政理论在当代中国的深化和本土化。“民生财政论”要求财政体制不仅要弥补市场失灵，也要弥补政府失灵。当公共需求从生存性转为强调公平性时，民生财政就会从公共财政理论中分离。“民生财政论”是具有中国特色的公共财政理论，是我国现阶段特有的财政基本运作模式。它立足于我国的基本国情和人民需求，依据民生需求的“阶梯性”，将改善民生作为我国财政体制建设的终极目标，能够真正体现出财政的公平性和普惠性。

改革开放后我国主流的财政理论不断发展完善，从最初适应计划经济体制下国家建设的“国家分配论”，到满足市场经济建设基本要求的“公共财政论”，再到 21 世纪变革背景下经济体制转型阶段的“民生财政论”，这是顺应国情、适应经济发展的选择。解决民生问题是我国财政体制建设的最终目标，必须利用好财政来满足民生需求。我国如今面临着社会政治经济各方面的转型发展，政府财政必须从数量和效率上都满足民生建设的需求，不仅要扩大财政支出用于民生建设的数额，还需要保证民生财政的各项支出都能真正落实到民生建设上，满足民生需求并实现基本公共服务的均等化。可见，民生财政是我国在当前经济社会发展转轨时期的必然选择，更是对公共财政理论的理性升华。

11.3 财政分权理论

11.3.1 放权让利：激发国民经济活力

党的十一届三中全会指出，要通过改革重点解决经济管理体制权力过于集中的问题，应该赋予地方和企业更多的经济管理权限，要以促进生产力发展为出发点来不断调整生产关系和上层建筑。党的十二届三中全会提出了我国社会主义经济是公有制基础上的有计划的商品经济，肯定了价值规律、经济杠杆和非公有制经济在社会主义国家中的地位。在社会主义经济理论不断探索的同时，与我国经济体制改革的重点相适应，以“放权让利”为标志的财政改革，成为经济体制改革的重要突破口。在这种背景下，财政学界围绕当时一系列重大财政改革举措进行了重点研究探讨。

通过“放权让利”激发各方面的改革积极性，提高被传统经济体制几乎窒息掉的国民经济活力。改革初期，政府能够且真正放出的“权”主要是财政上的管理权；政府能够且真正让出的“利”，主要是财政在国民收入分配格局中的所占份额。这种放权让利的改革思路符合财税体制改革的基本方向，即通过中央政府让出财权财力，改变传统的财政体制特征。

11.3.2 “分灶吃饭”的财政包干制度

为减轻财政压力，化解危机，中央政府从经济和财政领域同时入手，开始推行分权化改革。一方面，在经济领域默许分田到户的产权改革，并在全国推广；另一方面，在财政领域推行以财政包干为特征的分级财政体制。

在放权让利的思想指导下，我国最先选择的财政体制是“分灶吃饭”。1980 年 2 月，国务院颁布了《关于实行“划分收支、分级包干”财政体制的暂行规定》，决定除京、津、沪三个直辖市仍采用“总额分成、一年一变”的模式外，其他地方均实行形式各异的“分灶吃饭”办法。其主旨是：对收入进行分类分成、划分出固定收入、固定比例分成收入和调剂收入 3 类，财政支出主要按企业和事业单位的隶属关系进行划分，地方财政在规定的收支范围内多收可多支，少收则少支，自求平衡。这种制度将地方政府的责权利相结合，有效调动了地方政府增加财政收入的积极性和发展地方经济的动力，真正实现了发挥央地积极性的基本目的。

总体上，财政包干制度于中国经济改革初期“放利让权”的基本思路相吻合。它一方面适应于双经济体制相互渗透、相互交替的客观情况，为新经济体制过渡和实行分税分级财政体制做了准备条件。另一方面，该体制加强了地方财政的财、权、利及其相互结合，使地方财政更近于成为一级相对独立的理财主体。但不可否认，财政包干制也存在着一定问题：首先，在财政包干条件下，中央与地方政府之间财政关系的确定并非遵循商业经济规律，也不是依据普遍通行的既定标准，而是按照行政治理顺序，采用中央与各省、直辖市、自治区和计划单列市逐个谈话、逐个落实的办法在中央财政和地方财政之间建立起一种利益上的制约关系，而这种制约关系既没有必要的约束性与稳定性，同时也缺乏一定的法律保障。其次，财政包干是在各级政府职责尚未划清、财权与事权不统一、收入与支出不对称的情况下实行的，再加上多数承包方式的特点为包死上缴基数、超收多留。因此，通常情况下，财政总体收入增长越多越快，地方财政从增量中留取的份额越大，中央财政从中得到的份额也就相应减少。最后，在实行财政包干条件下，基本上仍按企业的隶属关系划分各级财政的收入来源，而不是按税种进行划分。这种模式容易导致各级财政税收部门对不同隶属关系企业的亲疏远近不同，阻碍了政企分开的改革进程。

11.3.3 从利改税到税利分流的改革思路

与财政体制的变革相伴随，我国于 1983 年和 1984 年分别进行了第一步利改税和第二步利改税，与此相对应，1985 年 3 月出台了“划分税种、核定收支、分级包干”办法。该办法主要对“分灶吃饭”体制进行了两点改进：一是基本上以第二步利改税收的税种设置作为划分收入的依据，收入分为中央财政固定收入、地方财政固定收入和共享收入。二是重新核定基数，地方财政支出基数按照 1983 年的既得财力确定，地方财政收入的包干基数以地方 1983 年的决算收入数作为依据。

然而，以税代利实质上是利用单一税收收缴企业的利润所得，也在一定程度上打击了企业的生产积极性，不符合我国经济管理体制改革的总方向。利税合一，包括以税代利（利改税），实质上都混淆了国家作为经济管理者和国家资产所有者的两种身份，国家与国有企业的关系也简化为一种僵化的命令与被命令式的关系，而企业就是国家的附属物，而不能成为具有相对独立经济利益的商品生产者。长此以往，利税合一和以税代利的结果是损害国家在经济管理中的双重职能，并侵害企业生产者的权益。

在进入 20 世纪 80 年代以后，随着改革的不断深化，我国财政学界提出了“税利分流”的制度设计思想，具体来说就是通过承包制这种契约合同形式，来规范国家与国有企业之间的财产关系。税利分流的思想主张具体区分国家的政治管理权和财产所有权，区分企业的法人身份和经营者身份，认为国家应该将国有资产的收益权独立，在此基础上国家利用法定税收制度来保障自己的经常性支出，对国有资产的利润征税，之后再通过国有资产的税后利润分配的方式来适应企业的生产经营状况。这种税利分流的思想区分了国家的二重身份，较好地协调了国家与市场、国家与国有企业之间的关系。

可见，在财政包干体制下，中央与地方政府围绕财政承包合同的竞争，最终造成了地方强势，中央弱势的格局。中央政府自身承受着巨大的财政压力，均等化职能难以实现。

11.3.4 分税制改革思想

1978 年至 1994 年，作为经济管理体制改革的重要环节，我国先后进行了预算管理体制、国有企业体制和税收管理体制等等一系列财税体制改革，这些改革成效显著，但随着改革的深化逐渐暴露出不少问题，无法适应社会主义市场经济体制的新需求。在 1994 年，为了改变现存财税体制的落后性，在借鉴西方国家成功经验并充分考虑本国国情的基础上，我国开始了新中国成立以来规模最大、调节力度最强也最为重要的分税制改革。

在 1993 年分税制改革前夕，何振一教授指出，分税制改革涉及的范围很广，但整体来看至少应包含 4 点基本内容：一是要科学区分不同层级财政部门的主要职能和分工范围；二是针对不同层级政府的财政收支情况，要利用标准法、因素法等科学的测算方法进行测算分析；三是在财政收入上，也要区分各级政府的收入来源和征税范围，可以依据不同税种来进行划分；四是，分税制改革也要对中央政府的转移支付进行调整和进一步规范等等。这种全新的财政体制改革思路不同于传统“放权让利”改革思想，更加符合市场经济建设的需要。分税制改革主张利用不同税种来确定政府间财政收入划分，更是突破了我国传统的“条块分割”的行政隶属关系，有利于保障中央的宏观调控能力，也充分调动了地方发展经济的积极性。

而事实上，完全意义的分税制改革应至少包含四方面的基本内容，除了区分收入财政来源外，还应进一步明确央地政府间的财力、财权和事权。在这三者中，事权是区分央地财政关系的根本依据，财权则是处理央地关系的核心问题，而具体表现就是财力的大小。另外，要从三个层次来把握落实分税制：首先，广义的分税制是一种包含了财税收支管理体制改革和公债管理体制改革的综合性体制，它将多种财政要素纳入到统一体系中，并重新规范了多种财政行为；其次，分税制是一种将事权、财权和财力相统一的分级财政体制，在中央政府的规范管理下，地方政府能够在很大程度上自主规范财政收支行为，自觉开拓财源并自主行使财权；最后，分税制的设计与我国的政府体制和经济体制密切相关，是二者的集中体现。分税制根据中央和地方的具体事权规范了税收立法权、税收征管权和财政投资权，以及部分企业投资权的划分方式，也与我国的政府体制和经济体制相适应。

因此，1994 年的分税制是不彻底的分税制，存在不少问题。一是仍然保留了某些旧财政体制的做法，例如：央地之间企业所得税收入的划分依然根据企业的隶属关系来实现，造成了地方保护主义行为的兴起，地方政府通过保护本地企业、盲目投资和经济割据等地方本位主义行为扩大了自身税源，但也侵蚀了中央税基并破坏了企业公平竞争的环境；地方政府在编制预算时利用基数法来确定财政收支基数，也体现出了包干制的一些弊端，且不利于中央政府财政收入比重的提升。二是 1994 年的分税制并未划分清晰央地政府的事权、财权。在分税制改革初期，受到经济政治体制多重因素的制约，只是规范了政府间财政收入的划分，而事权不清晰就意味着各级政府的职能范围不明，从而反过来会影响到政府间的财力、财权和财责的划分，这也是我国延续基数法这种预算编制方法的原因之一。三是分税制改革将原属于地方政府的某些财政收入归于中央，但中央的转移支付模式并未跟进完善，造成了转移支付力度不足。

11.3.5 “中国式财政分权”的特征

财政分权理论产生于 20 世纪 50 年代，欧美学者经常用“中央—地方财政关系”和“财政联邦主义”等表述方式。1978 年中国开始市场取向的经济体制改革，财政分权成为中国由计划经济向市场经济转型的一项重要内容。尽管从广义上讲，中国的财政分权与世界其他地方的财政分权存在一些共性，都是指中央政府将财政控制转移给地方政府。但是，无论从分权的初始动力、法律环境和制度框架还是从分权的表现形式及后果上看，中国的财政分权都与传统的财政分权理论存在着较大差异。

纵观中国政府间关系的演变过程，谷成教授提出了“中国式财政分权”理论，并将其主要特征归纳为以下几个方面：

（1）“中国式财政分权”并不是完全意义上的分权。按照地方政府决策的独立程度，财政分权可以分为三种类型：分散化、授权和权力下放。传统财政分权理论所指的财政分权，实际上指的是权力下放。权力下放是最充分的分权形式，地方政府在公共决策、财政筹资和管理等方面具有充分的权力——地方政府不仅掌握着执行的权力，而且有决定做什么的权力。相比之下，中国政府行政具有明显的垂直集权特征——地方主要领导由上级政府任命，上级政府对下级政府官员具有几乎绝对的权威。地方政府提供的公共服务不是由地方居民的效用和对公共产品的需求程度决定，而是与上级政府的考核及晋升指标相关。此外，地方居民不具有“用脚投票”所需要的较为充分的流动性，对地方决策所能产生的影响也十分有限。由此而导致的结果是，下级政府只重视上级政府的行政命令，而忽视本地民众的要求。这说明，中国的财政分权仍属分散化或授权的范畴，而不是真正意义上的分权。

（2）“中国式财政分权”是自上而下的分权。从目标和动力上看，传统理论中的财政分权是“需求驱动”的。这种自下而上的分权不仅可以通过更好地使用地方信息更为有效和公平地提供公共服务，还将有助于地方居民的更多参与和民主的推进。中国经济体制是以财政为主导的经济体制，财政压力成为中国经济体制改革的直接原因，财政收支的缺口迫使中国选择财政体制改革作为经济转型的突破口。从中国近年来政府间财政关系改革的目的上看，分权中强调更多的是发挥中央政府的宏观调控作用和保证中央政府取得足够的财政资源，这在 1994 年的分税制改革中体现得尤为明显。换言之，中国的财政分权是“自上而下”的。

（3）“中国式财政分权”缺乏宪法和法律保障。传统的财政分权理论要求以宪法和其他法律的形式明确政府间财政关系。一般情况下，应通过立法对地方财政的自主程度和中央以下各级政府的独立性加以规定。明确划分各级政府的支出责任和收入来源有利于改善资源的分配效率、促进各地方政府间的财政均等化以及提高地方政府对其辖区内居民的负责程度。但是在中国，有效的财政分权所需法律框架中的关键要素仍然缺失，中央、省、市（地区）、县、乡镇等各级次政府的地位和作用，中央与地方各级政府之间责任的划分等重要问题尚未从法律上予以确定。从实践上看，中国有关政府间财政关系的调整基本上都是根据中央的“决定”和“通知”等向下传达并加以执行的，缺乏必要的法律规范。

（4）“中国式财政分权”中地方公共服务的成本和收益之间缺乏必要的联系。传统的财政分权理论认为，地方财政活动的成本与收益对等是保证财政分权下资源有效配置的一个基本原则。按照该原则，地方政府提供的公共产品和公共服务所带来的收益应当被本地居民所享有，与之相对应，为此而付出的成本也应当由辖区内居民承担。相比之下，在中国的地方税收体系中，房产税、城市房地产税、城镇土地使用税等对流动资产的课税在地方财政支出中占比较低。由于地方税收难以体现地方公共产品和服务成本与收益之间的关系，中国的财政制度安排产生了通过非正式机制为地方政府筹资的激励效应，而非正式收入由于缺乏透明度而对政府公共产品和服务的提供产生了不理想的效果。

（5）除资源配置外，中国地方政府还在稳定经济和收入分配等方面发挥着重要作用。传统财政理论认为，资源配置政策应根据各地方居民偏好的不同而有所差别；收入的再分配与稳定宏观经济的政策则主要由中央政府承担。而在中国的财政分权中，财政压力使中央政府采取了“将赤字下放”（也就是将支出责任转移给中央以下各级政府）的手段控制赤字。因此，采用将支出责任转移给地方政府的方法降低中央政府赤字可能并未使财政缺口真正减少而只是使其转变为相对不明显的形式。此外，地方政府还承担着一些具有再分配性质的社会责任，如医疗、养老、失业等。

11.4 现代财政理论

11.4.1 财政包容性增长思想

2007 年亚洲开发银行结合发展中国家收入分配状况和贫困的动态变化，重新审视传统的增长模式，首先提出“包容性增长”（Inclusive Growth）概念。这一概念得到国际上的广泛接受和认可。2009 年 11 月，时任国家主席胡锦涛在亚太经合组织第十七次领导人非正式会议上首次倡导“包容性增长”，2010 年 9 月又在第五届亚太经合组织（APEC）人力资源开发部长级会议开幕式上再次提到“包容性增长”，强调实现包容性增长，切实解决经济发展中出现的社会问题，为实现经济长远发展奠定坚实社会基础。这也是各国需要共同研究和着力解决的重大课题。胡锦涛两次强调“包容性增长”，充分反映出党和政府践行“包容性增长”的决心和信心，也表明“包容性增长”理念已开始上升为执政理念，将深刻影响我国未来的经济社会发展。

财政包容性增长是建立现代财政制度的思想基础。我国前财政部部长楼继伟曾对包容性增长从理论、国际实践和发展路径等方面进行了系统性说明。包容性增长，广义上可以理解为经济、政治、文化、社会、环境等多个方面的统筹发展，狭义上是指要让经济发展的成果惠及所有地区，惠及所有人群，在经济可持续发展中实现社会的协调发展。延伸到财政领域，包容性增长的关键在于明确政府和市场的地位和职能。政府职能的发挥需要依赖于财税等公共资源，而财税资源则来自于纳税人的市场经济活动，并通过政府预算和财政支出进一步发挥作用。可以说，推进我国财税体制改革的第一步是明确包容性增长的路径和具体措施。

对于实现包容性增长的途径，有三种理解比较有代表性。第一种理解，关注发展成果的再分配，为此特别强调发挥政府的作用，国家要提取更大比例的财政收入，通过大规模的再分配来实现结果的公平。这种途径压缩了市场的作用，可能导致经济增长率较低，就业不足。同时，如果过多靠国家福利，而不是靠自己奋斗，人民的幸福感也并不见得很高。因此，这种模式不大可持续。第二种理解，关注发展机会的创造，而不仅仅关注结果，争取使每个人都能根据自身条件获得发展机会，通过自身努力得到发展，享受发展成果。国家适当提取财政收入，实施适当的再分配政策，主要是创造公平的发展机会，让市场发挥资源配置的基础性作用。这种发展途径使得就业充分，人民的幸福感强，经济增长率高，是可持续的。第三种理解，是一种不平衡的途径，国家大力扩大开支，实施大规模的再分配，但提取的财政收入比较少，财政长期赤字，个人付出较少的努力，享受更多的福利，国际收支赤字也会越来越大。但是，天上不会掉馅饼，这样一种途径最后要靠通货膨胀来平衡，其结果是低收入人群和地区会更为困难，陷入恶性循环。一些拉美国家在历史上就有这样的例子，落入了所谓“中等收入国家陷阱”。有的国家经过近十年的政策调整，才走出这个陷阱，但付出了惨重的代价。个别南欧国家本属中等收入国家，却走了第三种途径。由于这些国家属于欧元区，有强有力的货币，国际收支平衡有欧元保护伞，并不见得马上表现为危机。现在“保护伞”已经撑不住了，我们会发现，这些国家原来没有走出“中等收入陷阱”，可能还要倒退回去。由此可见，第二种途径是实现包容式增长的正确道路。它尊重和保护市场机制，政府提供必要的公共服务，是可持续的。

第二条是艰巨的改革之路，也是走向包容式增长之路。中国正在努力走上第二条路。习近平主席在谈到“中国梦”的时候，强调要“保证人民平等参与、平等发展的权利，维护社会公平正义”，要让人民“共同享有人生出彩的机会，共同享有梦想成真的机会”。李克强总理向全国人大汇报的《国务院机构改革和职能转变方案》提出，“必须处理好政府与市场、政府与社会、中央与地方的关系，深化行政审批制度改革，减少对微观事务的管理，完善和加强宏观管理，真正做到该管的管住、管好，不该管的不去干预，真正让市场起作用”。财政包容性增长要求国家不能仅仅关注发展成果的再分配，还要保障发展机会的创造，争取使得每一个普通大众都能够获得公平的发展机会，通过自己的努力来获取发展成果。政府利用财政收入来进行转移支付的分享，实现收入的再分配，是要为民众营造一种公平的发展环境，在保护市场机制的前提下提供必要的公共服务，在解决就业和提升人民幸福感方面发挥政府的作用，实现财政建设的可持续性。这种包容性增长的思想适应我国的财政体制改革，要求政府部门加速自身建设，改革财税体制，建立完善的现代财政制度。

11.4.2　现代财政制度——基础支柱说

自 1998 年公共财政理论逐渐受到学术界的广泛认可后，政府实践层开始主张建立公共财政制度。然而随着时代特征的不断变化，公共财政理论已无法适应全面深化改革的需要。党的十八届三中全会通过的《中共中央关于全面深化改革若干重大问题的决定》（以下简称《决定》）围绕财税改革指出“财政是国家治理的基础和重要支柱”，并首次提出了“现代财政制度”的概念，明确了新一轮财税体制改革的基本思路是完善立法、明确事权、改革税制、稳定税负、透明预算、提高效率。新一轮的财税体制改革主张建立现代财政制度，多数论及“现代财政”的学者均认为现代财政制度是实现国家治理现代化的基石，较强的财政汲取能力是推动现代化的保障，我国要建立的现代财政制度应具有强国性与集中性性质。

关于现代财政制度，理论界尚无明确统一的定义。根据《决定》的相关表述，全面深化改革的目标是完善和发展中国特色社会主义制度，推进国家治理体系与治理能力现代化。“完善和发展中国特色社会主义”是一个总目标或根本方向，其当下的改革目标实际上落脚于“推进国家治理体系与治理能力现代化”上，因为财政是国家治理的基础和重要支柱，所以推进国家治理体系与治理能力现代化的基础和重要支柱就是强大而坚实的国家财政，要管理强大而坚实的财政必须建立与之相匹配的科学有效的财税体制，而科学有效的财税体制又体现于现代财政制度的建立。所以，这一逻辑关系可以归纳为：建立现代财政制度→形成科学有效的财税体制→形成强大而坚实的财政管理→推进国家治理体系和治理能力现代化。由此，现代财政制度建设的目的得到进一步明确，即推进国家治理体系与治理能力现代化。

2014 年 6 月 30 日中共中央政治局会议审议通过的《深化财税体制改革总体方案》再次聚焦新一轮财税改革，进一步强调了现代财政制度建设的方向是现代预算制度构建、税收制度改革深化和政府间财政关系改革三个基本方面，应从财政收支、预算管理和财政管理体制等方面来构建。第一，现代财政理论要求我国建立起全面规范的预算绩效管理体制，应从以下方面展开工作：一是保障政府公共部门预算制度的公开透明化；二是统筹协调政府活动，规范重点支出建设并完善预算制度；三是逐步建立起跨年度的预算平衡机制，从而改进我国年度预算基本制度；四是要进一步规范改革一般性转移支付和专项转移支付制度以实现分配的公平；五是在借鉴国际经验的基础上加强预算执行管理；六是要规范地方土地财政活动和政府投融资活动；七是依据法律制度废止部分税收优惠政策。第二，现代财政理论要求改革现存的税收制度体系，继续推进几大税种的改革，逐步建立起完善的现代税收体制。第三，现代财政理论要求我国继续调整政府间财政关系，使得各级政府的财政收入与其事权和支出责任相匹配，具体来说，要先依据不同税种的属性和基本功能厘清央地政府间税收收入划分，将税基流动性较大和再分配作用较强的税收收入归于中央，将税基稳定且依赖于地方信息的税收收入归为地方；在划分事权和支出责任时应将关乎国家安全和市场规范等的各项事权集中于中央政府，将地域性较强的具体服务项目归于地方政府，在此基础上利用转移支付制度将某些支出责任交于地方政府承担。

现代财政制度的三个部分具有目标的多重性和职能属性的多元性，所以现代财政制度职能体系的构建必须根据各个制度职能的侧重点进行自主性调试。其一，现代财政制度的整体保障职能。《决定》明确指出“科学的财税体制是优化资源配置、维护市场统一、促进社会公平、实现国家长治久安的制度保障。”这一论述不仅是新时期关于我国财政职能定位的全新概括，而且也凸显了现代财政制度对国家善治发挥着根本保障作用，同时更是突破了对西方公共财政职能的照搬移植，表明财政职能将不再仅以弥补市场失灵、调节收入分配与经济稳定为首要任务，而是要致力于与国家治理能力与治理体系主题的对接。其二，预算管理制度的规范职能。预算管理制度是管理财政收支、配置公共资源和分配使用财政资金的重要手段，也是制约和控制政府行政权力扩张的重要载体。现代预算制度的基本内涵主要包括预算全面与公开透明、预算民主与法定、预算控制与产出绩效、预算监督与问责。其三，税收制度的调节职能。筹集收入和调节经济是税收制度的两大基本职能。完善税收制度的关键是如何真正发挥其公平统一、调节有力的职能，应在保证税负稳定的前提下进一步优化税制结构。其四，财政体制的稳定预期职能。《决定》指出，要建立事权与支出责任相适应的财政体制，这首先要求合理界定中央与地方事权与支出责任。财政管理体制作为处理政府间财政关系的一项根本制度，政府间事权划分明晰且与支出责任相适应，与财力划分相匹配是现代财政制度有效运转的前提条件。

由建立公共财政制度到建立现代财政制度，从对应社会主义市场经济体制、以属性特征标识财税体制改革目标到对应国家治理现代化、以时代特征标识财税体制改革目标，公共财政体制与现代财政体制实现了一枚硬币的两面。现代财政制度在关注属性特征的基础上进一步强化其时代特征，标志着中国财税体制改革进入了一个新的历史阶段。

11.4.3　“一带一路”与大国财政理论

2013 年 9 月 7 日，习近平主席在哈萨克斯坦提出共建“丝绸之路经济带”以及同年 10 月 3 日在印度尼西亚提出共同打造“21 世纪海上丝绸之路”以来，“一带一路”倡议成为我国在 21 世纪重要的对外开放构想，开启了我国经贸与外交关系的新格局，是引领包容性全球化的倡议。2015 年 3 月 27 日在海南博鳌亚洲论坛上，中国国家发展改革委、外交部和商务部联合发布了《推动共建丝绸之路经济带和 21 世纪海上丝绸之路的愿景与行动》（以下简称《愿景与行动》）。

这标志着对中国发展将产生历史性影响的“一带一路”倡议进入全面推进建设阶段。如果说改革开放 40 多年中国以积极“引进来”的方式深入参与了经济全球化的进程，那么共建“一带一路”则标志着以中国“走出去”为鲜明特征的全球化新阶段的到来。

随着我国经济总量规模的不断增加和经济结构的复杂化，特别是国家“一带一路”倡议的持续推进，“大国财政”逐渐成为财税学者关注的焦点。在 2014 年全国财政工作会议上，前财政部部长楼继伟提出：“要牢固树立‘大国财政、统筹内外’理念和全球意识、安全意识，积极参与国际经贸规则制定，主动参与国际财经交流和全球经济治理。”在新的国际国内形势下，财政应该有更多的话语权。“大国财政”基于我国当前的发展理念和时代背景而提出，标志着我国财政理念从国内管理走向国际治理。构建“大国财政”符合我国当前政治经济发展战略与和平崛起的美好愿景，这也就要求我国的财政建设要符合全球经济新秩序，发挥我国在全球化治理中的重要作用。

相对于小国财政，大国财政建设的特征主要有：其一，由于信息约束、需求表达、偏好识别、规模经济和技术条件等因素，大国要实现公共服务的有效提供和良政善治，大国财政必然是分级分权财政。其二，维持社会公平正义、实现基本公共服务均等化以保障每个公民的生存权和发展权是现代国家和政府的基本责任和存在理由；维护政治稳定和国家统一是大国存续的基本要求和重大使命；保障市场统一是现代市场经济运行的基本要求和条件。而大国地域辽阔、地区间经济社会发展往往不均衡，这就要求大国财政要使中央财政具有有效的宏观调控能力。其三，在国际经济一体化的时代下，大国经济不再可能独立于外部世界，大国经济社会的存在和发展与世界其他国家和地区的联系紧密、融合深入，这使得大国财政还承担着促进国际经济社会合作的职责，并在国际经济交往合作中承担关键性、引领性的作用，如国际经贸规则制定、国际税收协定等。其四，在全球化的时代背景下，各国人民成为一个利益共同体，人类面临诸如气候变暖等全球性环境问题、国际犯罪和国际安全问题、贫困和战争等共同性课题，这些问题是典型的全球公共品和全球性公共事务，由于不存在超越主权国家的世界国家来组织全球公共品的提供，基于受益原则和能力原则，大国财政应在全球公共品提供和全球公共事务处理中承担更多责任。

建立现代财政制度和大国财政建设具有天然的契合性。现代财政制度以民主、法治、公平和效率为准则，主要有现代税收制度、现代预算制度和现代政府间财政关系三大部分构成，是大国财政建设的基石。大国财政意味着大国权益和影响力，但其背后的基础在于大国责任、大国财力和软实力。

大国财政要求我国的财政制度建设应增强集中性和可持续性。财政的集中性能够保证中央政府在获取财政资源的同时在全国各地合理进行资源的配置，实现区域间经济发展的公平性；财政集中性的另一层含义是要让目前分散的财政功能重回财政部门，真正使得财政在推进国家治理能力现代化的进程中发挥作用。财政的可持续性则是指要在包容性增长的思想指导下，保障经济发展结果的普惠性和经济发展机会的公平性，使得每个人都能够公平发展。

大国财政要求我国内外兼修，实现现代财政与世界财政的双重身份。在国家内部，应当提升整理能力与防范风险能力，提高效率与公平的融合程度，通过构建以预算——税收——财政体制为框架的现代财政体制，为国家治理现代化奠定基础。在世界范围内，应当承担大国责任，统筹国内外，发展国际公共产品来提升我国财税的国际话语权。这就要求我国企业要更加积极地“走出去”，我国政府要以开放的姿态开展国际交流合作，具备财政管理的国际视野，通过结合国际税收协定网络来充分支持我国外向型经济的发展，增强我国在国际经济活动中的财税主权和财税话语权。

当今中国正处在全面建成小康社会、实现中华民族伟大复兴的中国梦的历史时点上。“中国梦”是复兴梦，就是要实现国家富强、民族振兴、人民幸福。而这三个方面无一不与财政工作有着千丝万缕的联系。实现国家富强、民族振兴，需要强大的综合国力，需要大国财政的支持；实现人民幸福，需要良好的社会环境和社会制度，也需要有大国财政依托。构建大国财政，推进国家财政治理体系现代化，充分发挥财政在国民经济和社会发展中的重要作用，有效配置社会资源，优化社会结构，促进社会发展，助力“两个一百年”奋斗目标的实现，助力国家战略目标的完成和战略地位的提升。积极参与国际财经合作，发挥大国财政的作用，提升中国在国际各领域的竞争力和影响力，为中国参与国际事务提供支持和保障，促进世界和平与发展。构建大国财政，推进国家财政治理体系现代化，为实现中华民族伟大复兴的中国梦做出财政应有的贡献。

11.4.4　财政风险论

十八届三中全会将国家治理作为总目标提出，却未做出明确的解释，学术界曾针对国家治理的本质，展开不同角度的探讨与研究。以刘尚希为代表的“财政风险论”认为国家治理的本质是公共风险治理。国家治理的逻辑是“改善社会治理结构——注入确定性——治理公共风险”。在这一过程中，财政本身特点决定它位于经济、政治制度发挥作用、自我更替的中枢。从这个角度看，国家治理的本质得到揭示，财政作为国家治理的基础和重要支柱的地位也不言而喻。

刘尚希提出现代财政学的三大逻辑基石是整体观、公共风险论和行为主义。第一，在集体基础上体现整体观。现代财政的哲学起点，必须要从个体与集体的关系来认识这个社会，它应该是个围绕集体与个体平衡关系而形成的椭圆。既不能以个体否定集体，也不能以集体否定个体；既不能以个体的权利否定集体的权利，也不能以集体的权利否定个体的权利。第二，在风险社会背景下以公共风险为逻辑起点。风险社会是人类文明的新阶段，其基本特征是不确定性。不确定性引发了风险，个体风险由个体承担，集体风险也就是公共风险则必须由集体来承担，也就是由政府和社会共同体整体承担。以公共风险作为财政学的逻辑前提，财政的基本职能是防范化解公共风险，实现公共风险最小化就是人民福利最大化。在化解公共风险的过程中形成的一系列制度、法律、规则都是基于公共风险的公共产品。公共产品是防范化解风险的一种结果，任何一个历史时期的公共产品都取决于公共风险，当公共产品背后的公共风险不复存在的时候，这个公共产品就变成了个体产品。第三，基于行为主义分析公共风险的产生和治理机制。现代财政学的分析范式应从制度主义转向行为主义。制度主义只讲了外，没有讲内，靠外在的东西实际上是机械唯物主义的观点，即一切靠制度去规范和约束。行为主义与制度主义的差别在于任何行为都是外与内的综合，正视并不受制于制度的行为内在因素，如价值观。中国的传统文化恰恰是讲天人合一、内外综合，所以行为主义视角也与中国传统文化更为契合。因分工和信息的不对称导致的个体行为、经济行为、社会行为的公共风险是公共产品存在的基础，防范化解公共风险需要集体行为应对，所有的政府行为，包括财政的行为，实际上都是为了防止公共风险的积聚扩散。

国家治理面临复杂多变的社会环境，实现善治与良治离不开对国家治理本质的把握。国家治理的本质是公共风险治理，而治理风险通过注入确定性实现，为社会注入确定性等同于治理风险。通过完善国家治理结构，为社会注入确定性，从而降低社会的不确定，实现治理公共风险的目标。

国家治理的起点应是认识不确定性。认知不确定性不可能消除不确定性，但可以增进不确定性的认知，可能减小不确定性，重点在于解释而非预测。

国家治理的核心是通过注入确定性以实现社会制度体制改善。在这个过程中，有四个关键的阶段：认知改变——政策制定者在微观和宏观层面的变化观念，通过认知不确定性来达到，创造一个有利于改变的环境；政策结合——对不确定性认知和社会状态的理性化表达，分析不同领域的不确定性，并准备向实际政策措施推进；制度变迁——实施政策措施改善社会制度，改善不确定性；社会变化——制度变革逐渐从程序变革阶段转向实质性变革阶段，带来实质性的社会变化。通过以上四个阶段实现了从观察、探索到实践的结合，由社会机制体制的改变推动社会变化，从而达到注入确定性的效果。

国家治理注入确定性的关键是再次认知不确定性，认知不确定性——注入确定性不是一个线性过程，而是一个循环过程，不断受到主观和客观的反馈和适应。这一进程受到宏观和个人两个层面因素的重要干预作用的影响。这些因素包括风险预期、政策措施，以及行为变化和预期变化等。认知不确定性是在“原有”社会形态基础上的认知，制度变迁会导致社会形态在循环过程中的改变，这种改变会在人的行为抉择、资源分配、心理预期方面发挥强大的作用。这些因素作用于社会形态的主观与客观因素，使社会走向新的状态，也为社会带来了新的不确定性，这意味着新风险的可能。新的不确定性需要再一次进行研究，通过认知不确定性步入新一轮的循环。这需要突出认知不确定性的核心作用，突破原有路径依赖，驱动循环过程持续为社会治理结构优化带来新的需求。

发挥财政在国家治理中的作用，应从不确定性和风险社会的逻辑出发，制定财政政策需要首先充分认知政策环境不确定性，关注社会环境变化，不断认知社会不确定性变化情况，做到财政政策与社会变化的互动以及反馈。首先，对未来不确定性作预期评价，提高风险理性水平。其次，密切关注国家治理中不断出现的动态变化，预期未来社会状态“坍缩”情况，制定应对措施。最后，着眼于注入确定性完善财政制度和实施财政政策，充分考虑制度设计的灵活性和适应性，主动认知并探索冲突与张力，在重重不确定性中寻找一条前进的道路，实施举措从而使整个社会对冲不确定性，增进确定性。

11.4.5　新市场财政学

构建中国财政理论体系，需要在基本事实的基础上，总结基本经验，提炼高度抽象的基本原理。由于传统上将财政问题归为经济范畴，财政学也被划分为经济学的一个分支，这严重制约了财政学的学科发展。实际上，财政学并非是哪个学科的分支，而是一门基础学科。“新市场财政学”跳出传统经济学“市场失灵”的约束，以社会共同需要为逻辑起点，构建财政学基础理论的新范式。

2016 年，中央财经大学李俊生教授发表《互联网搜索服务的性质与其市场供给方式初探——基于新市场财政学的分析》一文，正式提出“新市场财政学”概念。“新市场财政学”在继承社会共同需要论、公共选择理论、平台论以及不完备合约等理论的基础上，批判并摒弃了政府与市场的“对立说”，转向“市场平台说”，并运用“剩余控制权”“约定控制权”理论来界定政府与企业之间的关系，在社会共同需求、公共选择、市场平台观三个假设前提下，分析经济社会中的财政新现象、新问题。

新市场财政学对西方主流财政学市场失灵的假设进行了深入反思。李俊生教授表示，市场失灵并非政府干预的充分必要条件，将财政学构建在市场失灵理论的基础上，在逻辑上既不充分也无必要。特别是市场失灵理论认为，公共部门与非公共部门是二元对立的关系，进而把非公共部门与市场等同起来，把政府与市场对立起来。这种理论与实践背离、逻辑与历史错位的分析前提，损害了财政学对现实财政现象的解释力以及对未来的预测力。

新市场财政学之所以“新”，在于它在认识政府与市场关系上有独到之处，树立了市场“平台观”和“参与型”政府观。新市场财政学将公共部门与非公共部门都视为市场平台的参与者，并归纳了公共部门和非公共部门满足社会共同需要和私人个别需要的多重市场交互关系。在放弃了市场失灵理论之后，新市场财政学为财政学的理论基础开辟了全新的研究视角。较之英美式财政学，新市场财政学在政府、私人与市场的关系上，采取了更具融合性的认知模式和更具包容性的研究范式。它不仅便于容纳经济学、政治学、管理学、社会学、伦理学等多学科的思想与方法，而且也为解释现代市场经济下的许多新问题，提供了更具现实契合性的理论分析工具。

“新市场模型”是新市场财政学的重要理论基础。新市场财政学通过“新市场模型”重新树立了市场“平台观”和“参与型”的政府观，将以公共价值最大化为组织目标的公共部门和以私人价值最大化为组织目标的私人部门都视为市场平台的参与者，并归纳了公共部门和私人部门满足社会共同需要和私人个别需要的多种广义的市场交互关系。新市场财政学的核心概念体系如图 11－1 所示。

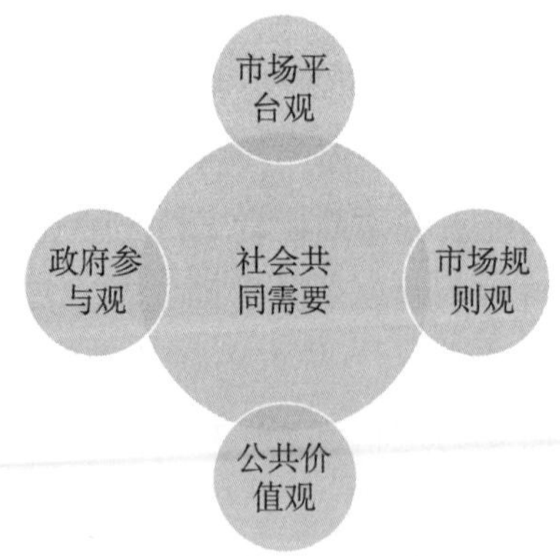

图 11－1 “新市场财政学”模型

在图 11－1 中，以社会共同需要为核心概念——即位于图的中心位置的概念，形成了新市场财政学的核心概念体系。这个核心概念体系既解释了财政范畴的本源（如上所述），又解释了市场的本质——一种在不确定环境下进行有规则竞争以满足人的需要的过程。市场的本质就是通过资源的配置与交换满足人的需要的，这里的“需要”包括人的“个体”的个别需要，也包括人的“群体”的社会共同需要——这实质上也是财政的本源在市场经济条件下的具体实现形式。以市场的本质问题为起点，财政科学必须回答一系列的问题：市场满足人的需要的基本方式是什么？谁来满足人的需要？通过什么方式来满足人的需要，如何确定人们的需要的类型，满足社会共同需要财政活动和满足社会个别需要的经济活动各自在市场上的表现形式如何，相互关系如何，等等。财政学的核心概念应当能够对这些问题做出基本的解释。

新市场财政学摒弃了传统的市场与政府的对立、政府与市场之间存在边界等财政理论观点，确定公共部门与私人部门在市场平台的互动中广泛存在多种交易形式，明确地定义了财政现象的存在是公共部门与私人部门中不同主体之间在市场中从事的旨在满足私人个别需要或者满足社会共同需要的不同交易方式，并且在广义交易的范围内定义这些不同的交易方式，这样就使得定义更清晰，更具有解释力，在理论的自洽性方面更为一致。

11.4.6　国家治理财政学

以郭庆旺和刘晓路为首的中国人民大学财政金融学院课题组从财政、市场与国家的关系入手，从历史、逻辑和中国国情三个方面批判地分析西方主流财政理论对中国的适用性，以及发展具有中国特色的财政理论的可行性。从现实来看，财政学理论始终应当与国情相适应，我国极高的国家自主性，限制了西方主流财政理论在中国的适用性。课题组对“蒂利模型”进行财政学解读，试图构建不同于西方主流财政理论的新框架，提出了国家治理财政学。

课题组将新中国财政学的发展划分为计划经济财政学、市场经济财政学和国家治理财政学三个时期，提出了国家治理财政学的基本要点。国家治理财政学将对“国家”的分析纳入到财政学的一般研究范式中，以弥补财政学中没有“国家”这一逻辑上无法克服的缺陷。不同的国家、国家自主性不同，国家介入经济领域的程度就不同，经济规律的表现形式亦不同，由此形成独特的政治经济模式，导致财政学也因此有所区别。中国的财政学应当有自己的特色，并遵循一定的路径依赖。

国家治理财政学强调了以下三方面内容：第一，对“国家”的分析应纳入到财政学的一般研究范式中。作为一个在现实世界中运行的组织，国家不可能不具有一定程度的自主性。作为财政活动的主体，财政学中没有“国家”，其性质就如同经济学中没有“理性经济人”，是逻辑上的一个无法克服的缺陷。将财政学建立在“国家”概念的基础上，要求财政学重视对国家意志形成、国家能力培养、国家制度构建的研究，力求理解这些问题与财政活动如何相互作用，相互影响。第二，没有普遍适用于一切国家、一切时代的财政学。国家自主性不同，国家治理的重点不同。国家介入经济领域的程度就不会相同，经济规律在该国的具体表现形式也会不同，由此形成独特的政治经济模式，导致财政学也因此有所区别。一种财政学能够被众多国家所接受，成为一个时代的代表，不取决于理论表述的完美与否，而取决于其所指导的财政实践是否切实增强了国家的能力，从而有效解决了该时代具有普遍性的政治、经济、社会问题。第三，一国的财政学研究必定具有一定的传承性。只要国家的性质没有发生根本性的改变，财政实践就要遵循一定的路径依赖，财政基础理论也会具有一定的连贯性。尽管市场经济改革对“国家财政论”所依据的经济理论产生了否定性的影响，但其政治理论基础依旧有效，中国的“国家自主性”程度相较于西方国家仍然很高。因此，“国家治理财政学”认为，不应全面否定“国家分配论”，而是应该以“国家”为逻辑起点，构建财政学理论框架。

11.5　财政理论的总体脉络与演进规律

70 年来，在新中国的财政体系不断丰富和完善，财政制度不断健全和创新下，财政学科得到了持续的实践滋养，形成了规模浩大的研究成果、影响深远的思想体系、匹配中国实践的理论模型、总结改革开放规律的历史文献。

11.5.1　中国特色财政理论发展呈现明显阶段性特征

回顾 70 年来财政学的发展，可以发现，财政理论先后经历过四个历史阶段，形成了服务于全局和实践的三大理论体系。

新中国成立初期到 1978 年十一届三中全会是第一个历史阶段。在这个阶段中，我们经历了恢复国民经济、强化战时保障、完成“三大改造”、建立社会主义计划经济体系和维持文革时期“三大平衡”等重大历史任务的考验。财政理论在服务实践中得到了良好的充实，并发挥了其特有的支撑作用，如支持编写了新中国的第一本国家概算，提出了统一全国税政的思路，建立了基本建设的拨款制度，推进了国营经济和工业化发展，强化了财政、信贷、物资的综合平衡等。这一时期财政学研究的主要对象是资源和要素的配置问题，以及物质产品的分配问题，以此形成了“国家分配论”的实践基础和理论框架。

从 1978 年到 1992 年党的十四大的胜利召开是第二个历史阶段。这个阶段也是计划经济向市场经济的过渡阶段，其目标是释放经济潜能、培育市场主体、理顺市场机制和改革收入分配，形成“国家调节市场，市场引导企业”的模式。这一时期的财政学在改革开放的理论探索中发挥了思想“先锋队”和理论“堡垒”作用：率先提出了“财政包干制”的理念，有效策应和支持了“企业承包制”改革；提议中央和地方财政体制转向“分灶吃饭”，以调动地方做大蛋糕的积极性；倡导“利改税”以明确政府与企业的收入分配关系。在理论体系上，由于这一阶段的主基调是“放权让利”，即政府向企业放权，中央向地方放权，行政管理向市场机制放权，所以总体上仍属于“国家分配论”的架构之下，只不过在理念、政策和手段上更加表现出市场化的特征。

从 1992 年到 2012 年党的十八大召开是第三个历史阶段。这个阶段是社会主义市场经济制度得以确立，并在体制、机制、主体、模式的建设上全面推进的关键时期。财政理论开始转向基于系统的市场经济体系的财政体制、制度、政策和手段的研究，有效回答了财政收入的来源、财政服务的对象、财政管理的要求、财政资源配置等四个方面的问题，深入开展了公平税制、完善体制和部门预算的理论研究工作，先后形成了以增值税为主体的中性流转税制、以财政政策和货币政策协调配合的宏观经济调控方略，并且取消农业税、统一内外资企业税制、研究部门预算和国库单一账户制度等重大理论成果，有针对性地支持了相关领域的重大改革。在这一阶段，财政学在理论体系上更加注重解决财政收入的合规性、政府支出的匹配性，财政管理的规范性和宏观调控的引导性等问题，以及支持中国财政运转的基础由产权管理为主体转向属地管理为主体，坚定地推进分税制改革等重大理论落地，整体理论框架属于“公共财政学”的范畴。

2013 年党的十八届三中全会召开以来，以新时代中国特色社会主义建设与发展为起点，财政理论发展进入到第四个历史阶段。这一阶段的财政学主要围绕着财政是国家治理的基础与重要支柱、市场在资源配置中发挥决定性作用、建立现代财政制度等三个主要命题展开，并按照财税体制改革总体方案的要求，做好现代预算制度、现代税收制度、中央和地方财政关系等三个方面的理论研究和经验总结工作，重点突破中期财政预算、转移支付制度、地方政府性债务管理、政府综合财务报告、消费型增值税制度、消费税的调节功能、环境保护税和房地产税制度、完善地方税体系、合理划分政府间事权与支出责任等关键性问题。同时，在财政学的框架上按照国家治理体系和治理能力现代化的要求，相应地将政府投融资、国有资产管理、收入分配制度、财经外交和“一带一路”纳入学科研究框架，并以财政的逻辑和视角形成了一系列重要理论成果。总体上看，这一时期的财政学学科体系主要服务于国家治理现代化发展，着力于对现代财政制度的理论突破和体系建构，拓展于以“人类命运共同体”为基础的国际财经事务协调，这样，我们将该阶段的理论体系概括为“国家治理财政学”，并坚持以习近平新时代中国特色社会主义思想为指导。

新中国成立 70 年，财政理论发生了翻天覆地的变化，对财政本质、财政职能和作用、财政与经济的关系、财政收入、财政支出、财政平衡、财政管理等的认识不断加深。总结 70 年财政理论，可以发现，对于财政理论的讨论与争鸣始终以有序平衡、协调统一为原则，以马克思主义政治经济学为指导，不断演进，逐步深化，形成了中国特色财政理论体系。

11.5.2　中国特色财政理论始终坚持以人民利益为根本归依的政治本质

新中国财政发展的实践路径具有鲜明的阶级性和探索性特征。以人民利益为根本依归的财政政治本质并不是抽象的，而是能够超越社会具体利益差异从而形成人民共同利益和民族整体利益。国家财政、公共财政和现代财政，归根结底是人民财政。依靠人民、为民理财是中国特色财政理论体系的政治本质，也是理论上正确认识新时代财政建设的根本基点。

11.5.3　中国特色财政理论始终坚持国家在财政活动中的主体地位

国家和财政不是从来就有的，它们只是人类社会发展到一定阶段的产物。一旦产生了国家，就必然出现财政活动以及相应的制度安排。财政一方面构成国家的根本基础，另一方面围绕国家的目的而展开。在我国社会主义建设和改革过程中，财政问题的根本定位始终是立足于不同历史时期国家发展战略目标而确定的，无论计划经济体制下作为指令性工具，还是市场经济体制下作为宏观调控手段，又或者新形势下作为“国家治理的基础和重要支柱”，坚持国家在财政活动中的主体性地位是一以贯之的。从“国家分配论”开始，在相当长的时期内，国家始终是财政的根本目的，财政理论始终作为国家学说的一部分而存在。尽管在 20 世纪 80 年代，“公共财政学”的兴起与论战在一定程度上淡化了财政理论的“国家分配”色彩，但国家在财政活动中的主体地位并未改变。十八届三中全会提出，财政是国家治理的基础和重要支柱，进一步明确了财政与国家治理之间的关系。在不同的历史时期和发展阶段，财政功能在坚持国家主体地位的基础上进行动态调整，体现了中国特色社会主义国家学说的丰富和发展。因此，坚持国家的主体地位，也成为新时代下国家治理现代化目标积极推进财政改革实践和财政理论体系建设的重要原则。

11.5.4　中国特色财政理论始终扎根于中国丰富而深刻的财政改革实践

中国的财政改革之所以成功，其根源在于立足中国国情，扎根中国实践。而中国的财政学理论恰恰是把做对了的东西总结出来并上升于规律层面，从而形成理论创新。在计划经济条件占主流地位的时代，“国家分配论”适应和契合了当时业已确立的高度集中的计划经济体制，以及国家通过计划经济安排社会生产进而加快推进社会主义工业化的历史实践。改革开放后，“社会共同需要论”标志着我国逐步放弃计划经济体制，向市场经济体制转轨的适应性调整和探索。1992 年党的十四大明确提出建立社会主义市场经济体制的目标，在财政理论上伴随的是有关“公共财政论”的提出、讨论和探索。如果说 20 世纪末关于“公共财政论”的那一次重要争论，主要是基于社会主义市场经济建设过程中对公共财政与西方市场经济之间历史共生关系的批评和认识，那么，当前正在发生着的关于重新认识和评价“公共财政论”的话题，则反映和折射出党的十八届三中全会提出“财政是国家治理的基础和重要支柱”的定位之后，基于国家治理现代化的新发展阶段要求对公共财政理论的深刻反思和新的探索。由此可见，财政理论始终与中国财政发展、改革实践相结合，从理论层面贴近和解释中国的实践道路和问题，为实践中的财政体制改革提供了重要的指导作用。

11.5.5　中国特色财政理论始终服从并服务于社会主义现代化强国建设

70 年财政理论发展的核心，是在服从和服务于社会主义现代化强国过程中对财政本质和基本职能的界定，其具体内容和过程表现为财政作为工具和手段，对其与实现现代化的基本制度、基本体制和其他手段之间关系的认识。不同阶段的财政理论和观点分别代表着对财政发展和实践的理论认识方位，始终贯穿其中的，实际上是财政服务现代化建设需要、国家主导下的财政功能边界、以政府间财政关系为核心的体制改革等共同理论问题。新中国 70 年来的财政活动、制度安排以及政策方式始终贯穿于社会主义现代化强国建设这一历史主线，而财政理论恰恰是在革命、建设和改革等不同发展阶段上对财政功能、范围、作用方式和政策手段的总结与凝练。因此，中国特色财政理论的建设和发展从未偏离社会主义现代化强国建设的历史主线，而是围绕这条主线在不同发展阶段上的理论体现。随着中国特色社会主义进入新时代，学习和践行习近平新时代中国特色社会主义经济思想，探索中国特色社会主义财政理论，成为新一阶段的理论任务。新一轮财政理论与实践的探索，应继续坚持服从和服务于社会主义现代化强国建设的历史主线，抓住和围绕新时代社会主要矛盾的变化，以实现人民对美好生活向往为目标，全面发挥财政对供给侧结构性改革、民主参与、文化建设、社会治理和生态保护的保障性功能，推进社会全面高质量发展。

第12章

未来财政改革与发展的思考

12.1 财政体制发展展望

12.1.1 广泛凝聚改革共识，形成改革合力

党的十八大报告强调，中国特色社会主义是全面发展的社会主义，建设中国特色社会主义的总布局是五位一体。要坚持以经济建设为中心，在经济不断发展的基础上，协调推进政治建设、文化建设、社会建设、生态文明建设以及其他各方面建设。党的十九大报告指出我国已进入经济高质量发展的新时代，并在全面总结经验、深入分析形势的基础上，从经济、政治、文化、社会、生态文明五个方面，制定了新时代统筹推进“五位一体”总体布局的战略目标；“五位一体”又是与创新、协调、绿色、开放、共享的“五大发展理念”相辅相成的。“五位一体”的总体布局是社会主义现代化建设的“间架”载体，“五大发展理念”则是实现这些战略目标的灵魂和路径。财政作为国家治理的基础和重要支柱，科学的财税体制是优化资源配置、维护市场统一、促进社会公平、实现国家长治久安的制度保障。因此，相应的财税体制上，新时代现代财政制度要贯彻“五大发展理念”、服务“五位一体”的总体布局，就要适应社会主义市场经济体制发展的内在要求，更多做好政治、文化、社会、生态等方面的协调，对标高质量发展，实现国家治理体系和治理能力现代化，而不能顾此失彼，厚此薄彼（见图12-1）。

1994年分税制改革建立了与社会主义市场经济体制相适应的财税体制，但在政治、文化、社会、生态等其他方面则考虑不足，使后来财政运行中出现了生态环境恶化等一系列问题，新时代的财税体制改革应匹配“五位一体”改革，转向致力于实现“国家治理体系和治理能力的现代化”。可以看到，新时期的改革目标是多维整体的，过去更多是单维的。不过，经济发展是政治改革等其他方面改革的基础和前提，是无法逾越的历史发展阶段；而政治改革等其他方面在经济发展之后整体推进，这也是历史发展的必然趋势，只有经济发展了、人民生活水平提高之后，才能谈政治等其他领域的改革，这也是苏联颠倒改革顺序给我们的经验教训。

相较于党的十七大论述的经济建设、政治建设、文化建设、社会建设“四位一体”的总体布局，十八大把生态文明建设纳入中国特色社会主义事业总体布

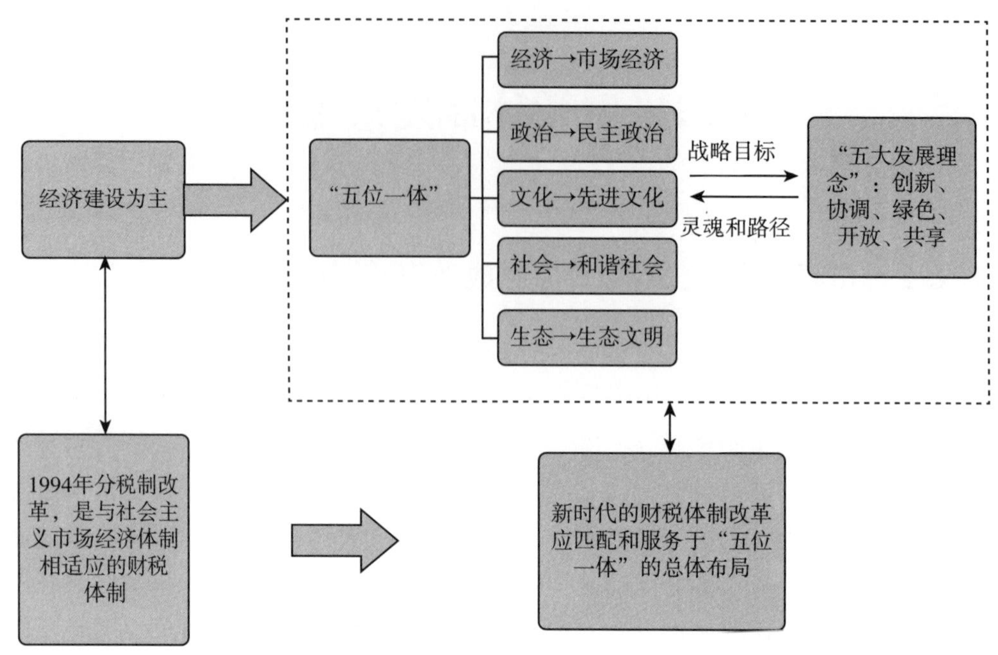

图 12－1　新时代财税体制改革与“五位一体”总体布局

局，使生态文明建设的战略地位更加明确。财税改革上也充分体现出对生态文明建设的考虑，如 2016 年起全面推进资源税改革，扩大资源税征收范围，开展水资源税改革试点，并逐步将森林、草场、滩涂等自然资源纳入征收范围；2018 年 1 月 1 日起《中华人民共和国环境保护税法》正式施行，环保税开征等。这反映出我国财税改革服务于“五位一体”总体布局的要求，促进开拓生态良好的文明发展道路。在财税体制进一步改革中，除了协调市场经济关系、服务于经济建设以外，应更好体现对政治建设、文化建设、社会建设、生态文明建设的兼顾与关照，如推进参与式预算，发展社会主义民主政治；对服务于人民群众精神文明发展的文化企业给予税收优惠，设立财政补贴鼓励人民参与文化活动，激励创新，培育和发展社会主义先进文化；通过个人所得税、消费税等税种调整和完善，增加财政对社会弱势群体的转移性支出并提高支出精准性等，缩小居民收入差距，促进构建社会主义和谐社会；通过税收杠杆引导有利于生态良好的行业和企业发展，在政府采购中纳入对环保标准的考量，加强社会主义生态文明建设。要通过完善立法、明确事权、改革税制、稳定税负、透明预算、提高效率，建立现代财政制度，发挥中央和地方两个积极性。

财税体制改革的核心是处理好中央和地方财政关系，党的十九大为凝聚改革共识指明了方向，明确了路标：即中央和地方的财政关系应具备“权责清晰、财力协调、区域均衡”三个特征。这既是对深化财税改革认识的深入和改革实践经验的升华，也为进一步深化财税改革指明了方向，特别是为推动事权和支出责任相适应的改革指明了方向、明确了原则。应当广泛凝聚改革共识，以引领改革、约束改革、激励改革、监督改革，从而形成全面深化财税改革的磅礴之力。只有这样，才能直面改革中错综复杂的问题和各种尖锐的矛盾，才能冲破思想观念的束缚、突破利益固化的藩篱，从而推动事权与支出责任改革更快地向纵深推进，形成权责清晰的改革目标。

12.1.2　科学划定政府边界，有所为有所不为

基于自身利益最大化等原因，政府具有干预市场的固有内在冲动。我国是由计划经济转型为市场经济的国家，在思维惯性和路径依赖作用下，这种冲动会更为突出。因此，清晰地界定政府与市场的边界显得尤为重要，以法治原则规范政府、市场各自应发挥作用的范围，合理界定政府事权。经济体制改革是全面深化改革的重点，核心问题是处理好政府和市场的关系，使市场在资源配置中起决定性作用和更好发挥政府作用。政府的职责和作用主要是弥补市场失灵，保持宏观经济稳定，加强和优化公共服务，保障公平竞争，加强市场监管，维护市场秩序，推动可持续发展，促进共同富裕。应当继续深入推进“简政放权”，深入推进政府机构、事业单位改革，加大力度规范政府职能，把应由市场提供的或者能够通过市场主体提供的事项交由市场负责；不需要由政府负责或者介入的领域，政府要坚决地退出，以规范政府与市场的关系，减轻财政收支压力，顺利推进政府间财政关系改革。

12.1.3　推进事权和支出责任划分的科学化和法治化，并对事权归属进行动态调整

在明确界定政府事权的基础上进行政府间事权的划分。政府事权的划分要遵循受益原则，具有全国性受益范围的事权应当由中央独立承担，具有区域性受益范围的事权应该由地方独立承担，具有跨区域受益范围的事权应该由中央与地方共同承担；对多层级政府间共同、交叉行使的事权应当各级政府共同承担。同时，应当以效率为原则来划分支出责任。效率原则可以分为三个方面，即外部性、信息处理的复杂性以及激励相容。应当兼顾外部性的范围大小、信息处理复杂度的高低和激励相容的优劣三个方面来进行支出责任的划分。外部性影响越

小、信息复杂程度越高、激励相容越优的支出责任，越应当由基层政府来承担。这种划分原则在理论上简单明了，但由于公共产品受益范围多样性与政府级次有限性之间的矛盾，各地经济社会发展不均衡，很难对各种事权与支出责任进行一一对应。这就要求：一方面必须抓大放小、化繁为简、分类整合，增强改革的系统性；另一方面必须因地制宜，不搞一刀切，允许各地进行符合自身实际的积极探索。在兼顾上述两个原则的基础上，一方面要制定出符合各地实际的划分方案，并以法律法规的形式予以具体、清晰的规定，防止相互推诿，确保事权与支出责任归属的相对稳定性。另一方面，随着经济社会的快速发展，事权的归属、特别是共同事权的归属也应当根据经济社会发展状况进行动态调整，应当在事权与支出责任归属相对稳定的基础上积极探索研究事权的最优划分。

12.1.4 加快推进省以下财政关系调整，打通权责清晰政府关系的全过程

《关于推进中央与地方财政事权和支出责任划分改革的指导意见》（国发〔2016〕49 号）《基本公共服务领域中央与地方共同财政事权和支出责任划分改革方案》（国办发〔2018〕6 号）《国务院办公厅关于印发医疗卫生领域中央与地方财政事权和支出责任划分改革方案的通知（国办发〔2018〕67 号）》《教育领域中央与地方财政事权和支出责任划分改革方案》《科技领域中央与地方财政事权和支出责任划分改革方案》等改革举措已经为中央财政和省级财政的权责划分建起了框架，但省级及以下的事权和支出责任划分还有待明晰。考虑到我国幅员辽阔，各省级区域经济发展水平和财政状况差异性很大，省以下事权和支出责任的划分要因地制宜，经济发达地方的事权可以多划给市县财政甚至更低层级；对经济欠发达地区，省级财政将事权下移要慎重，特别是不能逐级下放，以避免基层财政出现新的支出责任履行困难的状况，产生新的矛盾。

12.1.5 完善地方税体系，优化转移支付，增强地方履行支出责任的能力

当前税收制度中，除增值税等共享税以外，地方政府仍缺乏具有长期性、稳定性、可预期性的主要税源，特别是“营改增”改革全面推开之后，地方政府的税收收入来源问题更为突出，制约了其履行支出责任的能力。在合理划分中央和

地方各级政府事权、支出责任的基础上，中央政府应当考虑到地方政府经济社会发展的水平差异，在全国范围内承担起“兜底”的保障责任，通过清理、归并专项性转移支付和重构一般性转移支付制度等措施来增强地方履行支出责任的能力，确保改革的平稳有序。从更长远的角度看，应当按照党的十九大报告要求“深化税收制度改革，健全地方税体系”，提高地方政府的收入能力，从而为事权和支出责任划分的各级财政的有效运行提供坚实的基础。①

12.2　财政支出制度发展展望

12.2.1　转移支付改革

1994 年分税制财政管理体制改革以来，中央对地方的财政转移支付一直是个重要问题。财税改革进程在 2013 年建立现代财政制度的改革目标明确之后明显加快，转移支付相关制度改革，特别是财政事权和支出责任划分改革，取得了重大进展，一般性转移支付占比提高，税收返还并回转移支付，转移支付结构明显合理，但在转移支付分类口径、规模、方式以及公平与效率目标的协调等方面仍然有进一步完善的空间。

（1）转移支付结构趋于合理，一般性转移支付占比增加

根据 2019 年财政预算报告可知，2019 年中央对地方转移支付 75399 亿元，其中一般性转移支付 67763.1 亿元，占 90%；专项转移支付 7635.9 亿元，占 10%。2019 年一般性转移支付占比扶摇直上 90%，与 2018 年的 55% 相比，变化为何如此之大？2019 年中央财政预算专门对此做了说明，变化的主要原因是中央对地方的财政转移支付口径的重大调整。一方面，原转移支付中属于共同财政事权的项目整合设立为共同财政事权转移支付，暂列入一般性转移支付，以集中反映中央承担的共同财政事权的支出责任，进一步加强共同财政事权经费保障，更好推进基本公共服务均等化，简单来说就是原先在专项转移支付中罗列的相关项目，现以共同财政事权转移支付的方式列入一般性转移支付。另一方面，将中央对地方税收返还与固定数额补助合并，列入一般性转移支付。从实质上来看，中央对地方的税收返还是财力从中央向地方的转移，归入转移支付更加合理。做

① 白彦锋，罗庆．我国政府间财政关系的新路标［J］．新疆财经．2018（03）.

出上述调整后，转移支付结构变化较大。一般性转移支付经过这两方面的口径变化，规模变大也就水到渠成了。为了便于比较，2018 年执行数根据政府收支分类科目的变化做了调整。这种调整体现了中央对地方转移支付最重要的是政策目标导向：一是保障地方政府财力；二是实现政府职能。2019 年一般性转移支付中，共同财政事权转移支付达到 31845.69 亿元，主要用于保障教育、卫生健康、社会保障、农业农村、节能环保等领域共同财政事权有关政策的落实。专项转移支付 7635.9 亿元，扣除土地指标跨省域调剂收入安排的支出和整合新设自然灾害防治体系建设补助资金后，增长 8.1%，主要用于保障污染治理、乡村振兴、重点区域发展等党中央、国务院重大决策部署的落实。随着改革的深化，一般性转移支付占比已经超过 90%，现在的改革重点主要是一般性转移支付内部结构的优化问题。例如，共同财政事权转移支付暂列入一般性转移支付，意味着 2019 年口径调整的做法仍有进一步优化的空间。总之，一般性转移支付占比远远超过专项转移支付，这充分说明中央和地方财政关系改革已取得重大进展，并正按照深化财税体制改革总体方案的要求稳步推进。

（2）转移支付分类口径、规模和方式仍有继续优化空间

一般性转移支付包括均衡性转移支付和非均衡性转移支付，其中非均衡性转移支付既能弥补一般财力不足，又为专门的政策目标服务，在实质上与专项转移支付有共通之处。因此转移支付分类优化问题的研究重点包括非均衡性转移支付的处理问题。

与专项转移支付相比，一般性转移支付的优势主要是地方有更大的自主权，可以更加灵活地使用财政资金，从而提高财政支出效率。但是，一般性转移支付制度的设计需要不断优化和完善。在具体操作中，主要表现在标准收入和标准支出的确定上。首先，标准收入需要尽可能准确测算。科学地预测一级政府的潜在收入能力，有助于转移支付规模的确定。影响收入最主要的因素是经济发展状况，这直接关系到税源的合理测算问题。税源在多大程度上可以转化为地方实际税收收入，既与当地税收征管能力相关，还受经济社会等其他因素影响。同时，除了当地相关因素外，各地区对于税源的竞争所产生的影响也不容忽略。此外，非税收入种类繁多，包含着更多影响财政收入的因素。另外，标准支出界定难度也很大。地方政府支出最重要的任务是提供公共服务，既有全国统一要求的公共服务，也有根据地方实际情况确定的公共服务。由于全国各地区的公共服务需求和供给成本存在着较大差异，因此标准支出的确定必须全面衡量当地的实际社会经济等的发展情况。例如，我国标准支出的确定除了关注户籍人口之外，要更加重视流动人口合理的公共服务需求。改革开放促进了人口流动，释放了劳动力的潜能，带来了人口红利，因此与流动人口密切相关的公共服务在提供时要考虑诸多因素。标准收入和支出系数的科学界定，需要小心谨慎，否则可能误导转移支付决策。因为它们关联着巨额既得利益，调整的区间有限，难度较大。标准收支缺口测算的公共决策程序需要进一步优化。转移支付资金在均衡性转移支付和非均衡转移支付之间的分配需要用科学的方法测度。影响转移支付规模的因素很多，直接因素有中央和地方政府收入的划分方式和政府收入结构。而经济环境的变化、地区经济发展水平的变化、经济结构的升级、技术进步等，会影响一级政府的本级收入，间接影响转移支付规模的确定。宏观经济环境越好，一级政府收入的筹集就越方便，转移支付的规模会相对较小。我国地区经济发展水平的差距问题一直受到关注。改革开放以来，东部和中西部的经济差距受重视较多，近年来，南北方经济差距问题也有所显现。转移支付作为弥补地方财力不足的重要方式要针对经济发展水平的差异做出相应调整。因为经济结构的升级会使服务业带来更多的税源，所以经济结构会对地方财力产生影响，技术进步是经济增长的重要源泉，因而也和地方政府财力有密切关系。总的来说，对于影响地方财政收入能力的诸多因素需要不断地加以总结，并形成制度，用于转移支付规模和方式的决策之中。当下，中央和地方的财政事权和支出责任划分是影响一级政府财政支出规模的主要因素，相关改革还在进行之中。财政事权和支出责任划分的合理程度会直接影响相关制度跟进的效率能否提高。

（3）转移支付既要重视公平目标，又不能忽略激励功能

转移支付是帮助财力相对不足地区提供公共服务的重要方式，天然地具有公平目标。无论是一般性转移支付，还是专项转移支付，都能促进地方公共服务的公平目标实现，从全国范围来看，转移支付与地区间的公共服务均等化有着密切关系。中央对地方的财政转移支付是中央层面对各地公共服务提供能力的调节，旨在让不同地方的公共服务都能达到一定水平。2018 年，中央对地方税收返还和转移支付 69673. 99 亿元，地方一般公共预算支出 188198. 26 亿元。也就是说，地方财政支出中有 37. 02% 依靠中央的财力支持。转移支付可以促进区域间公共服务的公平提供，但仅此是远远不够的。一些地方由于特殊的自然条件限制，仅依靠自身的努力很难得到提供公共服务所需的充分的资金，但这并不等于说这些地方就可以放弃自身的努力，只依赖于中央转移支付。因此转移支付仅仅考虑公平是不够的，还必须重视效率问题。转移支付如果不能有效地发挥其激励功能，那么最终可能事与愿违，导致财政资金效率低下。在一定区域间公平目标实现的同时，财政转移支付的效率也需要尽可能提高。转移支付的效率高低涉及预算绩效评价问题。目前我国预算改革正在加快，转移支付资金使用效率的衡量要按照预算绩效管理的要求进行，一方面是要看财政转移支付的目标是否实现，另一方面是要为下一步的转移支付额度提供依据。效率高，就可能继续得到财政转移支付的支持；效率低，财政转移支付就可能就会减少甚至取消。对于中央来说，专项转移支付方式支付的资金，考虑更多的是全国性的政策目标。从上级乃至中央政策目标的落实来看，专项转移支付比一般性转移支付更能促进特定政策目标的实现。这是专项转移支付的优势所在。在一般性转移支付占比已经不低的前提下，转移支付效率和透明度的提高更加重要，转移支付决策需要更多人参与其中。地区间的对口支援灵活性更强，可以起到正式的纵向转移支付制度所难以发挥的作用。当前，我国地区间对口支援取得了一定成果，但还没有形成正式的横向转移支付制度，这可能影响转移支付的效率和对口支援合力的发挥，也不利于纵向转移支付和横向转移支付的协调配合。从提高转移支付效率来看，下一步中国有必要加快将对口支援融入转移支付体系，进行正式化的管理。

12. 2. 2　政府采购改革

完善我国政府采购制度的改革，建议未来我国政府采购制度要在推进国家治理体系和治理能力现代化方面发挥更重要的作用，要在解决人民日益增长的美好生活需要和不平衡不充分的发展之间的矛盾方面发挥更重要的作用，要在贯彻新发展理念、推进供给侧结构性改革方面发挥更重要的作用。

（1）加强制度顶层设计，奠定坚实的政府采购治理基础

任何一项改革，都离不开顶层设计。在政府采购改革方面，一要改进和完善政府采购的法律体系，二是要处理好政府采购与其他改革之间的关系。

首先，加快法治化进程，进一步理顺《政府采购法》和《招标投标法》的关系，并在合适的时机修订完善《政府采购法》和《招标投标法》。近期目标是按照清晰的法律调整范围划分，完善《政府采购法》和《招标投标法》，使二者调整范围互补，程序、监管等保持一致。从长远来看，要将二者归并，建立一部能够覆盖所有货物、工程和服务的《公共采购法》。

其次，以法律形式扩大政府采购范围。我国目前的政府采购主体仅包括各级国家机关、事业单位和团体组织，不包括国有企业，应逐步将国有企业采购纳入政府采购的主体范围之中，扩大政府采购的范围，更好地发挥政府采购的政策功能，为我国政府采购市场的开放性发展奠定基础。再次，完善政府采购的相关法规条例。例如，要进一步完善落实政府采购政策功能的相关法规条例；要继续对照《政府采购法实施条例》，做好信息公告管理办法的修订，研究出台代理机构、联合惩戒等政策文件。最后，要从顶层设计的层面处理好政府采购与公共资源交易平台、政府购买服务的关系。公共资源交易平台只能作为政府采购对象交易场所，交易过程应当充分发挥市场的力量，但监管职责应该由财政部门承担起来。政府购买服务是创新公共服务提供方式，促进政府职能转变的一项改革。从政府购买服务改革产生的国际背景和国内背景看，政府购买服务主要是将原来由政府提供的公共服务事项改为向市场购买，因此这一改革涉及论证什么样的服务应该由政府提供，什么样的服务应该由政府向社会购买，一旦决定向社会购买，自然就进入到政府采购制度范围。

（2）改进采购制度目标，树立“物有所值”制度治理理念

党的十九大报告提出要“建立全面规范透明、标准科学、约束有力的预算制度，全面实施绩效管理”。对于政府采购，“绩效”仍旧是重要目标。对于政府采购绩效的衡量标准的确定，国际上趋向于把“物有所值”作为公共采购所追求的共同目标。2013 年，我国财政部首次提出，要确立政府采购“物有所值”的制度目标。

首先，要关注全寿命周期成本。“物有所值”应成为政府采购的制度目标，这要求在制度设计的时候要体现全生命周期成本，不能仅仅关注投标价格，择优标准应选择“经济最有利投标”。世界银行对“最有利投标”的规定为对“货物、工程和非咨询服务”而言，当使用等级标准时，最有利投标为满足资质要求且符合采购文件要求的最高等级的投标或者提案；当没有等级标准可参考时，最有利投标为满足资质要求且符合采购文件要求的最低评估成本的投标或者提案。对“咨询服务”而言，最有利提案即为“最佳评估提案”。这一方法值得我们借鉴使用。

其次，对“异常低价投标”进行严格审查。在公共采购制度框架的“物有所值”目标下，规制“异常低价投标”是自然的结果。在合同授予阶段，采购人要注意审查价格异常低于其他投标价格的投标，从而避免不合理竞争的发生，审核的内容主要是供应商是否符合参加条件和是否具备履行合同条款的能力。

再次，以专业化发展促进政府采购物有所值目标的实现。一是要通过推动采购人加强需求管理研究，细化政府采购公共服务品目的需求标准；二是要推动集中采购机构的专业化发展，通过提高其工作人员的专业化水平，改进服务理念，提高采购效率，实现采购质量、价格、效率的内在统一；三是要建立健全对集中采购机构和代理机构的考核体系和指标，加强专业培训，建立合理的激励机制，推动政府采购的专业化发展。

最后，加强对供应商的追责管理，确保“物有所值”目标得以实现。在现阶段的政府采购实践中，遇到采购产品质量低下的问题，如使用年限未满就报废、使用过程中故障频发等，政府往往不会对供应商实行追责，而是自行不断维修甚至再采购，这一做法既增加了成本，也不利于采购质量的提升。我国对于供应商的追责机制还有待完善。

（3）延伸采购管理环节，建立全链条政府采购管理机制

政府采购的链条管理不仅仅是限于采购环节本身，向前可以延伸到采购需求管理，向后可以延伸到合同管理。对此可采取的具体措施有如下几个方面。首先，提前发布未来可能的招标采购信息。传统采购中采购信息发布往往是在招标开始前，但如果能将信息发布时间前移，通过事先公告的形式预报，就可以给广大供应商提供更大的选择空间，实现更合理的规划，也有利于提高政府采购质量。其次，加强采购需求管理。采购人制订的采购需求应当完整、合规、明确，根据项目特点加强需求论证和社会参与，严格依据需求特点编制采购文件和合同。采购人可实行采购需求的开放性征集，广泛征求专家或者供应商的意见，完善招标文件的编写，增强专业性，降低招标失败风险。再次，重视合同管理。采购实体要参与合同监管，设立科学的监督结果反馈处理机制。如果投标人有分包计划，要在投标书中写明分包份额，建议分包商等信息。最后，重视履约验收管理。采购人组织履约验收时应当制定详细验收，完善验收方式，严格按照采购合同的约定对每一项技术、服务、安全标准的履约情况进行确认，保障采购项目的顺利完成。

（4）推进采购"电子化"，改善采购制度的整体执行效率

政府采购电子化可以降低价格和管理成本，缩短招标准备时间，减少人为因素，提高过程层透明度，增强采购及时性，而且能够提高采购准确性和质量，健全完善统计体系，因此政府采购不断向电子化推进。

首先，大力发展电子化采购，提高政府采购效率和透明度。电子化采购是解决政府采购执行效率较低的重要抓手，使得采购程序明晰，采购信息透明，规范了整个采购过程。为此，要大力推进电子化采购。目前，电子化采购在全球范围内不断推广。例如欧盟要求所有集中采购机构所实施的所有采购程序都运用电子方式进行通讯。世行支持成员国电子采购，同时也支持其他借款国建立自己的电子化采购系统。

其次，要推进电子化采购的标准化建设。在电子化采购推行的同时，要推进电子采购文件的标准化。借鉴国际经验，尽快制定电子化采购规范文件，确保政府采购电子化发挥其高效性。

最后，要加强政府采购信息共享。加快整合信息平台，规范各地区网站域名的使用情况，推进网络平台信息共享与整合，以此提高采购和监督效率。加快"全国一张网"的政府采购电子卖场建设，加快制定统一数据标准，推进政府采购管理交易系统与第三方交易平台互联互通、信息共享，解决各地区电子化过程中的"信息孤岛""条块分割""协同不足"、小额零星采购不规范等问题。

（5）推进采购信息公开，营造良好的政府采购治理环境

首先，细化政府采购信息公开的内容。程序的公开透明应延伸到采购程序的细节，例如对信息公开的时间限制，拒绝供应商投标时的程序和理由都要公开。

其次，建立责任明晰的信息公开机制。财政部门是负责推进政府采购信息公开工作的主管部门，同时，采购人、集中采购机构以及之外的代理机构也应当列入主动公开基本目录，按照相关要求，及时全面准确地进行政府采购信息的公开。同时，还应保障信息公开质量，要建立“两级审核内控机制”。即对于当前公开信息中出现的内容不完整、日期不符合规定等错误，建议首先由采购人负责初审，财政部门进行再审核，确保所公开信息的准确性。这也要求采购机构或代理机构内部安排专业的内控人员，这样可以在一定程度上减少后期的质疑投诉，提高政府采购的质量。

最后，加强政府采购信息公开的标准化建设。第一，规范各级政府采购信息发布平台，改进栏目设置标准化，包括做到省本级、各市、区、县采购信息分开，按采购流程或采购方式发布采购公告、设置单独监督栏目，监督内容均要包含违法失信名单、投诉处理、行政处罚等信息。第二，要加强公开文件的标准化改革，包括采购需求标准化，采购公告、采购文件、采购合同等采购文件标准化。

（6）完善政府采购监管，构建结果导向的长效监管机制

在推进“放管服”改革的背景下，一方面需要发挥市场力量，另一方面，又要加强政府监管，构建结果导向的长效监管机制。

首先，进一步健全政府采购内部控制机制。进一步落实十八届四中全会提出的关于在政府采购等业务中“实行分事行权、分岗设权、分级授权，定期轮岗，强化内部流程控制”的要求，进一步规范政府采购活动中的权力运行，强化采购人、集中采购机构和监管部门在政府采购活动内控管理中的主体责任，健全采购人、集中采购机构、监管部门采购事项内部决策机制和内部审核制度，促进政府采购提质增效。

其次，创新监督管理方式，健全“双随机一公开”工作机制。依托信息化发展和大数据应用，加强对采购活动的动态监管，尤其要加强对公开招标数额标准以下项目和单一来源采购项目的预警跟踪。财政部门要与其他部门进行联合，对政府采购领域严重违法失信主体形成“尺度统一、行为联动、步调一致”的联合惩戒工作机制和“一处受罚、处处受限”的社会氛围。运用第三方评估对政府采购透明度、规范性及采购结果等开展综合评价，通过社会监督推动采购制度完善和活动规范。

最后，加强投诉处理专业化机制建设。完善投诉处理工作机制、应诉机制和内控管理，进一步通过政府购买服务方式，加强监管力度，做好既防范自身法律风险、内控风险，又能更好地维护供应商的合法权益。①

12.3 政府收入制度发展展望

12.3.1 税收制度发展

减税问题不仅是经济问题、政治问题，也是社会问题，是多方面相互融合在一起的复杂问题。落实减税政策本身其实是一项非常复杂的系统工程。党的十九大报告指出，我国已经进入了经济高质量发展的新时代，这要求我国的减税降费政策要对标“高质量发展”，要致力于实现国家治理体系和治理能力的现代化、建成现代财政制度。

要实现高质量发展，就要求减税降费政策必须坚持“普惠性减税”和“结构性减税”并举。这是因为，只有普惠性减税和结构性减税并举，才能实现中央要求的“更大规模的减税降费”。但是，普惠性减税与结构性减税并举，并不意味着我们财政政策要实行“大水漫灌”，而是要以“精准减税”为主。这是因为，“大水漫灌”，眉毛胡子一把抓，会激化财政收支矛盾，“减税降费”政策也难以持久；如果在减税降费同时、财政支出压力得不到有效缓解，一些地方就会出现一手减税降费、另一只手找收入的问题，“墙内损失墙外补”。税收增速可能下来了，但是非税收入可能会“冒上来”，税收收入与非税收入之间的这种“跷跷板”效应使得减税降费徒具虚名。而我国的“减税降费”显然是有所指的，“减税”指向的是一般公共预算收入中的税收收入，而“降费”则指的是其他三本政府预算收入、特别是政府性基金预算收入和社会保险基金收入。

（1）“实质性减税降费”的含义

我国当前实行的“实质性减税降费”改革与之前历次税制改革存在本质区别，即要最大限度避免政府主导的财税政策导致的国内外的负面影响。“实质性减税降费”改革应以供给侧结构性改革为主，贯彻“共享”发展理念，一方面，降低宏观税负水平；另一方面，更为重要的，是要优化和调整税负结构，精准施策，从而真正为高质量发展服务，使广大人民群众共享改革开放的成果，不断促

① 姜爱华，马海涛．迈上现代治理新台阶的中国政府采购制度（下）［J］．中国政府采购．2019（03）．

进人的全面发展、全体人民共同富裕。

从政府财政管理的原理上看，“减税降费”容易被西方政客操纵以服务其竞选策略。其一，减了“企业所得税”的名义税率，却混淆名义税率与实际税负，将名义税率的降低说成实际税负的降低；其二，减了联邦政府企业所得税税率，却说成整个国家企业所得税税率的降低；其三，减了税收，面对财政支出的刚性难以“刀刃向内”，最终只能通过增加赤字、增发债务来补窟窿、堵漏洞，最终企业和个人等微观经济主体的宏观税负“依然如故”。总之，在“减税”上夸大其词，增强纳税人的“税感”（Tax Salient）；在“征税”时通过间接税等偷偷摸摸鬼鬼祟祟。可见，减税降费中的“猫腻”如此之多，面对普通公众，我国提出“更大规模的实质性减税”是有着不少深意的。

第一，增值税是我国税制当中的主体税种，占我国税收收入的三分之一以上。因此，增值税政策的“一举一动”无疑对我国经济发展具有“纲举目张”的打通经济发展“任督二脉”的作用。我国近年来一直致力于推进的营改增、打通第二产业与第三产业之间的抵扣链条、减少重复课税，无疑属于实质性减税降费的内容。也就是说，我国的减税降费政策既包括了减税率等普惠式的减税降费政策内容，更包括营改增等完善税制、通过税收政策调整促进经济增长质量和经济效益提升、经济结构迭代升级的“高质量发展”政策选项；第二，企业所得税与企业发展直接相关。近年来，我国实行固定资产加速折旧和研发投入加计扣除等政策，正是聚焦于推动经济高质量发展的“练好内功”的政策内容，具体如表 12－1 所示。

表 12－1　　实质性减税降费与高质量发展之间的关系

供给侧结构性改革重要政策载体：实质性减税降费			高质量发展目标
主体税种	税收收入占比	主要作用机制	目标导向
增值税	40% 左右	✓　营改增消除重复课税 ✓　降低税率	质量变革（宏观层面） ✓　经济增长质量提升 ✓　经济结构改善
企业所得税	20% 左右	✓　固定资产加速折旧 ✓　500 万元以下固定资产一次性扣除 ✓　研发费用加计扣除	效益变革（企业层面微观）
个人所得税	7% 左右	✓　综合征收 ✓　专项扣除 ✓　税率降低 ✓　税负降低	动力变革 要素投入型→知识技术驱动型

资料来源：笔者整理得。

（2）我国企业所得税支持国家创新体系的“双重激励”

在2018年个人所得税改革的背景下，我国企业所得税在全部税收收入中的占比大约为23%。OECD国家一般为9%。

我国企业所得税占比较高，原因是多方面的。一是国企多；二是金融企业贡献大，而真正的制造业缴纳的企业所得税其实并不多。

我国外资企业由于没有自主知识产权，因此不能按照高新技术企业享受15%的优惠税率，即使是微软、IBM等公司亦是如此，一般按25%的税率缴纳企业所得税。而内资企业多数享受了15%的税收优惠。因此，在我国企业所得税中，通常外资企业的贡献要超过内资企业。

中美贸易摩擦背景下，不管是外资企业还是内资企业，都可能有外迁的现象存在。但这并非是企业所得税税率过高，并不必然意味着企业所得税要进行大幅改革。这是因为，第一，企业外迁，是要避免将鸡蛋放在一个篮子里、分散风险；第二，我国2008年内外资企业所得税的合并改革，事实上在当时是“适当超前”的、预留了一定的腾挪空间。

我国现行的企业所得税在支持国家形成创新体系方面，事实上存在“双重激励”。一是对高新技术企业有优惠税率；二是对企业研发投入有加计扣除政策。

在此基础上，如果能够进一步完善对高层次人才的税收支持体系，将可以形成对国家创新体系的“三重激励”。研究复制大湾区个人所得税优惠政策，对经地方政府确认纳入归国海外高层次人才名单的科研人才，对其年度综合所得汇算清缴税负超过15%的部分的财政补贴收入免征个人所得税。这样可以将归国海外高层次人才的税负控制在15%左右，远低于其他群体45%的最高边际税率，也低于海外主要国家的最高边际税率，使税收政策有较大吸引力。当然，在高层次人才范围确定问题上，一方面可以通过赋予地方政府和科技部门人才称号的认定权力，进而与个人所得税优惠政策之间联动；另一方面也可以赋予高新技术企业认定高层次技术骨干的限额人数权力，这样有助于使企业成为创新主体，在个人所得税和企业所得税之间实现政策联动。

（3）打造政府、企业、居民“多支柱养老模式”，为企业“轻装上阵”奠定制度基础

国家减税降费改革中的“降费”主要指的是社保缴费，而社保缴费中的“大头”又是“养老金”。需要注意的是，我国现行的社保制度脱胎于计划经济时代，事业单位与企业之间在养老金问题上存在着“双轨制”。2013年9月，中国社科院世界社保研究中心发布的《中国养老金发展报告2012》对城镇基本养老保险替代率进行测算，数据显示，养老金替代率（劳动者退休时的养老金领取水平与退休前工资收入水平之间的比率）由2002年的72.9%下降到2005年的

57.7%，此后一直呈下降趋势，到 2011 年更是降至 50.3%。这里的 50.3%的替代率应该仅指企业单位职工，而行政单位职工的替代水平要更好一些。当然，行政单位职工的养老金替代率较高，又与其在职工资水平较低有关系。

2019 年，我国养老金缴费水平从 19%降低到了 16%。但要想真正实现养老金的“实质性降费”，一是要向制度“挖潜”，在 2019 年全国统筹水平提高到 3.5%的基础上，不断提高全国统筹水平。针对东部沿海地区劳动力流入多、而劳动力回原籍养老、进而养老金缴费水平较低，而东北及内地等劳动力输出地养老金缴费率较高，解决好全国“苦乐不均”等问题。二是要发挥好市场机制的作用，鼓励中高收入群体多缴多得、长缴多得，发挥好保险精算的“大数”保障作用；三是在做实政府养老第一支柱的同时，通过税延型养老保险和税优型健康险，做强企业和居民第二支柱和第三支柱的养老作用，满足居民差异化、多样化的养老需求。这些机制的改进，都将最终转化为使企业“轻装上阵”的坚实制度基础。

（4）“实质性减税降费政策”需要高质量征管保驾护航

减税降费政策往往会损害税费政策的“统一性”，如果征管落实不好很容易造成政策扭曲。为此，第一，“实质性减税降费”政策主要应该以“普惠性优惠”为主，同时全国应该保持统一，防止各地恶性竞争、制造“税收洼地”；第二，对于“精准减税降费”政策，要科学设计，防止企业钻漏洞，坚决避免“减税降费”政策出了一堆，但却被不符合资质的企业“投机利用”，而真正的实体企业只能“望洋兴叹”；第三，随着新一轮工业革命的开展，行业和企业技术水平迭代升级的速度越来越快，政府的“减税降费”政策既不能越俎代庖，更要设置“日落条款”、建立退出机制，防止成为税收流失的通道。

面对当前国内外日趋复杂的经济形势，中国所能做的是深化改革，包括深化税制改革，尽快建立现代税收制度，协调减税政策与税制建设的关系。需要注意的是，减税政策的目的是减轻市场主体负担，激发市场主体的活力，助力经济增长，它不能代替市场主体自身的努力。在市场经济条件下，市场在资源配置中起决定性作用。目前仍需要处理好政府和市场的边界问题，政府不能干涉企业决策。减税政策为投资者创造了更好的营商环境，投资者抓住发展机遇，利用好政府“放水养鱼”的政策，发挥出潜在的创造力。企业要重视核心竞争力的打造，以各种各样的不同层次的创新来赢取市场竞争力，只有这样，减税政策的助力作用才能发挥出来。另外，我国税制改革要与时俱进，应对经济新形势和新技术的发展及时做出调整，如面对近年来“经济金融化”的趋势，要加强对数字经济的公平课税。

12.3.2 非税制度改革

（1）建立非税项目公示制度，改进收缴管理方式

为了增强政府非税收入收缴管理的规范性和透明性，应建立非税项目公示制度，即将全部非税项目从中央到地方分级分类编制非税项目目录，定期向社会公布项目名称、收缴对象、缴付人、计收依据、收缴标准、收缴期间、收缴办法等，接受社会监督。在具体管理上，要对全部非税项目进行统一编码，建立非税项目库，并随非税项目增减及时进行调整，实行动态管理。非税目录或项目库，应在财政部门官方网站指定栏目上公布，可供非税缴付人随时查阅。当事人可以利用非税目录了解项目本身的详细情况，凡非税目录或项目库中没有的项目，当事人可拒绝缴款，并有权向相关部门举报。

在非税收入收缴管理中，应坚持“依法收缴、以票控收、应收尽收”原则。非税收入相对税收来说，具有项目多、差异大、零星分散的特点，收缴方式更加灵活，应当采取高效、便捷的收缴方式。

对于非税收入的缓减免审批，应严格把关。要将非税收入减免审批权力集中在同级财政部门，对确因特殊情况需要缓减免的非税收入，要按照政策规定的范围和审批程序，从严审核，逐级报批，不得擅自缓减免非税收入，杜绝受托代收单位越权减免和收取“人情费”。同时，应强化罚没物资管理规定罚没物资的收缴、保管、处理等程序和方式，确保罚没物资依法、规范处置和变现入库。

（2）完善非税法规条例，构建权威、系统的非税收缴管理法律保障机制

非税收入收缴管理过程中出现项目繁多、多头管理、自收自支等种种问题，其根本原因就在于缺乏权威、系统、有效的非税法律法规和规章制度。要尽快制定全国性非税收入管理法规，以解决现行规定权威性不足、协调执行困难的问题。为此，财政部应尽快研究制定《政府非税收入管理办法》，在合适的时机，再由国务院制定《政府非税收入管理条例》，以明确非税收入的含义、性质、管理原则、收缴方式、票据管理、资金管理、监督检查及法律责任等基本问题，提供全面系统的非税收入管理法律体系，实现有法可依。

（3）建立和严格执行非税票据管理制度

一是由省级财政部门集中统一管理非税票据，全面负责非税票据的印制、领购、核销、检查等工作，避免非税票据的多头管理；二是实行票据电子化管理，节约管理成本。提高管理效率，规范管理程序；三是建立票据印制、发放、核销管理制度，加强票据管理全流程控制；四是健全票据使用管理制度，规范使用财政部或省级财政部门统一印制的非税票据，定期核销，以旧换新，不得有串用、代开、买卖或无票收费等违法行为；五是加强票据稽查管理，定期和不定期检查非税票据印制、领购、使用等各环节的执行情况，及时发现、纠正和查处违法违规行为。

（4）加强监督检查，建立激励约束机制，明确法律责任

一是大力完善非税信息披露制度，提高非税管理透明度。明确各级政府的信息公开范围、时间等要求，定期公布非税项目和收缴标准。二是建立非税稽查、举报、违规处罚和责任追究等监督管理制度，对乱收乱罚、随意减免等违法现象，及时依法惩处。三是规范监督检查方式，监督主体为财政部门，监察、审计、物价等部门辅之，非税执收单位要积极接受监督检查，提高监督效率。四是加大监督检查力度，实行“收管查”职责分离，确保非税收入依法收缴、应收尽收、规范运作。要有计划、有指向地开展非税日常稽查和专项稽查，特别是对非税减免、退付、分成、票据使用及教育收费等应重点稽查。五是建立非税收入收缴、管理以及使用情况定期向人大报告制度，自觉接受人大监督。六是健全非税公共决策程序。要建立非税项目设立的申请、听证、决策、公示程序，实行决策咨询和听证制度。为防止非税收缴不到位，应建立非税收缴责任制度，对相关人员进行量化考核，杜绝非税收缴管理中的不作为和少作为，确保应收尽收、及时入库。

12.4　政府投融资制度发展展望

十九大报告提出，要坚决打好防范化解重大风险、精准脱贫、污染防治的攻坚战，防范化解重大风险位列三大攻坚战之首。防范化解重大风险首先是防范化解金融风险，特别是要防止发生系统性金融风险。目前，我国结构性去杠杆已取得一定成效，金融改革持续深化。未来要更加注重在稳增长的基础上、在推动高质量发展中防范化解风险，继续坚持结构性去杠杆，积极稳妥处理地方政府债务风险，治理地方政府融资乱象，提高对政府投融资的管理能力和防控风险能力。

12.4.1　推进融资平台改制、改革、转型力度

以政府融资平台为主的传统融资模式有着极大的隐性风险，在经济不确定性

增强的背景下风险一旦集中暴露，就会酿成隐性的金融危机，不发生系统性金融风险的这一底线将受到冲击。要妥善处理融资平台公司的政府存量债务，尽快完成地方债的置换工作，在此基础上，将有限的资金主要用于经济社会发展的薄弱环节。可考虑将资本性支出以及资金来源情况在政府预算中给予单独反映，编制资本预算，按投资类别来细化政府投资结构。资本预算的时间跨度很长，有十几年甚至几十年，因此融资可暂时不计入当年财政赤字，但要强化中长期滚动式支出的责任风险管理。加强信息披露，加大地方政府债务、融资平台公司债务、中长期支出责任等信息公开力度，接受社会各个层面的监督。建立风险监测与应对机制，建立多层次政府债务风险预警指标体系。

12.4.2 规范运用新型融资方式，建立支出责任风险防范机制

新形势下地方政府融资模式要从单一走向多元，充分发挥市场在资源配置中的决定性作用，积极探索更多的市场化融资模式。坚持市场化运作，规范、创新运用各种新型投融资模式，充分发挥财政资金的杠杆作用，严格划分财政支出边界，地方政府依法依规承担相应责任。第一，支持“看得准、有回报、不新增过剩产能、不形成重复建设、不产生挤出效应”的重点领域项目，保持经济健康平稳增长。第二，积极稳妥做好 PPP 项目统筹规划与论证。在 PPP 项目运行过程中构建合理有效的风险分担、激励相容机制。创新合作模式，发挥社会资本资金、技术、管理、专业优势，降低财政支出压力，实现多方共赢。政府不得提供回购、保底收益等任何形式的担保，严格绩效考核、挂钩支付对价。第三，界定政府购买服务目录和范畴，所需资金应当在财政预算中统筹安排。尽可能防范“错买”行为，拟定禁止购买目录，购买服务支出要严格论证，纳入财政预算管理。第四，政府出资的投资基金、资管计划等应遵从市场化原则，与社会资本平等合作，转变单向的管理思维，遵循“利益共享、风险共担”的原则来约定收益分配和亏损负担方式。为更好发挥政府引导的作用，政府可适当让利，但不得向其他投资人承诺最低收益或回购投资本金、补偿损失等。第五，应将 PPP、政府购买服务、政府投资基金、资产管理计划等涉及的中长期财政支出责任统一纳入监管体系，与中期财政规划衔接，切实硬化预算约束。凡涉及财政资金补贴或付费的融资方式，应参照 PPP 程序完成项目财政承受能力论证，可差别化设定支出上限（即支出在一般公共预算支出的比例），支出不能超过相应一般公共预算支出 10%，财政支出能力红线需要优化。应进一步完善政府财务报告与中长期预算，将政府债务、中长期支出事项

（包括 PPP、政府购买服务、政府投资基金等）分类纳入预算与监管，加大信息公开力度、规范信息披露的程序，建立动态预警机制，及时识别化解风险。将各类支出责任切实纳入财政预算，年度预算须在中长期财政预算框架下进行，增强预算编制的连贯性和可持续性。

12.5　财政管理与财政监督发展展望

12.5.1　现代财政制度框架下对财政监督的再认识

党的十九大提出我国社会主要矛盾的改变，准确判断了我国发展的历史方位。当前在现代财政制度的框架下，财政的职能定位发生了深刻变化。为更好地发挥好财政监督的重要作用，更好地服务于财政、社会经济乃至国家发展大局，必须科学把握现代财政制度内涵，重新认识财政监督，为加快建立现代财政制度提供动力。

首先，从国家治理层面认识财政监督。财政作为国家治理的基础和重要支柱，其职能定位再次提升。相应地，财政监督的定位也应随之变化，也要把财政监督提升到国家治理的层面来综合考量。其次，从现代财政制度认识财政监督。现代财政制度要求建立法治、公开、透明的财政制度，更好地实现社会公众利益最大化。财政监督能有效保障财政政策的落实，在当前的背景下，应将财政监督嵌入现代预算制度建设中，使之成为建立现代财政制度道路上的推动力。

12.5.2　建立现代财政制度对财政监督提出新要求

（1）财政监督全面化

财政是国家治理的基础与重要支柱，因此，从推进国家治理能力与治理体系现代化、提升国家治理水平的角度出发，重在强调财政之于改革全局的战略性意义，更进一步地要求在财政监督领域全面拓宽其内容范围。

①财政监督主体的全面化。财政监督是指监督主体对财政管理过程中政府的行为活动以及财政资金的使用进行监督的过程，根据财政监督主体范围的不同可

以分为广义财政监督和狭义财政监督两类。狭义的财政监督以财政部门为主体，而广义的财政监督主体除了财政部门外，还包括人大、政府、审计、社会公众等。目前，我国的财政监督属于以各级财政部门为主体的狭义的财政监督。然而，随着现代财政制度建设的不断深入，财政已经不仅仅是经济概念，它涉及社会经济的方方面面，从宏观上会影响国家经济的整体运行，从中观上会影响公共资源的有效配置，从微观上会影响市场主体的行为活动。因此，现代财政制度框架下，财政监督也是一个综合性、多层次、全方位的管理体系，相对应地，财政监督主体也不能仅限于原来的财政监督专职机构或是财政部门内部机构，财政活动应受到来自立法机关、行政部门、财政、审计、媒体、社会公众等多方面的监督。

②财政监督范围的全面化。作为保障财政运行的重要机制，财政监督应该贯穿整个财政管理过程。财政监督的重点逐步由事后环节转向事前、事中、事后各个环节，但相对来说，依然是重事后监督、轻过程监督的状态，并且监督结果很大程度上没有应用到下一步的财政实践中。因此在现代财政制度的框架下，要更加注重财政监督在范围上的全面性，财政监督要实现对财政运行事前、事中、事后的全过程监控，尤其以预算监督为重点，形成“预算编制有目标，预算执行有监控，预算评价有反馈，反馈结果有应用”全过程监督。针对预算监督来说，事前阶段主要是对预算目标的监督，要求各预算部门能根据自身的职能定位合理设置绩效目标，并以此安排预算支出；事中阶段主要是对预算执行过程进行跟踪，要求各部门在预算执行阶段对绩效目标运行情况进行跟踪，以发现问题并及时纠正；事后阶段主要是对预算执行结果进行监督，要求财政监督主体对项目运行或预算执行情况进行评价与分析，使监督结果为以后的财政实践提供参考。

③财政监督内容的全面化。现代财政制度框架下，财政监督不仅要在范围上对财政管理实施全过程监督，并且也要强调其在内容上的全面性。这就要求财政监督在内容上应涵盖政府的全部财政收支活动，实行全口径监督。以预算监督为例，在《预算法》修订之前，财政监督的对象主要是一般公共预算，2014 年《预算法》明确将预算分为一般公共预算、政府性基金预算、国有资本经营预算以及社会保险基金预算，提出实施全口径预算的要求。因此，全口径预算管理成为建立现代财政制度的基本前提，现代财政监督体系又作为现代财政制度的重要组成部分，要求财政监督在内容上实现全口径监督。未来随着财税体制改革的不断推进，将加大政府基金预算、国有资本经营预算与一般公共预算的统筹力度，可能最终将其并入一般公共预算，同时将债务预算纳入预算监督范畴，财政监督的内容也应随之进行动态调整。

④财政监督方式的全面化。随着科学的快速发展，以“互联网 +”为代表

的先进技术已逐渐普及至财政管理的各个领域，规范了财政管理流程，财税部门的行政效率得到大幅提升。因此，建立现代财政监督体系要求在其原有监督方式的基础之上，结合现代化信息技术，进一步完善和创新财政监督方式，降低财政监督成本，提高财政监督的时效性。

（2）财政监督法治化

随着依法治国的不断推进，财政监督的法治建设有了较大进展，当前已初步形成以由国务院、财政部及地方政府部门颁发的全国性或地方性行政法规、暂行条例为主，相关法律制度为辅的财政监督法律制度框架体系，但总体而言，距离法治化目标还有一定距离。

首先，法制建设尚不健全。一方面体现为立法层级较低。法律层级的文件数量不足，作为构成财政监督法制体系主体的各类规范性文件，如 2004 年国务院颁布的《财政违法行为处罚处分条例》，2012 年财政部颁布的《财政部门监督办法》等，虽对财政监督进行了较为详细的规定，但在立法层级上依然属于政府部门的行政法规和暂行条例，削弱了财政监督的法律权威。另一方面体现为法律约束力较弱。财政监督法制体系中真正上升到法律层面的仅在部分法律的部分条款中得以体现，如《预算法》第二十条、二十一条、八十三条，第二十二条、二十三条、八十七条，第三十五条、八十八条分别赋予各级人民代表大会及常务委员会、各级政府、各级财政部门以预算监督的相应职权。但此类法律规定大多仅对财政监督进行了原则性表述，实施的可行性不足，法律约束力较弱。

其次，财政监督程序不尽规范。在具体的财政管理实践中，财政监督仍然存在着“人治”大于“法治”的现象，根本原因在于财政监督程序不尽规范。目前法律层级和制度详细性之间存在着矛盾，法律层面的制度安排大多仅赋予相应机构以财政监督的权利，没有对财政监督部门设置、监督对象、监督方式、惩处机制等进行详细规定；而规范性文件虽对上述内容有更详细的规定，但是由于立法层级较低且惩处机制不完善，在实际执行过程中有很大的随意性，没有形成预期的约束力。

针对以上问题，可以从以下方面推进财政监督法治化建设。一方面，通过立法机关立法的形式对财政监督机构职权、监督主体、监督对象、监督方式、惩处机制等进行清晰界定，并适时根据社会发展需要进行动态调整，在条件成熟时，建立起一部专门的《财政监督法》，提高法律层级，用以指导日常财政监督工作，不断完善财政监督的法制化建设。另一方面，依托于法律建立起较为规范的财政监督程序，不仅要重视监督环节上的全面性，明确界定事前、事中、事后环节的监督范围和内容，并且规范具体的财政监督程序，对工作流程、惩处机制、人事任免予以详细规定。

（3）财政监督绩效化

一方面，财政监督全面化是绩效化的前提。在范围上全面化要求监督要覆盖财政管理事前、事中、事后的各个环节，发挥事前监督的前瞻性防范作用和事后监督的对预算编制、审批、执行、决算等各个过程实施全过程监督。在内容上要求实现各级政府财政资金的全覆盖，不仅要实现财政绩效监督在五级政府的全覆盖，并且财政资金使用的绩效监督不仅限于一般公共预算，要实现四本预算全面纳入监督。另一方面，财政绩效监督以提升资金使用效益与财政运行效率为目标，强调有效性监督。尤其是对于财政资金来说，除了拨付使用过程中的合规性要求，还应注重财政资金是否带来预期经济效益和社会效益。要实现从进行合规性监督向合规性监督与有效性监督并重的转变，更加注重财政资金带来的经济效益与社会效益。与此同时，财政绩效监督强调监督结果的应用，不仅要对违规行为进行事后惩处，并且注重将结果用于指导未来的财政安排，充分发挥财政监督结果的指导价值。对于绩效结果好的部门，应通过公开表扬或增加下一年预算安排等方式适当给予激励；对于绩效结果差的部门，则应通过通报批评或缩减下一年预算安排等方式予以警告。

12.5.3 预算制度发展改革

（1）树立预算新理念，推动建立现代预算制度

要充分发挥预算在提升公共资金效率、强化对政府约束力和提升国家治理水平方面的作用，必须首先转换认识，树立预算新理念，将预算放在政府活动中更加重要的位置上。

一是树立预算综合理念。更加注重提高资源使用效率，更加有效约束政府行为，注重预算对于国家治理的重要引领作用。财政预算要求财政部门应当加强与人大、财政和审计部门在相关工作中的配合。

二是树立预算统筹理念。现代国家治理过程是在党的领导下多元参与、共同治理的过程，预算制度改革应当体现多元共治理念，疏通各方参与渠道，激发社会配置资源的意愿和能力，推动政府职能转变，切实提高政府行政能力。

三是树立预算包容理念。政府预算在判断经济价值时考虑公平与效率，同时也必须充分考虑社会效益。在评价预算制度时，公平与效率不是对立的概念，而是相互促进的，一方面，社会公平可以视为社会效益的一种，也是预算要实现的目标之一，另一方面，提高预算透明度，提升决策民主程度，保证程序公平，又能显著提高财政资金使用的科学性。

（2）强化政府性基金预算、国有资本经营预算、社会保险基金预算与一般公共预算的统筹衔接，完善预算体系

新《预算法》确立了“四本预算”的政府预算体系，是我国预算改革迈出的重要一步。但这四本预算还没有完全衔接，存在着统筹的阻力，当前，应有效整合四本预算，进一步完善预算体系。对于政府性基金预算，要重视与一般性公共预算的统筹协调问题，立足于政府性基金预算的功能定位，在确保预算完整、独立的前提下，根据预算管理资金的专用性或一般性明确与否来确定是否纳入与一般公共预算统筹范围，将不符合专款专用性质的资金统筹到一般公共预算，对于具有较强公共属性的支出，应当逐步纳入一般公共预算统筹解决，对于一些不符合现代预算制度要求的政府性基金项目，应予以清理，但同时也要注意防止为规避《预算法》对基金设立的限制，刻意将政府性基金预算统筹到一般公共预算。对于国有资本经营预算，要进一步增强全面性，逐步将中央政府层面的各部委、总局、局所属企业纳入预算范围，形成全口径管理；从制度上详细规定国有资本经营预算的预算单位、收益上缴等问题，明确部门分工，既要统筹国有资本经营收入，打破支出限制，同时避免国有资本经营预算支出与一般公共预算支出重叠，理顺国有资本经营预算制度。对于社会保险基金预算，应当结合一般公共服务均等化要求，改变由于社保制度不统一，同属社会保障性质支出却列支于不同预算中所带来的预算衔接障碍，理顺预算归属。

（3）改进预算编制，提高预算的规范性和科学性

预算编制是预算改革和管理的起点，预算执行直接影响财政资金使用效率。当前我国预算的编制和执行管理方法的规范性和科学性还有待提高，科学规范的政府预算是预算执行的基础，是预算有效监督的前提。一是进一步完善部门预算制度，厘清权力责任范围。强化预算编制过程中财政部门的统一编制权，减少准预算部门的资金分配权，增强总额支出控制能力，提高财政资金使用效率。二是理顺预算编制流程，适当调整预算编制时间，协调好各级预算单位编制时间和人大审议批准时间，解决预算执行与审批的时间矛盾问题，提高预算法律权威性和准确性。三是根据经济社会发展需要动态更新预算科目体系。合理界定部门预算支出范围，细化功能分类，将每一项支出都具体分解到基层单位，使得预算科目的设置能全面、准确地反映政府职能，体现政府的所有收支活动，进一步提高预算精细化、实用化程度。四是深入实施中期财政规划管理，完善跨年度预算平衡机制。增强中期财政规划对年度预算编制的指导作用，严格规范超收收入的使用管理。提高财政部门中长期的收入波动预测能力和支出规划能力，提高科学性和准确性，保证财政预算与经济社会发展的长期协调。

（4）全面推进预算绩效改革，为建立现代预算制度打下基础

预算绩效改革不仅是表面上预算编制方法的革新，更是预算理念的革新，预算绩效管理水平是政府整体管理水平的标志之一。预算绩效改革可以从以下几个方面入手：一是树立绩效管理意识，充分调动政府实行预算绩效的积极性。建立预算绩效奖惩机制，每一年度开始预算草案时应当对上一年度的预算资金安排做出绩效考评，以考评结果作为新一年度预算资金分配的参考，对严重违反中央部署、财政资金使用绩效不达标，造成浪费的地方和部门予以严肃问责。加大绩效预算宣传力度，特别针对地方政府，要转变政府随意花钱、随意上项目，使财政资金低效、无效使用的状况。二是将绩效管理与政府预算制度紧密结合起来。将绩效管理思想运用于预算编制、审批、执行、决算全过程，做到全周期绩效评价，并根据绩效考核标准设立激励约束机制，提高预算运行科学性和准确性。三是推进政府会计制度改革。政府绩效信息的全面披露依赖于定量信息理论与实务的发展，而会计具备提供定量信息的优势。因此，政府会计制度改革可以为新时代全面实施绩效管理提供重要的信息保证，是实现预算绩效管理的会计基础。2019 年 1 月 1 日正式实施的政府会计制度，要求编制权责发生制政府综合财务报告和部门财务报告，并对资产、成本等绩效管理需要的概念进行统一规范的界定和测度，为核算政府和部门成本、进行绩效比较创造了可比条件。四是创新绩效管理方式，积极开展多样的管理方式以适应社会治理要求。针对全面推进绩效管理成本大、周期长、任务重的阻碍，尝试综合运用自评和他评的方法。地方政府和相关预算支出部门首先可以针对自身经常性支出进行管理，将自评结果报告财政部门作为来年财政部门考核绩效管理工作的依据。同时针对重大事项和支出项目，可以借助第三方评价咨询机构的力量，使其协助政府完成绩效考核。

（5）进一步提高预算透明度，借助信息化提升行政效率

预算透明度是衡量现代预算水平的重要指标，预算信息公开是社会公众了解预算执行情况的重要途径之一。完善保证预算透明的法律法规，明确披露内容、披露方式以及惩罚机制，扩大财政信息公开范围，做到非涉密事项一律公开。对于不同层级的政府规定相应的信息公开范围和细化程度，构建政府财务报告体系，利用现代信息技术，拓宽预算信息公开渠道，保证社会公众能够及时、准确、全面获取相关信息，提升社会公众对预算的认知水平和参与预算监督的能力。借助信息化技术进一步整合政府财政信息，实现政府间信息共享，信息的可信性和流通性会影响预算功能的发挥，信息流通越通顺，可信性越高，能使预算发挥预期作用，反之，会阻碍政府行政效率的提高。推进预算信息公开，完善不同层级间政府信息传递渠道，实现政府内部纵向、横向财政信息共享，从而进一步提高预算的完整性和透明度，可促进提高行政效率，更好地服务现代国家治理。

12.6　现代预算制度发展改革展望

12.6.1　加快建立全面规范透明、约束有力的预算制度

（1）继续推进政府预算全口径管理，完善四本预算的内在逻辑关系

完善政府预算体系，主要是明确一般公共预算、政府性基金预算、国有资本经营预算、社会保险基金预算的收支范围，建立定位清晰、分工明确的政府预算体系，政府的收入和支出全部纳入预算管理。加大政府性基金预算、国有资本经营预算与一般公共预算的统筹力度，建立将政府性基金预算中应统筹使用的资金列入一般公共预算的机制，加大国有资本经营预算资金调入一般公共预算的力度。加强社会保险基金预算管理，做好基金结余的保值增值，在精算平衡的基础上实现社会保险基金预算的可持续性。

（2）继续扎实推进预算公开

一是继续做好预算公开的顶层设计工作。总结近年来中央和地方推进预决算公开经验，按照“规定动作”与“自选动作”相结合的原则，逐步规范公开表式、内容、口径，解决各地区、各部门预算公开口径不统一、内容不一致、不利社会监督的问题。进一步扩大公开范围，细化公开内容，认真做好单位预算向社会公开工作，推动社会公众就近监督。建立完善预决算公开考核和责任追究制度，强化主要负责人主体责任，认真做好本级政府、本部门预决算公开工作，依法依规公开本级政府和本部门预决算。

（3）强化预算即法的理念，建立约束有力的现代预算制度

社会主义市场经济是法制经济，财政支出管理也应做到“以法律、标准为准绳”。随着社会主义市场经济的逐步完善，对财政支出法治化、标准化管理也提出了越来越高的要求。有关财政支出管理的法律法规实际是公民赋予国家机关的权利以法律的形式确立下来，是全社会对财政支出实现监督的依据。

①严格执行《预算法》关于支出管理的有关规定。预算生效以后即具有法律上的执行力，依法编制并经法定程序审议通过的支出预算是财政支出管理的法律依据。我国《预算法》第十三条规定：“经人民代表大会批准的预算，非经法定程序，不得调整。各级政府、各部门、各单位的支出必须以经批准的预算为依据，未列入预算的不得支出。”

②形成财政支出管理的监督检查机制。财政支出管理不仅要有法律框定的支出范围，在支出全过程中还要落实监督和检查机制。其中监督的主体是各级财政部门，负责对监督检查工作进行统一的布置和实施，并配置一定量的专职监督机构，如绩效考评中心，以强化财政监督检查工作的力度。财政支出监督检查与财政支出效率评价的内容有很多相似之处，可以按照类似的评价方法和指标体系，对财政支出进行管理和监督。相比财政支出效率评价，财政支出管理的监督和检查更加注重处理问题和纠正执行中的偏差，因此这也需要有关法律对财政支出监督检查的手段、程序、处理办法做出明确规定。

③实行财政支出问责制度。在财政资金使用和支配过程中，对决策不当、工作不力、失职渎职，并造成一定后果的职能部门及其负责人员进行追究问责。责任追究制度把处理事与处理人结合起来，对财政支出管理的行为人有一定的威慑力和约束力。

（4）继续强化中期财政规划管理，提高预算编制科学性

中长期预算框架的基本功能在于建立中期财政约束基准，具体包括了两年或两年以上的开支需求的预算决策。打破预算编制以一年为期限的局限，为政府全面掌握财政未来的走势提供了初步资料，为财政政策的连续性和稳定性提供保证。下一步需要继续推进中央部门预算三年滚动规划工作，督促各部门提前研究政策，及早对支出项目做出规划，强化规划对年度预算的约束。

12.6.2 构建标准科学的财政基本支出和项目支出标准体系

预算支出标准体系建设是部门预算管理和改革的重要内容，是实施全面规范、公开透明预算制度的重要技术支撑。财政部自 2009 年全面启动预算支出定额标准体系建设以来，在中央各部门的共同努力下，支出定额标准体系建设取得积极进展，初步形成了目标明确、职责清晰、程序规范、运行有序的工作体系，在全面规范财政预算管理、提高财政资金分配效益等方面发挥了重要作用。2017 年党的十九大报告进一步明确了未来一定时期中国财政改革的目标和主要任务：加快建立现代财政制度，建立权责清晰、财力协调、区域均衡的中央和地方财政关系。建立全面规范透明、标准科学、约束有力的预算制度，全面实施绩效管理。

（1）加强财政部门在规范预算支出标准制定中的主导地位

财政部门负责预算支出的组织、管理、协调和监督，不断完善预算支出管理措施办法，指导督促各单位、各部门进一步加强和完善预算支出管理工作，不断增强预算支出的均衡性、时效性和有效性。强化财政部门在规范预算支出标准中的主导地位，建立财政部门与各单位、各部门之间的制约机制，探索财政部门适度参与各单位、各部门政策制定的途径，避免预算过程与政策过程的分离。同时，转变沟通协调方式，完善信息共享和沟通机制。

加强财政部门与各单位、各部门间的信息沟通。通过举办培训班、座谈会、交流研讨、联合调研等形式开展沟通协调，深化认识，统一预算支出管理的流程、方法和口径等，减少不必要的管理环节，提高预算支出管理工作效率。总而言之，规范的预算支出标准不仅能使财政部门与各单位、各部门间的权责分明，而且通过对权、责的划分和某些经济原则的规定，使各级政府及财政部门把国家的统一规定同本地、本部门的工作实际紧密地结合起来，在预算支出管理体制规定的范围内，因地、因时、因事制宜地处理和解决预算支出管理中的问题。

（2）构建预算支出标准体系的运行机制和动态调整机制

①预算支出标准的补充完善机制。预算支出标准体系建成后，因政府职能调整完善，可能会出现新的业务。财政部门负责会同相关部门针对新的业务补充制定新的预算支出标准，确保预算支出标准体系完整覆盖预算编制支出需要。

②预算支出标准的公布执行机制。预算标准体系建成后，每年编制预算时，财政部门公布预算支出标准体系，各部门依据财政部门公布的预算支出标准编制年度预算。

③预算支出标准的动态调整机制。年度预算编制前，财政部门根据物价指数变动情况，明确年度预算编制时预算支出标准的动态调整指数，动态调整预算支出标准后，在年度预算编制时公布执行。

12.6.3　全面实施绩效管理，优化财政资源配置

全面实施预算绩效管理是政府治理方式的深刻变革，是一项长期的系统性工程，涉及面广、难度大。《全面实施预算绩效管理的意见》提出，力争用 3—5 年时间基本建成全方位、全过程、全覆盖的预算绩效管理体系，实现预算和绩效管理一体化。全面实施预算绩效管理近期目标在于建机制、扩大范围、抓重点、补短板，努力解决财政资源配置和使用中的低效无效问题，着力提高财政资源配置效率和使用效益，改变预算资金分配的固化格局，提高预算管理水平和政策实施效果，为经济社会发展提供有力保障。

（1）逐步将“绩效”理念融入政府预算管理中来

预算绩效管理不仅是财政管理方式的创新，更是政府管理理念和文化的一次

革命。预算绩效管理的全面实行要求全社会特别是政府部门要切实树立绩效理念和文化，处处以绩效作为工作的出发点，时时以绩效作为指导预算分配和衡量工作的尺度。而我国虽然具有一定的预算支出考核工作基础，政府及社会公众也逐步认识到绩效管理的重要性，但由于受“行政就是管理，财政就是分钱”的传统观念束缚，社会整体的绩效意识并不高，与实行全面预算绩效管理的要求相比还有一定的差距。良好的绩效管理理念和文化是推行绩效预算的思想基础和重要条件。从政府及其工作人员到社会公众，如果没有对政府绩效的广泛认知和认同，就不可能将推行绩效预算管理化为自觉的行动。

加大对《意见》的宣传力度，充分利用电视广播、报刊杂志、网络平台等各类媒体广泛宣传预算绩效管理的成功经验和典型做法，通过理论研讨、要报简报、专题宣传等多种方式大力倡导预算绩效管理理念，切实加强舆论引导，积极培育绩效管理文化，扩大预算绩效管理的社会影响，有效引导社会各界主动了解预算绩效管理、支持预算绩效管理，共同营造良好的社会氛围。

（2）完善全面实施预算绩效管理的制度框架

预算绩效管理制度体系着力建立健全预算绩效管理相关制度及具体实施细则，从方向和目标上加以规划和指导，增强可操作性。

①加强规章制度建设。在《预算法》和《全面实施预算绩效管理的指导意见》等法律法规制度框架下，建立涵盖绩效目标、绩效监控、绩效评价、结果应用各环节的管理制度；健全社会中介、专家、数据库和档案等管理办法；完善预算单位决算报表、资产配置标准、部门项目支出标准等体系建设。

②加强业务规程建设。依据相关法律、法规及管理办法，制定系统、规范的绩效管理工作流程和操作细则，明确各相关机构和人员在预算绩效管理工作中的职责，规范操作程序和质量控制要求，健全协调机制，建立分级分类、适用高效、便于操作的实施细则及业务规范。

（3）逐步建立全过程预算绩效管理工作机制

建立“预算编制有目标、预算执行有监控、预算完成有评价、评价结果有反馈、反馈结果有应用”的全过程预算绩效管理机制，实现预算绩效管理与预算编制、执行、监督有机结合。

预算绩效目标管理是全过程预算绩效管理的基础。部门（单位）申请预算时，要按要求申报绩效目标。绩效目标应依据明确、相对具体、可衡量，并在一定时期可实现。财政部门应加强纳入绩效目标管理试点范围项目的绩效目标审核，作为预算安排的前提和主要依据，并在批复单位预算时一并批复绩效目标。预算绩效运行监控是全过程预算绩效管理的关键。财政部门和预算部门要对绩效信息适时进行跟踪监控，重点监控是否符合预算批复时确定的绩效目标，发现预算支出绩效运行与原定绩效目标发生偏离时，及时采取措施予以纠正。情况严重的，暂缓或停止该项目的执行。预算支出绩效评价是全过程预算绩效管理的核心。预算执行结束后，财政部门或预算部门要认真分析和积极利用决算数据，对财政支出的实际绩效进行评价，客观公正地评价绩效目标的实现程度，提高预算绩效评价的准确性和有效性。预算绩效评价结果应用是全过程预算绩效管理的落脚点，应积极探索绩效评价结果应用方式，促进预算绩效管理工作发挥实效。预算绩效监督是全过程预算绩效管理的保障。要充分发挥绩效监督的作用，建立财政监督检查结果与预算安排紧密衔接工作机制，强化监督检查成果利用；健全制衡机制，强化对所有财政性资金和运行全过程的绩效监督。

（4）健全全面实施预算绩效管理的智库体系

健全专家学者库、中介机构库和监督指导库，分建共享，动态管理，为预算绩效管理提供智力支持和制衡监督。

①健全专家学者库。通过发布公告、申请邀请、审核审查等程序和方式，建立中央、省两级涵盖不同领域、不同行业、不同专业的预算绩效管理专家学者库，按照其实际参与绩效管理工作的态度、能力、道德水平及民主评议结果，实行科学分类，动态管理，优胜劣汰，分建共享。

②健全中介机构库。建立中央、省、市三级符合预算绩效管理工作需要的社会中介机构库，加强对包括会计师事务所、资产评估、行业咨询等机构在内的社会中介力量的引导和培训，强化管理和规范。

③健全监督指导库。积极接受人大、纪检监察、审计等部门的监督，研究建立人大、纪检监察、审计等部门以及专家学者、群众代表参与预算绩效管理的监督指导人员库。

（5）继续拓展预算绩效管理的实施深度，全面推行结果导向的绩效预算

产出导向的绩效预算在部门内部构建起绩效预算管理体系，但仍未完全解决财政部门从源头上真正实现财政资源高效配置等问题。因此，应继续拓展绩效预算实施的深度，逐步实现结果导向的绩效预算。即将绩效管理扩展到整个政府预算范围，以政府投入应产生的绩效目标（这些目标应当尽量量化或指标化，以便编制预算和考核效果）为出发点，在充分进行成本效益分析的基础上，结合可分配的资源量和绩效评价结果，来确定政府预算资金分配，在投资决策上寻求以最小的成本获得绩效目标最大的效益，使“绩效”的观念贯穿于整个预算编制与执行过程的始终，逐步建立起综合性的绩效预算管理体系，真正实现预算安排和资源使用这一“过程”与社会公共需要这一“结果”的更加紧密的结合，最终达到在政府整体层面上实现按效益和效果拨款，从源头上真正实现财政资源高效配置的效果。

（6）完善适应结果导向绩效预算的预算绩效管理体系

实现政策决策、预算安排和绩效评价结果的更紧密连接。这一阶段，在评价目标上，应由关注预算支出的效率和有效性，转为注重预算支出的效益、效果和影响。在评价对象上，实现对政府预算支出整体效益的综合评价，即对各部门财政支出效益进行综合反映。在评价指标体系上，形成更为科学的评价指标体系和标准体系，以实现对财政支出绩效结果的评估。在评价主体上，更加强化客观评价，完善具有独立性的社会机构和公众参与评价的机制和制度。在政府政务公开、预算公开的基础上，全面实现由政府内部评价向政府与社会相结合的综合评价机制的转变。在评价结果应用上，实现政策决策、预算安排与绩效评价结果更加直接的联系，利用绩效评价结果判断政策及绩效目标设定和财政资金配置的合理性，调整和完善政策及绩效目标、财政资金使用方向和结构，奖惩和问责预算部门、单位及其人员，实现绩效预算按照“结果”拨款的原则。

12.6.4 构建地方政府债务管理的“闭环”机制，防范化解地方政府债务风险

（1）推进中期财政规划的全面实施，合理的确定地方政府债务限额

加快预算管理体制改革步伐，积极推进中期财政规划的全面实施。未来在中期财政规划管理框架下应该完善财政收支预测技术，提高政府预测能力，构建债务可持续分析模型，根据各地的融资能力、偿债能力等合理的确定地方政府债务限额。同时未来应该将预算限额的发布和地方政府预算的编制有机结合起来，防止中央制定的债务限额下达之前，地方政府已经进行债券的发行工作。

（2）规范地方政府预算编制，降低地方政府预算的不确定性

明确地方政府的预算管理不仅仅是预算报表中简单的数据罗列，而应该从地方政府的预算管理研究中，明确地方政府的资产负债状况和风险，并统筹公共资源的配置。地方政府预算必须拓宽视角，在中期财政规划的约束下编制，同时控制年度财政支出与中期财政规划中的偏离程度，减少财政支出波动率，降低地方政府预算的不确定性。

（3）编制地方政府债务管理报告

建立完整的地方政府债务报告制度及时地披露地方政府的债务、贷款等负债以及地方政府的财务状况，及时向议会和公众说明地方政府债务的风险。同时借鉴英国制定《债务管理报告》详细地说明未来四个年度的融资需求和近三年债

务结构变动情况，并从成本和风险角度对地方政府债务进行了全面的分析，合理安排偿债年度和新债结构，确保中期内风险可控。

（4）加强地方政府债务风险管控

构建完善的债务指标体系，引入债务稳定性分析（在中期预算框架下，利用对宏观经济和财政政策的预测，从跨年度的视角分析地方政府债务的稳定性和持续性），了解债务结构、偿债压力和流动性及时监控风险，形成统一的监测监控体系。同时加强地方政府债务管理部门和预算编制部门的互动，从而在举借债务时可以合理地安排债务的期限，从而不至于出现偿债高峰，进而出现债务风险。具体可借鉴美国俄亥俄州的“地方财政监控计划”，将财务风险高的地区纳入“预警名单”，监视地方财政，直至财务风险降至合理水平。对于风险不断恶化的地区从“预警名单”转移到“危机名单”。

（5）构建地方政府高效率使用债务资金的机制

地方政府债务支出效率不高与融资主体缺乏相应责任意识密切相关。责任意识的缺失导致融资主体缺乏相关约束，导致资金使用随意性较高，资金的使用效益便不理想。为了提高资金的使用效益，应该提高各级责任主体的责任意识，坚持“发行主体与融资主体相分离”的模式，保证债务发行主体和融资主体的独立性，从而对项目评估和项目运营形成一种倒逼机制，从而提高债务融资的使用效率和债务的及时偿还，降低地方政府债务风险。

加强地方政府债务过程管理，提高管理效率。当前地方政府对投资项目的确定缺乏科学合理的分析论证，由官员“拍脑袋”决定的现象仍然屡见不鲜。项目缺乏合理论证将会导致一系列的后果：一方面可能干预市场机制的正常运行。当前地方政府债务的不规范是当前债务风险的重要原因，地方政府债务的边界逾越政府举债融资的边界；另一方面可能导致项目“虎头蛇尾”，项目难以产生效益，对未来债务资金的偿还产生压力。

12.6.5　全面实行权责发生制会计制度，完善政府绩效报告和财务报告制度

结果导向的预算绩效管理，要求实行权责发生制会计，在条件成熟时，应将权责发生制扩展到整个政府活动范围，更好地将预算确认的成本与预期的绩效成果进行配比，从而支持管理者的有效决策，完整地反映政府受托责任，促进全面的绩效管理改革。在完善政府会计制度的基础上，实行政府绩效报告和财务报告制度。在每年的人代会上，各级政府不仅要报告年度预算情况，还要报告政府绩

效目标完成情况，包括列明绩效目标和绩效结果，并将两者进行比较，通过绩效指标详细描述绩效目标的完成程度，分析说明未达到目标的原因及改进的措施等。同时，还要报告政府的财务状况，包括现金流量、资产、负债和权益状况等。

12.7 财政理论发展展望

12.7.1 现代财政理论

新中国成立以来，根据时间脉络，可以将我国财税理论主要概括为如下九个重要理论：国家分配理论、利改税理论、放权让利理论、分税制财政分权理论、公共财政理论、民生财政理论、土地财政理论、现代财政理论、大国财政理论。这种发展演变，体现的是我国财政税收不断适应社会经济发展创新演进的过程。

2013 年，习近平总书记首次提出了经济社会发展面临“新常态”，经济新常态对财政制度发展提出了新的要求，必须在原有财政制度的基础上构建新的现代财政制度，现代财政理论应运而生。大国财政理论和我国面临的新的国际经济形势要求我们要以包容性增长的思想，逐步构建起适应经济新常态的现代财政制度。

党的十八届三中全会指出：“财政是国家治理的基础与重要支柱”“科学的财税体制是优化资源配置、维护市场统一、促进社会公平、实现国家长治久安的制度保障”，首次把财政职能与国家治理能力相联系，将财政的作用提升至国家治理的层面，将财税体制改革的支柱性作用上升至改革全局。建立现代财政制度是为了提升国家治理能力、建立与社会主义现代化强国相匹配的财税体系，重点在于“治理”二字。在现代财政制度的框架下，财政不仅是一个经济范畴，它是政府参与和调控宏观经济的有效手段，更成为体现国家治理能力与治理水平的重要标志，深化财税体制改革不仅要适应于经济体制改革的总体部署，更要从全面深化改革的全局来认识和规划，与其他改革形成良性互动。

（1）现代财政理论要求我国建立起全面规范的预算绩效管理体制

一是保障政府公共部门预算制度的公开透明化，加强社会各界对预算编排、执行的监督；二是统筹协调政府活动，规范重点支出建设并完善预算制度；三是逐步建立起跨年度的预算平衡机制，从而改进我国年度预算基本制度，硬化预算约束；四是要进一步改革规范一般性转移支付和专项转移支付制度以实现分配公平；五是在借鉴国际经验的基础上加强预算执行管理，保证绩效管理的跟进。

（2）现代财政理论要求改革现存的税收制度体系，继续调整政府间财政关系

继续推进几大税种的改革，逐步建立起完善的现代税收体制。依据不同税种的属性和基本功能厘清央地政府间税收收入划分，将税基流动性较大和再分配作用较强的税收收入归于中央，将税基稳定且依赖于地方信息的税收收入归为地方；在划分事权和支出责任时应将关乎国家安全和规范市场秩序等的各项事权集中于中央政府，将地域性较强的具体服务项目归于地方政府，在此基础上利用转移支付制度改善地方事权与支出责任不平衡问题。

12.7.2 “一带一路”与大国财政理论

我国经济总量不断增加，成为世界第二大经济体，经济结构趋于复杂化，对宏观政策制定和实施提出了更高的要求。伴随着“一带一路”倡议的持续推进，我国彰显出负责任大国的担当，“大国财政”逐渐成为财税学者关注的焦点。大国财政正是基于我国当前的发展理念和时代背景而提出的，符合我国新的发展战略与和平崛起的基本要求，因此，我国的财政建设要符合全球经济新秩序，增强财政制度建设中的集中性和可持续性。财政的集中性一方面要求在保证中央政府获取财政资源的同时在全国各地合理进行资源的配置，实现区域间经济发展的公平性；另一方面是要让财政功能集中于财政部门，使财政能不断推动国家治理体系和治理能力现代化建设。财政的可持续性则是指要在包容性增长的思想指导下，保障经济发展结果的普惠性和经济发展机会的公平性，使得每个人都能够公平发展。在“一带一路”的背景下，大国财政要求我国在国际上承担大国责任，统筹国内外，发展国际公共产品来提升我国财税的国际话语权。这就要求我国企业要更加积极地“走出去”，我国政府要以开放的姿态开展国际交流合作，维护我国合法权益，增强我国在国际经济活动中的财税主权和财税话语权。

12.7.3 全球治理与大国财政关系的理论

中央高层对全球治理和大国财政的关系已作了充分阐述。习近平总书记多次在公开讲话中提到，“推进国家治理体系和治理能力现代化”，“国家治理体系和治理能力是一个国家的制度和制度执行能力的集中体现，两者相辅相成。我们的国家治理体系和治理能力总体上是好的，是有独特优势的，是适应我国国情和发展要求的。同时，我们在国家治理体系和治理能力方面还有许多亟待改进的地方，在提高国家治理能力上需要下更大气力。”习近平指出，“推进国家治理体系和治理能力现代化，必须完整理解和把握全面深化改革的总目标，这是两句话组成的一个整体，即完善和发展中国特色社会主义制度、推进国家治理体系和治理能力现代化。”积极参与全球化，以国际视野和全球眼光来治国理政成为我国新一代领导人的基本理念。

2018 年中央外事工作会议上，习近平发表讲话时指出，当前中国处于近代以来最好的发展时期，世界处于百年未有之大变局，两者同步交织、相互激荡。在财税理论发展方面，似乎也概莫能外。一是就财政税收与货币金融之间的关系来看，2008 年全球金融危机后，“现代货币理论”（Modern Monetary Theory，MMT）应运而生并在国外大行其道，该理论认为“财政赤字有益无害”、政府债务再多也不足畏惧，这颠覆了既往主流经济学的观点，要求我们重新深入思考“如何平衡财政与金融关系”的理论机制和政策内容。二是从国际税收看，经济全球化的深入和拓展，使未来的全球税收秩序愈将重塑为“多张拼图”组成的一个有机整体，“国家税收”将越来越多地涂抹上“国际税收”的色彩。因此要将国际税收作为国际经济治理的重要组成部分，研究发展相关理论，加强税收发展和全球治理的国际间协同。

12.8 财政政策发展展望

2019 年，财政政策需主动适应“逆周期调节”要求，通过进一步深化财税体制改革，找准“加力提效”发力点，更好应对风险挑战，推进经济高质量发展。

首先，宏观政策要强化逆周期调节。在当前经济形势下，要继续实施积极的财政政策和稳健的货币政策，适时预调微调，稳定总需求，防范系统性风险，保证经济持续健康发展。积极的财政政策要加力提效，实施更大规模的减税降费，较大幅度增加地方政府专项债券规模。稳健的货币政策要松紧适度，保持流动性合理充裕。提高直接融资比重，解决好民营企业和中小微企业融资难、融资贵的问题。保持人民币汇率在合理均衡水平上基本稳定，加强资本管控，保证我国货币政策的独立性。

其次，财政政策要增加总需求。继续推进基础设施建设，提高公共服务供给质量；要推进个人所得税改革，落实好专项附加扣除的各项标准，提升消费者的消费能力，缩小收入水平差距。要推进企业所得税改革，创新和试点投资抵税机制，推动机器设备采购等生产性投资；支持制造业企业依法、按程序进行厂区改造，提升集约化用地水平，推动工业企业厂房改造等固定资产投资；通过政府的相关支持基金，更好与金融机构协作，支持和促进存货投资，为企业资金流转提供便利条件。

最后，财政政策要提升收益率。对生产领域继续实施减税降费政策，优化营商环境，全面提升企业的经营积极性、盈利性。生产领域的全面减税既包括减少生产环节的税收，也包括减少与生产活动相关联的收入性税收。例如企业所得税改革应在总体保持现行税率水平的情况下，以鼓励创新、加大生产性投资和推进高质量发展为重点，增加税前扣除和税收减免的内容，并针对中小微企业继续探索降低税率水平的条件和范围，加大对中小微企业创新的支持力度，促进经济结构优化和转型升级。与此同时，需进一步完善政府购买服务的安排，提高政府采购市场秩序；提升政府购买服务的效率和能力，充分借助市场力量、发挥各自优势，坚持公平竞争，推动政府采购与市场体系的深度融合。

参考文献

1. 白彦锋，王凯．中国分税制改革 20 周年：回顾与展望［J］．新疆财经，2014（01）：5－13.

2. 财政干部教育中心．中国现代财政建设之路［M］．北京：经济科学出版社，2017.

3. 蔡承彬．国家治理视域下的现代财政制度改革［M］．北京：中国经济出版社，2017.

4. 陈共．关于“公共财政”商榷［J］．财贸经济，1999.

5. 陈龙．国家治理现代化中的财政改革［J］．地方财政研究，2014（06）：9－14.

6. 邓力平，曾聪．浅议“大国财政”构建［J］．财政研究，2014（06）：2－8.

7. 杜荣胜．健全中央与地方事权与支出责任相适应机制研究［J］．经济研究参考，2015（04）：69－72.

8. 范子英．深化财税改革，重塑中央与地方财政关系第二章：中央地方财政关系的历史演进［A］．深化财税改革，重塑中央与地方财政关系［C］．中国经济改革研究基金会，2016：14.

9. 高培勇．公共财政：概念界说与演变脉络——兼论中国财政改革 30 年的基本轨迹［J］．经济研究，2008（12）：4－16.

10. 高培勇．市场经济体制与公共财政框架［J］．宁夏财会，2001（01）：3－11.

11. 高培勇．经济增长新常态下的财税体制改革［J］．求是，2014（24）：42－44.

12. 高小平．国家治理体系与治理能力现代化的实现路径［J］．中国行政管理，2014（01）：9.

13. 龚浩，任致伟．新中国 70 年财政体制改革的基本历程、逻辑主线与核心问题［J］．改革，2019（05）：19－28.

14. 韩国春．积极做好“分税制”财政体制试点工作［J］．财政，1992

(08)：11－12.

15. 贾康．关于财政理论发展源流的概要回顾及我国的“公共财政观”［J］．经济学动态，2008（04）：9－13.

16. 贾康，张鹏，程瑜．60年来中国财政发展历程与若干重要节点［J］．改革，2009（10）：17－34.

17. 靳东升．中国税制改革40年：回顾、总结与思考［J］．地方财政研究，2018（11）：20－26.

18. 蓝志勇，魏明．现代国家治理体系：顶层设计、实践经验与复杂性［J］．公共管理学报，2014，11（01）：1－9，137.

19. 李建军．现代财政制度下中国式大国财政构建［J］．财政监督，2015（15）：15－16.

20. 李善达．现代财政制度建立的国际经验借鉴与中国路径选择［J］．兰州商学院学报，2015，31（03）：73－81.

21. 李奕宏．我国财政管理体制变迁的制度分析［J］．财政研究，2012（08）：6－8.

22. 刘海潮．当代中国国家治理体系建构的内在逻辑诠释——基于政府与市场、社会关系的分析［J］．新视野，2014（03）：51－55.

23. 刘尚希．公共财政：我的一点看法［J］．经济管理，2000（05）.

24. 刘晓路，郭庆旺．财政学300年：基于国家治理视角的分析［J］．财贸经济，2016（03）：5－13.

25. 楼继伟．40年重大财税改革的回顾［J］．财政研究，2019（02）：3－29.

26. 卢洪友．从建立现代财政制度入手推进国家治理体系和治理能力现代化［J］．地方财政研究，2014（01）：6－11.

27. 罗建国．经济转型中的财政可持续发展研究［J］．经济研究参考，2014（04）：56－63.

28. 吕冰洋，台航．从财政包干到分税制：发挥两个积极性［J］．财贸经济，2018，39（10）：17－29.

29. 吕炜，靳继东．国家治理现代化框架下中国财政改革实践和理论建设的再认识［J］．财贸经济，2019，40（02）：5－19.

30. 马海涛．中国分税制改革20周年：回顾与展望［M］．北京：经济科学出版社，2014：120－241.

31. 马海涛，汪昊．中国特色财政改革的伟大实践——改革开放40年回顾与思考［J］．财经问题研究，2018（11）：14－18.

32. 马骁，李雪．法治财政：现代财政制度建设的核心［J］．经济研究参考，2015（03）：25－31.

33. 孟昕．国家治理体系和治理能力现代化实现路径［J］．商，2016（09）：75.

34. 彭健．分税制财政体制改革 20 年：回顾与思考［J］．财经问题研究，2014（05）：71－78.

35. 石亚军，施正文．建立现代财政制度与推进现代政府治理［J］．中国行政管理，2014（04）：11－16.

36. 汪彤．税制改革与政府行为模式转变［J］．理论探索，2014（05）：95－99.

37. 王春雷．适应国家治理现代化的中国税制体系：从传统走向现代［J］．税务研究，2015（02）：16－24.

38. 温潇俊．我国财政体制变迁的动力机制研究——基于制度变迁的研究视角［J］．大连干部学刊，2016，32（06）：57－61.

39. 文秋林．基于国家治理现代化的财政改革思考［J］．财经界（学术版），2015（07）：9－18.

40. 武配君，吴忆晨．从历史角度看分税制改革［J］．现代营销（信息版），2019（05）：25.

41. 兴华．一九五〇年实行高度集中统收统支的财政体制［J］．财政，1982（06），37－39.

42. 许树华．财政分权改革与国家治理现代化［J］．现代经济信息，2016（12）：143－144.

43. 许耀桐，刘祺．当代中国国家治理体系分析［J］．理论探索，2014（01）：10－14，19.

44. 张木生，涂龙力．新形势下的税收法治体系建设［J］．税务研究，2015（02）：71－75.

45. 周春英．“大国财政”构建之困境与出路［J］．财政监督，2015（21）：68－74.

46. 周广帅，唐在富．改革开放四十年我国财政体制改革回顾与展望［J］．财政科学，2018（08）：72－84.

47. 朱尔茜．全面营改增后地方主体税种的选择［J］．地方财政研究，2017（01）：57－62.

48. 朱光．我国包干财政体制的改革过程及其启示研究［J］．经济研究导刊，2019（05）：119－123，148.

49. 安体富．关于社会主义市场经济体制与税制结构的几个问题［J］．财政研究，1993（10）：18－27.

50. 白彦锋，罗庆．财税改革40年：回顾、经验与展望［J］．河北大学学报（哲学社会科学版），2018，43（02）：73－82.

51. 丛树海．分税制策略［J］．财政研究，1988（10）：25－29.

52. 高培勇．中国财税改革40年：基本轨迹、基本经验和基本规律［J］．经济研究，2018，53（03）：4－20.

53. 何振一．财政分级形式改革的研究［J］．财贸经济，1988（05）：38－41.

54. 霍军．新中国60年税收管理体制的变迁［J］．当代中国史研究，2010，17（03）：52－59，126.

55. 贾康．分税制改革与中央、地方政府间关系［J］．改革，1990（04）：84－88.

56. 贾康．中国财税体制改革的经验和愿景展望［J］．中国经济报告，2019（01）：24－31.

57. 康玺，秦悦．改革开放四十年税收制度改革回顾与展望［J］．财政科学，2018（08）：56－71.

58. 柯永果．分级分税制的一般理论［J］．经济问题，1995（06）：39－42.

59. 苗庆红．中国经济转型背景下税制变迁的路径、逻辑及展望［J］．中央财经大学学报，2018（07）：3－12.

60. 项怀诚．中国财政50年［M］．北京：中国财政经济出版社，1999.

61. 信春霞．分税制下中央与地方财权事权的博弈关系［J］．四川财政，1998（08）：10－13.

62. 刘佐．中国税制改革40年的简要回顾（1978—2018年）［J］．经济研究参考，2018（38）：3－12.

63. 徐江琴，叶青．60年的税制演进与启示［J］．湖北社会科学，2010（01）：80－83.

64. 顾牧青．按什么模式改革工商税［J］．陕西财经学院学报，1981（01）：66－71.

65. 曾金华．深化税收制度改革健全地方税体系［N］．经济日报，2017－12－18（005）.

66. 韩梅．“营改增”对BL影院纳税影响研究［D］．黑龙江八一农垦大学，2015.

67. 张卓元，郑新立，陈锡文，江小涓，范恒山．深化改革完善社会主义市场经济体制—学习十六届三中全会精神笔谈［J］．经济研究，2003（12）：3－14.

68. 孙忠胜．我国企业所得税统一问题的研究［D］．山东大学，2006.

69. 王乔．政府非税收入与经济增长关系研究［M］．北京：科学出版社，2011.

70. 马金华，薛迪．改革开放四十年中国财税体制改革回顾与展望［J］．财政监督，2018（08）.

71. 刘娜娜．国外非税收入管理的经验与借鉴［J］．中国证券期货，2013（02）.

72. 关睿，云佳祺，孟翠莲．海外非税收入管理概况及启示［J］．内蒙古师范大学学报（哲学社会科学版），2012，41（04）.

73. 苑广睿，王清剑，魏岩．加拿大政府非税收入管理及其启示［J］．中国财政，2005（05）.

74. 齐守印，王朝才．非税收入规范化管理研究［M］．北京：经济科学出版社，2009.

75. 季家友，吴金友．财税体制改革背景下我国非税收入收缴管理改革研究［J］．西南金融，2014（11）.

76. 杨林．我国非税收入管理存在的问题及解决对策［J］．现代经济信息，2014（04）.

77. 蔡峰君．政府非税收入管理中存在的问题及治理建议［J］．经济研究导刊，2013（04）.

78. 胡登赞．新形势下财政部门加强政府非税收入管理探析［J］．中国乡镇企业会计，2017（01）.

79. Avi－Yonah，Reuven S.（2000），"Globalization，Tax Competition，and the Fiscal Crisis of the Welfare State"，Harvard Law Review，Vol. 113（7）：1917－1926.

80. OECD，Committee on Fiscal Affairs（1998），Harmful Tax Competition：An Emerging Global Issue，Paris：OECD.

81. 靳东升，龚辉文．经济全球化下地税收竞争与协调［M］．中国税务出版社，2008.

82. 克里斯·爱德华兹．张文春，迟强译．国际税收竞争：政府在21世纪的约束［M］．Cato Policy Analysis No. 431，2002.

83. 邓力平．国际税收竞争：基本分析、不对称性与政策启示［M］．北京：经济科学出版社，2009.

84. 何杨．国际税收的全球治理与中国实践——以转让定价为视角的研究［M］．北京：经济科学出版社，2011.

85. 中国国际税收研究会．中国居民企业对外投资与劳务税收研究报告

［M］. 北京：中国税务出版社，2010.

86. 中国国际税收研究会. 中国居民企业对外投资与劳务税收研究报告（续篇）［M］. 北京：中国税务出版社，2012.

87. 中国国际税收研究会. 世界税收发展研究报告［M］. 北京：中国税务出版社，2011.

88. Alicja Brodzka，Sebastiano Garufi. 税收情报交换与财政透明时代：软法措施的使用和税收事务中善治的增强［J］. 世界税收信息. 2012（04）.

89. Hartman，David G.，How tax policy and incentives affect foreign direct investment：a review the world bank policy research working paper No. 2509C，2000.

90. 何杨，徐润. 税收情报交换、双边税收协定与国际避税——来自全球离岸证券投资的证据［J］. 财贸经济，2016（06）.

91. 张瑶. 情报交换协定是否能遏制企业的税基侵蚀和利润转移行为［J］. 世界经济，2018（03）.

92. 李娜. 论我国税收情报交换立法的完善［J］. 税务研究，2016（04）.

93. 梁若莲，吴巧伶. 我国对外专项税收情报交换实践的思考与完善［J］. 国际税收，2013（07）.

94. 梁若莲. 美国税收情报交换的经验与借鉴［J］. 国际税收，2008（11）.

95. 高阳，徐鹏庆，杜秀玲. 由“天堂文件”引发的思考：避税地的诞生及其与英国的历史渊源［J］. 国际税收，2018（04）.

96. 樊穗，陈虎. OCED 有关有害国际税收竞争的法律法规概述［J］. 税务研究，2017（01）.

97. 朱晓丹.《2016 美国所得税协定范本》——侧重保护来源国税基［J］. 国际税收，2016（08）.

98. 江小娟. “十一五”我国对外投资趋势研究：全球背景、投资规模与重点选择［J］. 管理世界，2001（01）.

99. 江小娟. 中国对外开放进入新阶段：更均衡合理地融入全球经济［J］. 经济研究，2006（03）.

100. 国家税务总局科研所. “中国企业对外投资合作税收问题研究”课题报告［J］. 税收科研简报，2007（16）.

101. 财政部国库司编著. 国库现金管理基础与实务［M］. 北京：经济科学出版社，2007.

102. 财政部国库司国库支付局编著. 财政国库管理制度改革（培训教材）［M］. 北京：中国财政经济出版社，2003.

103. 陈共．财政学［M］．北京：中国人民大学出版社，2009（06）：351－352.

104. 陈秋华著．预算管理创新与财政支出改革［M］．北京：中国财政经济出版社，2002.

105. 陈云文选［M］．北京：人民出版社，1995.

106. 程谦．财政制度变迁与政策选择［M］．北京：中国财政经济出版社，2006，92.

107. 邓小平文选［M］．北京：人民出版社，1994.

108. 邓晓兰著．国库现金管理创新［M］．北京：光明日报出版社，2010.

109. 郭宏宇著．国债规模风险研究［M］．北京：社会科学文献出版社，2010.

110. 郭庆旺．以习近平新时代中国特色社会主义思想指导新时代中国财政理论创新和财政制度建设［J］．财政科学，2017（11）：22－23.

111. 韩军．余额管理制：中国国债市场化管理的选择［J］．金融教学与研究，2003（06）.

112. 贾康，苏明．部门预算编制问题研究［M］．经济科学出版社，2004.

113. 江庆．新中国财政管理体制的变迁与完善［D］．福建师范大学，2004，7－8.

114. 姜爱华，马海涛．迈上现代治理新台阶的中国政府采购制度（上）［J］．中国政府采购，2019（01）：18－26.

115. 李齐云．中国特色社会主义公共财政之“特色”释义——以习近平新时代中国特色社会主义思想为统领的新认知［J］．公共财政研究，2017（06）：4－10.

116. 刘博，郭娱瑜．关于国债余额管理的文献综述［J］．消费导刊，2007（09）.

117. 刘辉，马通编著．国债管理［M］．天津：南开大学出版社，2005.

118. 刘亚利主编．政府采购案例精编［M］．北京：中国金融出版社，2011.

119. 马海涛，姜爱华．政府采购管理［M］．北京：北京大学出版社，2008.

120. 马海涛，任强，孙成芳．改革开放 40 年以来的财税体制改革：回顾与展望［J］．财政研究，2018，430（12）：4－11.

121. 马海涛，汪昊．中国特色财政改革的伟大实践——改革开放 40 年回顾与思考［J］．经济研究参考，2018（43）：3－17.

122. 马洪范．国债余额管理、国库现金运作及货币政策协调［J］．中国金融，2006（06）：28－30.

123. 沙治慧．中共三代领导人的财政发展观［J］．毛泽东思想研究，2005，22（03）：118－122.

124. 孙开，彭健著．财政管理体制创新研究［M］．北京：中国社会科学出版社，2004.

125. 孙开主编．财政体制改革问题研究［M］．北京：经济科学出版社，2004.

126. 孙文学．中国财政思想史［M］．上海：上海交通大学出版社，2008.

127. 王雍君，张拥军．政府施政与预算改革［M］．北京：经济科学出版社，2006.

128. 武普照．近现代财政思想史研究［M］．天津：南开大学出版社，2010.

129. 谢旭人．中国财政管理［M］．北京：中国财政经济出版社，2011.

130. 谢旭人著．中国财政改革三十年［M］．北京：中国财经经济出版社，2008.

131. 邢俊英．优化财政支出结构落实科学发展观［J］．北京：中央财经大学学报，2005（03）：1－5.

132. 杨君昌等．公共预算：政府改革的钥匙［M］．北京：中国财政经济出版社，2008.

133. 于国安．政府预算管理与改革［M］．北京：经济科学出版社，2006.

134. 詹静涛，林燕，娄洪等．财政国库现金管理问题研究［J］．财政部网站 http：//gks. mof. gov. cn/zhengfuxinxi/diaochayanjiu/200806/t20080620_47454. html.

135. 金普森．新中国外债与社会经济的发展［J］．社会科学战线．2010（08）.

136. 王国华．外债与社会经济发展［M］，北京．经济科学出版社，2003：377－379.

137. 井手文雄．日本现代财政学［M］．北京：中国财政经济出版社，1990.

138. 王朝才．关于财政投融资的几个问题［J］．财政研究，1995（02）.

139. 白钦先．白钦先经济金融文献第二版［M］．中国金融出版社，1999.

140. 封北麟．关于完善中国地方政府财政投融资体系的分析［J］．中国总会计师，2009（10）：40－42.

141. 陈鹏．我国政府财政投融资研究［J］．才智，2010（08）：9.

142. 赵萌．完善中国财政投融资体系的对策分析［D］．广西大学，2006.

143. 徐其瑞．我国财政投融资体制：现状、问题及政策建议［J］．特区经济，2007（08）：57－58.

144. 周震宇．中国财政投融资问题研究［D］．首都经济贸易大学，2011.

145. 司珺．强化财政投融资管理提升区域综合竞争力［J］．现代商业，2013（26）：266－267.

146. 姜红. 完善我国财政投融资运转体系对策研究 [J]. 科技信息, 2014 (14): 5-6.

147. 刘宇辉. 强化财政投融资功能助推新型城镇化进程 [J]. 中国财政, 2014 (23): 70.

148. 马静文. "杠杆性" 投入政策工具在地方政府财政投融资中的应用研究 [J]. 甘肃金融, 2015 (06): 20-25.

149. 张华. 外商直接投资与中国税收收入关系研究 [D]. 湖南大学, 2009.

150. 杨志安, 李鹏, 郭矜. 我国财政投融资绩效指标体系权重的确定——基于层次分析的方法 [J]. 地方财政研究, 2013 (05): 49-54, 80.

151. 李鹏. 中国财政投融资资金运用绩效评价体系研究 [D]. 辽宁大学, 2013.

152. 朱爱娟. 我国财政投融资体制的变迁和完善对策研究 [D]. 山东大学, 2015.

153. 王刚. 财政投融资中的绩效评价应用研究 [J]. 中国商论, 2017 (33): 136-137.

154. 温来成. 城投债的发展前景及财政投融资体制安排 [J]. 兰州商学院学报, 2013, 29 (02): 1-6.

155. 朱爱娟. 我国财政投融资体制的变迁和完善对策研究 [D]. 2015.

156. 姜彬. 从制度演进的角度考察地方财政融资与担保 [J]. 生产力研究, 2008 (12): 1-2.

157. 巴曙松. 地方政府投融资平台的发展及其风险评估 [J]. 西南金融, 2009 (09): 9-11.

158. 冯李婷. 我国地方政府投融资平台现状研究 [J]. 商情, 2014 (09): 1.

159. 张理平. 资产证券化与地方政府融资平台建设 [J]. 经济体制改革, 2010 (04): 131-135.

160. 江凯, 鄢斗, 杨美英. 国际经验视角下我国地方政府融资模式探讨 [J]. 河北金融, 2011 (09): 16-19.

161. 王黔京. 地方政府融资平台建设中的问题及成因、挑战与应对 [J]. 贵州商业高等专科学校学报, 2013 (01): 11-18.

162. 任伟. 关于地方政府融资平台融资约束机制的思考 [J]. 国土资源科技管理, 2014, 31 (06): 133-137.

163. 刘成茵. 地方政府融资平台风险及控制机制研究 [D]. 山东大学, 2015.

164. 方国银. 地方政府运作投融资平台公司管理机制研究［J］. 管理观察，2019（06）：158－160，163.

165. 张志勇. 经济新常态下地方政府投融资平台转型发展问题及对策分析［J］. 商业经济研究，2017（09）：165－168.

166. 陈静. 新常态下地方政府投融资平台转型发展探析［J］. 纳税，2018，12（31）：217.

167. 严慧敏. 强监管背景下地方政府融资平台公司转型思考［J］. 时代金融，2018（27）：213－214.

168. 李素云. 地方政府融资平台公司的转型与发展探究［J］. 时代金融，2019（06）：207－208.

169. 苗爱红. 地方政府融资平台转型的路径与国际借鉴［J］. 财会通讯，2019（17）：124－128.

170. 许珂. 经济新常态下地方政府投融资平台转型发展综合评价实证研究［J］. 上海立信会计金融学院学报，2019（03）：78－89.

171. 白天然. 地方政府融资平台转型研究［J］. 当代经济，2019（05）：15－17.

172. 杨大光，李存. 地方政府投融资平台的债务规模、风险及化解对策［J］. 当代经济研究，2014（09）：9－10.

173. 胡修浩. 新形势下地方政府融资平台的融资渠道和风险控制［J］. 财会学习，2019（20）：214－216.

174. 张丰. 地方政府融资平台转型模式的研究［J］. 价值工程，2019，38（18）：30－32.

175. 温来成. 优化政府投资引导基金，促进经济持续健康发展［J］. 中国财政，2016（03）：25.

176. 王润泉. 我国 PPP 模式的演进发展历程［J］. 农业发展与金融，2018（12）：42－45.

177. 陈金鑫. 我国 PPP 项目的财政风险及防控对策研究［D］. 中国财政科学研究院，2018.

178. 温来成. 财政投融资专题研究［M］. 北京：中国财政经济出版社. 2018.

179. 郑建库. 从财政投融资角度看政策性银行的改革发展［J］. 农业发展与金融，2015（11）：46－47.

180. 刘锡田. 公共财政下的我国财政投融资体制改革［J］. 四川财政，2002（04）：9－11.

181. 刘标胜．论我国财政投融资体系的改革和完善［J］．江苏经贸职业技术学院学报，2007（02）：9－12.

182. 张旭婷．中国财政投融资体制改革研究［D］．中国海洋大学，2005.

183. 朱文生．中国投资基金发展研究［D］．厦门大学，2001.

184. 周法兴．中国政府投资政策转变及其影响研究［D］．华中科技大学，2007.

185. 李琦．新形势下的 PPP 融资模式［J］．现代营销（信息版），2019（08）：5.

186. 温来成，王江楠．“十三五”时期财政投融资监督问题研究［J］．财政监督，2016（02）：42－45.

187. 温来成，李慧杰．建立现代财政投融资制度的思考［J］．财政监督，2014（25）：17－19.

188. 刘婉婧．我国基础设施财政投融资改革问题研究［D］．首都经济贸易大学，2015.

189. 杨志安，李鹏，闫婷．我国财政投融资绩效的现状与建议［J］．沈阳师范大学学报（社会科学版），2013，37（03）：42－44.

190. 温来成．城投债的发展前景及财政投融资体制安排［J］．兰州商学院学报，2013，29（02）：1－6.

191. 楼继伟．认真贯彻新预算法，依法加强预算管理［J］．人民日报，2014－09－01.

192. 楼继伟．中国政府间财政关系再思考［M］．北京：中国财政经济出版社，2013.

193. 肖鹏．财政职能定位提升，现代财政制度启航［J］．湖南财政经济学院学报，2013（06）.

194. 肖鹏．新中国 70 周年政府预算理论演变、制度改革与展望［J］．财政监督，2019（19）.

195. 肖鹏．美国政府预算制度［M］．北京：经济科学出版社，2014.

196. 马海涛，肖鹏．改革开放四十年我国财税改革回顾与展望［J］．地方财政研究，2018（11）.

197. 肖鹏，陈凯．地方政府债务纳入中期财政规划管理的效应研究［J］．财政研究，2017（09）.

198. 陈凯，肖鹏．预算绩效目标管理的国际比较与启示——基于目标设置理论的研究视角［J］．经济研究参考，2019（12）.

199. 肖鹏，樊蓉．债务控制视角的地方财政透明度研究——基于 2009—

2015 年 30 个省级政府的实证分析 [J]. 财政研究，2019 (07).

200. 马海涛，肖鹏. 中国财税体制改革 30 年经验回顾与展望 [J]. 中央财经大学学报，2008 (02).

201. 马海涛，肖鹏. 全面深化财税体制改革视野下中国《预算法》的修订研究——中国《预算法》修订的背景、内容与效应分析 [J]. 新疆财经，2014 (06).

202. 肖鹏. 改革开放三十年财政改革经验总结与展望 [J]. 地方财政研究，2008 (12).

203. 高培勇. 中国财税改革 40 年：基本轨迹、基本经验和基本规律 [J]. 经济研究，2018 (03).

204. 肖鹏. 中国税收制度改革三十年回顾与展望 [J]. 经济纵横，2008 (10).

205. 马骏. 中国预算改革的政治学：成就与困惑 [J]. 中山大学学报（社会科学版），2007 (03)：67－74.

206. 邓研华. 公共预算研究述评：基于政治学的视角 [J]. 武汉大学学报（哲学社会科学版），2011 (05)：43－48.

207. 财政部. 关于印发《会计改革与发展"十三五"规划纲要》的通知. 财会〔2016〕19 号 [Z]. 2016.

208. 财政部. 关于推进预算绩效管理的指导意见. 财预〔2011〕416 号 [Z]. 2011.

209. 财政部监督检查局. 在改革的激流中前进——三十年财政监督发展历程回顾 [J]. 财政监督，2008 (23)：19－21.

210. 财政部预算司. 政府收支分类改革问题解答 [M]. 北京：中国财政经济出版社，2006.

211. 陈共. 财政学（第四版）[M]. 北京：中国人民大学出版社，2004.

212. 崔潮. 论财政职能的演进：理论、历史与启示 [J]. 河南财政税务高等专科学校学报，2011 (06)：1－7.

213. 邓子基. 社会主义财政理论若干问题 [M]. 北京：中国财政经济出版社，1984.

214. 邓子基. 国家财政理论思考：借鉴"公共财政论"发展"国家分配论" [M]. 北京：中国财政经济出版社，2000.

215. 邓子基. 财政学 [M]. 北京：中国人民大学出版社，2001.

216. 国务院. 关于批转财政部权责发生制政府综合财务报告制度改革方案的通知. 国发〔2014〕63 号 [Z]. 2014.

217. 贾康．财政职能及平衡原理的再认识［J］．财政研究，1998（07）：39－43.

218. 荆新．中国政府会计改革发展四十年：回顾与展望［J］．财会月刊，2018（19）：5－8.

219.（美）理查德·A. 马斯格雷夫，佩吉·B. 马斯格雷夫著．邓子基等译．财政理论与实践（第五版）［M］．北京：中国财政经济出版社，2003.

220. 李炳鉴．政府预算管理学［M］．北京：经济科学出版社，2003.

221. 李燕．政府公共服务提供机制构建研究：基于公共财政的研究视角［M］．北京：中国财政经济出版社，2008.

222. 李占刚，何成忠，徐程．推行预算绩效管理工作的思考［J］．行政事业资产与财务，2013（15）：26－27.

223. 李烝．加快建成全方位、全过程、全覆盖的预算绩效管理体系——财政部有关负责人就贯彻落实《中共中央国务院关于全面实施预算绩效管理的意见》答记者问［J］．中国财政，2018（20）：32－34.

224. 楼继伟．公共财政建设与政府收支分类改革［J］．财经界，2006（10）：27－28.

225. 刘晓凤．1949—2007年中国财政监督变迁［J］．地方财政研究，2008（06）：59－64.

226. 刘明慧．全口径预算”绩效监督问题思考［J］．财政监督，2013（13）：11－14.

227. 马海涛，郝晓婧．财政监督演变与财税体制改革——改革开放四十年的回顾与展望［J］．财政监督，2018（11）：7－12.

228. 门淑莲，颜永刚．政府收支分类改革及其对我国财政管理的长远影响［J］．经济理论与经济管理，2008（10）：50－54.

229. 牛定柱．东西方财政职能演进的启示与思考［J］．云南财贸学院学报，2006（02）：32－36.

230. 谭浩．浅谈政府收支分类改革［J］．投资与合作，2011（10）：271.

231. 王建国．加快推进金财工程建设全面提升财政管理水平［M］．北京：中国财政经济出版社，2006.

232. 王国清，祝遵宏．财政监督发展的回顾与展望［J］．财政监督，2009（03）：20－24.

233. 徐国乔．我国财政监督法律制度建设回顾与展望［J］．财政监督，2009（13）：35－36.

234. 杨灿明．财政职能辨析［J］．财政研究，2006（07）：22－25.

235. 叶青，黎柠．计划经济时期的财政监督制度与思想［J］．财政监督，2007（05）：43－44.

236. 叶青，黎柠．市场经济时期的财政监督制度与理论［J］．财政监督，2007（07）：30－31.

237. 张明．十八大以来财政监督回顾与展望［J］．财政监督，2017（01）：10－14.

238. 张馨．比较财政学教程［M］．北京：中国人民大学出版社，1997.

239. 张馨．财政学［M］．北京：科学出版社，2006.

240. 中共中央国务院．关于全面实施预算绩效管理的意见．中发〔2018〕34号［Z］．2018.

241.《党的十九大报告辅导读本》编写组．党的十九大报告辅导读本［M］．北京：人民出版社，2017.

242. 胡晓明．我国资产评估行业的现状剖析、发展取向及对策思考［J］．南京财经大学学报，2006（06）：41－43.

243. 刘玉平．国有资产管理［M］．北京：中国人民大学出版社 2016：1－4.

244. 慎海雄．习近平改革开放思想研究［M］．北京：人民出版社，2018.

245. 汪立鑫，国有资产管理理论、体制与实务［M］．上海：上海人民出版社，2011.

246. 习近平．习近平谈治国理政（第二卷）［M］．北京：外文出版社，2017.

247. 习近平．习近平谈治国理政（第一卷）［M］．北京：外文出版社，2018.

248. 许子琳．资产评估理论框架体系概述［J］．现代营销，2016（03）：121.

249. 余炳文，姜云鹏．资产评估理论框架体系研究［J］．中南财经政法大学学报，2013（02）：34－39.

250. 张劲松．资产评估在中国的发展及应用［J］．湖北电力，2004（09）：70－74.

251. 中共中央文献研究室．建国以来重要文献选编（第八册）［M］．北京：中央文献出版社，1994.

252. 中共中央文献研究室．建国以来重要文献选编（第二册）［M］．北京：中央文献出版社，1992.

253. 中共中央文献研究室．建国以来重要文献选编（第九册）［M］．北京：中央文献出版社，1994.

254. 中共中央文献研究室．建国以来重要文献选编（第六册）［M］．北京：中央文献出版社，1993.

255. 中共中央文献研究室．建国以来重要文献选编（第七册）［M］．北京：中央文献出版社，1993.

256. 中共中央文献研究室．建国以来重要文献选编（第三册）［M］．北京：中央文献出版社，1992.

257. 中共中央文献研究室．建国以来重要文献选编（第十册）［M］．北京：中央文献出版社，1994.

258. 中共中央文献研究室．建国以来重要文献选编（第四册）［M］．北京：中央文献出版社，1993.

259. 中共中央文献研究室．建国以来重要文献选编（第五册）［M］．北京：中央文献出版社，1993.

260. 中共中央文献研究室．建国以来重要文献选编（第一册）［M］．北京：中央文献出版社，1992.

261. 中共中央文献研究室．三中全会以来重要文献选编（上）［M］．北京：人民出版社，1982.

262. 中共中央文献研究室．三中全会以来重要文献选编（下）［M］．北京：人民出版社，1982.

263. 中共中央文献研究室．十八大以来重要文献选编（上）［M］．北京：中央文献出版社，2014.

264. 中共中央文献研究室．十八大以来重要文献选编（中）［M］．北京：中央文献出版社，2016.

265. 中共中央文献研究室．十二大以来重要文献汇编（上）［M］．北京：人民出版社，1986.

266. 中共中央文献研究室．十二大以来重要文献汇编（下）［M］．北京：人民出版社，1988.

267. 中共中央文献研究室．十二大以来重要文献汇编（中）［M］．北京：人民出版社，1986.

268. 中共中央文献研究室．十六大以来重要文献选编（上）［M］．北京：中央文献出版社，2005.

269. 中共中央文献研究室．十六大以来重要文献选编（下）［M］．北京：中央文献出版社，2008.

270. 中共中央文献研究室．十六大以来重要文献选编（中）［M］．北京：中央文献出版社，2006.

271. 中共中央文献研究室．十七大以来重要文献选编（上）［M］．北京：中央文献出版社，2009.

272. 中共中央文献研究室．十七大以来重要文献选编（下）［M］．北京：中央文献出版社，2013.

273. 中共中央文献研究室．十七大以来重要文献选编（中）［M］．北京：中央文献出版社，2011.

274. 中共中央文献研究室．十三大以来重要文献选编（上）［M］．北京：人民出版社，1991.

275. 中共中央文献研究室．十三大以来重要文献选编（下）［M］．北京：人民出版社，1993.

276. 中共中央文献研究室．十三大以来重要文献选编（中）［M］．北京：人民出版社，1991.

277. 中共中央文献研究室．十四大以来重要文献选编（上）［M］．北京：人民出版社，1996.

278. 中共中央文献研究室．十四大以来重要文献选编（下）［M］．北京：人民出版社，1999.

279. 中共中央文献研究室．十四大以来重要文献选编（中）［M］．北京：人民出版社，1997.

280. 中共中央文献研究室．十五大以来重要文献选编（上）［M］．北京：人民出版社，2000.

281. 中共中央文献研究室．十五大以来重要文献选编（下）［M］．北京：人民出版社，2003.

282. 中共中央文献研究室．十五大以来重要文献选编（中）［M］．北京：人民出版社，2001.

283. 周婷婷．浅析我国资产评估行业的现状［J］．时代经贸，2015（11）：107－110.

284. 资产评估行业30年30事［J］．中国资产评估，2019（01）：57－59.

285. 戴园晨．试论财政、信贷、物资、外汇的综合平衡［J］．经济研究，1983（10）：32－38.

286. 邓子基．财政政策与货币政策的配合同社会经济发展的关系［J］．当代财经，2016（01）：33－38.

287. 樊丽明等．财政政策学［M］．济南：山东大学出版社，1993.

288. 金人庆．中国财政政策：理论与实践［M］．北京：中国财政经济出版社，2005.

289. 林毅夫，李志赟．政策性负担、道德风险与预算软约束［J］．经济研究，2004（02）：17－27.

290. 龙丹．中国经济转型时期的财政政策分析［D］．华中师范大学，2006.

291. 吕冰洋．中国财政政策的需求与供给管理：历史比较分析［J］．财政研究，2018（04）：38－47.

292. 史册．新常态下中国经济增长的财政政策支持研究［D］．吉林大学，2016：23－29.

293. 王丙乾．中国财政60年回顾与思考［M］．北京：中国财政经济出版社，2009.

294. 肖炎舜．中国财政政策调控的阶段性变化研究［D］．中国社会科学院研究生院，2017.

295. 谢旭人主编．中国财政60年［M］．北京：经济科学出版社，2009.

296. 杨志勇．新中国财政政策70年：回顾与展望［J］．财贸经济，2019（09）：21－34.

297. 白彦锋，罗庆．我国政府间财政关系的新路标［J］．新疆财经，2018（03）：10－11.

298. 高培勇．新时代中国财税体制改革的理论逻辑［J］．财政研究，2018（11）：11－16.

299. 吉富星．当前地方政府投融资的规范问题［J］．开发研究，2018（03）：108－109.

300. 贾博．非税收入划转与国家治理［J］．税务研究，2019（06）：112－114.

301. 姜爱华，马海涛．迈上现代治理新台阶的中国政府采购制度（下）［J］．中国政府采购，2019（03）：39－43.

302. 吕冰洋．地方税系的建设原则与方向［J］．财经智库，2018（02）：13－24.

303. 马海涛，白彦锋，岳童．新中国成立七十年来我国财政理论的演变与发展［J］．财政科学，2019（04）：22－23.

304. 马海涛，郝晓婧．财政监督演变与财税体制改革——改革开放四十年的回顾与展望［J］．财政监督，2018（11）：8－11.

305. 杨志勇．以转移支付改革提升公共服务能力［J］．中国馆党政干部论坛，2019（07）：57－59.

306. 岳军，王杰茹．公共治理、现代财政制度与法治财政［J］．当代财经，2015（11）：30－31.

307. 周广帅，唐在富．改革开放四十年我国财政体制改革回顾与展望［J］．财政科学，2018（08）：80－84.